Reinhard Stockmann

Die Nachhaltigkeit von Entwicklungsprojekten

Reinhard Stockmann
unter Mitarbeit von Annegret Resch

Die Nachhaltigkeit von Entwicklungsprojekten

Eine Methode zur Evaluierung
am Beispiel von Berufsbildungsprojekten

Westdeutscher Verlag

Der Westdeutsche Verlag ist ein Unternehmen der Verlagsgruppe Bertelsmann International.

Alle Rechte vorbehalten
© 1992 Westdeutscher Verlag GmbH, Opladen

Das Werk einschließlich aller seiner Teile ist urheberrechtlich geschützt. Jede Verwertung außerhalb der engen Grenzen des Urheberrechtsgesetzes ist ohne Zustimmung des Verlags unzulässig und strafbar. Das gilt insbesondere für Vervielfältigungen, Übersetzungen, Mikroverfilmungen und die Einspeicherung und Verarbeitung in elektronischen Systemen.

Umschlaggestaltung: Horst Dieter Bürkle, Darmstadt
Umschlagbild: Ulrich Thul, Ludwigshafen
Druck und buchbinderische Verarbeitung: Langelüddecke, Braunschweig
Gedruckt auf säurefreiem Papier
Printed in Germany

ISBN 3-531-12404-8

Inhalt

Vorwort		7
1.	**Entwicklungszusammenarbeit und ihre Evaluierung**	9
1.1	Magere Erfolgsbilanz auf globaler Ebene	9
1.2	Evaluierung auf Projektebene	11
1.3	Ziele der Untersuchung und Vorgehen	14
2.	**Ein methodisches Konzept zur Evaluierung der Nachhaltigkeit**	**17**
	von Entwicklungsprojekten der Technischen Zusammenarbeit	
2.1	Theoretische Überlegungen	17
2.1.1	Ein Wirkungsmodell	17
2.1.2	Ein mehrdimensionaler Nachhaltigkeitsbegriff	20
2.1.3	Ein Lebenszyklusmodell für Entwicklungsprojekte	27
2.1.4	Zusammenfassung	30
2.2	Das Analyseinstrumentarium	31
2.2.1	Die Analysefelder	32
2.2.2	Die Analysestrategie	33
2.2.3	Die verwandten Datenerhebungsmethoden	35
2.2.4	Die Erfahrungen mit dem Analyseinstrument	37
2.3	Die Datenerhebung	38
2.4	Ausgewählte Indikatoren zur Evaluierung der Nachhaltigkeit	41
3.	**Die Nachhaltigkeit und ihre Ursachen**	**51**
	Die Projekte der beruflichen Bildung auf dem Prüfstand	
3.1	Das Instituto Técnico Industrial Georg Kerschensteiner in Mazatenango, Guatemala	51
3.2	Das Centro Técnico Hondureño-Alemán (CTHA) in San Pedro Sula, Honduras	60
3.3	Berufliches Ausbildungszentrum Centro de Capacitación Guatemalteco-Aleman (CCGA) und Beratung des Instituto Técnico de Capacitación y Productividad (INTECAP) in Guatemala	68
3.4	Die Ausbildung im grafischen Gewerbe bei INTECAP in Guatemala	79
3.5	Berufliches Ausbildungszentrum Miraflores in Tegucigalpa und Beratung des Instituto Nacional de Formación Profesional (INFOP) in Honduras	86
3.6	Berufliches Ausbildungszentrum des INFOP in San Pedro Sula, Honduras	99
3.7	Die entwicklungspolitische Zusammenarbeit mit dem Servicio Ecuatoriano de Capacitación Profesional (SECAP) in Ecuador	105
3.8	Das Centro de Estudios Tecnológicos Mexicano-Alemán (CETMA) in Mexiko	122

3.9 Das Centro Colombo-Alemán (CCA) in Barranquilla, Kolumbien 133

4. Komponenten der Nachhaltigkeit im Querschnittsvergleich 145
4.1 Organisation 145
4.2 Finanzen 152
4.3 Ausstattung 156
4.4 Personal 160
4.5 Zielgruppe 162
4.6 Ausbildungskonzeption 168
4.7 Modell- und Multiplikatorwirkungen 173

5. Gesamtergebnis und Ausgangsbedingungen 180
5.1 Eine kumulierte Erfolgs- und Nachhaltigkeitsbilanz 180
5.2 Der Projektbeitrag 185
5.3 Der Planungs- und Durchführungsprozeß 187
5.3.1 Bewertung der bisherigen Praxis 187
5.3.2 Ein dezentraler integrierter Planungs- und Durchführungsmodus 191
5.3.3 Die Nachbetreuung 192

6. Zusammenfassung der Ergebnisse und Empfehlungen 194

7. Anhang 204
7.1 Tabellen 204
7.2 Literaturverzeichnis 213
7.3 Abkürzungsverzeichnis 224

Vorwort

Am Anfang dieser Forschungsarbeit standen einige bürokratische Hürden. Daß diese übersprungen werden konnten und daß das Projekt überhaupt auf den Weg kam, haben wir allein Frau Ruth Erlbeck zu verdanken. Ihre Initiative und ihr Engagement führten dazu, daß das Vorhaben als eine Eigenmaßnahme der Deutschen Gesellschaft für Technische Zusammenarbeit, Ländergruppe 3032, aus der Taufe gehoben wurde.

Entfesselt brachten wir daraufhin Licht in Dutzende von Metern Akten, die in tiefen Kellern, hinter stählernen Türen lagern. Nach teilweise detektivischer Sucharbeit spürten wir die ehemaligen Projektmitarbeiter auf und stellten nach einem seitenlangen Raster bohrende Fragen. Nicht besser erging es den Counterparts in den Partnerländern, die uns ihre Sichtweise des Projektverlaufs anvertrauten. Am schwersten traf es Herrn Gerhard Heintze von der Fachabteilung Berufsbildung, der diese zeitraubende Prozedur gleich mehrere Male für die verschiedenen Projekte über sich ergehen lassen mußte und uns stets kompetent und geduldig keine Antwort schuldig blieb. Wir sind allen dankbar, daß sie in den manchmal endlos anmutenden Interviewsitzungen nie die Hoffnung aufgaben, daß dies einem sinnvollen Zweck dienen könne. Sowohl für die wissenschaftliche Auswertung als auch für unser persönliches Verständnis der Zusammenhänge und Probleme konnten wir von den fast 200 durchgeführten Interviews am meisten profitieren.

Lebendig wurden die dem Staub und der Vergessenheit entrissenen Akten und die aus den Gesprächen rekonstruierten Projektgeschichten dann durch unsere Besuche vor Ort, in den Technischen Schulen und Ausbildungszentren, den Unternehmen und Kleinstbetrieben, den Ministerien und Kammern. Wo wir auch hinkamen, wurde uns eine Unterstützung zuteil, die jede Erwartung weit übertraf. In allen ehemaligen Projekten fanden wir eine herzliche Aufnahme. In den Betrieben war es keine Seltenheit, daß wir mit unseren Fragebogenaktionen zeitweise die Produktion lahm legten. Über 2300 Schüler, Lehrer, Absolventen und Betriebsleiter oder Meister suchten nach Antworten für unsere Fragen. Dabei kamen manche, nicht nur wegen des schwül-tropischen Wetters, mächtig ins Schwitzen.

Ohne meine Mitarbeiterin, Annegret Resch, ihre perfekten Spanisch-Kenntnisse, ihr profundes Länderwissen und ohne ihre Ausdauer hätte diese Untersuchung nicht durchgeführt werden können. Sie kam auch in stürmischen Zeiten nie vom Kurs ab.

Schwer beladen mit Kisten von Fragebögen, Büchern und Materialien kehrten wir wieder an die Universität Mannheim zurück, wo uns der Lehrstuhl für Methoden der empirischen Sozialforschung und angewandte Soziologie von Prof. Dr. Walter Müller eine Heimstatt bot. Viele mußten anpacken, um das Datenpuzzle zu entwirren: Dietmar Haun, Robert Haug, Volker Stocké und Uwe Kohlmann.

In den vergangenen zweieinhalb Jahren reiften sieben Fallstudien heran, in denen auf weit über 1000 Seiten die Nachhaltigkeit von 15 Projekten mit Hilfe eines speziell dafür entwickelten Analyserasters seziert wurde. Daß bei der überquellenden Textproduktion niemand die Orientierung verlor, dafür sorgte Helga Koné.

Nach intensiven Diskussionen in der GTZ faßt das vorliegende Buch die wichtigsten Ergebnisse und Erkenntnisse zusammen. Helga Koné, Ursula Mokry, Cornelia Vogt, Anna Argiantzi und Uwe Kohlmann verwandelten das Manuskript in eine lesbare Form. Zudem entdeckte Uwe Kohlmann die künstlerischen Möglichkeiten der Grafikgestaltung.

Allen, die uns bei unserer Untersuchung der Nachhaltigkeit von Entwicklungsprojekten unterstützt haben, danke ich herzlich.

Ich hoffe, daß dieses Buch dazu beiträgt, aus den Fehlern und den Erfolgen der Vergangenheit für die Zukunft zu lernen, damit die Entwicklungszusammenarbeit zu einer partizipativen Gemeinschaftsaufgabe wird, die nicht nur nachhaltig hilft, Defizite abzubauen und Probleme zu lösen, sondern auch zu einer besseren Verständigung der Völker untereinander beiträgt. Denn echte Zusammenarbeit ist nicht zuletzt ein interkultureller Austausch, der von gegenseitigem Lernen geprägt sein sollte.

Bürstadt, im Juli 1992   Reinhard Stockmann

1. Entwicklungszusammenarbeit und Evaluierung

1.1 Magere Erfolgsbilanz auf globaler Ebene

Seit Jahren sind Entwicklungspolitik und -zusammenarbeit heftiger Kritik ausgesetzt. Die Hilfe nutze vor allem den herrschenden Eliten, stabilisiere verkrustete und ungerechte Machtstrukturen, verhindere politische und institutionelle Reformen (Myrdal 1984, Elsenhans 1984 u.v.a.), störe die freie Entfaltung der Marktkräfte (P.T. Bauer 1984), diene der Ausbeutung der Dritten Welt und ermögliche "eine neue Form der Kontrolle durch Heerscharen von Entwicklungsplanern, Finanzexperten und Regierungsberatern" (Simon 1991), schade schließlich allen, "denen sie angeblich nützen soll", stifte "nichts als Unheil" oder wirke gar "tödlich", so daß schließlich der Schluß gerechtfertigt erscheint: "Ohne Entwicklungshilfe ginge es den Menschen in den Ländern der Dritten Welt besser." (Erler 1985).

Auch bei den Theoretikern herrscht allgemeine Ratlosigkeit vor: "Die Vorstellung, überkommene inhaltliche Leitlinien hätten allenthalben in eine Sackgasse geführt, verbreitet sich." (Senghaas 1987:3). Die großen theoretischen Gebäude der Modernisierungstheorien auf der einen und die der Dependenztheorien auf der anderen Seite erscheinen selbst als Entwicklungsruinen. Die "große Theorie" ist an der vielfältigen Realität unterschiedlichster Entwicklungsverläufe gescheitert. Neben einigen Fällen erfolgreicher nachholender Entwicklung - vor allem in Ländern Südostasiens - herrscht das Bild stagnierender oder von jeder positiven Entwicklung (unfreiwillig) abgekoppelter Gesellschaften (insb. in Schwarzafrika) vor.

Die Rückschritte in den 80er Jahren, die dazu geführt haben, von einem "verlorenen Jahrzehnt" zu sprechen, haben den Eindruck verstärkt, "daß 40 Jahre Entwicklungspolitik keinen nennenswerten Erfolg gezeigt haben, und zwar unabhängig davon, welche Strategie in den einzelnen 'Entwicklungsdekaden' verfolgt wurde." (Menzel 1991).

Globalindikatoren werden gleichermaßen dazu herangezogen, um den Niedergang der Dritten Welt zu dokumentieren oder auf gewisse Entwicklungserfolge hinzuweisen.

Um zu belegen, "daß in einer zunehmenden Zahl von Ländern für die Masse der Bevölkerung die Lebensbedingungen schlechter sind als zum Zeitpunkt ihrer Entkolonialisierung", kann eine Vielzahl von Indikatoren benannt werden. So ist z.B. die Zahl der Drittwelt-Länder, die eine im Jahresdurchschnitt negative Wachstumsrate aufweisen, von 10 (zwischen 1966 und 1973) über 17 (von 1974 bis 1980) auf 42 Länder (1981 bis 1987) gestiegen. Der Anteil der Entwicklungsländer am Weltsozialprodukt sank in den 80er Jahren von 23% auf 15 % und ihr Anteil am Welthandel (die Öl- und Schwellenstaaten ausgenommen) ging von 18,7% (1950) auf 3,5% (1990) zurück (Braun 1991: 73ff.). Mit dem Verlust an internationaler Konkurrenzfähigkeit hat sich auch die globale Kapitalbilanz verschlechtert. Seit Mitte der 80er Jahre findet ein Nettoressourcentransfer von Süd nach Nord statt (ebenda). Die gesamten Auslandsschulden der Dritten Welt, in Prozent des Bruttosozialprodukts, sind seit 1980 von 27,6% auf 41,2% (1989) angewachsen (Weltbank 1991).

Auch die Weltbank - die bisher nicht gerade zu den Entwicklungsskeptikern zählte - kommt zu dem Ergebnis: "Vielen Entwicklungsländern ist es nicht nur mißlungen, mit den Industrieländern Schritt zu halten; ihre Einkommen sind vielmehr absolut gesunken. (...) Für viele Arme in der Welt waren die achtziger Jahre ein 'verlorenes Jahrzehnt' - in der Tat eine Katastrophe." (Weltbank 1990:9).

Andererseits weist die Weltbank auch darauf hin, daß die Entwicklungsländer in den letzten 25 Jahren enorme Fortschritte erzielen konnten: Der reale Pro-Kopf-Verbrauch ist um fast 70% gestiegen, die durchschnittliche Lebenserwartung hat sich von 51 auf 62 Jahre erhöht, die Geburtenziffer konnte von 41 auf 30 (je Tsd. Einwohner) gesenkt werden, die Säuglingssterbeziffer nahm von 117 auf 67 (je Tsd. Lebendgeburten) ab, die Einschulungsquote an Grundschulen hat 84% erreicht, und die Schüler/Lehrer-Relation an Grundschulen hat von 40 auf 30 abgenommen (Weltbank 1990). Auch anhand anderer Sozial- und Wirtschaftsindikatoren läßt sich, global betrachtet, in den letzten 25 bis 30 Jahren eine enorme Entwicklung ausmachen, die bedeutend schneller verläuft, als es bei den Industrieländern auf einer vergleichbaren Entwicklungsstufe der Fall war (ebenda:1).

Eine Erfolgsbilanz signalisieren diese Ergebnisse dennoch nicht, weil sie zwischen und innerhalb einzelner Länder sehr ungleich verteilt sind und sogar auf gegenläufigen Entwicklungen beruhen. Nicht alle Länder konnten an dem allgemeinen sozialen und wirtschaftlichen Fortschritt seit den 60er Jahren partizipieren. Mehr als eine Milliarde Menschen in den Entwicklungsländern lebt laut Weltbank in Armut (weniger als 370 Dollar Jahreseinkommen), und ihre Zahl nimmt weiter zu.

Allzu rasch wird diese mangelhafte Erfolgsbilanz als ein Indiz für die Unwirksamkeit oder gar Schädlichkeit der Entwicklungszusammenarbeit gewertet. Doch ein solches Urteil übersieht, daß die Ursachen der Armut und die Gründe fehlgeschlagener Entwicklungen tiefer liegen: "Viele positive Beiträge, welche die Zusammenarbeit in Anspruch nehmen kann, werden überlagert durch die Resultate einer weltwirtschaftlichen Politik, welche während eines Jahrzehnts die wirtschaftlich schwächeren Länder beeinträchtigt hat." (DEH 1990a:3). Entwicklungspolitik ist nur eine Dimension der Gesamtpolitik, die sich gegen mächtige außen- und wirtschaftspolitische Interessen durchzusetzen hat.

Darüber hinaus ist zu bedenken, daß Entwicklungshilfe, gute wie schlechte, für die meisten Länder marginal ist (Eppler 1991). Nach Berechnungen der DEH (1985:4) erreichte die weltweite öffentliche Entwicklungshilfe 1983 ein Volumen von 32 Milliarden US-Dollar, Wohltätigkeitsorganisationen steuerten weitere 2 Milliarden bei, und Private investierten noch einmal 34 Milliarden. Diese Beträge erscheinen zwar bedeutend, relativieren sich jedoch vor dem Hintergrund, daß der Wert der Güter und Dienstleistungen, die 1983 von den Entwicklungsländern importiert wurden, zehnmal höher lag. Und auch diese Summe macht nur einen Bruchteil dessen aus, was in den Entwicklungsländern selbst Jahr für Jahr produziert wird[1].

---

[1] Diese Relation trifft heute noch zu: 1989 wurden weltweit rund 52 Mrd. US$ an öffentlicher Entwicklungshilfe gezahlt. Die Ausfuhren der Drittweltländer beliefen sich auf 516 Mrd. US$ und ihre Einfuhren auf 532 Mrd. US$.

1.2 Evaluierung auf Projektebene

Wenn die Entwicklungszusammenarbeit, insgesamt betrachtet, jedoch eher marginal ist, dann kann es nicht verwundern, daß es mit ihrer Hilfe nicht gelungen ist, die Welt zu erlösen. Dies zu erwarten würde bedeuten, die Möglichkeiten der Entwicklungshilfe weit zu überschätzen. Wer die Meßlatte so hoch hängt, der muß enttäuscht werden. Entwicklungsprogramme und -projekte haben in der Regel - wird einmal von Strukturanpassungsprogrammen etc. abgesehen - viel bescheidenere Zielausrichtungen, wobei die angestrebten Ziele oft noch immer viel zu ambitiös formuliert werden.

Eine angemessene Beurteilung des Erfolges der Entwicklungszusammenarbeit muß deshalb auf der Ebene der Programme und Projekte ansetzen, die punktuelle und machmal auch miteinander vernetzte Veränderungen anstreben. Ob diese Vorhaben wirksam waren, positive soziale und/oder wirtschaftliche Wandlungsprozesse auslösten, den Bedürfnissen der Armen und Unterprivilegierten nutzten und den Partnern zu einer erhöhten Problemlösungsfähigkeit verhalfen, das sind die Maßstäbe, an denen eine erfolgreiche Entwicklungspolitik gemessen werden sollte[2].

Da die Zusammenarbeit prinzipiell auf die dauerhafte und langfristige Verbesserung wirtschaftlicher und sozialer Verhältnisse gerichtet ist, stellt die Nachhaltigkeit von Entwicklungsprojekten ein zentrales Erfolgskriterium dar. Für jedes Selbsthilfekonzept und alle Formen technischer, personeller oder finanzieller Unterstützung ist Nachhaltigkeit *eine zumindest implizite Zielsetzung mit übergeordneter Gültigkeit.* Diese Ansicht wird von allen nationalen und internationalen Gebern geteilt. Der Entwicklungsausschuß der OECD faßt zusammen:
"For most projects, however, sustainability is an implicit goal, and donors and recipients expect and assume that some aspect of the supported activity will continue." (DAC 1988:12).

Auch in der GTZ wird die Nachhaltigkeit von Projektwirkungen als ein "übergreifender, zentraler Aspekt bei der Beurteilung des Erfolgs von Projekten der Technischen Zusammenarbeit" eingestuft (GTZ 1988). Die GTZ sieht sich in ihrer Einschätzung, daß Projekte, deren Wirkungen nicht nachhaltig sind, gar nicht wirken, durch die Auffassung von US.AID (1987:2) bestätigt:
"A project without lasting impact often has little consequence for development. (...) No matter how effective a program is at accomplishing its aims, if it terminates when the donor's funding cycle ends, the long term effects will be inconsequential."

Um so erstaunlicher ist es, daß sowohl in den Steuerungs- und Durchführungsorganisationen der Geber als auch in der Wissenschaft bis vor kurzem kaum Ergebnisse zur Wirksamkeit und Nachhaltigkeit von Entwicklungsprojekten vorlagen. So mußte z.B. die Bundesregierung, nach über 30 Jahren deutscher Entwicklungspolitik, auf eine parlamentarische Anfrage der SPD bekennen:

---

[2] Die DEH weist zurecht darauf hin, daß die Erfolge der Entwicklungszusammenarbeit nicht nur durch äußere Umstände und Einflüsse überlagert werden können, sondern einfach auch "durch ein Auswechseln der Maßstäbe" in einem anderen Licht erscheinen können (DEH 1985:6). Was vor Jahren noch als "richtig" angesehen wurde, kann gemessen an den heutigen entwicklungspolitischen Erfahrungen "falsch" sein: "Von den frühen karitativ-paternalistisch geprägten Ansätzen über die expansive Technologieförderung bis hin zu den gesamtwirtschaftlichen Unterstützungsmaßnahmen veränderten sich die Denkmuster und damit die Maßstäbe für erfolgreiche und wirksame Entwicklung laufend." (Sommer 1990: 213)

"Eine genaue Anzahl nachhaltig wirksamer Projekte im Rahmen der deutschen Entwicklungspolitik läßt sich nicht angeben, da bisher erst wenige Ex-post-Evaluierungen durchgeführt wurden." (Drucksache 11/5105 vom 28.8.89).

In einem Report über die Nachhaltigkeit von durch die Schweiz geförderten Entwicklungsprojekten, die oft als besonders erfolgreich dargestellt werden, wird provozierend festgestellt:

"Die Nachhaltigkeit ist kein wichtiges Anliegen der DEH. Die bisherige Diskussion darüber hat eine bloße Alibi-Funktion: alle sind dafür, aber niemand kümmert sich darum. Es fehlt nicht nur an notwendigem Willen für die seriöse Prüfung der Nachhaltigkeit, es fehlen dafür auch die angemessenen Arbeitsmethoden." (DEH 1990b:1)

Auch in den anderen nationalen wie internationalen Geberinstitutionen sieht es nicht viel besser aus. Nach einer umfassenden Bestandsaufnahme kam der OECD-Entwicklungsausschuß zu dem Ergebnis:

"To establish the fact of sustainability, it is necessary to return to a project some years after donor funding has ended. The problem is that for most donor projects, such post-project evaluation data are not available for ex-post facto analyses." (DAC 1988).

Selbst in der Weltbank, die der Kontrolle ihrer Projekte einen großen Stellenwert beimißt und hierfür ein ausgeklügeltes methodisches Instrumentarium entwickelt hat, werden Ex-post-Evaluierungen nur selten vor Ort durchgeführt. Die ein bis zwei Jahre nach Beendigung der finanziellen Unterstützung verfaßten Projekt-Abschlußberichte beruhen auf von den Mitarbeiterstäben rückblickend verfaßten Einschätzungen, die die erzielten Ergebnisse im Hinblick auf die ursprünglich aufgestellten Ziele analysieren. Dabei wird auch versucht, die Ursachen für Erfolge und Mißerfolge zu ergründen. Um eine ausreichende Objektivität der Berichte sicherzustellen, werden die Abschlußberichte durch eine Stellungnahme des unabhängigen Operations Evaluation Department (OED) ergänzt. Die Einschätzungen der OED-Mitarbeiter beruhen jedoch lediglich auf dem Studium der Projektunterlagen, Interviews mit den Projektmitarbeitern und deren Abschlußberichte. Nur selten kommt es hingegen zu nachträglichen Projektbesichtigungen. Während bis 1982 noch alle Projekte der Weltbank auf diese Weise durch das OED geprüft wurden, wird aufgrund der immens gewachsenen Fülle von Projekten nur noch eine (teilweise nach dem Zufallsprinzip gezogene) Auswahl einer detaillierten unabhängigen Prüfung unterzogen. Wirkungsanalysen, die mehrere Jahre nach Beendigung der Projektförderung durchgeführt werden, sind jedoch sehr selten. Aber nur mit solchen Second-Look-Studien kann die Nachhaltigkeit von Projekten methodisch sinnvoll evaluiert werden. Während die Weltbank immerhin alle Projekte einer Evaluierung unterzieht, evaluieren die westlichen Industrieländer nur 15 bis 20% ihrer Projekte. (Vgl. Stockmann 1989: 8f.)

Das Development Assistance Committee der OECD empfahl erstmals 1986 seinen Mitgliedsstaaten, bei Evaluierungen neben den Fragen nach Umweltwirkungen und Frauenrelevanz auch die Nachhaltigkeit von Projektwirkungen zu überprüfen. Da Projektfortschrittskontrollen und Evaluierungen in der Regel jedoch anhand laufender Projekte durchgeführt werden, um in die Projektentwicklung noch steuernd eingreifen zu können, hat diese von den meisten Gebern aufgegriffene Empfehlung nur wenig dazu beitragen können, das Informationsdefizit über die Weiterentwicklung von Programmen und Projekten nach dem Förderende zu beseitigen. Dieser Informationsmangel wird zusätzlich dadurch verstärkt, daß üblicherweise nach Beendigung der Förderung keine systematische Nachbeobachtung von Projekten mehr stattfindet. Inwieweit und in welcher Form sich die durchgeführten Projektmaßnahmen nachhaltig ausgewirkt haben, und inwieweit die Partnerorganisationen langfristig und dauerhaft zur Selbsthilfe befähigt wurden, ist deshalb nur für die wenigsten Projekte bekannt. Erst in letzter Zeit sind verstärkt Reports und Studien zu diesem Thema angefertigt worden[3], auch in der Bundesrepublik Deutschland[4].

Obwohl die Entwicklungshilfe in der Wissenschaft heftig umstritten ist, fehlten bislang auch hier fundierte und systematische Analysen zur Nachhaltigkeit von Entwicklungsprojekten, die über einzelne Fallstudien hinausgehen (DEH 1990b: 3)[5]. Statt dessen wurden zumeist andere Forschungsfelder bearbeitet. Wenn davon ausgegangen wird, daß sich Policy-Forschung grundsätzlich mit vier, logisch aufeinanderfolgenden Komponenten des Politikprozesses beschäftigen kann - Problemfelder, Programmentwicklung, Implementation und Evaluation - dann ist folgendes zu konstatieren:

- Das Problemfeld "Dritte Welt" ist vielfach bearbeitet worden.
- Auf der Ebene der Programmentwicklung, bei der nach effektiven und effizienten Konzeptionen gesucht wird, um die erkannten Probleme zu lösen, lag ebenfalls ein Schwerpunkt der Policy-Forschung.
- Die Implementation von Programmen ist hingegen schon viel weniger häufig untersucht worden.
- Und die Ebene der Wirkungen, der erzielten Resultate und meßbaren Erfolge, weist die größten Forschungsdefizite auf.

Selbst wenn ein abnehmendes wissenschaftliches Interesse - von der Ebene der Problemdiskussion über die Programmentwicklung und ihre Implementation bis hin zur Wirkungs- und Evaluationsforschung - konzidiert wird, so ist doch zu bedenken, daß einem verstärkten wissenschaftlichen Aktionsdrang auf dieser Ebene oft politisch-administrative Barrieren entgegenstehen.

---

[3] OECD: Sustainability in Development Programs: A Compendium of Evaluation Experience, 1988. World Bank: Malawi. Sustainability of the First Education Project, 1989. World Bank: Colombia. Sustainability of the First and Second Education Projects, 1989. World Bank: Impact Evaluation Report: Indonesia, 1989 World Bank: Evaluation Results for 1988, Washington 1990.
Auch andere Geber haben mittlerweile eine Vielzahl von Berichten veröffentlicht, z.B. US-A.I.D.: The Sustainability of US-supported Health, Population, and Nutrition Programs in Honduras: 1942-1986; Washington 1988. US-A.I.D.: Development Assistance and Health Programs: Issues of Sustainability; Washington 1987.
Vgl. auch DEH: Nachhaltigkeit von Entwicklungsprojekten. Grundlagen und Umsetzungsmöglichkeiten; Bern 1990.

[4] R. Stockmann: Querschnittsevaluierung: Die Nachhaltigkeit von Entwicklungsprojekten. BMZ, Bonn 1989. R. Stockmann: Ein Analyseinstrumentarium zur Erfassung der Nachhaltigkeit von Entwicklungsprojekten der Technischen Zusammenarbeit. BMZ, Bonn 1990. BMZ-Querschnittsanalyse: Nachhaltigkeit in der TZ, Bonn 1991. Bundesrechnungshof, Mitteilung über die Prüfung der Nachhaltigkeit von Projekten der wirtschaftlichen Zusammenarbeit in Indonesien, Frankfurt 1990.

[5] Zu den wenigen wissenschaftlichen Analysen von Teilaspekten der Nachhaltigkeit gehören u.a.: Bernecker u.a. 1984, Cassen u.a. 1986, Hübener und Bachmayer 1983, Koch 1984 a und b, Neun 1985, Schubert, Agrawal u.a. 1984. Eine erste Bestandsaufnahme vorliegender Nachhaltigkeitsergebnisse gab es während einer Arbeitstagung des Interdisziplinären Arbeitskreises für Entwicklungsländerforschung im Dezember 1988 in Basel. Tagungsbericht: Die Nachhaltigkeit von Entwicklungsprojekten. Erfahrungen aus Projektplanung und Projektevaluation. Bochum 1989. Vgl. auch Themenheft "Sustainability - Nachhaltigkeit" der Zeitschrift "Entwicklung und ländlicher Raum" 3/1990.

Die vorhandenen Defizite in der Evaluationsforschung sind auch das Ergebnis des Informationsverhaltens der nationalen und internationalen Entwicklungsorganisationen. Diese kontrollieren durch ihre Monopolstellung die Datenzugänge, die für empirische Studien notwendig sind. Zwar werden viele Studien und Gutachten unter der Mitarbeit von Wissenschaftlern erstellt, doch da die Entwicklungshilfegeber nicht alle Informationen preisgeben, bleiben sie der wissenschaftlichen Diskussion weitgehend entzogen.

Die derzeitige Informations- und Datenlage spiegelt diese Situation deutlich wider. Erkenntnisse zur Nachhaltigkeit finden sich am ehesten bei den Entwicklungsorganisationen, die auf eine jahrzehntelange Evaluierungspraxis zurückblicken können. Umfassende wissenschaftliche Analysen, die über einzelne Fallstudien hinausgehen, waren bisher hingegen äußerst selten.

1.3 Ziele der Untersuchung und Vorgehen

Die hier vorliegende Studie ist ein Versuch der Zusammenarbeit von Wissenschaft und Administration zur Erforschung der Nachhaltigkeit von Entwicklungsprojekten. Mit der Untersuchung wurden vor allem drei Ziele verfolgt:

1. Die Analysen sollten eine Bestandsaufnahme und Bewertung der Nachhaltigkeit ausgewählter Entwicklungsprojekte liefern, indem die langfristig erreichten Ziele dokumentiert, die Veränderungen seit dem Geber-Förderende festgestellt und die vom Projekt ausgehenden Wirkungen analysiert werden. (Erstellung einer Nachhaltigkeitsbilanz)
2. Die Analysen sollten Aufschluß darüber geben, welche Einflußfaktoren sich auf die Nachhaltigkeit eines Projekts in positiver wie negativer Hinsicht maßgeblich auswirken. (Tendenziell Ursache-Wirkungs-Analyse)
3. Durch diese Analysen sollte die Möglichkeit geschaffen werden, bei der Projektauswahl und im Planungs-, Durchführungs- und Evaluierungsprozeß zukünftig stärker auf diese Faktoren zu achten und sie möglichst steuernd zu beeinflussen, so daß die Zahl nachhaltiger Projekte erhöht werden kann. ("Lessons learned")

Für diesen Zweck wurden zuerst einmal alle bisherigen Befunde zur Nachhaltigkeit von Entwicklungsprojekten gesichtet. Neben den Untersuchungen nationaler und internationaler Geber wurden auch die wissenschaftlichen Analysen zu diesem Themengebiet ausgewertet. Dabei wurden die zugrundeliegenden Konzepte, die Untersuchungsdesigns und die verwandten Evaluierungsmethoden einer Beurteilung unterzogen[6].

Darauf aufbauend wurde ein eigenes Analysemodell und Erhebungsinstrumentarium entwickelt und in zwei Berufsbildungsprojekten (Thailand und Korea) auf seine Verwendungsfähigkeit hin

---

[6] Die Ergebnisse hierzu sind zusammengefaßt in: R. Stockmann: Die Nachhaltigkeit von Entwicklungsprojekten (1989); über 60 Studien wurden zu diesem Zweck ausgewertet.

getestet[7]. Nach entsprechenden Modifizierungen konnte die empirische Umsetzung erfolgen, über deren Ergebnisse hier berichtet werden soll.

Da nicht für alle Projekttypen, Sektoren und Regionen eine derartige Untersuchung gleichzeitig durchgeführt werden konnte, war eine Auswahl zu treffen. Zuerst sollte ein Bereich untersucht werden, der von großer entwicklungspolitischer Bedeutung ist und in der deutschen Zusammenarbeit über eine lange Tradition verfügt. Da die Nachhaltigkeit von Entwicklungsprojekten definitionsgemäß erst nach dem Förderende festgestellt werden kann, mußten Projekte ausgewählt werden, die schon vor einiger Zeit abgeschlossen worden waren. Neuere Projektansätze schieden deshalb zur Überprüfung von vornherein aus.

Exemplarisch wurde der Berufsbildungsbereich ausgewählt, der diese Kriterien erfüllt und in der Bundesrepublik den größten Teil der Bildungshilfe ausmacht. Bildung und Ausbildung sind Schlüsselgrößen zum Abbau der Armut und zur Entwicklung eines Landes. Viele Untersuchungen zeigen einen engen Zusammenhang zwischen Bildung und wirtschaftlichem Wachstum[8]. Die Weltbank kommt deshalb zu dem Ergebnis:

"Es kann kaum Zweifel darüber geben, daß man durch Bildung den Kindern der Armen erheblich bessere Chancen verschafft, der Armut zu entgehen. Da die Arbeitskraft praktisch das einzige ist, worauf sich alle körperlich leistungsfähigen Armen stützen können, liegt in der Steigerung der Arbeitsproduktivität eindeutig die größte Chance zur Bekämpfung der Armut." (Weltbank 1990:97)

Die Bedeutung dieses Sektors wird auch durch folgende Feststellung unterstrichen:

"(...) nearly 95 percent of the increase in the world's labor force during the next twenty-five years will occur in the developing world." (Weltbank 1991:1)

In der Entwicklungszusammenarbeit der Bundesrepublik wird dem Bildungssektor deshalb größte Aufmerksamkeit gewidmet. Allein 1989 wurden hierfür 1,5 Mrd. DM aufgewendet[9]. Dies entspricht etwa einem Fünftel der sektoral aufteilbaren öffentlichen Entwicklungshilfezusagen (1986 waren es sogar noch 26%)[10]. Davon hat das BMZ 756 Mill. DM (1989) verwaltet[11]. Auf den Berufsbildungsbereich entfiel dabei ein Anteil von 40%. Diese Aufteilung entspricht einem langfristigen historischen Trend. Für den Förderbereich "Bildung, Ausbildung und Wissenschaft" wurden in den letzten drei Entwicklungsdekaden jährlich zwischen 15% und 26% der gesamten öffentlichen Entwicklungshilfeleistungen der BRD aufgewendet. Bis 1989 summierten sich die

---

[7] Vgl. Stockmann: Ein Analyseinstrumentarium zur Erfassung der Nachhaltigkeit von Entwicklungsprojekten der Technischen Zusammenarbeit. Mannheim, 1990.
Stockmann u. Resch: Die Nachhaltigkeit des Berufsbildungsprojekts: Thai-German Technical Teacher College in Bangkok, Thailand. Fallstudie. Mannheim, 1990.
Stockmann und Resch: Die Nachhaltigkeit des Berufsbildungsprojekts: Korean-German Busan Vocational Training Institute in Busan, Süd-Korea. Fallstudie. Mannheim, 1990.

[8] Jüngste Untersuchungen der Weltbank haben ergeben, daß der Bildungsstand erheblich zur gesamtwirtschaftlichen Produktion beitragen kann. Auf der Basis von 58 Ländern wurde innerhalb des Zeitraums von 1960 bis 1985 ermittelt, daß ein Anstieg der durchschnittlichen Ausbildungszeit um ein Jahr zu einer Erhöhung des BIP um 3 Prozent führen kann (Weltbank 1990:96).

[9] Neben dem allgemeinbildenden Erziehungswesen (Primar- und Sekundarschule) gliedert sich der Bildungssektor noch in das Hochschulwesen, die nicht formale Bildung und in die berufliche Bildung.

[10] BMZ-Sektorpapier: Förderung von Bildung und Wissenschaft in der Entwicklungszusammenarbeit. Bonn 1991.

[11] Das Auswärtige Amt: 260 Mill. DM (Kultur und Schulfonds). Die Länder: 477 Mill. DM (davon 371 Mill. DM für Studienplatzkosten).

deutschen Entwicklungshilfeausgaben für diesen Sektor auf rund 18,5 Mrd. DM. Knapp die Hälfte dieser Mittel entfiel auf BMZ-Titel[12]. Davon wiederum wurden 40-45%, also rund 4 Mrd. DM, für die berufliche Bildung eingesetzt[13].

Neben einer sektoralen Beschränkung mußten aus zeit- und finanzökonomischen Gründen auch regionale Restriktionen beachtet werden. Nach den in Südkorea und Thailand durchgeführten Pretests wurde der Schwerpunkt der empirischen Erhebung in den Ländern Mittel- und Südamerikas angesiedelt. Hierfür sprachen vor allem folgende Gründe:

- In dieser Region wurde bisher eine große Anzahl von Berufsbildungsprojekten durchgeführt[14].
- Viele dieser Projekte wurden schon vor Jahren in die alleinige Verantwortung des Partners übergeben.
- Es existieren Berufsbildungsprojekte aus allen Phasen der Entwicklungspolitik, die unterschiedliche Berufsbildungskonzepte repräsentieren.
- In dieser Region sind Länder verschiedener Entwicklungsniveaus mit unterschiedlichen wirtschaftlichen, politischen, staatlichen und gesellschaftlichen Rahmenbedingungen anzutreffen.
- Es waren insgesamt relativ günstige institutionelle und infrastrukturelle Bedingungen zu erwarten, die die Erhebungen vor Ort erleichterten.

Fünfzehn Projekte in fünf lateinamerikanischen Ländern wurden für die Analyse ausgewählt. Bevor die Ergebnisse dieser Untersuchung präsentiert werden, soll kurz das methodische Konzept vorgestellt und auf die Datenbasis eingegangen werden.

---

[12] Vor Gründung des BMZ bei anderen Ministerien enthalten. Es handelt sich dabei um BMZ-Leistungen "im weiteren Sinne". Diese enthalten sowohl die Mittel für die Zusammenarbeit, die im Auftrag der Bundesregierung durchgeführt wird, als auch die Mittel für die nicht-staatliche Zusammenarbeit, die private Träger in eigener Verantwortung, aber mit staatlichen Zuschüssen gefördert, durchführen.

[13] Vgl. Memoranden der Bundesregierung zu den DAC-Jahresprüfungen 1974-1989 sowie Krapp 1992: Tabellen 1-4 im Anhang.

[14] Quelle: BMZ-Projekt-Datei.

2. Ein methodisches Konzept zur Evaluierung der Nachhaltigkeit von Entwicklungsprojekten der Technischen Zusammenarbeit

2.1 Theoretische Überlegungen

2.1.1 Ein Wirkungsmodell

Wie eingangs dargelegt, soll der Erfolg oder Mißerfolg der Entwicklungszusammenarbeit nicht anhand globaler Meßgrößen ermittelt werden, sondern auf der Ebene entwicklungspolitischer Vorhaben, denn die Zusammenarbeit vollzieht sich vorwiegend auf der Basis von Projekten[1], die prinzipiell als Vorhaben der Entwicklungsländer definiert werden, zu denen externe Geber einen Beitrag leisten. Instrumentell sind Entwicklungsprojekte als Maßnahmenbündel zur Erreichung festgelegter Planziele konzipiert, mit deren Hilfe Innovationen innerhalb sozialer Systeme eingeleitet werden sollen. Organisatorisch betrachtet handelt es sich um Einheiten, die sich personell aus einheimischen und ausländischen Arbeitskräften (Counterparts und Experten) zusammensetzen, die in ein bestehendes oder neu gegründetes Organisationsgefüge (Trägerorganisation) eingebettet sind, das wiederum Bestandteil eines größeren Systemzusammenhangs ist.

Die Aufgabe von Projekten ist es, mit Hilfe technischer, ökonomischer und sozialer Interventionen einen als entwicklungspolitisch sinnvoll definierten Wandel einzuleiten oder zu verstärken und zu beschleunigen. Die hierfür eingesetzten Maßnahmen in Form materieller und immaterieller Transferleistungen können sich sowohl auf die Beseitigung aktueller Mängel, als auch auf die Steigerung der Problemlösungskapazität an sich beziehen, um die Partnerorganisation oder Zielgruppe in die Lage zu versetzen, ihre Entwicklungsprobleme langfristig selbständig, d.h. ohne ausländische Hilfe bearbeiten zu können.

Werden Projekte als organisatorische Einheiten mit spezifischen Zielsetzungen begriffen, bieten sich organisationstheoretische Ansätze zur Erklärung der Wirkungsweise von Entwicklungsprojekten an. Dabei kommt Entwicklungsprojekten insbesondere dann eine zentrale Bedeutung zu, wenn sozialer Wandel hauptsächlich als ein über Organisationen laufender Transferprozeß verstanden wird (vgl. Stockmann 1987). Indem Projekte "neue" oder "modifizierte" Ziele in den Organisationen zu etablieren versuchen, in die sie implantiert wurden, können sie als "Innovations-Motoren" gesellschaftliche Entwicklungen bewirken.

---

[1] Die Deutsche Gesellschaft für Technische Zusammenarbeit (GTZ), die Projekte als ihr "Haupt-Produkt" ansieht, definiert: "Unter Projekt wird ein gegenständlich, regional und zeitlich abgegrenztes Bündel von Aktivitäten verstanden, das von einer Institution im Partnerland (Projektträger) mit Unterstützung der GTZ und gegebenenfalls weiterer Organisationen durchgeführt wird, um eine Reihe von Ergebnissen im Hinblick auf ein vereinbartes Projektziel zu erreichen." (Leitfaden für die Projektfortschrittskontrolle 1987:6). Dabei werden zahlreiche Varianten unterschieden: "Die deutsche Förderung eines Projekts reicht z.B. von der kurzzeitigen Entsendung eines Beraters oder Gutachters über Fortbildungsmaßnahmen bis zur Finanzierung eines viele Millionen Deutsche Mark umfassenden Projektes der Infrastruktur." (Jounalistenhandbuch 1987) Die Weltbank verwendet ebenfalls einen umfassenden Projektbegriff: "A project is taken to be a discreet package of investments, policy measures, and institutional and other actions designed to achieve a specific development objective (or set of objectives) within a designated period." Oft wird zwischen Projekten und Programmen unterschieden, oft werden die Begriffe aber auch synonym verwandt, so auch hier.

Nach dieser Auffassung entfalten Projekte innerhalb von und durch Organisationen Wirkungen, und sind umgekehrt über ihre Trägerorganisation der Beeinflussung durch die sie umgebenden Systeme ausgesetzt. Dies können politische, finanzielle, ökonomische, soziale, kulturelle, ökologische, regionale, internationale und andere Bezugssysteme sein. Projektinputs und externe Einflußfaktoren stellen die unabhängigen Variablen und Rahmenbedingungen für die erzielten intendierten wie nicht intendierten Resultate dar. Aus diesem Spannungsfeld heraus bestimmt sich, inwieweit ein Projekt innerhalb eines Wirkungsbereichs (z.b. Aus- und Weiterbildung von Personal, Curriculumentwicklung, Ausstattungsverbesserung etc.) Erfolge und langfristig Nachhaltigkeit erzielen kann. Der von Projekten ausgelöste Wandel vollzieht sich demnach als Austausch zwischen Systemen.

Diese Interdependenz läßt sich in einem Schaubild darstellen (vgl. Schaubild 1). Im Zentrum des Modells steht das Projekt, das als organisatorische Teileinheit in die Trägerorganisation eingebettet ist. Im Rahmen der Projekt-Zielsetzungen sollen mit Hilfe aufeinander abgestimmter Maßnahmenbündel Innovationen innerhalb als auch außerhalb der Trägerorganisation eingeleitet werden. Dabei werden die Wirkungsmöglichkeiten des Projekts einerseits durch die Trägerorganisation - interne Umwelt - beeinflußt und andererseits durch die Systeme, die die Trägerorganisation, und damit das Projekt, umgeben - die externe Umwelt. Die Geberunterstützung ist demnach nur ein Umfeldsystem von vielen anderen, welches auf das Projekt und seinen Träger Einfluß nimmt. Die oft als "externe Randbedingungen" bezeichneten Umweltbereiche können unterstützend auf die Zielsetzung wirken, oder als "Gegenkräfte" die Zielerreichung be- oder verhindern.

Ein Projekt versucht nun bewußt - entsprechend den angestrebten Zielen -, bestimmte Bereiche innerhalb oder außerhalb des Trägers zu beeinflussen. Aber es können auch unbewußt positive wie negative Veränderungen ausgelöst werden. Dabei entstehen zielkonforme und zielkonträre sowie intendierte und nicht-intendierte Wirkungen, die in ihrer Gesamtheit berücksichtigt werden müssen. Zu Konflikten wird es kommen, wenn die Ziele eines Projektes nicht mit den traditionellen Zielen der Trägerorganisation übereinstimmen (interne Konflikte) oder wenn sie nicht mit den Zielen anderer sozialer Systeme in Einklang zu bringen sind (externe Konflikte).

Ein hypothetisches Beispiel soll dazu dienen, das abstrakte Modell etwas zu veranschaulichen. Es wird dabei von einem Berufsbildungsprojekt ausgegangen (organisatorische Teileinheit), das in einer staatlichen Ausbildungsstätte (Trägerorganisation) angesiedelt ist. Das Projekt bildet den Motor für zahlreiche Veränderungen innerhalb wie außerhalb der Berufsschule. Die angestrebten Ziele umfassen sowohl interne Veränderungen (z.B. die Anschaffung von Maschinen, Entwicklung neuer Curricula, Weiterbildung des Lehrpersonals, Stärkung der Eigeneinnahmen, Verbesserung der Organisationsabläufe) als auch externe (z.B. Einführung eines Ausbildungsgesetzes, Mitarbeit der Betriebe bei der Ausbildung, Übernahme des Ausbildungsmodells durch andere Ausbildungsstätten).

Schaubild 1: Wirkungsmodell für den Zusammenhang von Projekt, Trägerorganisation und Umwelt

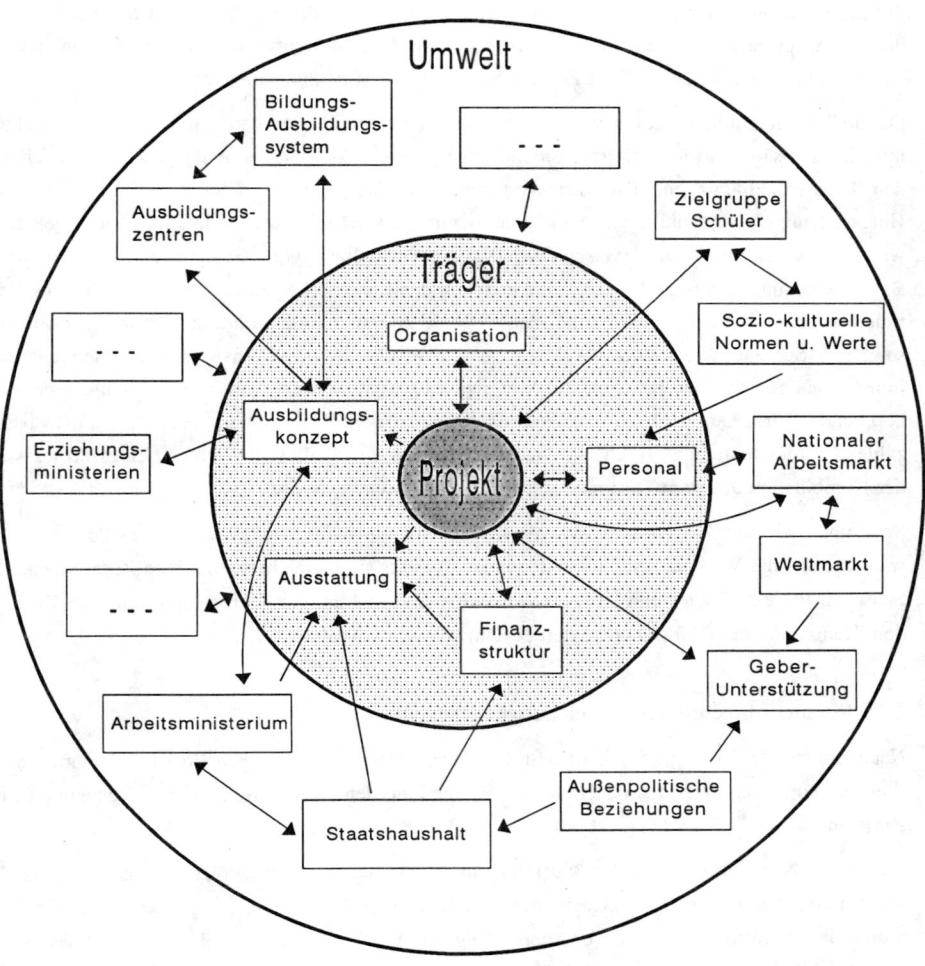

Stockmann 1992

Daneben werden zudem nicht-intendierte, positive wie negative, Wirkungen ausgelöst. Nicht-intendierte, den Projektzielen zuwiderlaufende Wirkungen, könnten z.b. dadurch entstehen, daß sich innerhalb der Berufsschule eine Opposition der Gewerbelehrer gegen die Neuerungen bildet, da sie als bedrohlich wahrgenommen werden oder zu Arbeitsüberlastung führen, der Direktor könnte seine Machtposition gefährdet sehen und die Schüler könnten sich weigern, die erhöhten Leistungsanforderungen zu erfüllen. Andererseits sind auch nicht-intendierte Wirkungen möglich, die die Erreichung der Projektziele unterstützen, z.b. indem die Schüler durch das neue Ausbildungskonzept besonders zum Lernen angespornt werden, die Lehrer das Curriculum von sich aus weiterentwickeln und die Betriebe für die besten Schüler Stipendien aussetzen.

Da die Zielerreichung nicht nur von den Projektaktivitäten, d.h. von den vom Projekt verursachten, intendierten wie nicht-intendierten, internen wie externen Wirkungen abhängt, sondern auch von den Umweltbedingungen, also den Systemen, die das Projekt umgeben, können Stör- und Unterstützungsfaktoren auftreten. So könnte es zum Beispiel sein, daß die intendierten Projektziele, wie die Anschaffung von Maschinen, die Neueinstellung von Gewerbelehrern oder deren Besserbesoldung durch die Finanzmittelknappheit des Landes oder eine veränderte politische Prioritätensetzung, verhindert wird. Eine katastrophale Arbeitsmarktlage könnte dafür verantwortlich sein, daß Schulabgänger trotz berufsbezogener Ausbildung keine Anstellung erhalten und sich immer weniger Schüler bei dem Ausbildungszentrum bewerben. Umgekehrt könnte eine stark boomende Wirtschaft dafür sorgen, daß viele Gewerbelehrer die Schule verlassen, um in besser zahlende Unternehmen zu wechseln. Natürlich wird in der Realität die Umwelt eines Projekts aus der Kombination und dem Zusammenspiel vieler Faktoren bestimmt.

So simpel das hier skizzierte "Wirkungsmodell" auch erscheinen mag, so macht es doch deutlich, wie begrenzt die Wirkungsmöglichkeiten eines Projekts sind, welche vielfältigen Zusammenhänge zwischen Projekt, Träger und Umwelt vorhanden sind und daß der Geber-Input nur eine Größe in dem Kanon interner (Träger) und externer (Umwelt) Einflußfaktoren ist.

2.1.2 Ein mehrdimensionaler Nachhaltigkeitsbegriff

Nachdem der Projektbegriff geklärt und das Zusammenwirken zwischen Projekt, Trägerorganisation und Umweltsystemen skizziert wurde, gilt es nun, den Nachhaltigkeitsbegriff genauer zu bestimmen.

Was unter Nachhaltigkeit - oder "Sustainability", wie die englische Vokabel lautet - verstanden werden soll, herrscht bei den Gebern nur im allgemeinen Konsens, der nicht weit über die Definition im Oxford Advanced Learners' English Dictionary hinausgeht, in dem es heißt: "Sustainability refers to keeping an effort going continously, the ability to last out and keep from falling".

Auch in der internationalen Entwicklungszusammenarbeit bezieht sich der Nachhaltigkeitsbegriff auf die Fortdauer (continuation) von Projekten und Programmen, wenn die Unterstützung durch einen externen Geber beendet ist. Diese allgemeine Vorstellung wird in den einzelnen Definitionen der Geber jeweils unterschiedlich akzentuiert.

Bei BMZ und GTZ wird ein Projekt dann als nachhaltig eingestuft, "wenn Projektträger und/oder Zielgruppen die mit dem Projekt erreichten Innovationen ohne fremde Hilfe dauerhaft weiterführen" (GTZ 1988:7). Ganz ähnlich definiert auch US.AID (1987:2):

"Sustainability is defined as a program's continuing to deliver services or sustain benefits after the donor's technical, managerial, and financial support has ended."

Die DAC-Expertengruppe der OECD brachte die Einzeldefinitionen ihrer Mitgliedsländer auf den gemeinsamen Nenner: "Ein Entwicklungsprogramm (oder Projekt) ist nachhaltig, wenn es in der Lage ist, für eine ausgedehnte Zeitperiode ein angemessenes Niveau von Nutzen sicherzustellen, nachdem die finanzielle, organisatorische und technische Hilfe eines externen Gebers beendet ist." (DAC 1988:11)

Die "ausgedehnte Zeitperiode" wird nicht näher bestimmt, sondern es wird darauf verwiesen, daß diese mit der Art der Projekte variiere. Gleiches gilt auch für den geschaffenen Nutzen. Ein "angemessenes Nutzenniveau" soll dann gegeben sein, wenn der Nutzenstrom (stream of benefits) im Hinblick auf die Investitions- und Folgekosten zur Erhaltung des Nutzens als vernünftig (reasonable) beurteilt werden kann:

"It is the net flow of benefits that is important in considerations of the sustainability of development programs. The emphasis in the definition is on sustaining the benefits, not the project. (...) It is the stream of benefits and the institutional ability to deliver them that are to be preserved, not necessarily the project itself." (DAC 1988:13)

Die Weltbank verwendet eine weitgehend an ökonomischen Kriterien ausgerichtete Nachhaltigkeitsdefinition:

"The term sustainability describes the ability of a project to maintain an acceptable level of net flow of benefits throughout its economic life. This ability rests on a number of factors and is frequently expressed in terms of internal economic or financial rates of return on the project investment." (World Bank 1985:1)

Um den Begriff für empirische Untersuchungen handhabbar zu machen, sind ein paar weitere Überlegungen erforderlich. Zuerst scheint es bedeutsam, die durch ein Projekt ausgelösten Wirkungen als kontinuierliche Prozesse zu betrachten. Einmal von einem Projekt durchgeführte Maßnahmen stellen Eingriffe in soziale Systeme dar, die fortwirken und sich nicht mehr ungeschehen machen lassen. Die Wirkungen eines Projekts können deshalb nicht zeitlich befristet werden, auch wenn sie nur zeitlich befristet gemessen werden können. Zeitliche Beschränkungen, wie sie in einigen der zitierten Nachhaltigkeitsdefinitionen verschiedener Geberorganisationen festgelegt werden, sind deshalb nicht zweckmäßig.

Neben einer zeitlichen ist auch eine inhaltliche Erweiterung des Nachhaltigkeitsbegriffs sinnvoll. Die Nachhaltigkeit eines Entwicklungsprojekts bedeutet mehr als "langfristiger Projekterfolg", der sich an den gesetzten Zielen orientiert und mit Hilfe eines SOLL-IST-Vergleichs bilanziert wird (vgl. Schubert, Agrawal u.a. 1984). Wenn "langfristiger Projekterfolg" - wie üblich - definiert wird als "die projektkonformen Leistungen/Wirkungen/Nutzen, die erst nach Projektende auftreten, jedoch ermöglicht werden durch Potentiale, die während der Projektlaufzeit geschaffen worden sind" (Hübener u. Bachmayer 1983:61), dann deckt sich dieser Erfolgsbegriff nicht mit einem umfassenden Nachhaltigkeitsbegriff, der auch die nicht-projektzielkonformen Wirkungen umfassen muß.

Projekte bzw. deren Maßnahmen wirken in vielfältiger Form auf die unterschiedlichsten Aspekte ihrer sozialen und ökologischen Umwelt ein. Dabei fallen neben den geplanten und beabsichtigt herbeigeführten Wirkungen, wie sie zum Beispiel in der Veränderung traditioneller Strukturen und Verfahren, in der Einführung neuer Techniken und Instrumente, in der Verbesserung der Ausbildung und Qualifikation, oder auf der mentalen Ebene in der Veränderung von Einstellungen und Werten zum Ausdruck kommen, auch unberücksichtigte, ungeplante und ungewollte Effekte an. Diese können - wie schon dargestellt - sowohl positiver Art sein, wenn sie projektzielkonform wirken, oder negativer Art, wenn sie den angestrebten Projektzielen entgegenlaufen.

Demnach bemißt sich die Nachhaltigkeit eines Projekts prinzipiell aus der Summe und dem Zusammenspiel aller ausgelösten und andauernden Wirkungen. Die meisten der hier dargestellten Nachhaltigkeitsdefinitionen stellen deshalb eine unzulässige Verkürzung des Begriffs dar. Bleiben die nicht-intendierten Wirkungen unbeachtet, kann eine Bestandsaufnahme der Nachhaltigkeit nur unvollkommen geleistet werden. Nachhaltigkeit darf deshalb nicht nur an der Erreichung der vorab formulierten Ziele gemessen werden (SOLL-IST-Vergleich), sondern eben auch an den darüber hinaus verursachten positiven wie negativen (Neben-) Effekten, die in dem ursprünglichen Ziel-Mittel-Schema nicht enthalten waren. Eine Erweiterung des Nachhaltigkeitskonzepts auf die systematische Berücksichtigung der nicht-intendierten Wirkungen ist deshalb unumgänglich[2].

In ihrem Bemühen, langfristigen Projekterfolg präziser zu beschreiben, unterscheiden Hübener und Bachmayer (1983:61ff) zwei Komponenten: Das während der Projektlaufzeit geschaffene Leistungspotential beim Projektträger oder der Zielgruppe und die - zumindest teilweise nach Projektende für bestimmte Zwecke/Ziele - stattfindende Nutzung des Leistungspotentials. Diese Unterscheidung beruht auf einem Projektverständnis, das Projekte als Investitionen begreift: "Während der Laufzeit (Beteiligung der ausländischen Geber) werden Leistungspotentiale geschaffen, gestärkt oder gesichert, deren Nutzung (zumindest teilweise!) erst nach Projektende erfolgt."

Vergleichbare Unterscheidungen, wie sie Hübener und Bachmayer (1983) vorschlagen, werden auch von vielen Geberorganisationen getroffen. So stellt der INTEGRATION-Bericht (1985 I:14)

---

[2] Vollkommen in die Irre führt die extreme Verkürzung des Nachhaltigkeitsbegriffs in der BMZ-Querschnittsanalyse von 1991. Dort wird behauptet: "Bei der Frage der Nachhaltigkeit von Projektwirkungen handelt es sich immer um geplante Wirkungen. (...) Grundsätzlich ist dies auch nicht anders denkbar." (BMZ 1991: Anhang 4, S. 9) Wenn die nicht-intendierten Effekte aus der Betrachtung ausgeschlossen werden, sollte es niemanden verwundern, wenn das BMZ aufgrund dieser Definition in Zukunft nur noch zu positiven Prüfergebnissen käme. Gerade die nicht-geplanten negativen Effekte, z.B. die ökologischen Schäden eines Staudammprojektes, könnten die Nachhaltigkeit eines Projektes doch wohl ohne Zweifel schwer in Frage stellen. Da es sich bei diesem Effekt jedoch keinesfalls um eine "geplante Wirkung" handeln dürfte, würden sie nach der Definition der Autoren der BMZ-Querschnittsanalyse bei der Beurteilung der Nachhaltigkeit des Projekts nicht berücksichtigt.

zu den Evaluierungspraktiken zahlreicher Geberländer fest, daß gemeinhin zwischen "consequences of a project" und "the qualitative aspects of the project itself" unterschieden wird. Allerdings erweisen sich die beiden Bereiche als nicht besonders trennscharf:

"It is sometimes not clear if the analysts themselves are clear about which of these factors are consequences (dependent variables), and which are causes (independent variables) from the viewpoint of aid sucess."

US.AID (1987:14) unterscheidet bei der Nachhaltigkeit von Entwicklungsprojekten zwischen der Projekt-Infrastruktur und den davon ausgehenden Wirkungen:

"Concern has focused on the sustainability not only of project infrastructure (personnel management structure, office space, vehicles, and equipment) but also of project impact. This may mean that the infrastructure is absorbed by other activities, making the impact invisible but sustained."

Außerdem trifft US.AID eine Unterscheidung zwischen "sustaining the activities and sustaining the benefits".

Das Central Evaluation Office der UNDP (1988) schlägt vor, Nachhaltigkeit danach zu bewerten: "of what is set in motion rather than what is left behind." Diese Auffassung wird damit gerechtfertigt, daß die Entwicklung von Institutionen, die Ausarbeitung von politischen Strategien, der Transfer von Technologien oder die Verbesserung der Ausbildungskapazitäten kontinuierliche Prozesse seien: "This kind of activity does not normally have discreet time frames with clearly defined beginnings and ends." Deshalb wird die Beurteilung von Entwicklungserfolgen, die sich strikt an den Resultaten orientieren und die innerhalb eines fixierten Zeitrahmens erreicht wurden, als unzweckmäßig abgelehnt.

Da auch das Central Evaluation Office der UNDP Projekte als gezielte Intervention innerhalb eines sozialen Systems betrachtet, die die Veränderung eines oder mehrerer System-Komponenten bewirken sollen, kommt es zu dem Ergebnis:

"As such it is the evolution of the system, into which the technical cooperation has been introduced, that should be the focus of the concern with sustainability." (1988:15)

Dies bedeutet, daß nicht so sehr die Strukturen von Bedeutung sind, die dem Partner am Ende der Unterstützungsperiode hinterlassen werden: "but perhaps more important is the institution's ability to adapt to changes in the demands upon it".

Diese Überlegungen aufgreifend, sollen hier zwei Komponenten der Nachhaltigkeit unterschieden werden:

Nachhaltigkeit kann sich einerseits beziehen auf die geschaffenen Strukturen und institutionellen Regelungen, die den Projektträger und/oder die Zielgruppe dazu befähigen sollen, zielkonform weiterzuwirken. Dieser Aspekt betont das während der Projektlaufzeit geschaffene Ressourcen- und Leistungspotential, das sich in funktionsfähigen Produktionsmitteln, ausgebildetem Personal, funktionalen Organisationsplänen etc. manifestiert. Diese strukturelle Komponente von Nachhaltigkeit bezieht sich auf die "Projekt-Infrastruktur", auf "what is left behind".

Die zweite Komponente der Nachhaltigkeit befaßt sich mit den Funktionen und Wirkungen, die das geschaffene materielle wie immaterielle Ressourcenpotential ausübt. Diese Komponente hebt auf den eigentlich wichtigeren Aspekt der Nachhaltigkeit ab, nämlich ob das Vorhaben mit der dafür implementierten Struktur auch nach Beendigung der externen Unterstützung noch in der Lage ist, seine konzipierten Leistungen zu erbringen. Diese Komponente der Nachhaltigkeit beschäftigt sich mit dem dynamischen Aspekt des Projekts, mit "what is set in motion".

Dabei ist entscheidend, daß der Partner (die Zielgruppe) dazu befähigt wurde, die als "optimal" geschaffenen Strukturen den sich immer wieder verändernden Umweltbedingungen anzupassen und weiterzuentwickeln. Sollte das nicht der Fall sein, dann werden die während der Förderlaufzeit geschaffenen Strukturen zwar noch eine Zeitlang wirken können, doch nach und nach werden sie immer weniger den gegebenen Verhältnissen entsprechen und keine positiven Wirkungen mehr entfalten. In solchen Fällen können die einmal als zweckmäßig etablierten Strukturen sogar selber zu Entwicklungshemmnissen werden. Viel wichtiger als die Schaffung eines Ressourcen- und Leistungspotentials ist deshalb die Vermittlung der Fähigkeit, dieses permanent verändern zu können.

Sollen nachhaltige Wirkungen erzielt werden, ist nicht die in eine Struktur gegossene Lösung eines Problems entscheidend, sondern die Schaffung einer Problemlösungskapazität, d.h. einer Fähigkeit dynamisch und aktiv, ohne weitere Geberunterstützung Strukturen so anzupassen, daß sie auch weiterhin "funktionsgerecht" sind.

Ein Beispiel mag dies verdeutlichen: Um die Ausbildungsqualität von Berufsschülern auf Dauer zu verbessern, damit sie auf dem Arbeitsmarkt bessere Chancen haben, reicht es nicht aus, das Ausbildungszentrum mit in der heimischen Wirtschaft üblichen Maschinen und Geräten auszustatten, ein den Berufsbildern angepaßtes Ausbildungskonzept zu entwickeln, die Ausbilder entsprechend zu schulen, Kontakte zur Industrie aufzubauen und vieles andere mehr (Etablierung einer funktionsgerechten Struktur), sondern viel wichtiger ist, daß das Ausbildungszentrum dieses Funktionsniveau auch über die Zeit hinweg aufrecht erhalten kann. Hierfür ist jedoch bedeutsam, daß der Partner dazu befähigt wurde bzw. gelernt hat, wie die Ausstattung in Betrieb gehalten wird (Wartung, Instandhaltung, Ersatzteilbeschaffung), wie sie langfristig modernisiert und an neue Entwicklungen angepaßt werden kann (Ersatz- und Neuinvestitionen), wie das Curriculum entsprechend weiterentwickelt und wie die Ausbilder fortgebildet werden sollen. *Nur wenn in den geschaffenen Strukturen schon gleichzeitig der Keim ihrer Veränderung mitimplementiert wurde, können sie nachhaltig ihre Funktionen erfüllen.*

Nachhaltigkeit läßt sich nach dieser Vorstellung analytisch auf drei Dimensionen bestimmen:

1. Dimension: Struktur-Funktion
Als Folge eines Projekts werden Strukturen geschaffen, die Funktionen erfüllen und Wirkungen ausüben.

2. Dimension: Geplant-Ungeplant

Die Strukturen und Funktionen können als Ergebnis einer zielgerichteten Institutionalisierung oder einer (vom Projekt her) nicht-intendierten Aktivität entstanden sein.

3. Dimension: Zielkonform-Zieldiskonform

Die geplant oder ungeplant aufgebauten Strukturen und ihre Funktionen können die Projektziele unterstützen (zielkonform) oder ihnen zuwiderlaufen (zieldiskonform).

Aus diesen Überlegungen heraus läßt sich folgendes analytisches Schema entwickeln.

Schaubild 2: Ein mehrdimensionaler Nachhaltigkeitsbegriff

Nachhaltigkeits-komponte	Geplant		Ungeplant	
Struktur	I	+ -	III	+ -
Funtion/Wirkung	II	+ -	IV	+ -

Legende: + = Zielkonformes Ergebnis
         - = Zieldiskonformes Ergebnis

Eine nach diesem Schema vorgenommene Nachhaltigkeitsprüfung hat festzustellen:

1. Ob die während der Förderlaufzeit implementierten Strukturen noch vorhanden sind (Quadrant I u. III).
2. Ob die geschaffenen Strukturen funktionsgerecht wirken und hierfür weiterentwickelt und den sich veränderten Umweltbedingungen adäquat angepaßt wurden (Quadrant II u. IV).
3. Ob durch das Projekt geplante und nicht-geplante zielkonforme oder diskonforme Strukturen entstanden sind (Quadrant I u.III).
4. Ob von dem Projekt geplante und nicht-intendierte zielkonforme oder diskonforme Wirkungen ausgehen (Quadrant II u. IV).

Das Schema macht deutlich, wie Nachhaltigkeit analytisch differenziert betrachtet werden kann und gibt hierfür vier untersuchungsleitende Fragen zur Hand. Je besser die Plus/Minus-Bilanz eines Projekts nach diesem Schema ausfällt, umso nachhaltiger ist es wirksam geworden.

Ein hypothetisches Beispiel für die Beurteilung der Nachhaltigkeit des Projektbereichs "Ausstattung" gibt Schaubild 3:

Schaubild 3: Der mehrdimensionale Nachhaltigkeitsbegriff
             Beispiel: Ausstattung

Nachhaltigkeits-komponente	Geplant		Ungeplant	
Struktur	I Ausstattung ist noch vorhanden und funktioniert noch: Änderung der Personalstruktur erforderlich (weil Ausstattung zu hohe Anforderungen stellt):	+ −	III Maschine X wurde nachgebaut: Ausstattung ist nicht mehr vorhanden:	+ −
Funtion/ Wirkung	II Ausstattung wird für die Ausbildung genutzt: Ältere Instruktoren werden entlassen (umgesetzt):	+ −	IV Maschine X wird mit Gewinn verkauft: Ausstattung wird nicht mehr genutzt:	+ −

Stockmann 1992

Eine Ex-post-Analyse zur Nachhaltigkeitsprüfung könnte zum Beispiel ergeben haben, daß die gelieferten Maschinen und Geräte allesamt noch vorhanden sind, sich in einem guten Wartungszustand befinden (Quadrant I: +) und weiterhin für die Ausbildung genutzt werden (Quadrant II: +). Allerdings hat sich (schon während der Förderzeit) herausgestellt, daß die gelieferte Ausstattung an das Personal so hohe Anforderungen stellt, daß eine Änderung der Personalstruktur notwendig wurde (Quadrant I: -). Durch die Entlassung oder Umsetzung nicht weiterbildungsfähiger Instruktoren (weil ihnen die Voraussetzungen fehlten) oder nicht weiterbildungswilliger Lehrer (weil sie den Projektansatz nicht mittragen wollten), wurden bewußt (geplant) negative Projektwirkungen verursacht (Quadrant II: -), da möglicherweise die dadurch zu erzielenden positiven (geplanten) Effekte als wichtiger eingeschätzt wurden. So kann es vorkommen, daß negative strukturelle und/oder funktionelle Effekte in einem Bereich bewußt (geplant) in Kauf genommen werden, um in anderen Bereichen oder insgesamt ein positives Ergebnis zu erzielen.

Das hypothetische Beispiel fortführend, könnten auch ungeplante Effekte eingetreten sein: So wurde die Maschine X während der praktischen Ausbildung von den Schülern nachgebaut (Quadrant III: +) und sogar mit Gewinn verkauft (Quadrant IV: +). Ein negatives Beispiel wäre dann gegeben, wenn die Ausstattung gar nicht mehr vorhanden ist (Quadrant III: -) und deshalb auch nicht mehr für die Ausbildung genutzt werden kann (Quadrant IV: -).

Zusammenfassend ist festzuhalten, daß ein Projekt dann als nachhaltig angesehen wird,
- wenn es in möglichst vielen Bereichen problemadäquate Strukturen aufgebaut hat und die eigenständige Problemlösungsfähigkeit der Partnerorganisationen und/oder Zielgruppe so gesteigert hat, daß eine permanente strukturelle Anpassung an sich verändernde Umweltbedingungen stattfindet. *(Problemlösungskapazität)*
- wenn dadurch zahlreiche (geplante wie nicht-intendierte) Multiplikatoreffekte entstanden sind, so daß sich durch das Projekt Wirkungen entfalten, die den Betroffenen nutzen und sich über den Träger und/oder die Zielgruppe hinaus verbreiten, so daß dadurch immer mehr Menschen davon profitieren und keine isolierten Entwicklungsinseln entstehen. *(Multiplikatorwirkungen)*
- wenn schließlich, im günstigsten Fall, die durch das Projekt geschaffenen oder veränderten Strukturen zum Modell für andere "Projekte" und Einrichtungen werden, so daß immer mehr (angepaßte) Kopien des Prototyps entstehen und als erfolgreiches Muster für eine angemessene Problemlösung Verbreitung finden. *(Modellwirkung)*

2.1.3 Ein Lebenszyklusmodell für Entwicklungshilfeprojekte

Da Entwicklungshilfeprojekte hier als organisierte Teilsysteme betrachtet werden, die mittels sozialer, wirtschaftlicher und technischer Interventionen in und durch Organisationen Wirkungen entfalten, die weit über das Förderende hinausreichen, ist eine zeitliche Erweiterung des Projektbegriffs über den Abschluß der Geberförderung hinaus eine erste Vorbedingung, um Nachhaltigkeit als integrierten Bestandteil einer Projektkonzeption zu begreifen[3].

Hierzu könnte sich vor allem die Übernahme des in den Sozialwissenschaften verbreiteten Modells des "Lebenszyklus" oder "Lebensverlaufs" als besonders nützlich erweisen. Die Erforschung der Lebensverläufe von Individuen, Familien, Alterskohorten und (in der Betriebswirtschaft) die Abfolge von Produktzyklen hat zu neuen theoretischen Einsichten und interessanten empirischen Ergebnissen geführt.[4] Der Lebenszyklus, als "kontinuierliche Folge von durch Ereignisse abgegrenzten Phasen" (Friedrichs u. Kamp 1978: 176) scheint auch zur Beschreibung der Verlaufsge-

---

[3] Wenn behauptet wird, daß diese Sichtweise schon längst üblich sei, muß auf den Widerspruch zur entwicklungspolitischen Praxis verwiesen werden, in der die Zeit nach Beendigung der Geberhilfe bisher kaum Aufmerksamkeit erfuhr. Dies wird besonders daran deutlich, daß die GTZ über kein Nachbetreuungskonzept verfügt und die Projektakten des BMZ nach Förderende in den Archiven verschwinden. Weder die GTZ noch das BMZ führen eine systematische Nachbeobachtung, geschweige denn eine langfristige, über das Förderende hinausgehende Erfolgskontrolle durch.

[4] Das Lebenszyklusmodell wurde schon mehrfach fruchtbar angewendet. Vgl. Kohli 1978, Müller 1980, Baltes u.a. 1986, Sørensen u.a. 1986, Voges 1987. Neuerdings auch in der Organisationsforschung im Rahmen der Evolutions- und Population-Ecology Ansätze. Vgl. u.a. Hannan u. Freeman 1977; Aldrich 1979; Kimberley, Miles u.a. 1980; Freeman 1982; McKelvey u. Aldrich 1983; Carroll 1984 u. 1988; Astley 1985, Kieser 1985.

schichte von Entwicklungsprojekten geeignet. Die verschiedenen Phasen eines Projekts - wie die Projektfindung, Prüfung, Planung, verschiedene Durchführungsphasen, Nachbetreuung etc. - sind durch jeweils typische Probleme charakterisiert, lassen sich leicht voneinander abgrenzen und sind anhand einer Vielzahl prozeßproduzierter Daten, wie sie in Vorabstellungnahmen, Projektprüfungsberichten, Durchführungsangeboten, BMZ-Aufträgen, Projektbeschreibungen, Abkommenstexten, Projektfortschrittsberichten, Projektverlaufskontrollen, Evaluierungs- und Inspektionsberichten etc. vorliegen, gut analysierbar.

Der Vorteil einer solchen, an einem Lebenslauf orientierten Betrachtung, ist darin zu sehen, daß ein endogener Kausalzusammenhang hergestellt wird:
"Spätere Bedingungen, aber auch Zielsetzungen und Erwartungen, sind primär zu verstehen und zu erklären aus Bedingungen, Entscheidungen, Ressourcen und Erfahrungen der vorausgegangenen Lebensgeschichte." (Mayer 1987:60)

Phasen und Abschnitte des Lebensverlaufs werden in einem gemeinsamen Zusammenhang gesehen. Die Zeitachse verbindet die einzelnen Phasen miteinander, in denen jeweils die Umsetzung spezifischer Planungs- und Handlungsschritte für die sukzessive Akkumulation von Ressourcen sorgt. (Vgl. Schaubild 4)

Der Lebensverlauf eines Entwicklungsprojekts läßt sich in zwei zentrale Abschnitte zerlegen: In die geberunterstützte Projektlaufzeit und in die Zeit nach Abschluß der Geberförderung, wenn das Projekt in alleiniger Regie des Partners fortgesetzt wird. Der Beginn des Lebensverlaufs eines Projekts kann mit der Formulierung einer Projektidee, oder genauer eines Förderantrages markiert werden (t_1). Das Ende eines Projekts ist schwieriger zu definieren, denn selbst wenn das Partnerland alle direkten Hilfen eingestellt hat und das Projekt organisatorisch aufgelöst wurde, können (und sollen) die etablierten Strukturen weiterhin ihre Wirkungen entfalten. Unstrittig ist lediglich, daß das Ende eines Projekts nicht identisch ist mit dem Abzug der ausländischen Experten und dem Auslaufen der Geberhilfe (t_F). Dieser Moment markiert vielmehr den Übergang des Projekts in eine besonders kritische Lebensphase[5]. Ohne die materielle wie personelle Geberunterstützung und ohne durch einen per Projektabkommen garantierten Sonderstatus, muß sich nun zeigen, ob mit Hilfe der implementierten Maßnahmen ein tragfähiges Problemlösungskonzept installiert und personell wie organisatorisch abgesichert werden konnte, das dem hohen Anspruch "Hilfe zur Selbsthilfe" zu sein, gerecht wird. Erst in dieser Bewährungsphase erweist es sich, ob ein Projekt Nachhaltigkeit erzielt.

Die Phasen nach Abschluß der Geberförderung (t_{NF}) erscheinen im Denkmodell eines Lebensverlaufs einerseits als natürliche Folgephasen mit besonderen Erfordernissen, die sie klar von den anderen Projektphasen trennen. Andererseits macht eine Lebenszyklusperspektive deutlich, daß die Phasen nach dem Förderende auf den in den vorangegangenen Phasen akkumulierten Ressourcen aufbauen. Dadurch wird die Bedeutung einer Planung und Durchführung, bei der die einzelnen Projektphasen daran ausgerichtet sind, nachhaltige Projekte zu kreieren, die in der Lage sind einen

---

[5] Zu den Anpassungsschwierigkeiten nach der Projektübergabe vgl. die interessanten Ausführungen von Schubert, Agrawal u.a. 1984: 37ff.

2.1 Theoretische Überlegungen

Schaubild 4: Lebenszyklusmodell für Entwicklungshilfeprojekte

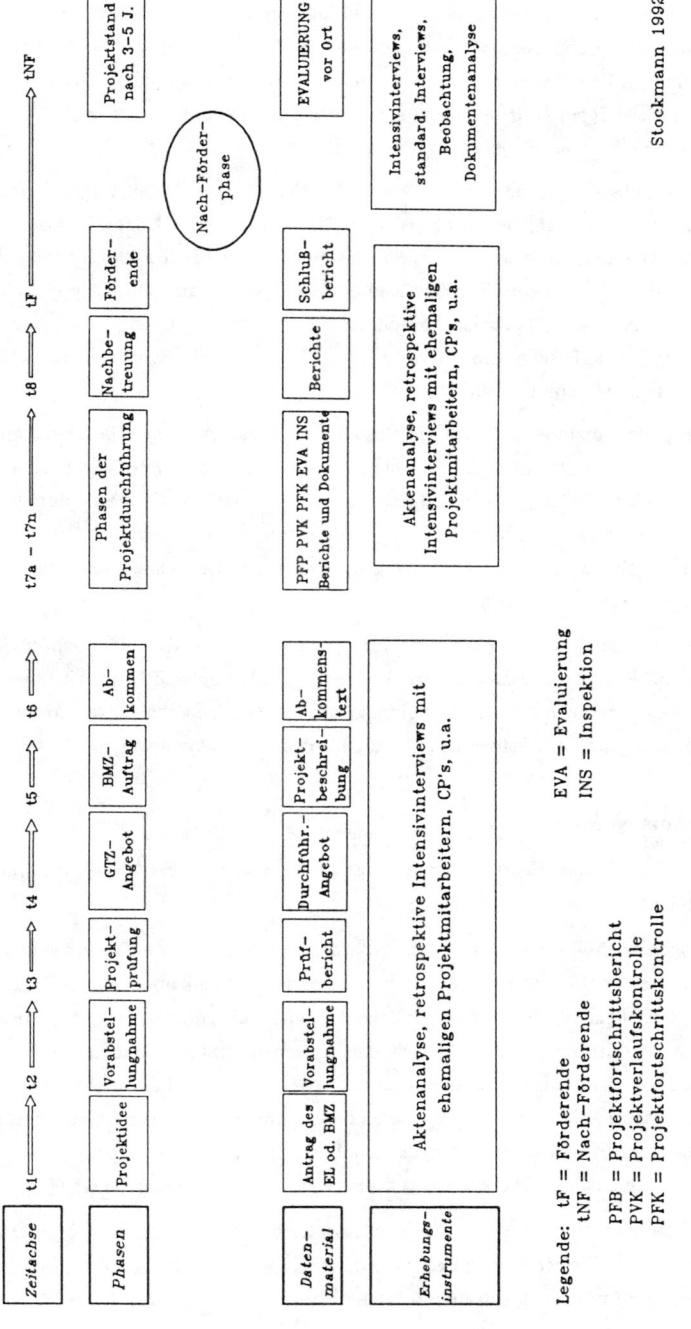

dauerhaften Wandel einzuleiten und steuernd zu beeinflussen, besonders hervorgehoben. Wie die Karrierestufen im Lebensverlauf eines Individuums, bauen die einzelnen Projektphasen aufeinander auf und sind im Zeitverlauf daraufhin geordnet, daß der Partner sukzessive die Steuerungskompetenz und notwendigen Mittelaufwendungen selbst übernimmt, bis er schließlich nach dem Ausscheiden des Gebers das Projekt alleine weiterführt.

Eine solche Lebenszyklusperspektive macht deutlich, daß die Nachhaltigkeit eines Projekts schon durch die Projektauswahl beeinflußt wird und daß die während der Förderlaufzeit geschaffenen materiellen wie immateriellen Strukturen das Fundament für die langfristigen Projektwirkungen bilden. Darüber hinaus hebt diese Sichtweise die besondere entwicklungspolitische Verantwortung des Gebers hervor, der das Projekt mit dem Förderende nicht einfach als beendet betrachten kann, weil er auch für die Folgen seiner Aktivitäten und sozialen, wirtschaftlichen, technischen und ökologischen Eingriffe verantwortlich ist.

Da sich Projekte letztlich nicht auf die Beseitigung aktueller Mängel beschränken, sondern vor allem eine dauerhafte Steigerung der Problemlösungskapazität bewirken wollen, um dem Anspruch, "Hilfe zur Selbsthilfe" zu sein, gerecht zu werden, kann der Erfolg dieser Bemühungen, die Nachhaltigkeit eines Projekts, erst nach der Geberunterstützung evaluiert werden. Wie eingangs dargestellt, finden solche Erhebungen oder eine systematische Nachbeobachtung allerdings bisher höchstens in Ausnahmefällen statt.

Die Akzeptanz des Lebenszyklusmodells impliziert nicht nur, daß die Nachförderphase stärker in der Auswahl, Planung und Durchführung eines Projekts berücksichtigt wird und damit die Nachhaltigkeit des Vorhabens in den Mittelpunkt aller Aktivitäten rückt, sondern auch eine Kontroll- und Evaluierungspraxis, die über das Förderende des Gebers hinausreicht.

2.1.4 Zusammenfassung

Ein kurzes Fazit ziehend ist festzuhalten, daß die folgende Untersuchung auf drei konzeptionellen Überlegungen aufbaut:

Ausgegangen wird von einem simplen *Wirkungsmodell*, das einen Zusammenhang zwischen dem Projekt und seiner Umwelt herstellt. Dabei werden Projekte als organisierte Teilsysteme betrachtet, die in ein bestehendes oder neu gegründetes Organisationsgefüge (Trägerorganisation) eingebettet sind, das wiederum Bestandteil eines größeren Systemzusammenhangs ist. Projekte können deshalb Wirkungen innerhalb dieser und durch diese Organisation entfalten, und sind umgekehrt über ihre Trägerorganisation der Beeinflussung durch die sie umgebenden Systeme ausgesetzt. Projektinputs werden als soziale, wirtschaftliche oder technische Interventionen begriffen, die in anderen Systemen Wirkungen auslösen, die als kontinuierliche Prozesse zu betrachten sind.

Da die Wirkungen eines Projekts weit über sein Förderende hinausreichen, geplant oder ungeplant entstehen und der Zielerreichung des Projekts förderlich oder abträglich sein können, ist ein *Nachhaltigkeitsbegriff* notwendig, der über das Begriffsverständnis eines "langfristigen Projekterfolgs", der sich mit Hilfe eines an den gesetzten Zielen orientierten Soll-Ist-Vergleichs bilanzieren läßt, hinausreicht.

Hier werden drei Dimensionen unterschieden: Die erste bezieht sich auf die geschaffenen Strukturen und die Funktionen, die sie erfüllen. Dahinter steht die Vorstellung, daß die Nachhaltigkeit eines Entwicklungsprojekts nicht in erster Linie an der während der Förderlaufzeit implementierten personellen wie materiellen Infrastruktur und den damit verbundenen Arbeitsweisen, Richtlinien und institutionellen Regeln gemessen werden darf, sondern vor allem daran, ob die potentiell entwicklungsfördernden Strukturen tatsächlich ihren Funktionen gerecht werden, also entsprechende Wirkungen entfalten und umfassend genutzt werden. Dies impliziert, daß der Partner über eine ausreichende Problemlösungsfähigkeit und ein entsprechendes Innovationspotential verfügen muß, um die etablierten Strukturen immer wieder den sich verändernden Verhältnissen anzupassen. Die zweite Dimension bezieht sich darauf, ob die geschaffenen Strukturen und ihre Funktionen Ergebnis eines zielgerichteten und geplanten oder ungeplanten Prozesses sind. Darüber hinaus wird drittens festgestellt, ob die Ergebnisse zielkonform oder diskonform zu bewerten sind.

Das *Lebenszyklusmodell* rückt die zeitliche Perspektive ins Blickfeld und hebt vor allem die für die Beurteilung der Nachhaltigkeit so wichtige Phase nach der Geberförderung hervor. Nach diesem Modell konstituieren sich Projekte aus einer Reihe aufeinanderfolgender und voneinander abgrenzbarer Phasen, in denen jeweils die Umsetzung spezifischer Planungs- und Durchführungsschritte für die sukzessive Akkumulation von Ressourcen sorgt. Durch die Zeitachse werden die einzelnen Phasen miteinander verbunden und in einen kausalen Zusammenhang gebracht.

2.2 Das Analyseinstrumentarium

Der hier verwendete methodische Ansatz baut auf diesen drei konzeptionellen Überlegungen auf. Aus dem Lebenszyklusmodell folgt, daß für die Analyse der Nachhaltigkeit eines Entwicklungsvorhabens der gesamte Lebenszyklus eines Projekts untersucht werden muß, weil das während der Entstehung, Planung und Durchführung geschaffene personelle wie materielle Ressourcenpotential sowie die während der einzelnen Lebenszyklusphasen vorgefundenen äußeren Strukturen und Bedingungen das Fundament und den Erklärungsrahmen für die weitere Entwicklung des Projekts nach der Geberförderung bilden.

Für die Analyse bedeutete dies, daß die einzelnen Phasen des gesamten Lebenszyklus eines Projekts aufgearbeitet werden mußten, um die Entwicklung während der Förderlaufzeit mit der des Nachförderzeitraums vergleichen zu können. Hierfür wurde ein integriertes Erhebungsraster entwickelt, das einerseits zur Operationalisierung und Erfassung der während der Projektfindung, Planung und Durchführung vorgefundenen Strukturen und Bedingungen dient, zur Dokumentation der geschaffenen personellen und materiellen Ressourcen, zur Darstellung und Bewertung der erzielten Veränderungen, der dabei aufgetretenen Probleme und der attribuierten Ursachen für den geplant oder ungeplant bewirkten Wandel. Andererseits wird mit diesem Erhebungsinstrument die Entwicklung in der Nach-Förderphase erfaßt. Ein Vergleich der Ergebnisse aus beiden Analysen soll Aufschluß darüber geben, ob das untersuchte Entwicklungsprojekt Nachhaltigkeit erzielte und welche Bedingungen dazu führten.

2.2.1 Die Analysefelder

Für die Gliederung des Rasters wurden, dem konzipierten *Wirkungsmodell* folgend, Entwicklungsfelder ausgegrenzt. Die Auswahl dieser Wirkungsbereiche ist zwar theoretisch nicht begründet, aber empirisch gut abgesichert. Alle Faktoren, die in den bisher ausgewerteten Studien nationaler und internationaler Geber als zentral und entscheidend für die Erzielung von Nachhaltigkeit herausgearbeitet wurden (vgl. Stockmann 1989), wurden hierbei berücksichtigt. D.h. das vorliegende Raster stellt einen systematisch geordneten Maximalkatalog dar, um möglichst alle in Frage kommenden Einflußfaktoren zu erfassen.

Das Erhebungsraster wurde in neun Bereiche aufgeteilt, die so konzipiert sind, daß sie je nach Projekttyp austauschbare Module darstellen. Bis auf den Entwicklungsbereich 9, in dem sich die sektorspezifischen Fragen konzentrieren (also z.B. zur Entwicklung der Ausbildung im Berufsbildungsbereich bzw. einer Gewerbeschule oder einer Lehrerausbildungsstätte), sollen die Fragenkomplexe in den übrigen Feldern prinzipiell auch für die Evaluierung anderer Projekttypen anwendbar sein.

Im folgenden wird nun eine knappe Charakterisierung der einzelnen Kapitel des Analyserasters vorgenommen. *(Das Analyseraster kann auf Anfrage vom Autor bezogen werden.)*

Das erste Analysekapitel *"Projektdemographie"* enthält die wichtigsten Lebenszyklusdaten eines Projekts sowie ausgewählte Sozial- und Wirtschaftsindikatoren eines Partnerlandes. Damit die Sozial- und Wirtschaftsdaten und damit das Entwicklungsniveau einschätzbar werden, sind jeweils Durchschnitts-Vergleichswerte für "low income economies" und "industrial market economies" angegeben, die gleichsam die Bandbreite markieren, innerhalb derer die meisten der untersuchten Entwicklungsländer liegen. Dieser Indikatorenteil ist so benutzerfreundlich konzipiert, daß alle Angaben aus dem World Development Report entnommen werden können. In einer anschließenden Länderkurzcharakterisierung werden die wichtigsten Gesellschaftsbereiche in einem kurzen Überblick behandelt, um die Rahmenbedingungen, die das Partnerland aufweist, zumindest grob beurteilen zu können.

Unter dem Titel *"Projektdesign"* sind die Fragen zusammengefaßt, die sich mit der Planung, Konzeptionierung, Durchführung, Steuerung, Kontrolle und Evaluierung des Projekts während der Förderlaufzeit beschäftigen. Außerdem wird die Vorbereitung des Förderendes und die Form der Partnerbeteiligung dabei thematisiert.

Im nächsten Kapitel werden die *Nachbetreuung und Nachkontakte* untersucht sowie die Fortführung der Projektziele durch Träger und Zielgruppen. Zudem werden die *politische Priorität* und die *politische Unterstützung*, die das Projekt und der Träger im Zeitverlauf erhalten haben, herausgearbeitet.

Intensive Beachtung findet anschließend die *Organisationsstruktur des Projektträgers*. Da sich der Projektträger in allen Untersuchungen nationaler und internationaler Geber als ein besonders kritischer und entscheidender Bereich für die Erzielung von Nachhaltigkeit herausstellte, wird er hier auf möglichst vielen verschiedenen Dimensionen analysiert (u.a. Organisationsaufbau, Arbeitsteilung, Kompetenzverteilung, Koordination, Arbeitsplanung, Funktionsfähigkeit und organisatorische Leistungsfähigkeit, externe und interne Entscheidungsstruktur, Führungsstil, Informations- und Kommunikationsstruktur, Zusammenarbeit etc.).

Wegen ihrer großen Bedeutung für die Nachhaltigkeit werden die Bereiche *Finanzstruktur* (u.a. Haushaltsbudget des Trägers, Folgekosten, finanzielle Stabilität des Trägers, Finanzquellen, nationale Finanzlage etc.) und *Ausstattung und Produktion* (u.a. Ausstattungs- und Produktionsmittel, Investitionen, Technik, Folgewirkungen, nationales Technikniveau, Normen, Umweltverträglichkeit, Ökologie etc.) separat untersucht.

Die *Zielgruppe* ist für die Entwicklung eines Projektes von so zentraler Bedeutung, daß sie hier *nicht nur innerhalb eines Analysekapitels* behandelt wird. Da die Zielgruppe in jedem der aufgeführten Entwicklungsbereiche eine Rolle spielt, werden wichtige Aspekte der Zielgruppe bereits dort behandelt. Die Analysefelder "Personal und Ausbildung" sowie der hier ausgewählte Entwicklungssektor "Berufliche Bildung" stellen zentrale Zielgruppenkapitel dar, da es hierbei im wesentlichen um die Aus- und Weiterbildung der Zielgruppe geht. Nur die in diesen Kapiteln nicht aufgegriffenen Aspekte werden gesondert behandelt.

Im letzten Analysekapitel sind die *sektorspezifischen Fragen* zusammengefaßt. In dieser Arbeit, bei der es um die Analyse von Berufsbildungsprojekten geht, wird vor allem die Lehrer-, Schüler- und Unterrichtssituation erfaßt, es werden die Ausbildungsinhalte und ihre Berufsbezogenheit geprüft. Außerdem werden die Arbeitsmarktchancen und Berufseinstiege sowie mögliche Verdrängungs- und Multiplikatoreffekte untersucht. Nicht zuletzt ist die Analyse wichtiger Rahmenbedingungen wie das Bildungssystem, die Rolle der Betriebe, die Wirtschaftsstruktur, soziokulturelle Verhaltensweisen und andere mehr vorgesehen.

2.2.2 Die Analysestrategie

Mit Hilfe des Rasters sollen die Strukturen, Bedingungen und Veränderungen während und nach der Geberförderung in diesen ausgewählten Analysebereichen untersucht werden.

Ausgangspunkt für die hierfür gewählte analytische Vorgehensweise ist der neben dem Lebenszyklusmodell und dem Wirkungsmodell entwickelte *mehrdimensionale Nachhaltigkeitsbegriff*, nach dem möglichst viele, durch ein Projekt ausgelöste und andauernde Wirkungen erfaßt werden sollen. Strukturen und Entwicklungen innerhalb jedes Analysebereichs werden deshalb systematisch in *drei Arbeitsschritten* untersucht:

1. Zuerst werden für jeden Entwicklungsbereich - gegebenenfalls nach einer klärenden Definition - *Leitfragen zur Erschließung der Projektsituation* gestellt. Dadurch sollen die gegebenen Strukturen und ihre Veränderungen über die Zeit hinweg erfaßt werden. Diese Situationsbeschreibungen werden dann mit Einschätzungsskalen verknüpft. Dabei wird besonderer Wert darauf gelegt, daß diese Einschätzungen begründet werden und belegt sind durch die in den Situationsbeschreibungen dargelegten Statements. D.h. mehrere Analysefragen zur Erschließung eines bestimmten Sachverhalts werden zu einem Indikator gebündelt, der in einer Bewertung dieses Sachverhalts auf einer Skala gipfelt.

   Der Indikator "finanzielle Stabilität des Projektträgers" erschließt sich zum Beispiel aus den Analysefragen zu den Haushaltsproblemen des Trägers, zu den eventuellen Finanzierungslücken, die durch das Einstellen der Geberförderung entstanden, zu den Folgekosten, die aus den personellen und materiellen Maßnahmen des Projekts während der Förderlaufzeit resultieren u.a. mehr. Die dabei aus verschiedenen Quellen gewonnenen Informationen werden dann in einer Bewertung unter Zuhilfenahme einer Skala gebündelt.

2. Im zweiten Abschnitt werden die *externen Rahmenbedingungen* analysiert, die auf den Entwicklungsbereich während der Förderlaufzeit (Aktenanalyse) bzw. danach (Ex-post Analyse) Einfluß nehmen. D.h. alle potentiellen äußeren Einflußfaktoren - wie politische, finanzielle, ökonomische, soziale, kulturelle, ökologische, regionale, internationale und andere Rahmenbedingungen - werden nicht jeweils separat behandelt, sondern - dem Wirkungsmodell folgend - innerhalb der einzelnen Entwicklungsbereiche. Durch diese Vorgehensweise werden die Rahmenbedingungen nicht isoliert betrachtet, sondern mit den Projektinterventionen (unabhängige Variable) und den Projektwirkungen (abhängige Variable) verknüpft.

3. Diesen eher deskriptiven Darstellungen folgt zum Schluß ein mehr *analytisch ausgerichteter Teil*, der auf den während der Förderlaufzeit (Aktenanalyse) bzw. danach (Ex-post Analyse) eingetretenen (geplanten und ungeplanten) Veränderungen aufbaut (struktureller und funktionaler Wandel). Dabei wird - wenn möglich - geprüft, ob die ermittelten Veränderungen auf Projektinterventionen oder auf externe Rahmenbedingungen zurückzuführen sind (Kausalitätsproblem).

Diese Vorgehensweise entspricht nicht der sonst üblichen Evaluierungspraxis, bei der von der Zielebene her analysiert wird. Dabei wird von den festgelegten Zielen ausgegangen und es wird untersucht, welche Aktivitäten mit welchem Erfolg zu welchen Ergebnissen führten und inwieweit diese zur Ziel- und Oberzielerreichung beitrugen.

Hier wird eine umgekehrte Vorgehensweise vorgeschlagen. Ausgangspunkt sind die empirisch beobachteten Wirkungen, die Veränderungen, die sich im Umfeld des Projektes (beim Träger, der Zielgruppe und anderen Umweltbereichen) während der Förderlaufzeit ereigneten. Dann wird nach den Ursachen dieser Veränderungen gefragt: Sind sie überhaupt auf Projektinterventionen zurückzuführen oder sind dafür ganz andere Faktoren verantwortlich?

Diese Methode erscheint insbesondere für eine Untersuchung zur Nachhaltigkeit fruchtbarer zu sein, als die herkömmliche Evaluierungspraxis bei BMZ und GTZ, die von einem Zielsystem ausgeht und deshalb oft nur den Entwicklungslinien folgt, die durch die Ziele vorgegeben scheinen. Dadurch wird insbesondere der Blick für ungeplante Veränderungen, die die geplanten Ergebnisse unterstützen oder ihnen zuwiderlaufen können, eingeschränkt. Doch erst beide Entwicklungsstränge zusammen ergeben ein komplettes Bild von den Projektwirkungen.

Darüber hinaus bietet der hier gewählte Untersuchungsansatz den Vorteil, daß nicht erst mühsam Ziele aus den Akten rekonstruiert werden müssen, die einerseits meist unzureichend dokumentiert sind, was im Hinblick auf die Untersuchung bereits länger zurückliegender Projekte besonders ins Gewicht fällt. Andererseits würden sie auch deshalb einen schlechten Ansatzpunkt darstellen, weil sich die Projektziele im Zeitverlauf verändert haben können und die verschiedenen am Entwicklungsprozeß beteiligten Institutionen und Gruppen (BMZ, GTZ, Experten, Projektträger, CP's u.a.) möglicherweise auch ganz unterschiedliche Ziele verfolgten.

Für eine Untersuchung der Nachhaltigkeit erscheint deshalb der klassische Soll-Ist-Vergleich nicht so vielversprechend. Bei der Nachhaltigkeitsfrage steht im Vordergrund, welche Projektinterventionen und Rahmenbedingungen in welcher Kombination erfolgreich waren, unabhängig davon, ob diese Aktivitäten einst auch im Zielsystem formuliert worden waren. Es ist vielmehr wichtig, herauszufinden, was die Nachhaltigkeit eines Projektes ausmacht und welche Faktoren dazu geführt haben, um diese in Zukunft schon in der Planung und Durchführung berücksichtigen zu können.

2.2.3 Die verwandten Datenerhebungsmethoden

Für die Beantwortung der in dem verwandten Analyseraster zusammengestellten Fragebatterien mußten jeweils unterschiedliche Datenerhebungs-Instrumente eingesetzt werden, um möglichst viele Datenquellen auszuschöpfen: Zur Rekonstruktion der Projektentwicklung vor dem Förderende boten sich vor allem die Akten im Bundesministerium für wirtschaftliche Zusammenarbeit und in der Deutschen Gesellschaft für Technische Zusammenarbeit an. In Form einer Inhaltsanalyse wurden die dort verfügbaren Akten unter Verwendung des Analyseleitfadens ausgewertet.

Auf die generellen methodischen Probleme, die bei der Analyse prozeßproduzierter Daten (in Form von Akten) anfallen, soll hier nicht eingegangen werden. Doch ist unbedingt zu berücksichtigen, daß die dort gesammelten Schriftstücke und Berichte keine objektive Abbildung der Realität des Projektes oder des Partnerlandes darstellen, sondern daß ihre Abfassung vielfältigen Zwecken gedient haben kann. So stellen z.B. die Projektfortschrittsberichte (PFK) der GTZ " im erheblichen Maße Steuerungsinstrumente zur Beeinflussung projektrelevanter Entscheidungen" dar (Neun 1985:145); fachbezogene, sachliche Begründungen können dazu benutzt worden sein, eigentlich politisch getroffene Entscheidungen nachträglich zu legitimieren; oder Feasibility-Studien und Evaluierungsberichte dienten eher der Selbstdarstellung des Gutachters als der Schilderung objektiver Tatbestände. Die aus dem Aktenmaterial gewonnenen Erkenntnisse waren deshalb mit aller Vorsicht zu interpretieren und zu bewerten.

Um diese methodische Schwäche abzufedern, wurden ergänzend andere Informationsquellen herangezogen. Hier kamen vor allem ehemalige Projektansprechpartner und Experten sowie damals verantwortliche BMZ- und GTZ-Mitarbeiter in Frage. Mit Hilfe von - durch das Raster geleiteten - Intensivinterviews konnten diese Personen zum vergangenen Projektgeschehen befragt werden. Durch das bei der Aktenanalyse schon gewonnene Wissen waren auch gezielte Fragestellungen möglich. Die methodischen Probleme retrospektiver Befragungen sollen hier ebenfalls nicht thematisiert werden.

Für die Ex-post Analyse wurden mehrere Erhebungstechniken verwendet. Eine besonders wichtige Methode ist die Durchführung von *Intensivinterviews* mit verantwortlichen Personen. In den hier untersuchten Berufsbildungsprojekten wurden zum Beispiel Interviews geführt:
- mit Referenten der zuständigen Fachabteilungen im Erziehungs- und Arbeitsministerium,
- mit Führungspersonen der zu untersuchenden Institution (Direktor, Ausbildungsleiter, Verwaltungschef, Abteilungsleiter),
- mit Direktoren konkurrierender Bildungseinrichtungen,
- mit Dozenten (oder Gewerbelehrern), die möglichst schon sehr lange, am besten bereits während der Förderlaufzeit an der zu untersuchenden Institution tätig waren,
- mit ehemaligen Counterparts (CP's),
- mit Arbeitgebern, die Absolventen der untersuchten Institution eingestellt haben,
- und schließlich mit Absolventen, die bereits im Berufsleben stehen.

Bei der Durchführung der Interviews mußten die Analysekategorien zumeist immer erst in Interviewfragen umgesetzt werden. Der Analyseleitfaden wurde dabei als Gliederungsschema verwandt. Natürlich wurden nur die Analysefragen ausgewählt, von denen angenommen wurde, daß die befragte Person hierzu über Informationen verfügt. Vor jedem Intensivinterview war deshalb, je nach der Funktion der befragten Person, ein jeweils spezielles Set von Analysefragen zusammenzustellen, um das Interview zu strukturieren.

Stehen genügend Interviewpartner mit ähnlichen Funktionen zur Verfügung, so daß das gleiche Set von Fragen an mehrere Personen gerichtet werden kann, bietet dies die Möglichkeit die Validität und Reliabilität der gewonnenen Aussagen beträchtlich zu erhöhen. Die Redundanz der gesammelten Informationen erhöht die Wahrscheinlichkeit, daß eine Entwicklung möglichst realitätsnah beschrieben und bewertet wird. Durch ein "cross-check-Verfahren" konnten Widersprüche in den Aussagen aufgedeckt und Gemeinsamkeiten herausgearbeitet werden.

Um noch andere Datenquellen für die Bearbeitung der Analysekategorien zu erschließen, wurden weitere Erhebungsinstrumente angewandt. Vor allem wenn größere Gruppen von Personen befragt werden sollen, empfiehlt sich ein *standardisierter Fragebogen*, der in mündlicher oder schriftlicher Form (z.B. in Gruppensitzungen) einsetzbar ist. Solche standardisierten, schriftlichen Befragungen wurden in den untersuchten Berufsbildungsprojekten für folgende Zielgruppen durchgeführt:
- Studenten (oder Auszubildende) der zu untersuchenden Institution,
- Lehrer (Ausbilder, Instruktoren, etc.) der zu untersuchenden Institution,

- Arbeitgeber (Betriebsleiter, Personalchefs, Werkstattleiter, Meister etc.), die Absolventen dieser Institution beschäftigen
- und Absolventen, die bereits im Berufsleben stehen.

Auf die zahlreichen methodischen Probleme, die generell bei Interviews auftreten und die sich in fremden Kulturkontexten noch drastisch steigern, soll hier nicht eingegangen werden.

Um die Ausstattung, Nutzungsformen, die Kapazitätsauslastung, den Unterrichtsstil etc. zu beurteilen, bewährte sich die *Methode der Beobachtung*. Auch hier diente das Analyseraster als Strukturierungshilfe für einen Beobachtungsleitfaden.

Nicht zuletzt sorgte natürlich auch die Sammlung von *schriftlichen Unterlagen*, zum Beispiel über das Bildungssystem und den Arbeitsmarkt des Partnerlandes sowie über die Organisation, den Haushalt, das Personal des Projektträgers und über die verwendeten Curricula etc. für weiteres Informationsmaterial.

Erst als das gesamte, mit Hilfe der verschiedenen Erhebungsverfahren gesammelte und durch das verwandte Analyseraster vorstrukturierte Datenmaterial vorlag, wurden die einzelnen Informationen zu einer Frage im Vergleich miteinander ausgewertet.

2.2.4 Erfahrungen mit dem Analyseinstrument

Die während der Erhebungen mit dem Analyseinstrument gewonnenen Erfahrungen lassen sich kurz wie folgt zusammenfassen:

1. Das Analyseraster hat sich als technisch handhabbar erwiesen. Für nahezu alle Analysefragen konnte in einem vertretbaren Zeitrahmen empirisches Material gesammelt werden.
2. Die Verwendung von Einschätzungsskalen als Resultat von zuvor dargelegten Beschreibungen und Bewertungen hat sich bewährt. Daß die vorgenommenen Einstufungen zwar immer noch ein Problem darstellen, steht allerdings außer Frage. Da die zur Einschätzung führenden Argumente jedoch zuvor offengelegt werden, ist die Beurteilung für den Leser zumindest in Grundzügen nachvollziehbar.
3. Die zur Erhebung der Daten vorgeschlagenen Verfahren konnten allesamt mit Erfolg eingesetzt werden. Die Verwendung eines "Methodenmix" hat sich vor allem deshalb bewährt, weil - wie vermutet - methodische Schwächen eines Instruments durch die Verwendung anderer Instrumente ausgeglichen werden können. Die einzelnen Erhebungsverfahren ergänzen sich und sorgen damit für ein möglichst breites Informationsbild, das ein gegenseitiges Überprüfen von Informationen ermöglicht ("cross-checks"), so daß dadurch die Validität und Reliabilität von Aussagen gesteigert werden kann.
4. Die hohe Gliederungstiefe des Analyserasters hat sich mehrfach als besonders nützlich erwiesen. Da die Gliederung des Rasters schon bei den einzelnen Erhebungen strukturierend genutzt wurde, führte dies zu einer Systematisierung der erhobenen Informationsmengen und erleichterte dadurch die Auswertung beträchtlich. Zudem wird dadurch sichergestellt, daß zu allen relevan-

ten Entwicklungsproblemen Stellung genommen wird. Darüber hinaus erweist sich der hohe Strukturiertheitsgrad der Analyse als sehr benutzerfreundlich. Wer nur an bestimmten Analysefragen interessiert ist, kann diese leicht auffinden. Das Raster bietet die Möglichkeit, einzelne Analysekategorien über mehrere Projekte hinweg miteinander zu vergleichen.

Insgesamt legen die empirischen Erfahrungen mit dem Analyseleitfaden und den zur Erhebung der Daten verwendeten Verfahren den Schluß nahe, daß es sich um methodisch brauchbare und technisch handhabbare Evaluierungsinstrumente handelt. Durch die Verwendung eines systematisierten Leitfadens bei der Datenerhebung, der Analyse und der Berichtsabfassung kann eine größere analytische Schärfe erreicht werden, als dies bisher mit den stark individuell geprägten Evaluierungsberichten möglich war. Aussagekräftige Querschnittsanalysen werden durch dieses teilstandardisierte Verfahren deutlich erleichtert. Da zu vielen wichtigen Problembereichen Fragenmodule ausgearbeitet wurden, können miteinander vergleichbare Informationen erhoben werden, die Auswertungen auf einer breiten Basis möglich machen. Je mehr Projekte deshalb in Zukunft nach diesem Schema evaluiert werden, um so umfassender und genereller fallen die Schlußfolgerungen aus, die sich anschließend daraus ableiten lassen.

2.3 Die Datenerhebung

In den Jahren 1990 und 1991 wurden 15 Projekte in fünf lateinamerikanischen Ländern (Honduras, Guatemala, Mexiko, Ecuador und Kolumbien) untersucht. Bei den Vorhaben handelte es sich um Ausbildungsstätten zur Berufs- und Technikerausbildung. Aufstellung 1 erlaubt einen Überblick.

Für die aufgeführten Projekte wurden sämtliche in der GTZ und im BMZ verfügbaren Unterlagen gesichtet und ausgewertet. Die Zahl der hierfür bearbeiteten Akten, könnte nur noch in laufenden Metern quantifiziert werden. Weiterhin wurden fast 200 mehrstündige Intensivinterviews in der Bundesrepublik und vor Ort in den Partnerländern mit ehemaligen Projektverantwortlichen, Mitarbeitern, Counterparts und heutigen Funktionsträgern geführt. Mit Hilfe standardisierter, schriftlicher Befragungen der vier Zielgruppen (Schüler, Lehrer, Absolventen, Betriebsleiter und Vorgesetzte) konnten insgesamt über 2300 Personen erfaßt werden. Hierfür wurden auch lokale Interviewer eingesetzt, die entsprechend geschult worden waren. Einen detaillierten Überblick über die durchgeführten Befragungen bietet Aufstellung 2.

Die Ergebnisse dieser Untersuchungen sind in sieben Fallstudien dokumentiert. Hier sollen nur einige zentrale Befunde für jedes Projekt dargestellt werden, bevor in einer Querschnittsbetrachtung auf die Bedeutung einzelner Beeinflussungsfaktoren der Nachhaltigkeit eingegangen wird und entsprechende Schlußfolgerungen gezogen werden.

Aufstellung 1: Die evaluierten Projekte

Projekt	Durchführungszeit	Land	E-Jahr
Ausbildungsstätte Miraflores und Beratung des INFOP in Tegucigalpa/Honduras PN: 75.2102.4	1977-1982	Honduras	1990
Gewerbliches Ausbildungszentrum des INFOP in San Pedro Sula PN: 78.207.7	1979-1986	Honduras	1990
Aufbau eines dualen Ausbildungssystems bei INFOP PN: 80.2172.7	1981-1991	Honduras	1990
Werkstattausrüstung für drei Ausbildungszentren des INFOP PN: 83.65684 (FZ)	1985-1989	Honduras	1990
Deutsch-Honduranisches Technisches Ausbildungszentrum San Pedro Sula (Centro Técnico Hondureño-Alemán, CTHA) PN: 62.2153.5	1968-1976	Honduras	1990
Ausbildungszentrum Guatemala-Stadt und Beratung für INTECAP (Centro de Capacitación Guatemalteco-Alemán, CCGA) PN: 74.2147.2	1975-1983	Guatemala	1990
Ausbau der dualen gewerblichen Berufsausbildung und Gewerbeföderung bei INTECAP PN: 85.2195.7	seit 1986	Guatemala	1990
Ausbildung im Graphischen Gewerbe bei INTECAP PN: 79.2088.7	1981-1987	Guatemala	1990
Instituto Técnico Industrial Georg Kerschensteiner in Mazatenango PN: 61.2045.5	1963-1973	Guatemala	1990
Deutsch-Mexikanische Technikerschule (Centro de Estudios Tecnológicos Mexicano-Alemán, CETMA) PN: 62.2149.3	1968-1974	Mexiko	1991
Berater für SECAP PN: 68.2065.8	1971-1977	Ecuador	1991
Ausbildungs- und Gewerbeförderungszentrum Guayaquil, CERFIL PN: 72.2055.1	1975-1981	Ecuador	1991
Ausbildungs- und Gewerbeförderungszentrum Quito, CERFIN PN: 74.2069.8	1974-1986	Ecuador	1991
Industriemeisterausbildung bei SECAP PN: 86.2231.8	1987-1992	Ecuador	1991
Ausbildungszentrum Barranquilla, SCNCA PN: 60.2044.0	1962-1974	Kolumbien	1991

Aufstellung 2: Datenerhebung

Erhebungs-verfahren	Guatemala				Honduras				Ecuador		Mexiko		Kolumbien		
	Mazatenango		INTECAP		CTHA		INFOP		SECAP		CETMA		SENA		Summe
	Anzahl	%	Anzahl	%	Anzahl	%	Anzahl	%	Anzahl	%	Anzahl	%	Anzahl	%	
Aktenanalyse	alle	100	alle	100	alle	100	alle	100	alle	100	alle	100	alle	100	alle
Intensivinterviews[a]	16	-	28	-	14	-	37	-	40	-	25	-	34	-	194
Standardisierte Befragung:															
Schüler[b]	48	48[c]	87	20[c]	95	51[d]	109 130	74[c] 83	75 75	56[e] 20	138	64[d]	53	53[g]	810
Lehrer[h]	23	79	23	47	38	95	25 35	93 59	23 22	88 76	72	79	27	77	288
Absolventen	94	-	190	-	147	-	145	-	172	-	307	-	176	-	1231
Vorgesetzte[i]	33	-	33	-	41	-	78	-	96	-	60	-	59	-	400
% = Anteil der Grundgesamtheit													Summe der standardisierten Interviews: 2329		

Anmerkungen:
a) Intensivinterviews mit ehemaligen deutschen und einheimischen Projektmitarbeitern und Funktionsträgern (INT u. ExI)
b) INFOP: erste vertikale Ziffer für San Pedro Sula, zweite für Tegucigalpa
   SECAP: erste vertikale Ziffer für Quito, zweite für St. Domingo, Cuenca und Ibarra
c) Prozentanteil an der Grundgesamtheit aller Schüler im 2. Lehrjahr
d) Prozentanteil an der Grundgesamtheit aller Schüler im 3. Lehrjahr
e) Prozentanteil an der Grundgesamtheit aller E-C-Schüler
f) Prozentanteil an der Grundgesamtheit aller Schüler im 4. Lehrjahr
g) Prozentanteil an der Grundgesamtheit aller Schüler im 2. und 3. Lehrjahr
h) Prozentanteil der Grundgesamtheit aller Lehrer der Schule (Mazatenango, CTHA), bzw. der geförderten Abteilungen (INTECAP, INFOP, SECAP, CETMA)
   INFOP: erste vertikale Ziffer für San Pedro Sula, zweite für Tegucigalpa
   SECAP: erste vertikale Ziffer für Quito, zweite für St. Domingo, Cuenca und Ibarra
i) Vorgesetzte, wie Meister, Betriebsleiter, Personalchefs u.a.

2.4 Ausgewählte Indikatoren zur Evaluierung der Nachhaltigkeit

Um die in den sieben Fallstudien aufgeführten, komplexen Befunde hier in überschaubarer Form darstellbar und auch leichter miteinander vergleichbar zu machen, wurde eine Präsentationsform entwickelt, bei der die Nachhaltigkeit eines Projekts auf verschiedenen Dimensionen mit Hilfe ausgewählter Indikatoren abgebildet wird.

Dabei werden zwei Gruppen von Indikatoren verwendet. Eine Auswahl von Indikatoren soll den Projektinput differenziert thematisieren und Antwort auf die Frage geben: Was wurde wie gemacht? Es handelt sich um Indikatoren, die die Situation in der Projektplanungsphase, der Durchführung und Nachbetreuung beschreiben sollen. Sie umreißen somit einige Ausgangsvoraussetzungen, die in den einzelnen Förderphasen festgelegt wurden und denen ein wichtiger Einfluß auf die Nachhaltigkeit zugeschrieben werden kann. In Aufstellung 3 sind die ausgewählten Indikatoren aufgelistet[6].

Eine zweite Auswahl von Indikatoren steht für projektinterne und -externe Dimensionen, auf denen sich Veränderungen im Zeitverlauf abbilden lassen. D.h. die hier verwandten Indikatoren weisen zusätzlich eine Zeitdimension auf. Zu drei Beobachtungszeitpunkten werden Situationseinschätzungen vorgenommen: Zum Projektbeginn, zum Förderende und zum Erhebungszeitpunkt (Zeitpunkt der Projektevaluierung). Die ausgewählten Indikatoren geben Antwort auf die Frage, was innerhalb und außerhalb des Projekts bzw. des Trägers erreicht wurde und ob das Erreichte von Dauer war. Aufstellung 4 gibt einen Überblick über die verwandten Wirkungsindikatoren. Für die Bewertung wurden strukturelle und funktionale Dimensionen ausgewählt. Außerdem wurde untersucht, ob der zu beobachtende Wandel geplant oder ungeplant erfolgte, ob er auf Aktivitäten des Projekts zurückzuführen ist oder auf anderen Umweltveränderungen beruht. In den ausgewählten Indikatoren spiegelt sich nur der Bewertungsaspekt wider. Die Beurteilung wurde mit Hilfe einer elfstufigen Skala vorgenommen. Der Wert 0 stellt die niedrigste und der Wert 10 die höchste Einschätzung dar.

Es ist von besonderer Bedeutung, daß diese Skalenbewertungen nicht auf mehr oder weniger willkürlichen Akten subjektiver Eingebung beruhen, sondern extrem verkürzte Bewertungen repräsentieren, die auf einer Fülle von Ergebnissen und Einschätzungen basieren. Alle gesammelten Informationen wurden gleichsam in einen "Trichter" eingegeben und verdichtet. Der jeweilige "Trichter" wird durch die in dem Analyseraster vorgegebenen Untersuchungsfragen gebildet, die zu einer Bewertungsfrage gebündelt werden.

Dabei werden die mit Hilfe verschiedener Erhebungsverfahren gesammelten Informationen gegeneinander abgewogen und gewichtet, um daraus schließlich ein Urteil zu fällen, das in einer Bewertung auf der Einschätzungsskala gipfelt. Das heißt, aus einer Vielzahl von schriftlichen (Akten) und mündlichen (Intensivinterviews) Stellungnahmen, den eigenen Beobachtungen vor Ort und aus den

---

[6] Es handelt sich dabei um eine kleine Auswahl; in den Fallstudien wurden weit mehr Faktoren bewertet. In der Untersuchung stellte sich jedoch heraus, daß die ausgewählten Indikatoren den größten Einfluß auf die Nachhaltigkeit ausüben.

Aufstellung 3: Ausgewählte Indikatoren für den "Projektinput"

Nr.	Input-Indikator	Bewertungskriterium/Parameter	Fragenummer im Analyseraster
1	Projektplanung	- Qualität von Pre- und Feasibility-Studie - Partizipation Zielgruppe - Berücksichtigung Nachhaltigkeit/ Folgekosten - Durchführungsabschnitte - Standort	2.1.1 - 2.1.5, 3.1.4 - 3.1.5
2	Projektdurchführung/ -steuerung	- Durchführungsprobleme - Qualität von M+E-System, PFB, FSN - Projektsteuerung	2.1.6 - 2.1.10, 2.1.12
3	Qualität Zielsystem, Zielkonflikte	- Ziel- und Ergebnisdefinition - Realismus Zielsystem - Zielkonflikte	2.1.13 - 2.1.20
4	Vorbereitung Förderende, Projektübergang	- Abbau Experten- u. Finanzeinsatz - Organisatorische "Lücke" - Personelle "Lücke"	2.1.21 - 2.1.22, 4.1.9, 4.1.14, 4.1.21, 7.1.5
5	Nachbetreuung	- Nachbetreuungsaktivitäten - Nachbeobachtung - Nachkontakte	2.1.23, 3.16 - 3.18
6	Leistungserfüllung durch Partner, CP-Bereitstellung	- Leistungserbringung - CP-Bereitstellung	2.1.11, 7.1.4
7	Deutscher Personaleinsatz	- Verhältnis Ausbildungspersonal des AZ zu dt. Personaleinsatz - Kompetenz - Fluktuation - Führung - Anteil exekutiver Funktionen - Deutsche Zusammenarbeit	7.1.1 - 7.1.4, 9.1.1, 4.1.18, 4.1.20, 4.1.23, 4.1.26 - 4.1.27
8	Zusammenarbeit zwischen den Partnern	- Zusammenarbeit zwischen den Partnern - Sozio-kulturelle Umgangsformen	4.1.19 - 4.1.20, 4.1.23, 4.2.5
9	Partnerpartizipation	- Beteiligung an Entscheidungen	2.1.22, 4.1.2, 4.1.16 - 4.1.20, 4.1.23
10	CP-Ausbildung (Qualität und Quantität)	- Anzahl - Qualität der Aus- u. Weiterbildung - Inhalte der Aus- u. Weiterbildung	7.1.12 - 7.1.13, 9.1.4 - 9.1.6
11	Trägerförderung u. Organisationsberatung	- Einfluß auf Organisationsaufbau - Entwicklung von Organisationsmitteln - Organisationsberatung - Funktionsschulung	2.1.9, 4.1.1 - 4.1.4, 4.1.8, 4.1.20
12	Systemberatung	- Systemberatung	2.1.9, 3.2.6

2.4 Ausgewählte Indikatoren zur Evaluierung der Nachhaltigkeit

Aufstellung 4: Ausgewählte Indikatoren zur Wirkungsmessung

Nr.	Wirkungsindikator Parameter	Bewertungskriterium/ im Analyseraster	Fragenummer
	ORGANISATION		
1	Organisatorische Leistungsfähigkeit der Trägerorganisation	- Träger - Organisationsaufbau - Arbeitsplanung und Koordination - Kompetenz und Fluktuation Leitung - Flexibilität - Innovationsfähigkeit - Funktionsfähigkeit organisator. Teilsysteme (Adminsistration, Instandhaltung u. Wartung, Transport) - Informale Organisationsstruktur - interne Entscheidungsstruktur	3.1.1 - 3.1.3, 4.1.1 - 4.1.10, 4.1.16 - 4.1.18, 4.2.1 - 4.2.2
2	Organisatorische Leistungsfähigkeit des Ausbildungszentrums (AZ)	- Organisationsaufbau - Arbeitsplanung und Koordination - Kompetenz und Fluktuation Leitung - Innovationsfähigkeit - Funktionsfähigkeit organisator. Teilsysteme (Adminsistration, Instandhaltung u. Wartung, Transport) - Informale Organisationsstruktur - interne Entscheidungsstruktur	4.1.1 - 4.1.10, 4.1.16 - 4.1.18, 4.2.2, 9.1.13
3	Organisatorische Autonomie der Trägerorganisation	- Abhängigkeitsverhältnisse von übergeordneten Instanzen	4.1.11- 4.1.15, 4.2.3 - 4.2.4
4	Organisatorische Autonomie des AZ	- Abhängigkeit von Trägerorganisationen	4.1.11 - 4.1.15
	FINANZSTRUKTUR		
5	Finanzielle - Leistungsfähigkeit der Trägerorganisation	- Finanzielle Stabilität - Höhe des jährlichen Haushaltsbudgets - Übernahme der Folgekosten - Devisen- und Haushaltslage des Partnerlandes - Pünktliche Mittelzuweisungen - Haushaltskürzungen	5.1.1 - 5.1.4, 5.1.11, 5.2.1 - 5.2.6, 9.2.7
6	Selbstfinanzierungsfähigkeit des AZ	- Erwirtschaftung von Eigenmitteln (Produktion, Gebühren) - Bedeutung von Spenden (z.B. Material)	5.1.1, 5.1.5, 5.1.6, 5.1.8 - 5.1.10, 5.2.1, 9.1.19

Nr.	Wirkungsindikator Parameter	Bewertungskriterium/ im Analyseraster	Fragenummer
7	Tragbarkeit der Folgekosten (laufende Kosten)	- Höhe der Ausbildungskosten- für Personal und Material - Art und Höhe der Folgekosten - Übernahme der Folgekosten	5.1.5, 5.1.8 - 5.1.10, 6.1.3 - 6.1.5, 6.1.11
	AUSSTATTUNG		
8	Ausstattungsqualität und -zustand	- Funktionsfähikeit der gelieferten Ausstattung - Zustand der gelieferten Ausstattung - Ergänzung der Ausstattung - Fähigkeit des Personals, Maschinen zu warten und zu reparieren - Wartungszustand der Maschinen	6.1.3, 6.1.8 - 6.1.12
9	Angemessenheit der Ausstattung	- Entspricht die Ausstattung den Ausbildungsbedürfnissen? - Ergänzung der Ausstattung - Technikniveau	6.1.1 - 6.1.5, 6.1.6, 6.1.8
10	Ersatz- und Neuinvestitionen	- Ergänzung, Modifizierung, Erweiterung der Ausstattung	6.1.3 - 6.1.5 9.1.16
11	Auslastung des AZ	- Auslastung des AZ	6.1.3, 9.1.11, 9.1.17, 9.1.18
	PERSONAL		
12	Kompetenzniveau des Personals im AZ	- Kompetenzniveau im AZ - Kompetenzniveau auf dem Arbeitsmarkt - Rekrutierungspraxis, Protektion	7.1.6, 7.2.1, 7.2.3, 7.2.4, 9.1.1, 9.1.9
13	Fluktuation des AZ-Personals	- Fluktuation (Arbeitsmotivation, Karriereaspekte, Attraktivität als Arbeitgeber, Arbeitsmarktsituation, Arbeitsethik)	7.1.7 - 7.1.10, 7.2.1 - 7.2.3, 7.2.5 - 7.2.6, 9.1.2 - 9.1.3
14	Akzeptanz der Projektkonzeption durch übergeordnete Träger	- Politische Priorität bei der Regierung des Partnerlandes (politische Stabilität) - Akzeptanz beim übergeordneten Träger - Sonderbedingungen und -regelungen	3.2.1 - 3.2.3, 3.2.5, 3.2.6
15	Akzeptanz der Projektkonzeption beim Ausbildungspersonal	- Unterstützung der Projektkonzeption - Fortführung des Projektes/ der Konzeption	4.1.24, 7.1.11 3.1.9, 3.1.11

2.4 Ausgewählte Indikatoren zur Evaluierung der Nachhaltigkeit

Nr.	Wirkungsindikator Parameter	Bewertungskriterium/ im Analyseraster	Fragenummer
	ZIELGRUPPE		
16	Zielgruppen-erreichung (Schüler)	- Zielgruppendefinition - Zielgruppenänderung - Identifikation der Zielgruppe mit dem Projektansatz - Interessenkonflikte - Bewerberzahlen	8.1.1 - 8.1.4, 8.1.8 - 8.1.10, 8.1.16 - 8.1.20, 9.1.10, 5.1.7
17	Ausbildungsrendite (Absolventen)	- Berufliche Stellungen - Arbeitsplatzanforderungen - Anerkennung des Abschlußzeugnisses - Lohneinstufung der Absolventen - Dauer der Arbeitssuche - Statusveränderung, Aufstiege	9.1.30, 9.1.34 - 9.1.41
	KONZEPTION		
18	Angepaßtheit der Ausbildung an das Schülerniveau	- Auswahl der Bewerber - Drop-out-Quote - Repeater-Quote	9.1.10, 9.1.31 - 9.1.33
19	Arbeitsmarktbezug der Ausbildung (incl. Curriculums-innovation)	- Modifikation, Aktualisierung, Veränderung der Curricula, - Orientierung der Lehrpläne am Qualifikationsbedarf - Arbeitskräftebedarf - Angepaßtheit der Ausbildungs-inhalte an die Anforderungen der zukünftigen Arbeitsfelder	9.1.20 - 9.1.27, 9.1.34 - 9.1.42, 9.2.10 - 9.2.11
20	Zusammenarbeit mit den Unternehmen	- Betriebskontakte - Berufsbildungslobby - Bereitschaft der Betriebe, Lehrstellen bzw. Praktikantenplätze zur Verfügung zu stellen	4.1.28, 9.1.15, 9.2.4, 9.2.8, 9.2.12,
21	Multiplikator-wirkungen	- Erweiterung des Programmangebots - Übernahme des Ausbildungskonzeptes - Übernahme von Arbeitstechniken - Verbreitung der Lehrunterlagen - Absolventenverbleib	9.1.22, 9.1.43, 9.1.44, 9.2.6
22	Modellwirkung	- Übernahme des gesamten Ausbildungskonzepts durch andere Ausbildungseinrichtungen	9.1.43, 9.2.1, 9.2.2, 9.2.6, 9.2.3, 9.2.13

Anm.: Das Analyseraster kann auf Anfrage beim Autor (Universität Mannheim, A5, 6800 Mannheim) bezogen werden.

quantitativen Informationen der standardisierten Befragungen resultiert letztlich eine, in einer Ziffer ausgedrückte quantitative Bewertung.

Besonders wichtig ist dabei, daß die getroffene Einstufung zumindest teilweise anhand der in den Fallstudien dokumentierten Aussagen und Überlegungen intersubjektiv nachvollziehbar ist. Die vorgenommene Bewertung kann anhand der dort vorgetragenen Argumente überprüft werden.

Ein Beispiel soll diese Vorgehensweise erläutern. In dem Vorhaben "Facharbeiterschule Mazatenango" (Guatemala) wird die Qualität der Planungsstudien mit 1, also recht mangelhaft bewertet. Folgende Gründe werden in der Fallstudie hierfür verantwortlich gemacht[7]:

"Die gesamte Planung weist erhebliche Mängel auf. Da keine Problem-, Ziel- und Trägeranalysen durchgeführt worden waren, wurden zentrale Probleme nicht erkannt:

- Die Standortwahl erwies sich als totaler Fehlgriff, da es im Umfeld nicht genügend Schüler gab und auch keine Betriebe mit denen man hätte kooperieren können. (Vgl. 3.1.4)
- Es wurde nicht erkannt, daß dann zumindest ein Internatsbau notwendig sein würde. Mit der Planung dafür wurde viel zu spät begonnen. (Vgl. 2.1.9)
- Das Erziehungsministerium als Projektträger wurde nie analysiert, so daß die auftretenden organisatorischen und finanziellen Probleme sowie der schon vorher klar voraussehbare Zielkonflikt (Facharbeiter versus Techniker mit Abitur) nicht erkannt wurden. (Vgl. 4.1)
- Ein deutliches Zeichen für die mangelhafte Planung ist auch, daß bereits nach kürzester Zeit (das Projekt war noch gar nicht richtig angelaufen) ein Trägerwechsel von deutscher Seite vorgeschlagen und betrieben wurde. (Vgl. 4.1)
- Als ein weiterer Planungsfehler erwies sich, daß die "Aufnahme der Arbeit in der Gewerbeschule M. durch die deutschen Lehrkräfte, am 20. März 1963," viel zu früh erfolgte (PFB 020963). Die Werkstätten und Lehrpläne waren noch nicht fertiggestellt, die Stromversorgung nicht gewährleistet und da das Projektabkommen zu diesem Zeitpunkt noch *nicht* unterzeichnet war, fehlte der Großteil der zu liefernden Maschinen und Geräte, was zur Folge hatte, daß "die vier deutschen Lehrkräfte in arbeitstechnischer Hinsicht seit Wochen nicht mehr ausgelastet werden" und "tatenlos herumsitzen". (PFB 020963) (INT 3) (Vgl. 3.1.5)
- In der Planungsphase wurden kein Operationsplan und kein Zielsystem entwickelt. Selbst die angestrebten Ergebnisse blieben unklar. Dies mußte unweigerlich zu Zielkonflikten führen. (Vgl. 2.1.15 und 2.1.16)
- Wie willkürlich festgeschriebene Vorgaben auch wieder verändert wurden, wird an folgendem Beispiel deutlich und zeigt aufs Neue, wie wenig die Planung durchdacht war: Obwohl in der RVB vom 6.11.1963 vereinbart worden war, nur Schüler aufzunehmen, die eine dreijährige "Prevocacional" durchlaufen hatten, setzten sich die deutschen Berater gleich zu Beginn des 1. Ausbildungskurses darüber hinweg und verfügten - gegen den Willen des Partners, und entgegen des eigenen Planungs-"konzepts" -, daß auch Primarschulabgänger aufzunehmen seien. (Vgl. 2.1.15)
- Der Kostenaspekt der Schule wurde überhaupt nicht in der Planung bedacht. Erst während der Durchführung stellte sich heraus: "schon jetzt sind die Kosten für die Schule durch das Ministerium nicht aufzubringen." (PFB 310772, PVK 0671)

Diese Versäumnisse führten bereits frühzeitig zu Kritik. Schon zu Projektbeginn bemerkte der erste PL: "Wir verdanken also die Schwierigkeiten und den eventuellen Mißerfolg dieses Projekts dem Gutachter." (BGP 270464)"

---

[7] Die angegebenen Vergleichskapitel im zitierten Text beziehen sich auf die Fallstudie.

Ein anderes Beispiel zur Illustration des Verfahrens aus dem INFOP-Projekt (Honduras). Dort wird die Steuerung durch die GTZ mit 3 bewertet. (Bezieht sich auf die Steuerung durch den Ansprechpartner vor Ort und die Zentrale.) Folgende Begründung wird hierfür in der Fallstudie angegeben:
"Aus der mangelhaften Planung folgten konzeptionelle Schwachstellen, die nur ungenügend oder erst nach vielen Jahren durch die GTZ-Steuerung aufgefangen werden konnten.

Insbesondere traten während der Durchführung folgende Probleme auf, denen nur ungenügend gegengesteuert wurde:

- Die Zusammenarbeit mit den Betrieben und ihren Verbänden - insbesondere in den Dualprojekten von herausragender Bedeutung - wurde nicht vehement genug verfolgt. (Im Operationsplan von 1987 taucht dieser Bereich zum Beispiel überhaupt nicht auf) Noch heute sind die Betriebe organisatorisch und konzeptionell zu wenig in das duale Ausbildungssystem eingebunden, was für die Nachhaltigkeit dieser Projektkonzeption in Zukunft massive Probleme aufwerfen dürfte. (Vgl. 4.1.28)

  Zudem wurde die Monitorenausbildung vernachlässigt und es wurde versäumt, eine Meisterausbildung aufzubauen, so daß sich eine Qualifizierungsschere zwischen den am dualen Programm teilnehmenden Auszubildenden und ihren Vorgesetzten auftut, die auf ihrem Qualifikationsniveau stehen bleiben. Dies kann in den Betrieben zu erheblichen Spannungen führen. (INT 3)

- Es wurde zu spät erkannt, daß der Bereich der Organisations- und Managementberatung in der Projektplanung viel zu kurz gekommen ist. Für eine dauerhafte Sicherung der neuen Ausbildungsform und ihre regionale Verbreitung wäre mehr Systemberatung des Trägers erforderlich gewesen. Bisher wurde in Planung und Durchführung ein stärkeres Gewicht auf die Effektivierung und den Ausbau einzelner Ausbildungsgänge gelegt (zuerst im Zentrums- und später auch im Dualsystem).

- Das bei den Dualprojekten verwandte Konzept - "Zwei Teams aber nur ein Teamleiter" - hat nicht funktioniert. Zwischen S.P.S. und Tegucigalpa kam es zu erheblichen Spannungen, die bei der GTZ-Zentrale jedoch nicht zu entsprechenden Konsequenzen führten. Im Schlußbericht der GTZ heißt es selbstkritisch:

  "Klare und konkrete Absprachen und Vorgaben von Anfang an und eine verstärkte Überwachung durch die Zentrale hätten die Situation eventuell verbessern können." (SBG 110888)

- Die von der GTZ-Zentrale empfohlene Zusammenarbeit zwischen dem INTECAP-Projekt in Guatemala und dem INFOP-Projekt in Honduras kam nicht zustande, wäre aber sehr sinnvoll gewesen, da sich die beiden Ausbildungskonzeptionen sehr ähnlich waren (SBG 100482). Eine entsprechende Steuerung der GTZ-Zentrale wurde hier entweder nicht wirksam oder erst gar nicht versucht.

- Die mit der Einführung des dualen System verbundenen Schwierigkeiten beim Partner und mit den Betrieben wurden vollkommen unterschätzt. Die mangelhafte Beteiligung des Partners bei der Entscheidungsfindung und Planung sorgte während der Durchführung zu andauernden Problemen, denen kaum mehr gegengesteuert werden konnte. Der gemeinsame Planungszopp von 1986 kam um mehrere Jahre zu spät und verlief zudem noch sehr unglücklich: "Das ZOPP-Seminar hat traumatische Eindrücke hinterlassen." (TBG 1287) Es gelang deshalb nicht, das duale System auf eine festere Planungs- und Durchführungsgrundlage zu stellen.

  Zu dem entstandenen Konkurrenzverhältnis zwischen Zentrums- und Dualausbildung wird vermerkt:

  "Zwei auf verschiedenen Philosophien aufbauende Ausbildungssysteme (...) bzw. TZ-Vorhaben mußten zu Spannungen (...) führen. Hier hätte die GTZ mehr Projektsteuerung leisten müssen". (VBZ 110189)

- Sowohl in der Projektplanung als auch bei der Durchführung wurde die Abwicklung des KfW-Kredits vollkommen unterschätzt, was für die Entwicklung der Dualprogramme schwerwiegende Folgen hatte.

- Ursprünglich hätte die Ausrüstung (für 5 Mill. DM) schon 1985/86 eintreffen sollen. Zu diesem Zeitpunkt waren noch 6 deutsche Mitarbeiter anwesend. Da sich die Lieferungen jedoch verzögerten und die GTZ ihren Personalabbau dennoch planmäßig vornahm, kam es zu der Situation, daß drei Berater die Ausrüstung für 3 Zentren in Betrieb nehmen und die Didaktomobile einsatzfähig machen mußten.

- "Da die Beratung bei Montage und Inbetriebnahme der über die KfW finanzierten Ausrüstung weit mehr zeitliche Belastung für die deutschen Experten bedeutete als ursprünglich angenommen" (FSN 010787), kam es zwangsweise zu erheblichen Beeinträchtigungen der anderen Arbeiten. (EVA 0886)
- Dies hatte zur Folge, daß gerade die für die Nachhaltigkeit der dualen Programmkonzeption wichtigen Ausbildungs- und Weiterbildungsaktivitäten sowie die Zusammenarbeit mit den Betrieben und Systemberatungsleistungen stark eingeschränkt wurden. Zeitweise wird sogar von einer "weitgehenden Einstellung von Monitorenkurse und internen Fortbildungs- sowie Einweisungskursen von Instruktoren" berichtet. (PFB 101088)
- Doch gerade damit hätten die Voraussetzungen dafür geschaffen werden sollen, "die Betriebe nach und nach stärker in die Verantwortung für den praktischen Teil der Ausbildung einbeziehen zu können." (PFB 140487)
- Statt dessen dominierten die Aktivitäten, "die direkt oder indirekt mit dem KfW-Ausrüstungsprojekt in Zusammenhang stehen". Die GTZ hierzu: "Dies war zunächst nicht so vorgesehen. Schwerpunkt sollte die Betreuung der dualen Berufsausbildung bleiben." (PFB 140487)
- Trotz dieser Fehleinschätzung kam es nicht zu einer entsprechenden Gegensteuerung, die z.B. darin bestanden hätte, die Reduzierung des GTZ-Personals zeitlich hinauszuschieben oder eine Consulting mit der Inbetriebnahme zu betrauen, damit die Projektmitarbeiter ihre für die Entwicklung des Gesamtkonzepts viel wichtigeren Ausbildungs- und Beratungsleistungen wie vorgesehen hätten erfüllen können.

So wie die Planungsphase durch das teilweise komplette Fehlen von Feasibility-Studien und zu spät konzipierte, mit dem Partner nur mangelhaft abgestimmte Operationspläne gekennzeichnet ist, ist die Durchführungsphase durch einen Mangel an unabhängigen Evaluierungen gekennzeichnet. Vom Beginn des ersten Projekts aus gerechnet, dauerte es 10 Jahre bis eine Evaluierung von unabhängigen Gutachtern durchgeführt wurde. Die Studie, wie auch der damit verbundene ZOPP, waren allerdings nicht von besonderer Güte. Erst im Januar 1990 wurde eine sehr qualifizierte (unabhängige) Projektfortschrittskontrolle durchgeführt. Im gesamten Verlauf der drei Projekte gab es außerdem fünf Projektverlaufskontrollen, die von GTZ-Mitarbeitern durchgeführt wurden. Das BMZ war an keiner Prüfung beteiligt. Die Kontrollen wurden immer ohne honduranische Prüfer oder Mitarbeiter durchgeführt."

Anhand dieser beiden Illustrationen sollte verdeutlicht werden, daß die hier vorgestellten Skalenbewertungen eine sehr komprimierte Form der Informationszusammenfassung darstellen. Um jede Bewertung nachvollziehen zu können, sind die entsprechenden Ausführungen in den einzelnen Fallstudien, notwendigerweise heranzuziehen. Jede Skalenbewertung repräsentiert die höchstmögliche Verdichtungsform der dargelegten Befunde mit Hilfe einer Einschätzungsziffer, die das Skizzieren von Projektprofilen und den Vergleich von Projekten miteinander vereinfacht.

Während für die *Ausgangsindikatoren (Projektinputs)* wie Planung, Durchführung und Konzeptualisierung, Leistungserfüllung, Zusammenarbeit, Nachbetreuung etc. nur einmalige Bewertungen getroffen werden, werden die *Wirkungsindikatoren* zu drei verschiedenen Zeitpunkten bewertet, so daß Veränderungen auf diesen Dimensionen über die Zeit hinweg festgestellt werden können. Auf der 11stufigen Bewertungsskala finden sich deshalb 3 Beobachtungszeitpunkte:

B: Charakterisiert die Situation vor/zu Projektbeginn,
F: Symbolisiert den Zustand zum Förderende,

2.4 Ausgewählte Indikatoren zur Evaluierung der Nachhaltigkeit

E: Bezeichnet die zum Erhebungszeitpunkt während der Ex-post-Untersuchung vorgenommene Beurteilung.

Diese 3 Beobachtungszeitpunkte lassen folgende Beziehungen zu:
Die zwischen B und F festgelegte Veränderung kann als während der Förderlaufzeit erzielte Leistungsverbesserung interpretiert werden.

LV1 = Leistungsveränderung zwischen Projektbeginn und Förderende
LV1 = F - B

Bsp.:

```
              B                    F
        |—x—|—|—|—|—|—|—|—|—x—|
        0   1           5       9   10
        ↑                       ↑
      Zustand vor/zu          Zustand zum
      Projektbeginn           Förderende
```

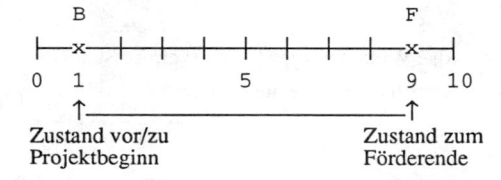

Die Veränderung zwischen dem Förderende und dem Erhebungszeitpunkt kann als Distanz zwischen E und F abgebildet werden.

LV2 = Leistungsveränderung zwischen Förderende und Erhebungszeitpunkt
LV2 = E - F

Bsp.:

```
              B              E       F
        |—x—|—|—|—|—|—x—|—|—x—|
        0   1           5 6     9   10
        ↑               ↑       ↑
   Verbliebene Leistungs-   Leistungsverlust
   verbesserung bis zum     bis zum Erhebungs-
   Erhebungszeitpunkt       zeitpunkt
```

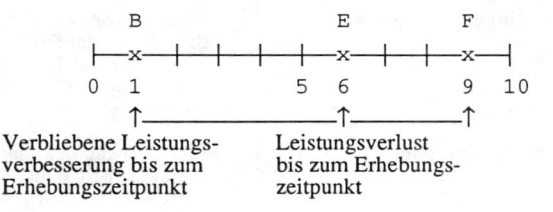

Die Nachhaltigkeit einer Wirkung kann dann arithmetisch als die Summe der Leistungsveränderungen, die während der Förderlaufzeit und danach bis zum Erhebungszeitpunkt eingetreten sind, ausgedrückt werden.

N = Nachhaltigkeit auf einer Projektdimension
N = LV1 + LV2
N = E - B

Die Gesamtnachhaltigkeit eines Projekts könnte anschließend als Summe aller Nachhaltigkeitseffekte (auf jeder ausgewählten Dimension) beziffert werden.

NG = Σ Nn = Σ (LV1 + LV2)

Ein fiktives Beispiel zur Illustration: "Kompetenz des Trägerpersonals"

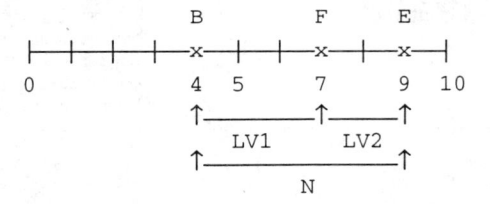

```
                    B        F     E
        |—|—|—|—x—|—|—x—|—x—|
        0       4 5     7   9  10
                ↑       ↑   ↑
                  LV1    LV2
                ↑           ↑
                      N
```

Die Kompetenz des Trägerpersonals wird zum Projektbeginn mit B = 4 eingestuft, zum Förderende mit F = 7 und zum Erhebungszeitpunkt mit E = 9. Dies würde bedeuten, daß eine Leistungsverbesserung der Kompetenz des Trägerpersonals während der Förderlaufzeit um Punkt 3 eingetreten ist. (LV1 = F - B = 7 - 4 = 3). Nach dem Förderende bis zum Erhebungszeitpunkt ist eine weitere Steigerung um Punkt 2 zu verzeichnen. (LV2 = E - F = 9 - 7 = 2). Insgesamt - vom Projektbeginn bis heute - wurde eine langfristige Leistungssteigerung um Punkt 5 erreicht, die als Nachhaltigkeitswert für den Indikator "Kompetenz des Trägerpersonals" interpretiert werden kann (N = LV1 + LV2 = E - B = 5).

Auf jeder Dimension lassen sich wichtige Wirkungstypen bilden (vgl. Aufstellung 5), die in den, im folgenden Kapitel dargestellten, Projektprofilen zu erkennen sind.

Aufstellung 5: Wirkungstypen

Bezeichnung	Auf einer Dimension bewirkte Veränderung	Bedeutung
B < F < E	nachhaltig erfolgreich	Eine Innovation wurde dauerhaft eingeführt, es wurde langfristig etwas Positives bewirkt.
B < F > E	kurzfristig erfolgreich	Eine Innovation konnte nur kurzfristig eingeführt werden, es wurde auf dieser Dimension geringe oder keine Nachhaltigkeit erzeugt.
B = F = E	ohne Wirkungen	Es konnten keine Veränderungen bewirkt werden.
B > F > E	nachhaltig verschlechternd	Eine Innovation hat Negatives bewirkt. Der Zustand ist schlechter als vorher.
B > F < E	kurzfristig verschlechternd	Eine Innovation hat kurzfristig Negatives bewirkt, das langfristig wieder ausgeglichen werden konnte oder gar zu einer Verbesserung führte.

3. Die Nachhaltigkeit und ihre Ursachen: Projekte der beruflichen Bildung auf dem Prüfstand

3.1 Das Instituto Técnico Industrial Georg Kerschensteiner in Mazatenango, Guatemala

Das Projekt wurde von 1963 bis 1973 mit einem Finanzaufwand von 9,8 Mill. DM gefördert[1]. Aus Schaubild 5 ist zu erkennen, daß die Projektinputs nur schlechte Ausgangsbedingungen für nachhaltige Wirkungen bieten. Die Projektplanung wies erhebliche Mängel auf, da sie auf einer sehr ungenügenden Feasibility-Studie aufbaute. Zahlreiche Probleme (fehlender Internatsbau, schwacher Träger, Kostenaspekte etc.) wurden nicht erkannt. Die Standortwahl (eine kleine Provinzstadt mit 26.000 Einw. in 1961) stellte sich als vollkommener Mißgriff heraus, da ein betriebliches Umfeld fehlte. Dies hatte zur Konsequenz,
- daß keine Betriebspraktika durchgeführt werden konnten,
- daß es an Ausbildungs-Bewerbern mangelte, so daß ein Internatsbau notwendig wurde, der sämtliche Kostenkalkulationen obsolet werden ließ und die Folgekosten untragbar erhöhte, und
- daß die Erwachsenenbildung wegen ausbleibender Nachfrage gestrichen werden mußte.

Ein Operationsplan und ein Zielsystem fehlten. Der in der Konzeption angelegte Zielkonflikt (Facharbeiter vs. Techniker mit Abitur) erschwerte die Projektdurchführung zusätzlich und führte letztlich sogar zum Projektabbruch.

Durch das große Engagement der deutschen Experten im Internatsbau wurden wichtige Aufgaben wie CP-Ausbildung, Trägerförderung und Systemberatung stark vernachlässigt.

Steuerungsimpulse seitens der Zentrale, um angemessene Prioritätensetzungen zu veranlassen, fehlten genauso wie das hierfür notwendige Fachpersonal. Engagement und Einsatzfreude der deutschen Berater sind zwar hoch einzuschätzen, doch ihre fachliche Qualifikation war vor allem durch handwerkliches Können geprägt. Systemzusammenhänge wurden nicht berücksichtigt. Geringe Spanischkenntnisse führten zudem zu erheblichen Kommunikationsproblemen, die auch die Zusammenarbeit mit den CP's belasteten. Neben dem gravierenden Zielkonflikt erschwerte vor allem die deutsche Dominanz die Zusammenarbeit. Rund 30 einheimische Lehrkräfte (und 20 Personen in der Verwaltung) wurden zeitweise von 11 Deutschen "unterstützt". An Projektentscheidungen wurde der Partner kaum beteiligt.

Der deutsche Teamleiter war die dominierende Figur. Fast alle Außenkontakte (zu übergeordneten Stellen, Betrieben etc.) wurden durch ihn wahrgenommen. Auftretende Konflikte wurden unter Mißachtung der formalen Hierarchie informell zwischen dem Teamleiter und dem Erziehungsministerium geklärt. Arbeitsplanung und Koordination wurden fast ausschließlich von den deutschen Beratern organisiert, ohne den Partner entsprechend einzubinden.

---

[1] Die Aufwendungen der Partnerseite können in keinem der untersuchten Projekte auch nur annähernd quantifiziert werden. Deshalb sind auch keine Berechnungen der Ausbildungsrendite oder Kosten-Nutzen-Analysen möglich.

Schaubild 5: Input-Profil
ITI Kerschensteiner Mazatenango
Guatemala

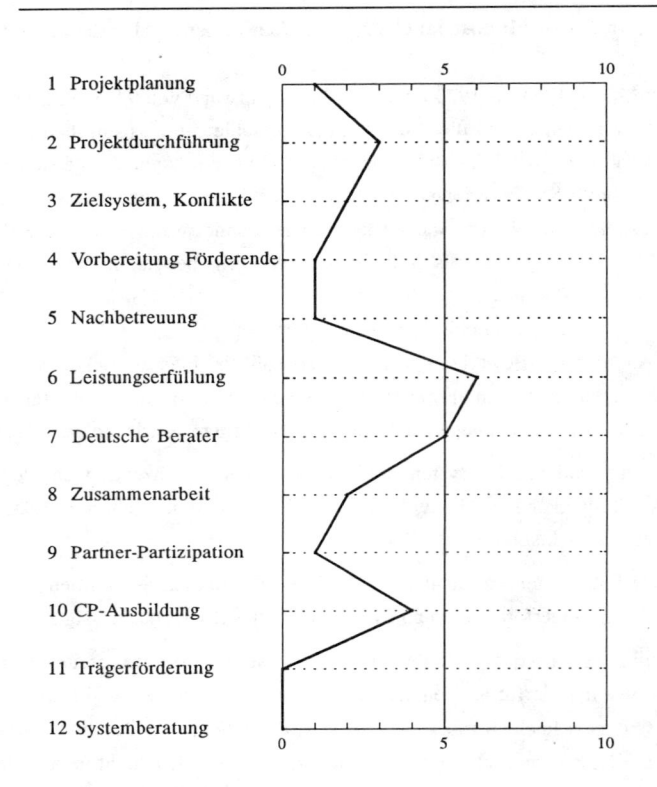

#	Kriterium	Wert
1	Projektplanung	~3
2	Projektdurchführung	~4
3	Zielsystem, Konflikte	~3
4	Vorbereitung Förderende	~3
5	Nachbetreuung	~3
6	Leistungserfüllung	~6
7	Deutsche Berater	~5
8	Zusammenarbeit	~3
9	Partner-Partizipation	~1
10	CP-Ausbildung	~4
11	Trägerförderung	~1
12	Systemberatung	~1

Eine mittlere Führungsebene wurde nicht aufgebaut. Für die deutsche Position des Werkstattleiters gab es auf der Partnerseite keine Entsprechung. Auch sämtliche administrativen Probleme (Ersatzteilversorgung, Verbrauchsmaterialbeschaffung etc.) wurden durch die deutschen Experten gelöst. Selbst für die Aufrechterhaltung von Disziplin und Ordnung waren sie zuständig, da die einheimischen Direktoren häufig wechselten. Sie waren hauptsächlich exekutiv und nicht beratend tätig. Die Organisationsstruktur der Ausbildungsstätte war komplett durch das Erziehungsministerium vorgegeben. Die deutschen Berater hatten alle wichtigen Positionen selbst besetzt und trafen alle Entscheidungen ohne Einbindung des Partners.

Die Trägerförderung wurde nicht nur vollkommen vernachlässigt, sondern dem Partner wurde durch die mangelnde Zusammenarbeit auch die Chance genommen, in Führungsfunktionen Erfahrungen zu sammeln und eine entsprechende Personalstruktur aufzubauen.

Nachdem die deutschen Berater fast geschlossen (8 von 11 Experten) das Projekt verlassen hatten und bis 1986 auch keinerlei Nachbetreuungsaktivitäten stattfanden, machten sich die Versäumnisse in der Trägerförderung bald bemerkbar.

Wie sich einzelne Dimensionen im Zeitverlauf verändert haben, ist in Schaubild 6 zu erkennen: *Drei Linien machen die unterschiedlichen Bewertungen zu drei verschiedenen Zeitpunkten deutlich. Die graue, gestrichelte Linie stellt die Situationseinschätzung zum Projektbeginn dar, die dünne schwarze symbolisiert das erreichte Niveau zum Förderende und die dicke schwarze Linie markiert den heutigen Zustand.*

Ein idealtypisches Projekt wäre dadurch gekennzeichnet, daß rechts neben der Ausgangslinie die Kurve liegt, die die Bewertung zum Förderende repräsentiert und wiederum rechts daneben die Evaluierungslinie. Ein solcher Verlauf wäre dahingehend zu interpretieren, daß während der Förderlaufzeit eine Situationsverbesserung eingetreten ist, die nach dem Förderende nicht nur fortbestand, sondern sogar noch weiter ausgebaut werden konnte. Zwischen den drei eingezeichneten Linien lassen sich demnach drei Beziehungen miteinander vergleichen:

- Die Distanz zwischen der grauen, gestrichelten und der dünnen schwarzen Kurve (Förderbeginn und Förderende) macht deutlich, was während der Förderlaufzeit erreicht wurde.
- Der Abstand zwischen der dicken und der dünnen schwarzen Linie (Evaluierungszeitpunkt und Förderende) gibt Auskunft über die Veränderung zwischen dem zum Förderende erreichten Niveau und dem zum Erhebungszeitpunkt vorgefundenen.
- Die Entfernung zwischen der grauen, gestrichelten und der dicken schwarzen Linie (Förderbeginn und Evaluierungszeitpunkt) gibt den Unterschied zwischen dem Ausgangszustand und der bis heute verbliebenen Niveauverbesserung an.

Organisation

Das Kerschensteiner Institut untersteht dem Erziehungsministerium[2] und ist von diesem formal, finanziell, administrativ und personell stark abhängig. Doch aufgrund fehlender Kontrollen verfügt das Institut im Lehrbereich über sehr große informelle Handlungsspielräume. Wie schon ausgeführt, hat die organisatorische Leistungsfähigkeit aufgrund mangelnder Trägerförderung und Managementberatung nach dem Förderende stark abgenommen.

Finanzen

Die finanzielle Leistungsfähigkeit des Erziehungsministeriums wurde von deutscher Seite weit überschätzt und das Ministerium selbst unterschätzte die durch die Projektaktivitäten verursachten Folgekosten. Anfangs stellte der Träger, gemessen am Gesamtetat, erhebliche Mittel für die Schule bereit. Doch zeichnete sich bereits sehr früh ab, daß die laufenden Kosten nicht getragen werden konnten. Diese Situation wurde noch dadurch verschärft, daß wegen der ungünstigen Standortwahl die Einrichtung eines Internats notwendig wurde. Die der Schule real zur Verfügung stehenden Mittel haben im Zeitverlauf drastisch abgenommen, so daß die finanzielle Situation nur als kata-

---

[2] Da keine intermediäre Trägerorganisation vorhanden, wurden die Indikatoren 1 und 2 nicht bewertet.

Schaubild 6: Wirkungsprofil
ITI Kerschensteiner Mazatenango
Guatemala

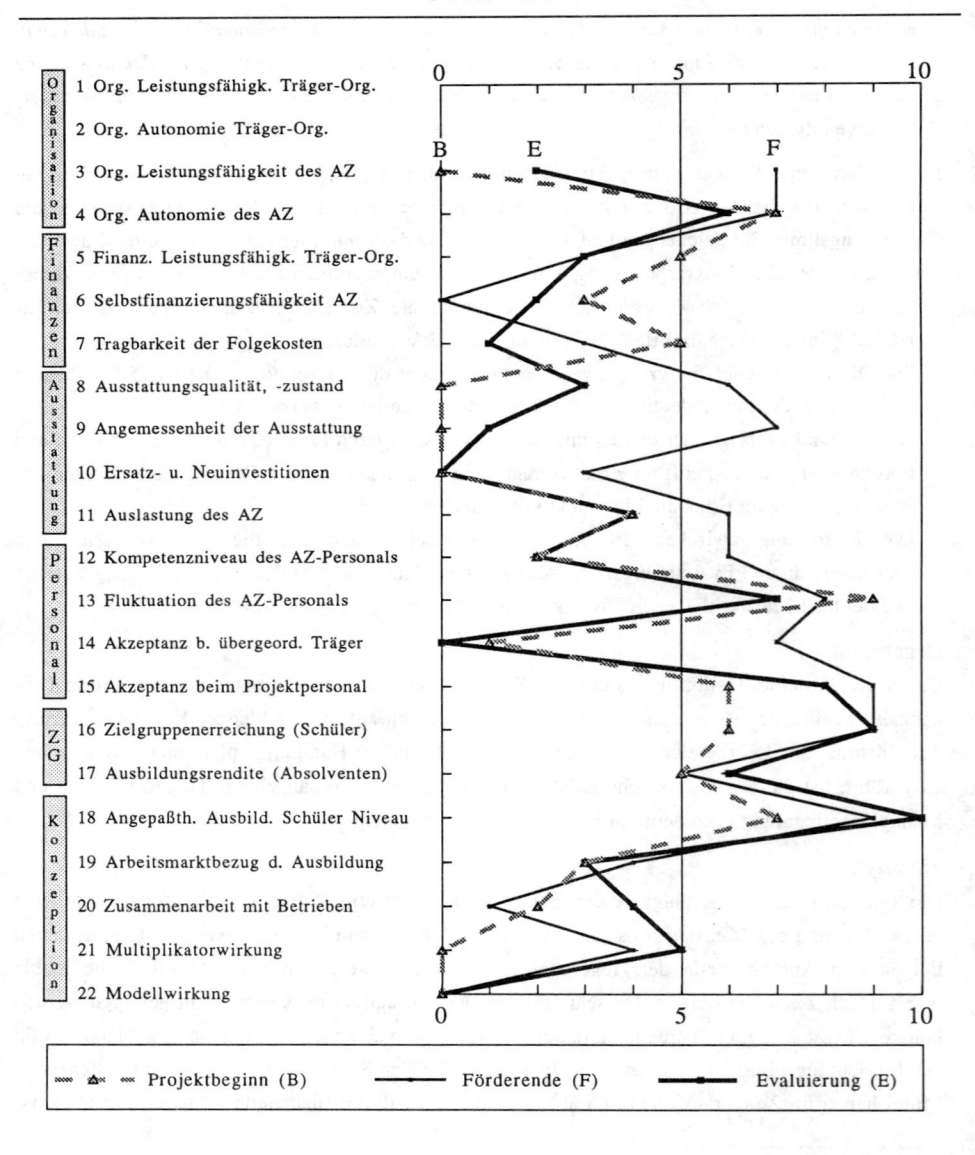

Organisation
1 Org. Leistungsfähigk. Träger-Org.
2 Org. Autonomie Träger-Org.
3 Org. Leistungsfähigkeit des AZ
4 Org. Autonomie des AZ

Finanzen
5 Finanz. Leistungsfähigk. Träger-Org.
6 Selbstfinanzierungsfähigkeit AZ
7 Tragbarkeit der Folgekosten

Ausstattung
8 Ausstattungsqualität, -zustand
9 Angemessenheit der Ausstattung
10 Ersatz- u. Neuinvestitionen
11 Auslastung des AZ

Personal
12 Kompetenzniveau des AZ-Personals
13 Fluktuation des AZ-Personals
14 Akzeptanz b. übergeord. Träger
15 Akzeptanz beim Projektpersonal

ZG
16 Zielgruppenerreichung (Schüler)
17 Ausbildungsrendite (Absolventen)

Konzeption
18 Angepaßth. Ausbild. Schüler Niveau
19 Arbeitsmarktbezug d. Ausbildung
20 Zusammenarbeit mit Betrieben
21 Multiplikatorwirkung
22 Modellwirkung

⋯△⋯ Projektbeginn (B) ——— Förderende (F) ■■■ Evaluierung (E)

strophal zu bezeichnen ist. Schon mehrmals stand die Schließung des Internats wegen fehlender Finanzmittel kurz bevor.

Die gesamtwirtschaftlichen Probleme Guatemalas haben zu nationalen Sparmaßnahmen geführt, so daß sich auch in Zukunft die Situation am Kerschensteiner Institut nicht ändern dürfte.

Angesichts der großen finanziellen Belastung, die durch die Einrichtung des Instituts für das Erziehungsministeriums entstand und der Erkenntnis, daß die Folgekosten nicht tragbar sein würden, ist es als ein klares Versäumnis des Projekts zu werten, daß keine Selbstfinanzierungsmechanismen für die Schule entwickelt und institutionalisiert wurden.

Die heute informell praktizierte Mittelerwirtschaftung der Schule durch Spenden und "Produktion gegen Material" ist zur Aufrechterhaltung des Schulbetriebs zwar wichtig, gemessen am gesamten Finanzbedarf der Schule jedoch bei weitem nicht ausreichend.

Ausstattung

Die ursprünglich für Ausbildungszwecke gut geeignete Ausstattung, die vollständig aus der Bundesrepublik geliefert wurde (Kapitaleinsatz ca. 2,9 Mill. DM), wies bereits zum Förderende Verschleißerscheinungen auf und ist inzwischen völlig veraltet. Das Erziehungsministerium ist nicht in der Lage, Neu- oder Ersatzinvestitionen zu tätigen. Ersatzteile können zum einen aus finanziellen Gründen nicht beschafft werden, zum anderen weil auf dem heimischen Markt die entsprechenden Teile nicht zu erhalten sind. Ein Import wäre, selbst bei vorhandenen Mitteln, aufgrund der Devisenbewirtschaftung und Importrestriktionen kaum möglich.

Daß mit den zumeist über 25jährigen Maschinen überhaupt noch praktischer Unterricht erteilt werden kann, ist allein den Lehrkräften zu verdanken, die mit großem Einfallsreichtum und Geschick ihr möglichstes tun, um die Maschinen funktionstüchtig zu erhalten. Trotz dieses Engagements konnte nicht verhindert werden, daß die Qualität der Ausstattung heute keine qualifizierte Ausbildung mehr zuläßt. Ein Teil der Maschinen ist irreparabel defekt.

Personal

Positiv ausgewirkt haben sich die Projektaktivitäten auf das Kompetenzniveau der Ausbilder, das während der Förderlaufzeit vor allem deshalb deutlich gesteigert werden konnte, weil ein großer Teil der CP's zur Weiterbildung nach Deutschland geschickt worden war. Da aber fast die Hälfte aller in der Bundesrepublik ausgebildeten CP's nach ihrer Rückkehr keine Anstellung mehr erhielten, ist die Effizienz dieser Maßnahme stark beeinträchtigt worden. Die Ausbildung vor Ort wies erhebliche Mängel auf, weil ein deutscher Theorielehrer fehlte und eine systematische Ausbildung der CP's unterblieb, da die deutschen Experten mit anderen Aufgaben überlastet waren und Steuerungsimpulse, die eine veränderte Prioritätensetzung bei der Aufgabenstellung bewirkt hätten, unterblieben.

Das Kompetenzniveau der Lehrerschaft nahm nach dem Förderende wieder deutlich ab, weil es für die Instruktoren keinerlei Fortbildungsmöglichkeiten mehr gibt.

Obwohl die Arbeitsmotivation des Ausbildungspersonals in den letzten Jahren stark gesunken ist, insbesondere weil die Entlohnung nicht mehr existenzsichernd ist, hat sich die Fluktuation des Ausbildungspersonals kaum erhöht und ist nach wie vor gering. Auf dem Arbeitsmarkt werden nicht genügend und zu wenig attraktive Stellen angeboten.

Die Ausbildungskonzeption ist bei den Lehrkräften der Schule nach wie vor sehr anerkannt. Für den insgesamt festzustellenden Rückgang der Akzeptanz ist vor allem die Rekrutierung von neuem Personal verantwortlich, das mit dieser Ausbildungsphilosophie im Kerschensteiner-Institut nicht vertraut ist.

Zielgruppe

In der Festlegung der Schüler-Zielgruppe spiegelte sich der Zielkonflikt zwischen den deutschen Beratern, den guatemaltekischen Lehrern und dem Erziehungsministerium wider. Während in der Regierungsvereinbarung als Eingangsvoraussetzung der Abschluß der Sekundarschule festgelegt worden war, versuchten die deutschen Berater später unter allen Umständen auch Primarschüler aufzunehmen.

Dadurch sollte verhindert werden, daß Absolventen mit Sekundarschulausbildung das Abitur erhalten, da befürchtet wurde, daß diese dann ein weiterführendes Studium aufnehmen würden. Mit der Veränderung der Zielgruppe - hin zu Primarschülern - dachten die deutschen Berater, dieses Problem zu lösen. Es zeigte sich aber, daß die Primarschüler den schulischen Anforderungen nicht gewachsen waren, so daß sie nur als "Lückenfüller" in den Ausbildungsgängen aufgenommen wurden, für die nicht genügend Sekundarschulbewerber gefunden werden konnten.

Gegen den Widerstand der deutschen Berater wurde die ursprüngliche Zielgruppe beibehalten und als Abschluß wurde das technische Abitur eingeführt, wie es an Sekundarschulen in Guatemala üblich ist. Dadurch konnte entgegen den deutschen Vorstellungen eine systemverträgliche Ausbildungskonzeption etabliert werden. Die Verleihung des Facharbeitertitels und des Bachillerato Técnico begründete den Erfolg der Schule. Der Facharbeitertitel ermöglicht es den Absolventen einen Beruf zu ergreifen und schafft damit die ökonomische Grundlage für ein Weiterstudium, zu dem das Abitur berechtigt. Da sich kaum ein Absolvent aus finanziellen Gründen ein Vollzeitstudium leisten kann, geht dadurch niemand dem Arbeitsprozeß verloren, jedoch besteht eine Möglichkeit zur Weiterqualifikation (z.B. in Abendkursen). Zudem konnte nur durch die gleichzeitige Verleihung des Abiturs erreicht werden, daß sich qualifizierte Schüler für diesen Ausbildungsgang interessierten. Die auf dieser Doppelqualifikation beruhende Projektkonzeption erwies sich langfristig als erfolgreich und damit nachhaltig.

Die Ausbildungsrendite wird von den Absolventen heute hoch bewertet. Obwohl die Abgänger nach wie vor meist als Facharbeiter eingesetzt werden und sich erst die Stellung einer mittleren Führungskraft erarbeiten müssen, sind die Absolventen relativ zufrieden mit ihrer Ausbildung. Ausschlaggebend hierfür dürfte sein, daß sie trotz der in Guatemala herrschenden hohen Arbeitslosigkeit ziemlich leicht einen Arbeitsplatz finden.

Über 70% gaben in der Befragung an, daß ihnen ein beruflicher Aufstieg gelungen sei. Das ist neben CETMA der höchste Anteil. Außerdem sind fast alle der Auffassung, daß sie zumindest einen Teil ihrer beruflichen Vorstellungen verwirklichen konnten (90%), und daß sich die Ausbildung gelohnt habe (98%). Dreiviertel der befragten Abgänger würden die Ausbildung zudem uneingeschränkt weiterempfehlen. (Vgl. die Tabellen im Anhang.)

Die Arbeitsplatzangebote richten sich heute überwiegend an "Bachilleres industriales", auch wenn es sich dabei eindeutig um Facharbeitertätigkeiten handelt. Die berufspraktisch viel besser ausgebildeten Dualschüler von INTECAP haben dabei oft das Nachsehen, obwohl die Abgänger "normaler" technischer Schulen kaum berufspraktische Kenntnisse und Handfertigkeiten mitbringen. Die Absolventen des Kerschensteiner-Instituts mit ihrer Doppelqualifikation weisen dadurch einen eindeutigen Marktvorteil auf.

Konzeption

Seitdem nur Sekundarschüler in die Ausbildung aufgenommen werden und da wegen der hohen Bewerberzahl die Besten ausgewählt werden können, entsprechen die Anforderungen des Ausbildungskonzepts dem Vorbildungsniveau der Schüler und es gibt nur eine geringe Drop-out und Repeater-Quote.

Ganz anders sieht es mit der Angepaßtheit der Ausbildung an die Erfordernisse des Arbeitsmarkts aus. Dies ist nicht nur auf die museale Ausstattung des Instituts zurückzuführen, sondern auch auf die veralteten Lehrpläne, die für den fachpraktischen und weitestgehend auch den fachtheoretischen Bereich seit 20 Jahren unverändert sind. Die Lehrkräfte waren nicht in der Lage die Curricula weiterzuentwickeln und an die sich verändernden Arbeitsmarktbedürfnisse anzupassen. Realistischerweise muß jedoch eingeräumt werden, daß dies überhaupt nur im fachtheoretischen Bereich möglich gewesen wäre, da seit dem Förderende keine einzige Neu- oder Ersatzinvestition getätigt wurde.

Allerdings ist festzustellen, daß die Ausbildung zu keiner Zeit besonders an den Bedürfnissen des Arbeitsmarktes orientiert gewesen wäre: Während der Förderlaufzeit erhielten die Schüler zwar eine qualifizierte, praxisorientierte Ausbildung, doch die Ausbildungspläne basierten hauptsächlich auf deutschen Berufsbildern. Die Gegebenheiten in guatemaltekischen Betrieben wurden nicht genügend berücksichtigt. Nur in wenigen großen Industriebetrieben des modernen Sektors konnten die Absolventen ihre erlernten Kenntnisse auch einsetzen. Für eine Tätigkeit in Handwerksbetrieben waren sie überqualifiziert. Während der Förderzeit wurden zwar Anpassungen vorgenommen, doch ergab sich hierdurch nur eine geringfügige Verbesserung der Situation.

Da die Schule mit ihrer veralteten Ausstattung von der technologischen Entwicklung weit überholt wurde, lernen die Schüler inzwischen nicht mehr alle Techniken kennen, die heute in den Betrieben eingesetzt werden. Fast 70% der befragten Arbeitgeber bzw. Vorgesetzten beklagten Ausbildungsdefizite, vor allem bei der Problemlösungsfähigkeit, im organisatorischen Bereich und bei den praktischtechnischen Fertigkeiten. Dennoch werden die Kerschensteiner-Absolventen gegenüber Abgängern anderer Schulen bevorzugt (72%) und auch als qualifizierter eingeschätzt (53%). (Vgl. Tabellen im Anhang.)

Ein wesentlicher Grund für den geringen Arbeitsmarktbezug der Ausbildung lag in der unzureichenden Zusammenarbeit mit den Unternehmen. Durch die deutschen Berater waren zwar Kontakte aufgebaut worden, doch in erster Linie, um für die Unterbringung der Absolventen zu sorgen und um Produktionsaufträge zu aquirieren. Schon aufgrund der mangelnden Industriestruktur in Mazatenango hielten sich diese Kontakte in Grenzen und ließen zum Förderende sogar bereits wieder nach.

Mittlerweile haben sich die Industriekontakte etwas intensiviert, nicht zuletzt aufgrund der Verbundenheit inzwischen berufstätiger Absolventen mit ihrer Ausbildungsstätte. Die verbesserten Kontakte und die Gründung einer Abgängervereinigung führten aber nicht zu einer durchgreifenden Reformierung der Ausbildung. Immerhin wird durch Praktika und Betriebsbesuche ein Versuch gemacht, den Schülern neue Technologien nahezubringen und ihnen einen Eindruck von der betrieblichen Arbeitswelt noch vor Abschluß der Ausbildung zu vermitteln. Die heutigen Betriebskontakte sind auch deshalb wichtig, da die Schule auf Spenden aus der Industrie (z.B. Schrott als Übungsmaterial) angewiesen ist.

Multiplikatorwirkungen konnte das Projekt vor allem über seine Abgänger entfalten. Die Absolventen sind nach einigen Jahren Berufserfahrung häufig in mittleren Führungspositionen tätig oder haben eigene Betriebe eröffnet. Hierbei dürfte den Institutsabgängern vor allem ihre Doppelqualifikation genutzt haben. Das technische Abitur ist eine notwendige Voraussetzung um eine Führungsposition zu erlangen und durch die praxisorientierte Ausbildung wurden wichtige Qualifikationen vermittelt.

Weitere Multiplikatoreffekte entstanden dadurch, daß viele Abgänger (und anfangs auch Lehrer und Stipendiaten) des Kerschensteiner-Instituts als Lehrer von INTECAP oder technischen Schulen des Erziehungsministeriums rekrutiert worden waren. Auf diesem Wege wurden auch Teile des Ausbildungskonzepts und der Ausbildungsunterlagen indirekt weiterverbreitet.

Die Erzielung von Multiplikatorwirkungen auf anderen Ebenen wurde nicht angestrebt. Hierfür hätten sich vor allem die exemplarische Entwicklung von Lehr- und Lernmitteln sowie die Aus- und Weiterbildung technischer Lehrer angeboten. Selbst heute ist dafür noch ein immenser Bedarf vorhanden. Statt dessen richtete sich die Aufmerksamkeit des deutschen Teams zu sehr auf die Errichtung einer gut funktionierenden Modellschule, ohne sich um die Voraussetzungen für die Verbreitung eines solchen Modells zu kümmern.

Modellwirkungen konnte das "Ausbildungsmodell Mazatenango" deshalb auch keine erzielen, obwohl es als technische Sekundarschule in das formale Erziehungssystem Guatemalas integriert ist. Die in das Projekt gesetzten Hoffnungen auf eine nachhaltige Veränderung des technischen Erziehungswesens haben sich nicht erfüllt. Der entscheidende Grund hierfür dürfte bei den (nicht nur für guatemaltekische Verhältnisse) außerordentlich hohen Ausbildungskosten liegen. In einem Land wie Guatemala, in dem auf allen Ebenen des Bildungswesens ein hoher Investitionsbedarf besteht, ist eine Konzentration aller Mittel auf die technischen Oberschulen, wie sie bei Übernahme des Ausbildungskonzepts durch die anderen Schulen notwendig gewesen wäre, auch nicht sinnvoll.

Resumee
Wird das Projekt auf seine Nachhaltigkeit hin insgesamt bewertet, dann erscheint das Urteil gerechtfertigt, daß Mazatenango ein Beispiel für ein wenig nachhaltiges Projekt ist, obwohl es auf einigen Dimensionen dauerhafte Erfolge erzielen konnte. Welche Gründe sind dafür verantwortlich?

Eine wesentliche Ursache ist sicherlich darin begründet, daß die dem Projekt vorausgegangene Planung der Situation vor Ort nicht angemessen war und zentrale Probleme nicht erkannt wurden. In der Durchführung konnten diese Mängel nicht aufgefangen werden, da entsprechende Steuerungsimpulse aus der Zentrale unterblieben und die deutschen Berater vor Ort nicht die Fachleute waren, um einen Richtungswechsel des Projekts zu bewirken.

Dies hatte zur Folge, daß eine viel zu kostenaufwendige Konzeption implementiert wurde, die den finanziellen Verhältnissen nicht angepaßt war. Die für die praxisbetonte Ausbildung notwendigen Maschinen und Geräte konnten unmöglich auch für andere Schulen angeschafft werden. Zudem wäre ihre Unterhaltung nicht finanzierbar gewesen, es sei denn es wären parallel dazu entsprechende Selbstfinanzierungsmechanismen entwickelt worden. Statt dessen beschränkten sich die deutschen Experten auf den Aufbau einer beispielhaft funktionierenden Muster-Schule, die allerdings keine Chance auf Modellwirkungen hatte.

Ein wesentliches Versäumnis auf deutscher Seite war es auch, daß der Partner nicht administrativ weitergebildet und nicht in Führungsfunktionen eingewiesen wurde. Fehlende Träger- und Organisationsberatung führte nach dem Förderende zu einem Zusammenbruch der Funktionsfähigkeit der Organisationsstrukturen.

Trotz allem gelingt es dem Institut noch heute, Schüler auszubilden, die auf dem Arbeitsmarkt bevorzugt werden. Dies ist wesentlich auf die von den Deutschen hinterlassenen Strukturen zurückzuführen, wie der Qualifizierung der Ausbilder, der aus Deutschland gelieferten Ausstattung und dem implementierten Ausbildungskonzept. Auch wenn diese Strukturen gemessen an den Erfordernissen und Bedürfnissen der Ausbilder, Schüler und Arbeitgeber nie optimal waren und sich in den letzten 20 Jahren kontinuierlich verschlechtert haben, da jegliche Innovationen auf diesen drei Gebieten unterblieben, so wird die in Mazatenango durchgeführte Ausbildung von den Arbeitgebern offensichtlich noch immer höher eingeschätzt, als die von anderen technischen Schulen oder von INTECAP. Dies kommt in den Befragungsergebnissen der Absolventen und Betriebsleiter deutlich zum Ausdruck. Zum anderen ist ein zentraler Erfolgsfaktor darin zu sehen, daß es dem Institut gegen den Willen der deutschen Berater gelungen ist, eine systemadäquate Konzeption zu entwickeln. Die Verleihung einer Doppelqualifikation macht das Institut auch heute noch für Sekundarschüler interessant.

Bezogen auf die anfangs entwickelte Nachhaltigkeitsdefinition kann zusammengefaßt werden, daß auf den Ebenen Personal, Ausstattung, Organisation und Konzeption zwar Strukturen geschaffen wurden, jedoch nicht die Fähigkeit diese Strukturen den sich wandelnden Bedingungen anzupassen. Problemlösungskapazitäten wurden kaum aufgebaut, so daß seit dem Förderende keine gravierenden Innovationen mehr durchgeführt wurden, mit dem Ergebnis, daß die etablierten Strukturen ihren zugedachten Funktionen nicht mehr ausreichend gerecht werden. Multiplikatorwirkungen sind vom Projekt in vielfältiger Form ausgegangen. Modellwirkungen konnten hingegen nicht entwickelt werden.

3.2 Das Centro Técnico Hondureño-Alemán (CTHA) in San Pedro Sula, Honduras

Ein gut vergleichbares Projekt stellt die Technische Schule CTHA in Honduras dar, die von 1968 bis 1976 mit ebenfalls knapp 10 Mill. DM gefördert wurde. Wie in Mazatenango handelte es sich dabei um eine Neugründung. Allerdings zeichnet sich das Centro Técnico Hondureño-Alemán durch deutlich bessere Ausgangsvoraussetzungen aus, wie ein Blick auf Schaubild 7 deutlich macht.

Die Qualität der Planung ist insgesamt als eher unterdurchschnittlich zu bewerten, da wesentliche Probleme nicht erkannt wurden (schwacher Träger, Finanzmittelknappheit, fehlende Systemintegration, Beratungsbedarf beim Erziehungsministerium etc.). Die beiden (1963 und 1968) durchgeführten Feasibilitystudien weisen nur einen minimalen Umfang auf und wesentliche Prüfaspekte wurden vernachlässigt bzw. überhaupt nicht thematisiert. Das Projekt wurde außerhalb des bestehenden Bildungssystems geplant.

Trotz einer Vorlaufzeit von 6 Jahren wurden die ersten Ausrüstungsgegenstände erst geliefert, als die deutschen Experten bereits ein Jahr vor Ort waren. Dadurch wurde der Ausbildungsbeginn erheblich verzögert.

Die Standortwahl ist ausgezeichnet, denn San Pedro Sula ist das wichtigste und dynamischste Industriezentrum in Honduras.

In der Durchführung konnten die Planungsmängel nicht aufgefangen werden, im Gegenteil sie wurden sogar noch verstärkt:
- Von der ursprünglich vereinbarten Konzeption, Primarschulabgänger zu Facharbeitern auszubilden, wurde abgerückt. Statt dessen wurde ein Sekundarschulabschluß zur Aufnahmebedingung gemacht, ohne allerdings mit dem Abitur abschließen zu können. Dadurch stellte sich das CTHA außerhalb des bestehenden Systems. An vergleichbaren Schulen (z.B. am Parallelinstitut Luis Bogran am gleichen Ort) wurde trotz offensichtlich niedrigerer Ausbildungsstandards das Abitur verliehen.
- Der von deutscher Seite betriebene Trägerwechsel vom Erziehungs- zum Arbeitsministerium zeugt von Systemunkenntnis und einer groben Fehleinschätzung der örtlichen Situation, so daß

3.2 Centro Técnico Hondureño-Alemán (CTHA)

Schaubild 7: Input-Profil
CTHA
Honduras

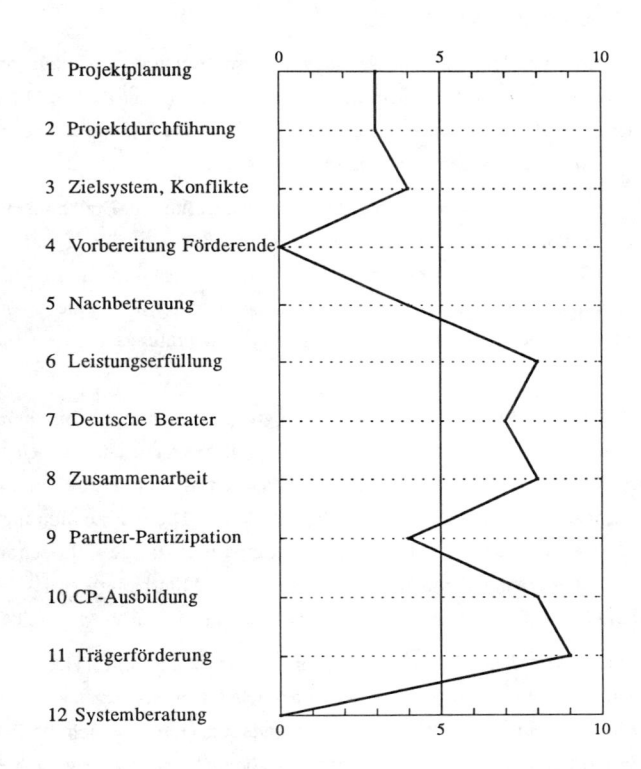

1	Projektplanung
2	Projektdurchführung
3	Zielsystem, Konflikte
4	Vorbereitung Förderende
5	Nachbetreuung
6	Leistungserfüllung
7	Deutsche Berater
8	Zusammenarbeit
9	Partner-Partizipation
10	CP-Ausbildung
11	Trägerförderung
12	Systemberatung

er schließlich am Widerstand des Instituts und des Erziehungsministeriums scheiterte. Dieser Schritt führte dann in letzter Konsequenz zum Projektabbruch.
- Beratungsfragen wurden stark vernachlässigt, obwohl das Erziehungsministerium um Unterstützung ersucht hatte.
- Eine Stufenausbildung, wie in den Planungsstudien immerhin gefordert, wurde nicht verwirklicht.
- Mit einer von den Industriellen San Pedro Sulas gegründeten "Unterstützungskommission" für die Schule wurde nicht zusammengearbeitet, so daß eine wesentliche Chance, die Industrie in die Ausbildung miteinzubinden, leichtfertig verpaßt wurde.

Die wenigen formulierten Ziele waren widerspruchsfrei, aber nur zum Teil realistisch, denn die Schule sollte als Modell eingeführt werden. Hierfür war sie aber in keiner Weise geeignet (zu teuer, nicht systemadäquat). Zielkonflikte traten kaum auf, da der Partner den deutschen Beratern freie

Hand ließ. Erst als von den Deutschen ein Trägerwechsel betrieben wurde, kam es zu den beschriebenen Konflikten. Obwohl noch erhebliche Restmittel vorhanden waren, schieden innerhalb eines halben Jahres 7 von 8 Mitarbeitern aus und es wurde (wie sonst üblich) kein Reservebestand an Ersatzteilen und Verbrauchsmitteln angelegt.

Über viele Jahre hinweg wurden keinerlei Nachbetreuungsaktivitäten entwickelt, obwohl ein deutsches Team in der geförderten INFOP-Ausbildungsstätte in San Pedro Sula vor Ort war. Erst in den 80er Jahren wurden Ersatzteile und neue Geräte geliefert. Ein CIM-Experte führte ein Fabrikationsprogramm zur Selbstfinanzierung der Werkstattausbildung ein.

Trotz der erheblichen Finanzierungsprobleme des Trägers erfüllte das Erziehungsministerium alle zugesagten Leistungen beispielhaft. Das deutsche Team umfaßte zeitweise 11 Experten bei anfangs 20 und später ca. 30 festangestellten Lehrern (und 20 Verwaltungsangestellten). Die deutschen Berater werden als qualifiziert beschrieben und verfügten durchweg über gute Spanischkenntnisse. Fast alle waren Meister oder Gewerbelehrer, die für Systemberatungsaufgaben nicht ausgebildet waren.

Die Zusammenarbeit mit dem Partner wurde durch die großen Spannungen innerhalb des deutschen Teams beeinträchtigt. Obwohl das Personal 1972 komplett ausgetauscht worden war, hörten die Probleme nicht auf. Doch insgesamt wird die Zusammenarbeit mit dem Partner von allen Seiten positiv beurteilt. An Entscheidungen partizipierten die CP's kaum. Die Institutsführung wurde eindeutig durch den deutschen Projektleiter dominiert. Allerdings wurden die CP's schon frühzeitig für Leitungsfunktionen auf Werkstattebene herangebildet. Von 30 Mitarbeitern erhielten 20 ein Stipendium in Deutschland und auf die CP-Ausbildung vor Ort wurde großen Wert gelegt.

Aus dieser Darstellung wird deutlich, daß die Ausgangsbedingungen im CTHA deutlich besser waren als in Mazatenango. Schaubild 8 zeigt dementsprechend ein besseres Nachhaltigkeitsprofil. Sowohl die Linie, die den Situationsstand zum Förderende markiert, als auch die Evaluierungslinie verlaufen in größerem Umfang im positiven Bewertungsbereich. Zudem zeigt sich eine etwas größere Parallelität der beiden Linien, was für einen geringeren Leistungs- oder Wirkungsverlust spricht.

Organisation
Im einzelnen ist zu erkennen, daß ein funktionierendes Ausbildungszentrum während der Förderzeit aufgebaut werden konnte, das auch heute noch organisatorisch leistungsfähig ist. Die administrative Beratung und die Erarbeitung umfangreicher Organisationsmittel legten den Grundstock hierfür.

Positiv auf die Entwicklung des Ausbildungszentrums hat sich seine relative Autonomie ausgewirkt. Da Kontrollen weitgehend fehlen und Eigeneinnahmen und deren Selbstverwaltung erlaubt sind, konnte das CTHA institutionell und konzeptionell seine Sonderrolle behaupten.

Das Erziehungsministerium ist ein ungeeigneter Träger. Da er der Berufsbildung und Technischen Bildung nur einen geringen Stellenwert zumißt, stehen für diesen Bereich nur wenig Finanzmittel zur Verfügung. Während der Förderzeit genoß das CTHA zwar eine bevorzugte Stellung, so daß ein

3.2 Centro Técnico Hondureño-Alemán (CTHA)

Schaubild 8: Wirkungsprofil
CTHA
Honduras

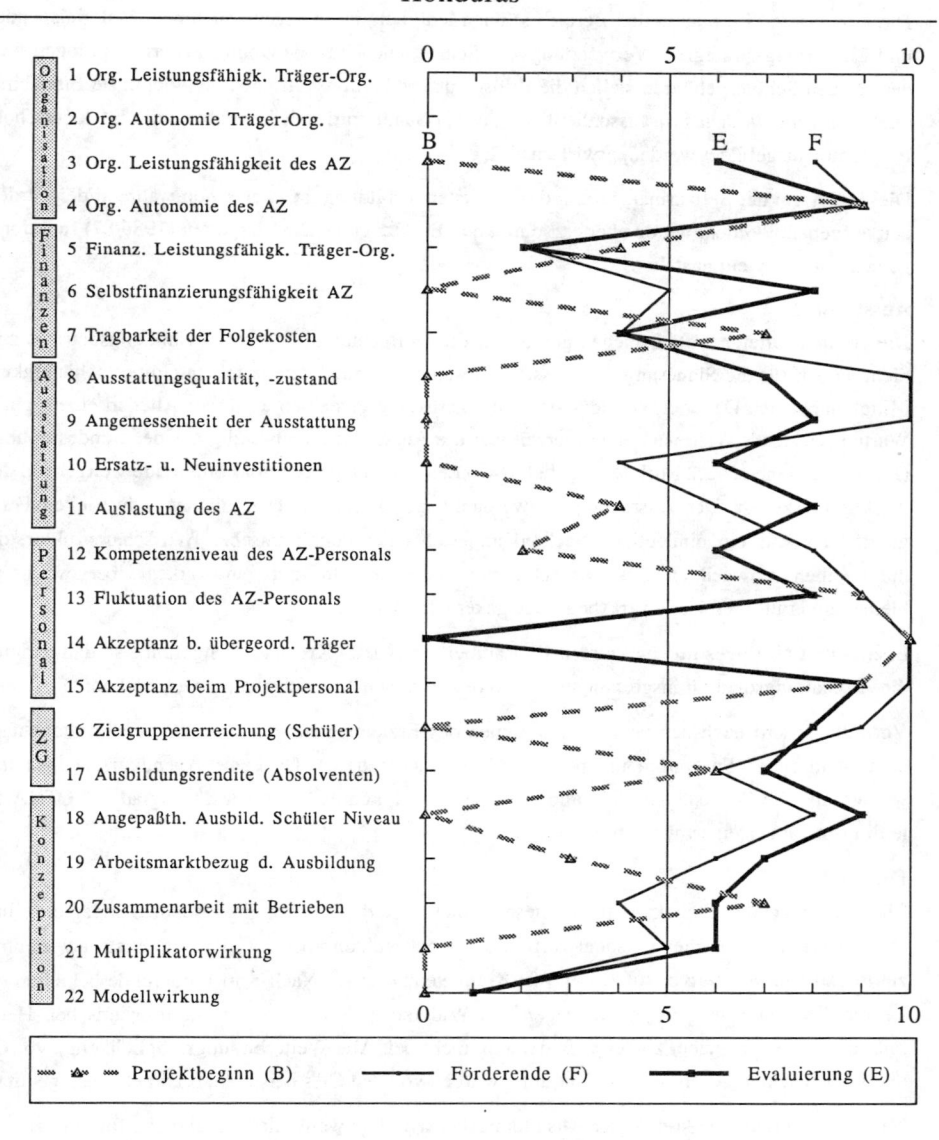

Organisation
1 Org. Leistungsfähigk. Träger-Org.
2 Org. Autonomie Träger-Org.
3 Org. Leistungsfähigkeit des AZ
4 Org. Autonomie des AZ

Finanzen
5 Finanz. Leistungsfähigk. Träger-Org.
6 Selbstfinanzierungsfähigkeit AZ
7 Tragbarkeit der Folgekosten

Ausstattung
8 Ausstattungsqualität, -zustand
9 Angemessenheit der Ausstattung
10 Ersatz- u. Neuinvestitionen
11 Auslastung des AZ

Personal
12 Kompetenzniveau des AZ-Personals
13 Fluktuation des AZ-Personals
14 Akzeptanz b. übergeord. Träger
15 Akzeptanz beim Projektpersonal

ZG
16 Zielgruppenerreichung (Schüler)
17 Ausbildungsrendite (Absolventen)

Konzeption
18 Angepaßth. Ausbild. Schüler Niveau
19 Arbeitsmarktbezug d. Ausbildung
20 Zusammenarbeit mit Betrieben
21 Multiplikatorwirkung
22 Modellwirkung

···▲··· Projektbeginn (B)   ——— Förderende (F)   —■— Evaluierung (E)

erheblicher Teil der staatlichen Berufsbildungsmittel für das Projekt aufgewendet wurde. Heute ist das CTHA jedoch allen anderen Schulen gleichgestellt. Das Erziehungsministerium bringt im Grunde nur noch die Personalkosten auf.

Finanzen

Die Folgekosten im materiellen Bereich können lediglich durch Eigeneinnahmen, Materialspenden und Einsparungsstrategien (Verwendung von Schrott und Holz als Übungsmaterial) getragen werden. Neben Schülergebühren stellen die Erlöse aus Produktionsaufträgen die wichtigste Einnahmequelle dar. Sie werden fast ausschließlich von den Schülern des 3. Lehrjahres, die im "deutschen" Programm ausgebildet werden, erwirtschaftet.

Dieses System der Selbstfinanzierung der Werkstattausbildung ist zwar schon während der Förderzeit aufgebaut worden, wurde aber erst durch den Einsatz eines CIM-Experten (1986/87) funktionsgerecht und effizient gestaltet.

Ausstattung

Die erwirtschafteten Mittel reichen gerade für die Aufrechterhaltung des Ausbildungsbetriebs aus, nicht jedoch für die Sicherung der Ausstattungsqualität, da Ersatzteile fehlen (Importabhängigkeit, Mittelknappheit). Dennoch befindet sich die Ausrüstung gemessen an ihrem Alter in einem guten Wartungszustand. Während der Förderzeit war die Ausstattung vollständig aus der Bundesrepublik (Kapitalaufwand ca. 2,2 Mill. DM) geliefert worden und entsprach zum Förderende weitgehend den Ausbildungszielen. Der Ausrüstungsschwerpunkt lag allerdings stark auf der industriellen Fertigung. Dies war ein eindeutiger Nachteil angesichts der honduranischen Wirtschaftsstruktur, die durch einen schwach entwickelten modernen Industriesektor und ein starkes Übergewicht an kleinen und mittleren Handwerksbetrieben gekennzeichnet ist.

Ersatz- und Neuinvestitionen wurden im Rahmen eines BID-Kredits durchgeführt, so daß dadurch die Ausstattungsqualität insgesamt auf einem relativ hohen Niveau gehalten werden konnte.

Vormittags wird nach den neuen Programmen des Erziehungsministeriums und nachmittags nach dem "deutschen" Programm unterrichtet (Zweischichtbetrieb). Da keine Abendkurse abgehalten werden und die Werkstätten nicht alle voll belegt sind, könnte der Auslastungsgrad des CTHA allerdings noch gesteigert werden.

Personal

Ein herausragendes Charakteristikum dieses Projekts ist, daß es über ein besonders engagiertes und motiviertes einheimisches Personal verfügte, das sich vollkommen mit dem Projektansatz identifizierte und sich im Zeitverlauf eine große Kompetenz erwarb. Nach dem Förderende behielten die Lehrer das "deutsche" Programm gegen den Widerstand des Erziehungsministeriums bei. Heute mißt dieses dem Konzept keinerlei Bedeutung mehr bei. Alle Weiterbildungsmöglichkeiten vor Ort und in Deutschland (hohe Stipendienquote) wurden von den CP's beispielhaft und effizient genutzt.

Nach dem Förderende konnte der Ausbildungsbetrieb ohne wesentliche Einbrüche fortgesetzt werden, obwohl der Abzug der deutschen Experten recht abrupt erfolgte. Aufgrund der hohen personellen Kontinuität bei den einheimischen Ausbildern wurde ein hoher Effektivitätsgrad der Ausbildung erzielt, der durch die hohe Selbstrekrutierungsquote des CTHA noch verstärkt wird.

Da Weiterbildungsmöglichkeiten fehlen und zunehmend Stellen aufgrund politischer Vorteilnahmen durch weniger qualifiziertes Personal besetzt werden, hat das Kompetenzniveau der Lehrerschaft insgesamt abgenommen.

Zielgruppe

Die in der Regierungsvereinbarung festgelegte Zielgruppe (Primarschulabgänger) wurde nicht erreicht, da von Beginn an Sekundarschulabgänger aufgenommen wurden. Erst gegen Förderende wurden die Zulassungsbedingungen formal entsprechend festgelegt (Sekundarschulabschluß). Aufgrund der nach dem Förderende erhöhten Schulgebühren hat sich die soziale Zusammensetzung der Zielgruppe verändert.

Die Absolventen finden nach wie vor relativ schnell einen Arbeitsplatz, werden jedoch meist als Facharbeiter eingestellt und nicht als Techniker. Obwohl berufliche Aufstiege erst nach einiger Zeit erfolgen und die Einkommenserwartungen nur z.T. erfüllt werden, sind die Absolventen relativ zufrieden mit ihrem Arbeitsplatz. Sie sind der Überzeugung, daß sich die Ausbildung gelohnt hat (95%) und würden sie auch weiterempfehlen (83%), obwohl sie teilweise der Meinung sind, daß eine andere Ausbildung für das berufliche Fortkommen vielleicht vorteilhafter gewesen wäre (62%). Für diese Beurteilung ist die Tatsache bedeutend, daß durch die Ausbildung nicht wie an anderen technischen Schulen das Abitur erlangt werden kann. Aufgrund einer informellen Regelung werden die Absolventen allerdings für technische Studiengänge an der Universität in San Pedro Sula zugelassen. Die CTHA-Absolventen genießen einen guten Ruf und werden von den Arbeitgebern, Abgängern anderer Ausbildungsstätten vorgezogen (77%), da sie als besser ausgebildet gelten (62%). (Vgl. Tabellen im Anhang.)

Konzeption

Die Lehrpläne waren vom Niveau her auf den Vorbildungsstand von Sekundarschülern abgestimmt. Da aufgrund hoher Bewerberzahlen die Besten ausgewählt werden konnten, waren die Drop-out- und Repeater-Quoten relativ gering, woran sich bis heute nichts geändert hat.

Die Ausbildungspläne basierten auf deutschen Berufsbildern und orientierten sich kaum an den tatsächlichen Bedürfnissen der honduranischen Industrie. Durch zunehmende Betriebskontakte und die Erfahrungen mit den ersten Absolventen wurden die Lehrpläne angepaßt. Zusätzlich wurden Komplementationskurse für Abgänger eingeführt. Seit dem Förderende wurden die Ausbildungsrahmenpläne kaum verändert, lediglich in Teilbereichen aktualisiert. Hierdurch scheint sich der Arbeitsmarktbezug der Ausbildung etwas verbessert zu haben. Die Absolventen können zwar viel von dem in der Ausbildung Erlernten anwenden und benötigen geringere Einarbeitungszeiten als Abgänger anderer Ausbildungsstätten, doch bestehen vor allem im fachpraktischen Bereich Ausbildungsdefizite. (Vgl. Tabelle im Anhang.)

Neben dem "deutschen" Programm wurde nach dem Förderende der im Lande übliche Ausbildungsmodus eingeführt, so daß die beiden Programmvarianten parallel nebeneinander laufen. Dadurch ist am CTHA eine fachliche und organisatorische Doppelstruktur entstanden, die die Funktionsfähigkeit der Schule behindert.

Die Zusammenarbeit mit den Betrieben war zu Projektbeginn aufgrund der Unterstützung des CTHA's durch Industriekreise in San Pedro Sula gut, ging aber durch die ablehnende Haltung des Projektleiters im Laufe der Zeit zurück. Nach der Gründung der halbstaatlichen Berufsausbildungsorganisation INFOP ließ die Unterstützung der Betriebe für das CTHA weiter nach. Da die Betriebe jetzt eine Lohnsummenabgabe zu entrichten hatten, wollten sie nicht auch noch zusätzliche Pflichten (Betriebspraktika, finanzielle oder materielle Aufwendungen) übernehmen. Erst in den letzten Jahren hat sich die Zusammenarbeit wieder verbessert, da die Schule zur Akquisition von Produktionsaufträgen und zur Sammlung von Materialspenden verstärkt den Kontakt zu den Betrieben sucht und mittlerweile viele CTHA-Abgänger in mittlere Führungspositionen aufgestiegen sind, die ihre Ausbildungsstätte unterstützen wollen.

Multiplikatorwirkungen wurden vor allem durch die erfolgreiche Qualifizierung der Lehrerschaft und der Abgänger erzielt. Viele Absolventen wurden von INFOP als Lehrer rekrutiert, wodurch auch die Ausbildungsunterlagen verbreitet wurden. Zudem konnten zahlreiche Abgänger in den Betrieben in mittlere Führungspositionen gelangen. Die deutschen Berater setzten die am CTHA entwickelten Lehrpläne später für die Ausbildung von Facharbeitern bei INFOP ein. Teile der Unterlagen werden heute auch in den neuen Ausbildungsprogrammen am CTHA genutzt. Lehrer, die in beiden Programmen unterrichten, bringen ihre Erfahrungen bei der Ausarbeitung von neuen Lehrplänen ein. Außerdem wurden Organisationsmittel und Ausbildungsunterlagen teilweise auch von anderen technischen Schulen übernommen. Noch weit größere Multiplikatorwirkungen hätten erzielt werden können, wenn dem Wunsch des Erziehungsministeriums nach allgemeiner Lehrerfortbildung entsprochen worden wäre.

Modellwirkungen konnte das Projekt keine entfalten. Hierfür sind vor allem die hohen Ausbildungskosten, die aus den Anforderungen einer praktischen Ausbildung (Ausstattung, Verbrauchsmaterial, kleine Klassengrößen etc.) resultieren, verantwortlich. Durch die konsequente Entwicklung von Selbstfinanzierungsmechanismen hätte allerdings ein Großteil der Kosten aufgefangen werden können. Die derzeitigen Bemühungen des CTHA's geben hierfür in Ansätzen ein Beispiel.

Nicht weniger bedeutsam für die ausbleibende Modellwirkung sind die fehlende Systemberatung und die mangelnde Systemadäquanz des Projekts zu werten. Die Bedeutung der "deutschen" Konzeption wurde dem Erziehungsministerium nie vermittelt. Durch den von deutscher Seite betriebenen Trägerwechsel wurde darüber hinaus deutlich gemacht, daß die am CTHA entwickelte Konzeption sowieso nicht in das Ausbildungssystem des Erziehungsministeriums paßte. Es ist deshalb nur folgerichtig, daß sich das Erziehungsministerium nach anderen Beratern umsah und der "deutschen" Konzeption kein Gewicht mehr beimaß.

3.2 Centro Técnico Hondureño-Alemán (CTHA)

Eine BID-Kommission entwickelte anschließend ein Curriculum, bei dem die deutsche Konzeption keine Rolle mehr spielt. Außerdem wirkte sich von Anfang an negativ aus, daß das "deutsche" Konzept nicht in Einklang mit dem bestehenden Bildungssystem stand. Trotz Sekundarschulabschluß wird den CTHA-Schülern am Ende ihrer Ausbildung nicht das Abitur verliehen, wie dies an anderen technischen Schulen oder auch bei den neuen Ausbildungsgängen am CTHA selbst der Fall ist! Obwohl die Absolventen des deutschen Programms mindestens gleich gut, wenn nicht sogar besser qualifiziert sind, werden sie bezüglich der formalen Bildungszertifikate und damit möglicherweise auch in ihrer beruflichen Entwicklung benachteiligt.

Resumee

Wie nachhaltig ist das CTHA-Projekt nun insgesamt einzustufen und welche Gründe können dafür verantwortlich gemacht werden?

Wenn nur die Schule an sich betrachtet wird, war das Projekt sehr erfolgreich. Die Abgänger kommen auf dem Arbeitsmarkt unter, die Betriebe ziehen sie anderen Abgängern vor und viele konnten bisher mittlere Führungspositionen erreichen. Auch die organisatorische Leistungsfähigkeit des Instituts konnte zumindest teilweise erhalten werden, es wurden Selbstfinanzierungsmechanismen implementiert, um die katastrophale Haushaltssituation der Schule aufzufangen und durch einen BID-Kredit konnte die Ausstattung auf einem angemessenen Niveau gehalten werden.

Hierzu hat das Projekt einen wesentlichen Beitrag geleistet. Unter seiner Führung wurden personelle, organisatorische, konzeptionelle und materielle Strukturen geschaffen, die bis heute erhalten und auch noch weitgehend funktionsfähig sind. Allerdings wurde der Schaffung von Problemlösungskapazitäten nicht genügend Aufmerksamkeit geschenkt, so daß fast auf allen Dimensionen ein Rückgang des einmal Erreichten festzustellen ist. Dies hätte (zumindest teilweise) verhindert werden können, wenn folgende Bereiche stärker berücksichtigt worden wären:
- Frühzeitige Einrichtung von Selbstfinanzierungsmechanismen,
- Institutionalisierung von Aus- und Weiterbildung der Lehrerschaft,
- intensivere Zusammenarbeit mit den Betrieben,
- an den Arbeitsmarkt und das Ausbildungssystem besser angepaßte Konzeption.

Für den heute noch erreichten Leistungsstand ist allerdings auch die weitgehende Autonomie und das Selbstverwaltungsrecht der Schule verantwortlich. Ohne die Möglichkeit eigene Einnahmen zu tätigen und diese selbständig zu verwalten, hätte die Schule das derzeitige Niveau nicht halten können.

Multiplikatorwirkungen wurden zwar in vielfältiger Form (bis heute) erzielt, doch hätte das Projekt weit mehr erreichen können. Dies gilt umso mehr für die Möglichkeiten, eine Modellwirkung zu erzielen. Hierfür lagen günstige Rahmenbedingungen vor:
- Der Partner unterstützte das Vorhaben tatkräftig.
- Die Leistungserfüllung durch den Partner war beispielhaft.
- Der Projektansatz war auf allen Ebenen hoch akzeptiert.
- Die Zusammenarbeit mit dem Partner funktionierte gut.

- Die CP-Ausbildung wurde intensiv betrieben.
- Als technische Schule war das CTHA prinzipiell in das bestehende formale Bildungssystem integriert.

Die fehlende Modellwirkung ist vor allem auf Mängel im deutschen Beitrag zurückzuführen. Weder in der Planungs- noch in der Durchführungsphase wurde erkannt,
- daß das Konzept zu teuer und deshalb als Modell nicht einführbar war,
- daß das Konzept (wegen des fehlenden Abiturabschlusses) nicht systemadäquat war und
- daß die Betriebe zu wenig in das Ausbildungsgeschehen eingebunden waren, obwohl sie anfangs großes Interesse daran hatten.

Trotz entsprechender Bitten des Erziehungsministeriums wurden Systemberatungsaufgaben vollkommen vernachlässigt, so daß die Bedeutung der deutschen Konzeption nicht vermittelt werden konnte.

Insgesamt ist zu konstatieren, daß die Schule für sich betrachtet auch heute noch beachtliche Leistungen erbringt und die Absolventen weiterhin von der Ausbildung an der Schule profitieren. Doch im weiteren Systemumfeld konnten insgesamt nur geringe Wirkungen entfaltet werden. Der Anspruch, ein Modell zu entwickeln, scheiterte. Gemessen am extensiven deutschen Personaleinsatz (zeitweise 11 Experten), knapp 10 Mill. DM Fördermitteln und einer 9jährigen Förderlaufzeit ein letztlich nicht befriedigendes Ergebnis.

3.3 Berufliches Ausbildungszentrum Centro de Capacitación Guatemalteco-Alemán (CCGA) und Beratung des Instituto Técnico de Capacitación y Productividad (INTECAP) in Guatemala

Die Zusammenarbeit mit INTECAP wurde 1975 aufgenommen. Die Förderung für das erste, hier analysierte Projekt umfaßte 7,5 Mill. DM und wurde 1983 beendet. Hauptziel war es, Facharbeiter zuerst noch in Vollzeitausbildung, ab 1979 dann in dualer Form auszubilden. Neben dem Aufbau einer Ausbildungsstätte als "Modellschule" sollte INTECAP beraten und bei der sektoralen und regionalen Ausdehnung der Programme unterstützt werden.

Wie Schaubild 9 zeigt, werden die Projektinput-Indikatoren für die Förderlaufzeit recht günstig bewertet.

Die Projektplanung konnte auf zwei Feasibility Studien aufbauen, die zwar wesentliche Teilanalysen (Bedarf, Zielgruppe, Rahmenbedingungen) vernachlässigten, aber insgesamt eine ausreichende erste Planungsgrundlage darstellten. Unverständlich bleibt allerdings, wieso von allen Planungsbeteiligten erneut eine Zentrumsausbildung favorisiert wurde, obwohl sich doch gerade in dem vorzeitig beendeten Projekt in Mazatenango gezeigt hatte, daß diese Ausbildungsform zu kostspielig

3.3 CCGA und INTECAP

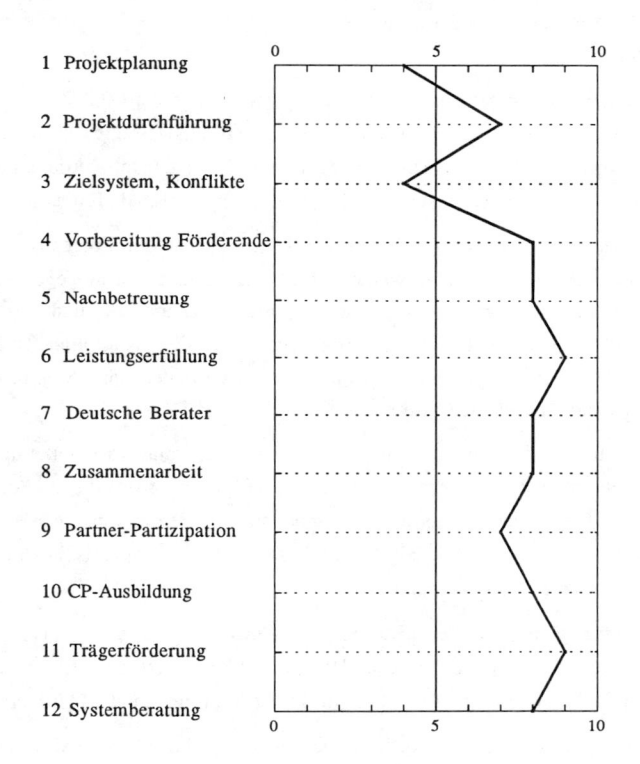

Schaubild 9: Input-Profil
INTECAP (Dual)
Guatemala

#	Kategorie
1	Projektplanung
2	Projektdurchführung
3	Zielsystem, Konflikte
4	Vorbereitung Förderende
5	Nachbetreuung
6	Leistungserfüllung
7	Deutsche Berater
8	Zusammenarbeit
9	Partner-Partizipation
10	CP-Ausbildung
11	Trägerförderung
12	Systemberatung

ist. Nach wenigen Jahren wurde die Konzeption dann auf die duale Ausbildung umgestellt, was bei den Schülern, Lehrern und Betrieben für Verwirrung sorgte.

In der weiteren Planungsphase traten erhebliche Versäumnisse auf, die vor allem auf Entscheidungen des BMZ zurückzuführen sind, in denen von Vorschlägen der Gutachter und Durchführungsorganisationen abgewichen wurde:
- Es wurde von Anfang an mit einer viel zu kurzen Laufzeit und einem zu geringen Finanzbudget geplant.
- Die Planung konnte keinen rechtzeitigen Projektbeginn sicherstellen, so daß der erste Lehrlingskurs vor dem Eintreffen des deutschen Personals und der Sachlieferungen unter unzureichenden Voraussetzungen begann.
- Das Projekt wurde mit viel zu vielen Aufgaben vollkommen überlastet.
- Die Einplanung eines Theorielehrers und eines Systemberaters wurden versäumt.

Außerdem wirkt sich auch heute noch der Standort des CCGA, weit außerhalb der Stadt, ungünstig aus. Aufgrund der geringen verkehrstechnischen Erschließung entstehen für die Schüler hohe Transportkosten und die Teilnahme an Abend- und Teilzeitkursen wird erschwert.

Die Leistungsfähigkeit des Trägers, die finanzielle Situation und die Zielgruppe wurden hingegen vorwiegend richtig eingeschätzt.

Durch die aktive Steuerung seitens der Projektleitung vor Ort und der GTZ-Zentrale konnten einige Planungsmängel im Zeitverlauf aufgefangen werden. Allerdings erfolgten diese Eingriffe zu spät. Da eine stärkere Mittel- und Personalaufstockung vom BMZ abgelehnt wurde, hätte eine deutliche Aufgabenreduzierung und Prioritätensetzung für eine richtungsweisende Entlastung sorgen müssen.

Der Zielkatalog war vollkommen unrealistisch und konnte erst in den Folgeabkommen den realen Möglichkeiten vor Ort etwas angepaßt werden. Zielkonflikte tauchten hingegen kaum auf. Selbst die Einführung des dualen Systems war von der Partnerseite gewollt und unstrittig. Mit dem Wunsch nach rascher Dezentralisierung der Programme (auch der dualen) und einer längeren Projektlaufzeit stieß der Partner hingegen auf Widerstand, insbesondere im BMZ, obwohl diese Vorstellungen weitaus realitätsbezogener waren.

Das Förderende wurde nach einem gemeinsam vereinbarten Zeitplan vorbereitet und die deutschen Mitarbeiter wurden sukzessive abgezogen, obwohl die Einführung der dualen Ausbildung erst in Ansätzen verwirklicht war. Der Wunsch des Partners auf Weiterförderung wurde erst zweieinhalb Jahre nach dem Förderende (1985) erfüllt. Durch dieses Anschlußprojekt ist auch eine Nachbetreuung der Ausbildungsstätte CCGA möglich.

Die deutschen Berater waren von Beruf Meister oder Gewerbelehrer, pädagogisch und fachlich geeignet, sprachkundig und motiviert. Zwischen 1977 und 1982 unterstützten durchschnittlich vier bis fünf Experten rund 20 einheimische Ausbilder (plus 5 Verwaltungs- und 13 Hilfskräfte).

Die Zusammenarbeit funktionierte weitgehend friktionsfrei und der Partner wurde an Entscheidungen beteiligt (Erstellung der Operationspläne erfolgte nach 1975 gemeinsam, Einführung der dualen Ausbildung etc.).

Die Führung des CCGA lag immer in den Händen des Partners und auch Werkstattleiterpositionen wurden nie allein von Deutschen ausgeübt. Dadurch konnte der Partner schon frühzeitig in allen Funktionen geschult werden. Die Deutschen hatten ihre Aufgabe immer in erster Linie als Berater gesehen. Auf organisatorische Umgestaltungen wurde dezent hingearbeitet. Zudem wurden umfangreiche Organisations- und Berufsordnungsmittel erstellt.

Die CP's wurden vor Ort und in Deutschland (sehr hohe Stipendienzahl) intensiv ausgebildet. Im fachlichen und pädagogischen Bereich gab es nach dem Förderende deshalb keinerlei Schwierigkeiten.

Systemberatungsaufgaben wurden vor allem durch den deutschen Teamleiter wahrgenommen. Aufgrund der Aufgabenüberlastung: Führung des Teams, Erteilung des Theorieunterrichts (ein Theorielehrer war nicht vorhanden), Aufbau von Betriebskontakten und Beratungsaufgaben, war das Engagement auf Systemebene stark eingeschränkt. Erst im Folgeprojekt (1985) wurde dieser Aufgabe personell die Bedeutung zugemessen, die ihr konzeptionell zukommt.

Insgesamt konnten durch das Projekt gute Voraussetzungen für die Weiterführung des Vorhabens nach dem deutschen Förderende 1983 geschaffen werden, wie auch aus Schaubild 10 deutlich wird.

Organisation

Träger des Projekts ist die 1972 gegründete, halbstaatliche Berufsausbildungsorganisation INTECAP, die als öffentlich-rechtliche Institution mit eigener Rechtspersönlichkeit über eine relativ hohe Autonomie verfügt. INTECAP wird durch einen Aufsichtsrat geführt, in dem die Arbeitgeberseite allein 50% der Stimmen hält und sich zumeist die Mehrheit verschaffen kann. Die Unternehmensvertreter gehören fast alle CACIF an, einem erzkonservativen Verband, dessen oberstes Ziel Machtsicherung heißt und der wenig Interesse an einer systematischen Berufsausbildung - wie sie die duale Ausbildung darstellt - zeigt. Seit Förderbeginn hintertreibt er die Verabschiedung eines Berufsbildungsgesetzes, das für die Absicherung des dualen Systems von Vorteil wäre. CACIF hat seine Macht augenscheinlich demonstriert, als er 1986 die Suspendierung eines Projektmitarbeiters durchsetzte, der im Bereich des Kleingewerbes mit Unternehmervereinigungen zusammenarbeiten und diese auch institutionell beraten wollte. CACIF konnte sich durchsetzen, obwohl die Leistungen INTECAP's nicht nur den beitragspflichtigen Betrieben, sondern auch den nichtzahlenden Kleinst-Unternehmen (bis 5 Beschäftigte) zugute kommen sollen, da der gesetzliche Auftrag INTECAP's eine sozialpolitisch gewollte Umverteilungsfunktion vorsieht.

INTECAP ist ein gutes Beispiel dafür, daß eine Vertretung der Unternehmerschaft in entscheidenden Gremien einer Berufsbildungsorganisation noch keine hinreichende Grundlage für eine berufsbezogene Ausbildung darstellt. Dies setzt eine sozial verantwortliche, nicht nur an der Machterhaltung einer oligarchischen Schicht interessierte Unternehmerschaft voraus.

Eine besondere Einschränkung der Autonomie INTECAP's wird auch dadurch verursacht, daß INTECAP an die öffentlichen Besoldungsregeln gebunden ist und deshalb keine selbständige Lohnpolitik mehr betreiben kann. Aufgrund eines mangelhaften Inflationsausgleichs sind die Löhne real extrem gesunken, so daß eine Vielzahl der Lehrer abwandert und qualifizierter Nachwuchs kaum mehr rekrutiert werden kann. Obwohl INTECAP wegen der Lohnsummenabgabe über ausreichende Finanzmittel verfügt und auf Bankkonten mittlerweile ein Guthaben in Dollar-Millionen-Höhe angespart hat, kann INTECAP dem personellen Aderlaß nichts entgegensetzen.

Die organisatorische Leistungsfähigkeit INTECAP's hat sich in den letzten Jahren mit dem Wachstum der Institution deutlich verschlechtert. Unklare Organisationsprinzipien, bürokratische Mißwirtschaft, eine absolut defizitäre administrative Organisation mit einem nicht mehr funktionierenden, komplizierten Beschaffungswesen (60 Unterschriften für eine Materialbestellung) weisen auf den organisatorischen Verfall INTECAP's hin.

Schaubild 10: Wirkungsprofil
INTECAP (Dual)
Guatemala

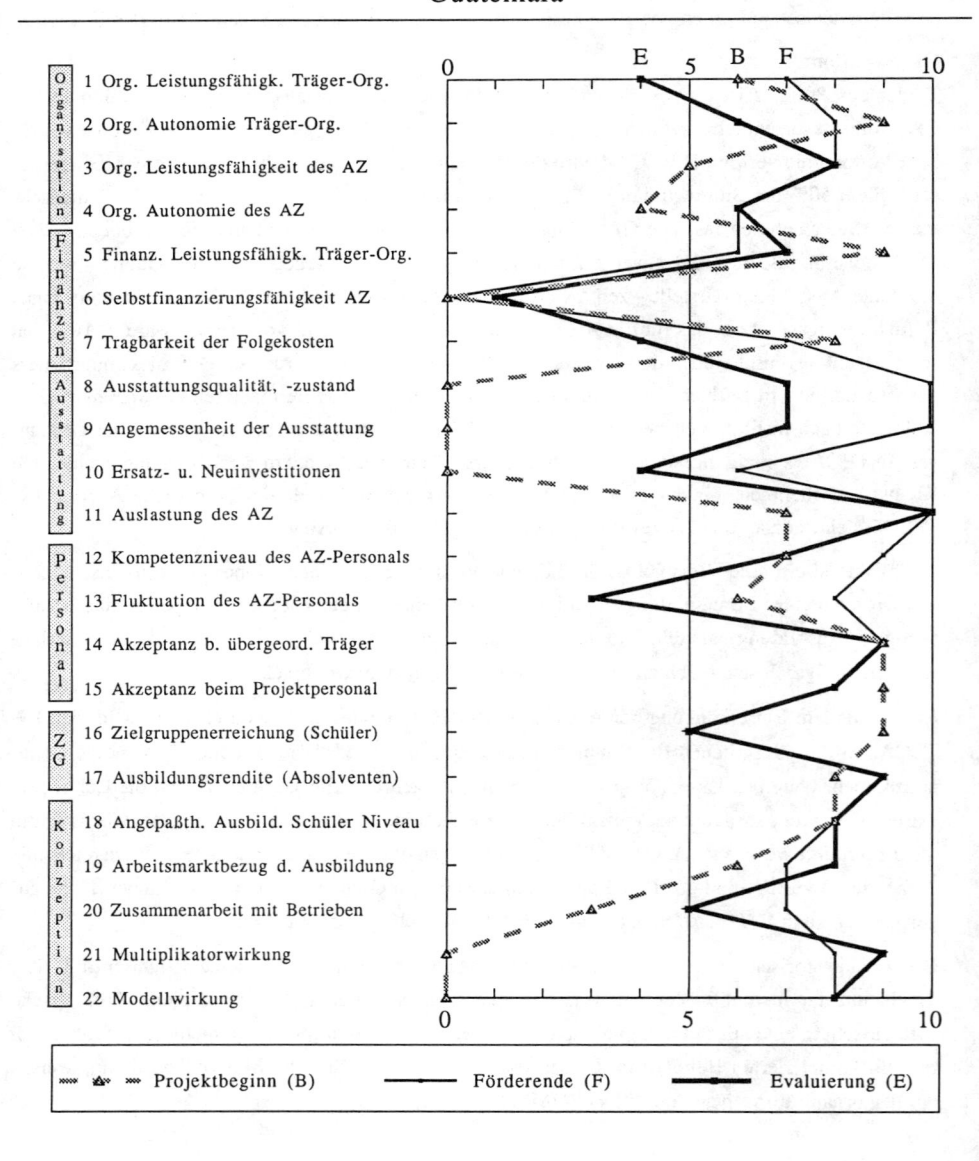

		Projektbeginn (B)	Förderende (F)	Evaluierung (E)

Organisation
1 Org. Leistungsfähigk. Träger-Org.
2 Org. Autonomie Träger-Org.
3 Org. Leistungsfähigkeit des AZ
4 Org. Autonomie des AZ

Finanzen
5 Finanz. Leistungsfähigk. Träger-Org.
6 Selbstfinanzierungsfähigkeit AZ
7 Tragbarkeit der Folgekosten

Ausstattung
8 Ausstattungsqualität, -zustand
9 Angemessenheit der Ausstattung
10 Ersatz- u. Neuinvestitionen
11 Auslastung des AZ

Personal
12 Kompetenzniveau des AZ-Personals
13 Fluktuation des AZ-Personals
14 Akzeptanz b. übergeord. Träger
15 Akzeptanz beim Projektpersonal

ZG
16 Zielgruppenerreichung (Schüler)
17 Ausbildungsrendite (Absolventen)

Konzeption
18 Angepaßth. Ausbild. Schüler Niveau
19 Arbeitsmarktbezug d. Ausbildung
20 Zusammenarbeit mit Betrieben
21 Multiplikatorwirkung
22 Modellwirkung

····▲··· Projektbeginn (B) ——— Förderende (F) ——■—— Evaluierung (E)

Der Aufbau INTECAP's wurde vor allem durch die OIT-Mission unterstützt und war strukturell an anderen lateinamerikanischen Vorbildern ausgerichtet. Die deutschen Berater setzten lediglich die Bildung einer Koordinationsstelle für das duale System durch und halfen bei den Regionalisierungs- und Dezentralisierungsbemühungen INTECAP's.

Größer war ihr Einfluß auf die Organisationsstruktur des CCGA, des ersten größeren Ausbildungszentrums INTECAP's. Sie führten die Position von Werkstattleitern ein und eines Promotors für das duale System.

Da die Ausbildungsstätte in hohem Umfang von der Zentrale abhängig ist, wirken sich die organisatorischen Defizite INTECAP's auf die Funktionsfähigkeit des CCGA aus, das ansonsten in der Lage ist, seine Aufgaben zu erfüllen. Im pädagogischen Bereich ergeben sich erhebliche Handlungsspielräume, da eine Kontrolle durch die Zentrale weitgehend fehlt.

Finanzen
INTECAP ist seit Projektbeginn durch die Lohnsummensteuer finanziell abgesichert. Dennoch kam es vor allem in der Phase des Aufbaus des CCGA zu finanziellen Engpässen, was auf nationale wirtschaftliche Probleme und damit einem Rückgang der Einnahmen, wie auch auf die nicht funktionsfähige Administration INTECAP's zurückzuführen war. Außerdem ging INTECAP durch den Aufbau von Regionalzentren große finanzielle Verpflichtungen ein, die die Institution häufiger in Zahlungsschwierigkeiten brachte.

Heute verfügt INTECAP über ausreichende Einnahmen, wenngleich die Ausschöpfungsquote der inzwischen auf 2% erhöhten Lohnsummensteuer nicht optimal ist. Bedingt durch die von der Regierung verhängten Sparmaßnahmen, die das Haushaltsgebaren von INTECAP stark beeinflussen (Haushaltsobergrenze, staatliche Lohnfestsetzung usw.), kommt es in den Ausbildungszentren zu Finanzierungsproblemen. Auch die überbürokratisierte Administration von INTECAP trägt dazu bei, daß die finanziellen Engpässe in den Zentren heute gravierender und häufiger auftreten als während der Förderzeit.

Selbstfinanzierungsmechanismen (z.B. Produktionseinnahmen) spielten zu keiner Zeit eine Rolle. Lediglich am CCGA werden heute in sehr begrenztem Umfang Produktionsaufträge gegen Materiallieferungen durchgeführt. Durch die Umstellung der Zentrumsausbildung auf duale Ausbildungsformen wurde versucht, die Ausbildungskosten zu senken und damit die Folgekostenlast zu verringern.

Ausstattung
Die Ausrüstung für das CCGA (Kapitaleinsatz: 2,4 Mill. DM) wurde fast vollständig aus der Bundesrepublik geliefert. Bis zum Förderende wurde die Ausstattung, die auf eine Zentrumsausbildung ausgelegt war, sukzessive ergänzt und entsprach zum Förderende voll den Erfordernissen. Heute weist die Ausrüstung aufgrund des natürlichen Verschleißes, der aus finanziellen Gründen mangelhaften Wartung und der problematischen Ersatzteilbeschaffung (nur über die GTZ möglich) Mängel auf. Ersatz- oder Neuinvestitionen wurden von INTECAP kaum vorgenommen. Von der GTZ wur-

den verschiedene Laboratorien geliefert, wodurch sich die Ausstattungssituation des CCGA teilweise verbessert hat.

Die Auslastung des CCGA erhöhte sich im Förderzeitraum deutlich. Heute werden die Werkstätten am Vormittag größtenteils durch die Schüler des Grundbildungsjahres genutzt, am Nachmittag durch die Dualschüler, die praktische Fachkunde erhalten, und abends werden Kurse für Erwachsene und Sonderlehrgänge für Firmen angeboten.

Personal

Das Kompetenzniveau der Ausbilder am CCGA wurde schon zu Projektbeginn als insgesamt gut eingestuft. Über 50% der Instruktoren kamen aus Mazatenango. Da es zuwenig Weiterbildungskurse gibt und weil viele qualifizierte Ausbilder wegen der nicht mehr existenzsichernden Entlohnung INTECAP verlassen, nimmt das Qualifikationsniveau rapide ab. Es ist als ein Versäumnis des Projekts anzusehen, daß die Lehreraus- und Fortbildung nicht institutionalisiert wurde. Es gibt in Guatemala keinerlei Ausbildungsmöglichkeiten für Technische Lehrer.

Die Akzeptanz des dualen Ausbildungskonzepts war bei INTECAP nie strittig. Die Einführung wurde gemeinsam entschieden und vorangetrieben. Auf Seiten der Ausbilder herrschte anfangs Skepsis. Da für die duale Ausbildung weniger Instruktoren gebraucht werden als bei der Zentrumsausbildung wurden Existenzängste geweckt. Zudem kamen auf die Ausbilder ungewohnte und anspruchsvolle Tätigkeiten zu. Mittlerweile ist die duale Ausbildungsform am CCGA fest verankert und voll akzeptiert. In den Ausbildungszentren der Provinzen liegt die Akzeptanz des dualen Systems deutlich niedriger.

Zielgruppe

Für die am CCGA zunächst eingeführte Zentrumsausbildung war es nicht schwierig, genügend Ausbildungs-Bewerber zu finden. Anders sah es nach der Einführung der dualen Ausbildung und der Umstellung der Zentrumsausbildung auf ein Centro-Empresa-System aus, bei dem nach einem Grundbildungsjahr im Zentrum, die Ausbildung in den Betrieben "dual" fortgesetzt wird (C-E). Bei dem System "Empresa-Centro" wird von Anfang an mit der dualen Ausbildung begonnen (E-C). Für diese Ausbildungsform mußten die Kursteilnehmer mühevoll in den Betrieben geworben werden. Die Aufnahmevoraussetzungen (Primarschulabschluß und Lehrvertrag) konnten nicht eingehalten werden, woran sich bis heute nichts geändert hat. Aufgrund rückläufiger Bewerberzahlen, u.a. eine Folge des mangelhaften Seguimientos[3], werden heute alle Lehrlinge für die Ausbildung angenommen, unabhängig davon, ob sie die Voraussetzungen erfüllen oder nicht.

Die Zielgruppenerreichung leidet auch darunter, daß seit der Einführung des dualen Programms die Betriebsleiter das Ausbildungsangebot nicht in erster Linie als Möglichkeit für die Heranbildung von jungen Nachwuchskräften ansehen, sondern als Weiterbildungsangebot für bereits länger beschäftigte Arbeiter. Dieses "Mißverständnis", das auf deutscher Seite toleriert wurde, um überhaupt

---

[3] Supervision und Betreuung der Lehrlinge in den Betrieben.

die Betriebe zur Mitarbeit zu bewegen, konnte bis heute noch nicht vollkommen ausgeräumt werden.

Die meisten Absolventen verbleiben nach dem Abschluß der Ausbildung in ihrem Lehrbetrieb, häufig am gleichen Arbeitsplatz. Einkommensverbesserungen ergeben sich direkt nach dem Ausbildungsende selten, da bei der Einstufung in Lohngruppen nach dem Anciennitätsprinzip verfahren wird. Aufgrund der enttäuschten Einkommenserwartungen ist rund ein Drittel der befragten Abgänger der Ansicht, daß eine andere Ausbildung für ihr berufliches Fortkommen vorteilhafter gewesen wäre. Dennoch wird die Ausbildung insgesamt positiv bewertet. Die Absolventen finden sehr schnell einen Arbeitsplatz und erzielen teilweise nach einigen Jahren Betriebszugehörigkeit auch berufliche Aufstiege (51%). Die Abgänger können zu einem außerordentlich großen Teil ihre beruflichen Vorstellungen verwirklichen (92%) und sind deshalb der Meinung, die Ausbildung habe sich gelohnt (97%). Dementsprechend würden sie diese zu über 90% uneingeschränkt weiterempfehlen. Hier schlägt sich auch die Tatsache nieder, daß der Facharbeiterabschluß CAP als Einstellungsvoraussetzung zunehmend an Bedeutung gewinnt. Knapp 70% der befragten Betriebsleiter/Vorgesetzte ziehen INTECAP-Absolventen anderen Abgängern bei der Einstellung vor, aber nur 38% halten sie für besser qualifiziert als andere. (Vgl. Tabellen im Anhang.)

Konzeption

Im wesentlichen sind die Ausbildungsanforderungen (für die C-E und E-C Ausbildung im CCGA und der Druckerei) an das Schülerniveau angepaßt, das allerdings insgesamt aufgrund des defizitären Erziehungssystems sehr niedrig ist. Vor allem den älteren Ausbildungsteilnehmern fällt es schwer, dem Unterricht zu folgen, da sie bereits dem Lernen "entwöhnt" sind. Schwierigkeiten ergeben sich insbesondere im Theoriebereich. Dennoch ist der außerordentlich hohe Drop-out (wie eine externe Untersuchung ergeben hat) hauptsächlich auf andere Faktoren zurückzuführen, wie finanzielle und familiäre Probleme, keine Erlaubnis für den Schulbesuch seitens der Betriebe, Verlust des Arbeitsplatzes und mangelhaftes Seguimiento, jedoch weniger auf ein zu hoch angesetztes Ausbildungsniveau.

Die Ausbildungspläne am CCGA wurden auf der Grundlage heimischer Berufsbilder, die auf Arbeitsplatzanalysen beruhten, erarbeitet. Grundsätzlich waren die Curricula der Zentrumsausbildung an den Erfordernissen des Arbeitsmarkts orientiert, wenngleich Mängel im praktischen und theoretischen Bereich festgestellt wurden. Nach Einführung der dualen Ausbildung verbesserte sich die Situation, da aufgrund der Dualität der Ausbildung der Arbeitsmarktbezug gewährleistet war. Zumindest die theoretische Ausbildung ist allerdings weitaus anspruchsvoller als notwendig, da die entsprechenden Kenntnisse am Arbeitsplatz nur zum Teil nachgefragt werden. 29 Prozent der befragten Absolventen sind der Ansicht, ihre derzeitige Tätigkeit könne auch von einem geringer Qualifizierten erledigt werden.

Die Rahmenpläne sind seit dem Förderende zwar unverändert geblieben, doch die Stoffverteilungspläne wurden weiterentwickelt und technologische Neuerungen wurden so weit als möglich berücksichtigt.

Die Absolventen sind relativ schnell eingearbeitet und können sehr viel des in der Ausbildung Erlernten anwenden. Dennoch werden Ausbildungsdefizite, vor allem im praktischen Bereich, festgestellt. (Vgl. Tabellen im Anhang.)

Insgesamt leidet die Verbreitung der dualen Ausbildungsform vor allem daran, daß die Promotion des dualen Systems nur mangelhaft betrieben wird. Die Werbung liegt allein bei den Ausbildungszentren, in denen eine Person dafür zuständig ist, die damit natürlich vollkommen überfordert ist. Auf INTECAP-Ebene finden keinerlei Aktivitäten mehr statt.

Ähnliche Probleme treten bei der Lehrlingsbefragung durch die betreuenden Lehrer auf, da häufig die Mittel (Personal, Fahrzeuge, Benzin) fehlen, um die Betriebsbesuche überhaupt durchführen zu können. Durch das fast vollständige Fehlen einer Supervision der Lehrlinge im Betrieb wird ein wichtiges, systematisches Element der dualen Ausbildung stark vernachlässigt. Die mangelhafte Betreuung der Lehrlinge durch die Ausbilder führt nicht nur zu willkürlichen Beurteilungen der praktischen Lehrlingsleistungen, sondern es können auch Defizite nicht erkannt und am "Zentrumstag" ausgeglichen werden.

Ein weiteres Problem ist darin zu sehen, daß es keine Aus- und Weiterbildung der betrieblichen Ausbilder oder gar Meisterkurse gibt. Der Mangel an qualifizierten Ausbildern in den Betrieben wirkt sich negativ auf die betriebliche Ausbildung aus.

Die Kontakte zu den Betrieben waren von Anfang an gering. Es war außerordentlich schwierig, Praktikantenplätze für die Lehrlinge der Zentrumsausbildung zu finden. Nach der Umstellung der Ausbildung auf das duale System verbesserten sich die Kontakte aufgrund des immensen Einsatzes der deutschen Berater bei der Suche nach Lehrstellen (beim C-E-System) und Lehrlingen (beim E-C-System). Die meisten Betriebsleiter waren der Ansicht, daß sie als Gegenleistung für ihre Lohnsummenabgabe bereits ausgebildete Arbeitskräfte von INTECAP zu erhalten hätten. Sie wollten nicht auch noch zusätzliche Kosten und Ausbildungsleistungen im Rahmen der dualen Ausbildung erbringen. Erst nach jahrelanger Überzeugungsarbeit bildete sich ein Stamm kooperationsbereiter Betriebe heraus. Aufgrund der Vernachlässigung von Betriebsbesuchen und Werbung für das duale System geht die Kooperationsbereitschaft ständig zurück.

Die Mitarbeit der Betriebe ist jedoch eine zentrale Bedingung für die erfolgreiche Einführung des dualen Systems, das nicht weniger als die Etablierung eines eigenständigen Berufsbildungssystems neben dem formalen Erziehungssystem darstellt.

Hierfür bot Guatemala keine schlechten Voraussetzungen, da eine Handwerkstradition existiert und INTECAP bereits vor Förderbeginn mit den Betrieben zusammenarbeitete. Schon Anfang der 70er Jahre hatte INTECAP eine Arbeiterfortbildung durchgeführt. Diese fand jeden Nachmittag zweistündig statt, wobei die Arbeitgeber den Arbeitern bei vollem Lohnausgleich eine Stunde freigaben und sogar die Transportkosten übernahmen.

Vielleicht ist der wichtigste Grund dafür, daß die Einführung des dualen Systems nicht scheiterte, darin zu sehen, daß es den deutschen Beratern gelang, die "reine" Zentrumsausbildung in eine Centro-Empresa-Ausbildung umzuwandeln (1 Jahr Zentrumsausbildung, 2 Jahre betriebliche Ausbildung mit einem "Zentrumstag" pro Woche). Diese Ausbildungsform wird von allen Beteiligten nach wie vor eindeutig bevorzugt. Das Empresa-Centro-Modell (2 bis 3 Jahre Dualausbildung je nach Beruf) wird nur als zweite Wahl betrachtet. Dennoch funktionieren beide Formen und es ist gelungen, anstelle der Zentrumsausbildung kooperative Ausbildungsformen (E-C, C-E) einzuführen. Dadurch wurden alle Lehrkräfte in die betriebliche Ausbildung miteinbezogen, so daß eine Spaltung des Lehrkörpers, wie z.B. in Honduras verhindert wurde.

Die Projektaktivitäten lösten zahlreiche Modell- und Multiplikatorwirkungen aus, was vor allem auf die Systemberatung und Trägerförderung, wie auch die hohe Akzeptanz des Projektansatzes bei der Trägerorganisation und dem Ausbildungspersonal zurückzuführen ist:
- Das CCGA war die erste größere Ausbildungsstätte INTECAP's. Sie hatte hinsichtlich der Ausstattung und Organisation Modellcharakter für die fünf Regionalzentren, die mit Hilfe eines BID-Kredits später aufgebaut wurden.
- Die am CCGA entwickelten dualen Ausbildungsprogramme wurden durch INTECAP in den Regionalzentren eingeführt. Mit Hilfe der Didaktomobile[4] wurde die Ausbildung auch auf Landesteile ausgeweitet, in denen keine Zentren vorhanden sind.
- Durch die Funktion des Direktors am CCGA als "Superintendente" für Ausbildungsberufe des sekundären Sektors, die am CCGA vertreten sind, wird die Ausbildung in den geförderten Fachrichtungen insgesamt überwacht.
- Die am CCGA ausgebildeten CP's wurden in Regionalzentren versetzt, wo sie ihr Wissen weitergaben. Im Gegenzug wurden Lehrer der Regionalzentren zur Aus- und Fortbildung dem CCGA zugewiesen. Auch heute noch werden Technische Lehrer zur Fortbildung ins CCGA geschickt.
- Didaktisches Material, Arbeitsblätter usw., die während der Förderzeit erarbeitet worden waren, wurden von den Regionalzentren übernommen. Arbeits- und Unterrichtsmittel werden nach wie vor hauptsächlich im CCGA entwickelt.
- INTECAP dehnte die duale Berufsausbildung nicht nur regional, sondern auch sektoral aus. Die Zahl der Berufe, in denen dual ausgebildet wird, ist erheblich gestiegen. Eine weitere Ausweitung auf mindestens 40 Berufe wird angestrebt.
- Didaktisches Material und Lehrpläne wurden von einigen Schulen des Erziehungsministeriums und einer privaten Institution der beruflichen Bildung übernommen.
- Durch die Abgänger ergeben sich Multiplikatorwirkungen in den Betrieben.

Resumee
Von den untersuchten Projekten, in denen versucht wurde das duale System einzuführen, ist INTECAP das erfolgreichste.

---

[4] Didaktomobile sind mit Maschinen, Geräten und Ausbildungsmaterial ausgestattete Fahrzeuge, mit denen regelmäßig Dörfer auf dem Land aufgesucht werden, um Ausbildungskurse abzuhalten.

Es ist gelungen, ein heute noch voll funktionsfähiges Ausbildungszentrum aufzubauen (CCGA) und über INTECAP zwei duale Ausbildungsformen (Centro-Empresa und Empresa-Centro) anstelle der vorher üblichen allgemeinen vollschulischen Ausbildungsform einzuführen und dauerhaft institutionell zu verankern. Dadurch konnte neben dem formalen Erziehungssystem ein eigenständiges Berufsbildungssystem etabliert werden. Dieser Projekterfolg kann, insbesondere vor dem Hintergrund vieler negativer Erfahrungen in anderen Ländern, gar nicht hoch genug eingeschätzt werden.

Die Ausbildung wird durch die Betriebe anerkannt, immer öfter wird als Einstellungsvoraussetzung ein Facharbeiterabschluß (CAP) verlangt. Die Ausbildung scheint dem Schülerniveau (Primaria) angemessen und auf die Bedürfnisse des Arbeitsmarktes zugeschnitten. Das Projekt konnte konzeptionell und personell weitreichende Modell- und Multiplikatorwirkungen erzielen.

Die Ursachen für diesen Erfolg sind einerseits in günstigen Rahmenbedingungen und andererseits in einem konstruktiven deutschen Beitrag zu sehen.

Positiv auf das Projekt hat sich ausgewirkt, daß INTECAP selbst noch im Aufbau begriffen war, noch kein eigenes Berufsbildungskonzept entwickelt hatte und deshalb hoffte, durch das deutsche Modell ausbildungspolitisches Profil zu gewinnen. Der Projektansatz wurde deshalb vom Träger voll unterstützt, mitgetragen und mitentwickelt. Hinzu kommt, daß INTECAP eine finanziell gut ausgestattete Institution ist, die während der ersten Förderphase noch organisatorisch leistungsfähig, flexibel und innovationsfreudig war und aufgrund akzeptabler Löhne einen attraktiven Arbeitgeber darstellte.

Auch wenn die Betriebe grundsätzlich wenig Interesse an einer systematischen zwei- oder dreijährigen Ausbildung haben und statt dessen ein System von Kurzkursen bevorzugen würden, bot die Kooperationsbereitschaft der Betriebe eine weitere wichtige Voraussetzung für die erfolgreiche Einführung des dualen Systems. Daß auf dem Arbeitsmarkt ein entsprechender Bedarf an qualifizierten Arbeitskräften vorhanden war, war natürlich genauso bedeutsam.

Unter diesen relativ günstigen Ausgangsbedingungen konnte der deutsche Beitrag Initialwirkungen hervorrufen. Eine ungenügende Planung mit unrealistischen Zielvorgaben wurde im Projektverlauf - allerdings mit erheblichen Zeitverzögerungen - aufgefangen. Dabei war es wichtig, daß ein kompetentes Team vor Ort war, das in der Lage war, Trägerförderung und Systemberatung durchzuführen und den Partner am CCGA frühzeitig in alle Funktionen einzuführen. Die gute Zusammenarbeit und eine intensive CP-Schulung unterstützten diesen Prozeß. Für die Größe und Vielfalt der Aufgaben war das Team jedoch viel zu klein und die Laufzeit des Projektes viel zu kurz bemessen. Konsequenterweise wurde deshalb ein Nachfolgeprojekt bewilligt. Bei kontinuierlicher Planung und Durchführung hätte die deutsche Hilfe allerdings effizienter eingesetzt werden können.

Entscheidend war, daß gleichzeitig auf der operativen Ebene (Aufbau des CCGA) als auch der Systemberatungsebene agiert wurde. Wie auch für andere Projekte noch zu zeigen sein wird, ist das Vorhandensein beider Projektkomponenten mitentscheidend für den Projekterfolg und seine Nachhaltigkeit. Während auf der Systemebene die Konzeption entwickelt und vermittelt wird, wird auf der operativen Ebene demonstriert, wie sie umgesetzt werden kann.

Die bis zum Förderende erreichten und durch das zur Zeit noch laufende Projekt ausgebauten Erfolge sind allerdings durch neuere Entwicklungen stark gefährdet:
- INTECAP hat sich zu einer überbürokratisierten, kaum mehr steuerbaren Großorganisation entwickelt, die ihren Ausbildungsaufgaben immer weniger gerecht wird.
- Der Einfluß mächtiger Interessengruppen und der Regierung verhindert (trotz vorhandener Mittel) eine angemessene Lohnpolitik, so daß zahlreiche Ausbilder INTECAP verlassen und dadurch die Ausbildungsqualität langfristig Schaden nimmt.
- Mehr organisatorische Autonomie und eine grundlegende Organisationsreform wären notwendig, um die Leistungsfähigkeit INTECAP's wieder zu steigern.
- Ein weiteres Grundproblem, das die duale Ausbildungsform gefährdet, ist die mangelhafte Zusammenarbeit mit den Betrieben. Aufgrund nicht bereitgestellter Mittel finden kaum mehr Betriebsbesuche statt und die Lehrlinge werden nicht ausreichend betreut. Zudem wird die Werbung für die Verbreitung der dualen Ausbildungsform vernachlässigt, es fehlen Qualifizierungsmaßnahmen für die betrieblichen Ausbilder und die INTECAP-Lehrer werden nur ungenügend weitergebildet.
- Dadurch hat die weitere Ausdehnung des dualen Systems jede Dynamik verloren und zehrt an den Beständen des einmal Erreichten. Die kooperative Langzeitausbildung kann nur durch eine stärkere Zusammenarbeit mit den Betrieben und deren Einbindung ins Ausbildungsgeschehen wiederbelebt werden.

3.4 Die Ausbildung im grafischen Gewerbe bei INTECAP in Guatemala

Der Aufbau eines Ausbildungsgangs im grafischen Gewerbe war das Ziel eines Projekts, das von 1981 bis 1987 mit einem Finanzaufwand von 1,4 Mill. DM gefördert wurde.

Bis auf die Projektplanung und das Zielsystem weist das Profil für die "Projektinput-Faktoren" nur positive Bewertungen auf. (Vgl. Schaubild 11)

Für das Projekt wurde eine umfassende und qualifizierte Feasibility-Studie erstellt, in der alle wichtigen Problembereiche analysiert, entwicklungspolitische Alternativen erwogen und Kammervertreter und Betriebsleiter befragt worden waren. Selbst Folgekostenprobleme und Nachhaltigkeitsfragen wurden in der Studie thematisiert.

Keiner der beiden entwickelten Durchführungsvorschläge wurde jedoch von der GTZ akzeptiert. Statt dessen wurde ein eigener Vorschlag in der Zentrale entwickelt, ohne diesen aber noch einmal auf seine Durchführbarkeit hin zu prüfen. Eine detaillierte Konzeption wurde nicht erstellt und Ziele, Ergebnisse und Maßnahmen wurden nicht festgelegt. Deshalb konnten auch der Kostenaufwand und die erforderliche Laufzeit nicht richtig eingeschätzt werden.

Schaubild 11: Input-Profil
INTECAP Grafisches Gewerbe
Guatemala

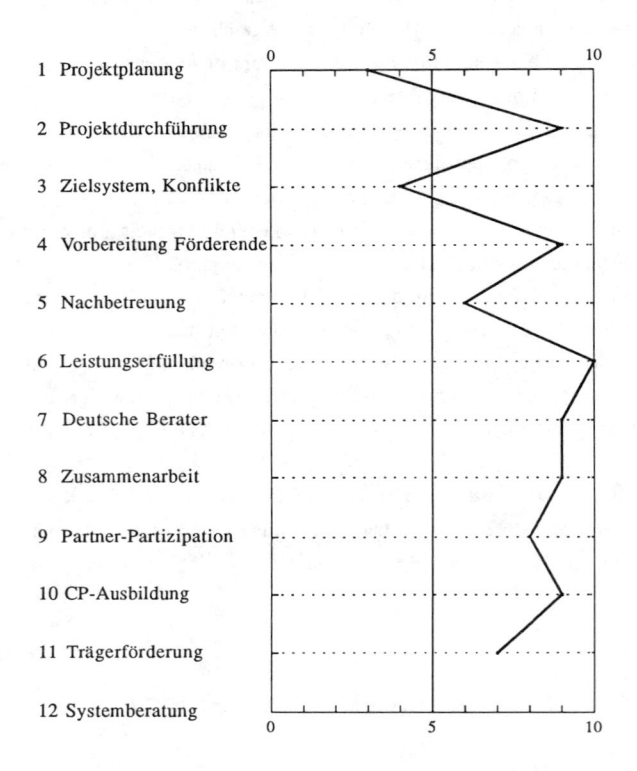

1 Projektplanung
2 Projektdurchführung
3 Zielsystem, Konflikte
4 Vorbereitung Förderende
5 Nachbetreuung
6 Leistungserfüllung
7 Deutsche Berater
8 Zusammenarbeit
9 Partner-Partizipation
10 CP-Ausbildung
11 Trägerförderung
12 Systemberatung

Die Durchführung des Projekts baute deshalb auf einem Planungschaos auf. Vor Ort wurde dann gemeinsam mit dem Partner eine neue Konzeption entwickelt, die sich wesentlich von den GTZ- und BMZ-Vorstellungen unterschied. Obwohl in der Regierungsvereinbarung nur die Einführung von höchstens zwei Druckereiberufen vorgegeben war, begann der Projektleiter mit sechs Lehrberufen. Die Zentrale versuchte den deutschen Experten vor Ort auf die vereinbarten Inhalte festzulegen, doch dieser, seinerseits vom Partner "überrollt", wollte nicht als Bremser fungieren.

Da ein gemeinsames Zielsystem vor Projektbeginn nicht festgelegt worden war, gelang es dem Partner, seine eigenen Vorstellungen umzusetzen. In den Regierungsvereinbarungen wurden dann die Ziele nachträglich festgeschrieben, die - meist abweichend von den vorangegangenen Vereinbarungen - bereits in der Durchführung angestrebt worden waren. Auch die Finanzierung des Projekts hinkte ständig hinter der Durchführung hinterher. Obwohl die Laufzeit nur sechs Jahre betrug, waren fünf Mittelbewilligungen notwendig, die dem BMZ jedesmal "abgerungen" werden mußten, das mehrmals das Förderende bekanntgab, um dann doch wieder die viel zu knapp bemessenen Mittel aufzustocken.

Im Projekt war nur ein deutscher Berater tätig, der mit den (anfangs 5 später 9) einheimischen Mitarbeitern bestens zusammenarbeitete und sie an allen wichtigen Entscheidungen beteiligte. Die Drucker waren hoch motiviert und wußten genau was sie wollten.

Die Lehrkräfte wurden gut auf ihre Aufgaben vorbereitet und konnten die Ausbildung nach dem Förderende ohne Probleme fortführen. Für die Erfüllung administrativer Aufgaben waren die Instruktoren nach eigenen Angaben hingegen nicht gut ausgebildet. Systemberatungsaufgaben waren nicht vorgesehen und wurden auch nicht durchgeführt.

Das Förderende war gut vorbereitet und der Partner war an der Entscheidung beteiligt. Nachbetreuungsmaßnahmen werden (auch heute noch) durch das Nachfolgeprojekt bei INTECAP durchgeführt.

Wie aus Schaubild 12 zu entnehmen ist, konnte das Projekt bisher eine beachtliche Nachhaltigkeit entwickeln. Seit dem Förderende, das zum Evaluierungszeitpunkt erst drei Jahre zurücklag, blieb der erreichte Leistungsstand auf den meisten Dimensionen erhalten. Für die Zukunft sind allerdings große Probleme zu erwarten.

Hier wird nur noch auf die Indikatoren eingegangen, die nicht schon im Zusammenhang mit dem CCGA dargestellt wurden.

Organisation

Das grafische Gewerbe ist wie eine Abteilung des INTECAP organisiert und besitzt einen Sonderstatus. Aufgrund der räumlichen Trennung von anderen Ausbildungsstätten hat sich ein Eigenleben entwickelt. Die schon während der Förderlaufzeit geschaffene Autonomie ist wesentlich auf den Projektleiter zurückzuführen und konnte bis heute bewahrt werden. Dies hat jedoch im Falle von "Artes Graficas" nicht zu positiven Effekten geführt. Da die grafische Lehrwerkstatt nicht mit einer ebenfalls vorhandenen Hausdruckerei verbunden ist und sich die Lehrer weigern, Druckaufträge für INTECAP auszuführen, wird der umfangreiche Maschinenpark nicht effizient genutzt. Außerdem werden Ausbildungsmöglichkeiten und Chancen zur Kosteneinsparung vertan. Die geringe Verzahnung der grafischen Ausbildungsabteilung mit INTECAP ist, organisatorisch betrachtet, dysfunktional.

Finanzen

Das größte Problem des Projekts liegt in seinen Folgekosten, die auf lange Sicht nicht finanziert werden können. Bereits zu Projektbeginn wurden die Folgekosten kritisch eingeschätzt, da nahezu alle Ausbildungsmaterialien importiert werden müssen. Während der Förderzeit konnten Finanzierungslücken durch den Betriebsmittelzuschuß der GTZ geschlossen werden. Heute kann der Ausbildungsbetrieb nur durch äußerste Sparsamkeit und eine Materialvorratshaltung gesichert werden, die auf während der Förderzeit aufgebaute Bestände zurückgreift. Sobald diese verbraucht sind und durch Nachbetreuungsaktivitäten nicht mehr ergänzt werden können, dürfte eine reguläre

Schaubild 12: Wirkungsprofil
INTECAP Grafisches Gewerbe (Dual)
Guatemala

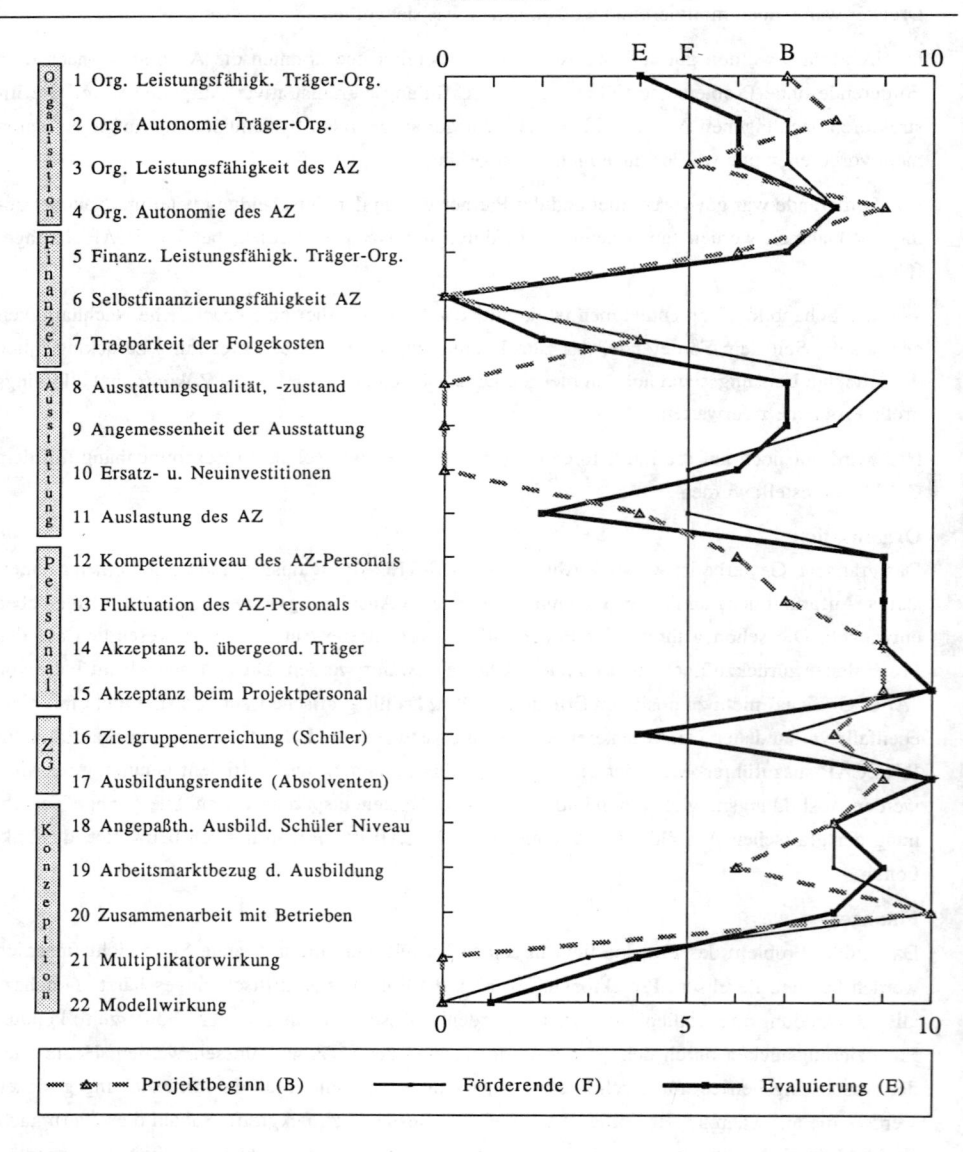

		Projektbeginn (B)	Förderende (F)	Evaluierung (E)

Organisation
1 Org. Leistungsfähigk. Träger-Org.
2 Org. Autonomie Träger-Org.
3 Org. Leistungsfähigkeit des AZ
4 Org. Autonomie des AZ

Finanzen
5 Finanz. Leistungsfähigk. Träger-Org.
6 Selbstfinanzierungsfähigkeit AZ
7 Tragbarkeit der Folgekosten

Ausstattung
8 Ausstattungsqualität, -zustand
9 Angemessenheit der Ausstattung
10 Ersatz- u. Neuinvestitionen
11 Auslastung des AZ

Personal
12 Kompetenzniveau des AZ-Personals
13 Fluktuation des AZ-Personals
14 Akzeptanz b. übergeord. Träger
15 Akzeptanz beim Projektpersonal

ZG
16 Zielgruppenerreichung (Schüler)
17 Ausbildungsrendite (Absolventen)

Konzeption
18 Angepaßth. Ausbild. Schüler Niveau
19 Arbeitsmarktbezug d. Ausbildung
20 Zusammenarbeit mit Betrieben
21 Multiplikatorwirkung
22 Modellwirkung

Ausbildung nur noch schwerlich durchführbar sein. Selbstfinanzierungsmechanismen wurden keine entwickelt.

Ausstattung

Bei Projektbeginn waren von deutscher Seite keine Ausstattungslieferungen vorgesehen. Erst während der Durchführung wurde erkannt, daß auf praktische Fachkunde im Zentrum nicht verzichtet werden konnte. Deshalb wurde eine "Ergänzungsausstattung" im Wert von 700.000 DM geliefert. Bei der Ausrüstung der Werkstätten wurde darauf geachtet, daß auch ältere Technologien, wie die Bleisatztechnik, die noch in vielen guatemaltekischen Druckereien verwendet wird, berücksichtigt wurden. Allerdings wurden Geräte und Maschinen beschafft, für die es keine örtlichen Vertretungen der Herstellerfirmen gibt. Dadurch wird die Funktionsfähigkeit und Lebensdauer der Maschinen stark beeinträchtigt, da die technisch komplizierten Maschinen durch die Instruktoren nur ungenügend gewartet werden können. Anfallende Reparaturen dürften kaum durch einheimische Techniker möglich sein, so daß extreme Kosten entstehen werden.

Bisher funktioniert die Ausstattung noch weitgehend einwandfrei, auch wenn schon vereinzelt technische Defekte aufgetreten sind. Ersatz- und Neuinvestitionen waren bisher noch nicht notwendig. Zur Verbesserung der räumlichen Gegebenheiten für die Druckereiabteilung wurden von INTECAP erhebliche Mittel in Umbauarbeiten investiert.

Personal

Das Ausbildungspersonal wurde aus der Industrie rekrutiert und in Deutschland systematisch geschult. Dadurch konnte ein qualifizierter Personalstamm herangebildet werden, der aufgrund einer bisher geringen Fluktuation fast noch komplett bei INTECAP beschäftigt ist.

Der Projektansatz war nicht nur akzeptiert, sondern wurde von den einheimischen Mitarbeitern auch so energisch vorangetrieben, daß die Aktivitäten immer weit über die vereinbarten Projektziele hinauseilten. In der Druckereiabteilung war sofort mit der dualen Ausbildung (Empresa-Centro) begonnen worden.

Zielgruppe

Aufgrund der guten Zusammenarbeit mit der Industrie konnten ausreichend Bewerber mit den entsprechenden Eingangsvoraussetzungen (Primarschulabschluß plus Rechtschreibetest) rekrutiert werden.

Durch die Einführung von Abendkursen, in denen ebenfalls das CAP (Facharbeiterabschluß) erlangt werden kann, gingen die Bewerberzahlen für die Tageskurse deutlich zurück.

Da seit dem Förderende keinerlei Werbung mehr für die Ausbildung gemacht wird, haben sich die Bewerberzahlen weiter stark reduziert. Dies dürfte vor allem in dem mangelnden Interesse der Ausbilder an einer großen Schülerzahl begründet sein. Die fehlende Aufsicht INTECAP's hat dazu geführt, daß bisher dagegen nichts unternommen wurde.

Dementsprechend ist auch die Auslastung der Ausbildungsstätte sehr gering. Aufgrund der kleinen Gruppengröße der Kurse, eines hohen Drop-Out und eines nur 4-tägigen Schulbetriebs werden die vorhandenen Kapazitäten extrem gering genutzt.

Da die meisten Absolventen der Druckerausbildung an ihrem Arbeitsplatz verbleiben, werden ihre kurzfristigen Erwartungen, z.B. auf Einkommensverbesserungen, selten erfüllt. Allerdings können die Abgänger - laut Umfrage - einen schnelleren beruflichen Aufstieg verzeichnen als ihre Kollegen. Fast alle befragten Facharbeiter gaben deshalb an, daß sie die Ausbildung weiterempfehlen würden und daß sie ihre beruflichen Vorstellungen weitgehend verwirklichen konnten. (Vgl. Fallstudie INTECAP)

Konzeption

In der Abteilung grafisches Gewerbe wurde von Beginn an die Überprüfung der formalen Zugangsvoraussetzungen streng gehandhabt, da an die Druckereilehrlinge höhere Anforderungen gestellt wurden als in anderen Fachbereichen. Die Drucker verstehen sich in ihrem Berufsverständnis als Arbeiterelite. Dennoch war der Drop-out sehr hoch, was allerdings, ähnlich wie im Falle des CCGA, nicht in erster Linie auf die Diskrepanz zwischen Anforderungsprofil und Bildungsniveau zurückzuführen ist, sondern auf andere Faktoren. Auch heute noch werden die Bewerber sorgfältig ausgesucht um sicherzustellen, daß sie den Anforderungen gewachsen sind. Aufgrund des insgesamt niedrigen Bildungsniveaus können sich, vor allem für die älteren Teilnehmer, die seit längerem die Schule verlassen haben, jedoch Probleme ergeben.

Die Lehrpläne in der *Druckereiabteilung* wurden auf der Grundlage deutscher Berufsbilder entwickelt. Die Lehrinhalte entsprachen nicht völlig den Anforderungen des Arbeitsmarktes, weshalb sie noch während der Förderzeit überarbeitet wurden. Hierdurch verbesserte sich der Arbeitsmarktbezug. Nach dem Förderende wurde die Ausbildung auf der Grundlage neu erstellter Berufsbilder völlig umstrukturiert. Die Ausbildung wurde spezialisierter und kürzer und ist damit deutlicher an den Ausbildungswünschen der Betriebe orientiert.

Die Zusammenarbeit mit den Betrieben funktionierte von Anfang an ausgesprochen gut. Einmalig bei INTECAP ist die Kooperation mit den Kammern des grafischen Gewerbes und einer eigens gegründeten Beratungskommission, die sich mit Fragen der Berufsausbildung und der Einführung und Verbreitung des dualen Systems befaßt. Durch die Einbindung der betrieblichen Interessen konnte das kooperative Ausbildungsmodell wesentlich gefördert werden. Zudem arbeitete die Kommission an der Erarbeitung der Lehrpläne mit und unterstützte das Projekt mit Sachmittelspenden. Allerdings ist ein Ausbildungsbewußtsein lediglich bei den großen Betrieben stärker ausgeprägt, während sich viele kleine kaum dafür interessieren.

Die Modell- und Multiplikatorwirkungen des Projekts sind stark eingeschränkt, da es in Guatemala keine andere staatliche Ausbildungsstätte für Druckereiberufe gibt. Die Ausbildungspläne wurden jedoch von einer privaten Institution übernommen. Multiplikatoreffekte werden ansonsten nur über die Abgänger erzielt.

Resumee

Dieses Projekt ist ein gutes Beispiel dafür, wie trotz schwacher Planungsvorgaben und unzureichender konzeptioneller Vorarbeiten ein Projekt vor Ort zusammen mit dem Partner - allen Steuerungsversuchen der Zentrale zum Trotz - entwickelt und durchgeführt werden kann. Wobei die hohe Akzeptanz und die große Motivation des Trägers, der CP's und der Zielgruppen (Schüler und Betriebe) sowie die Kompetenz des deutschen Beraters von ausschlaggebender Bedeutung waren.

Trotz eines - im Vergleich zu den anderen untersuchten Projekten - relativ geringen Personal- und Mitteleinsatzes konnten beachtliche Erfolge erzielt werden. Es wurde eine prinzipiell funktionsfähige Abteilung aufgebaut, das Personal ist qualifiziert, die Ausstattung den Ausbildungsbedürfnissen des Druckereigewerbes angemessen, die Abgänger finden adäquate Arbeitsplätze und die Betriebe konnten über ihre Kammervertreter direkt in die Ausbildungsgestaltung involviert werden.

Bedenklich stimmt vor allem, daß die Zusammenarbeit mit den Betrieben und die Schülerzahlen zurückgehen, die Ausbildungsstätte nur sehr ungenügend ausgelastet ist und die geringe organisatorische Einbindung in den INTECAP und mangelnde Kontrolle dazu genutzt werden, die Ausbildungsaktivitäten auf ein nicht akzeptables Minimum zu reduzieren. Während dieses Problem durch entsprechende Führungseingriffe leicht behoben werden könnte, stellt die unbezahlbare Folgelast des Projekts aufgrund der teuren und wartungsintensiven Druckmaschinen sowie des zu importierenden Verbrauchsmaterials ein nur schwierig zu lösendes Problem dar.

Die Folgekosten eines Druckereiprojekts sind prinzipiell nur zu tragen,
- wenn sehr effiziente Selbstfinanzierungsmechanismen (hausinterne wie externe Produktionsaufträge) entwickelt werden,
- wenn die an der Ausbildung partizipierenden Betriebe bereit sind erhebliche zusätzliche Aufwendungen zu leisten (neben der Lohnsummenabgabe),
- wenn der Träger bereit ist, einen überproportional hohen Mittelanteil für diesen Ausbildungszweig aufzubringen.

Die Ausbildung im grafischen Gewerbe ist besonders teuer, so daß letztlich auch die Frage gestellt werden muß, ob der Staat gerade diesen Ausbildungsgang anbieten sollte, oder ob der Mangel an qualifizierten Arbeitskräften nicht zuerst in anderen Berufsfeldern zu decken ist. Da der Output eines solchen Projekts, zudem noch in einem kleinen Land wie Guatemala, äußerst begrenzt bleiben muß und möglicherweise auch bald der Bedarf an Druckern gedeckt sein wird, können keine bedeutsamen Modell- und Multiplikatorwirkungen entstehen. Solche Zentren können nur effizient genutzt werden, wenn sie regional zur Ausbildung von Druckern aus verschiedenen Ländern dienen. Dies wurde übersehen als in Honduras und in Guatemala gleichzeitig Ausbildungsstätten für das grafische Gewerbe implementiert wurden. Während in Guatemala immerhin ein (noch) funktionierender Ausbildungsgang aufgebaut werden konnte, sind zwei kostenintensive Versuche in Honduras komplett gescheitert.

3.5 Berufliches Ausbildungszentrum Miraflores in Tegucigalpa und Beratung des Instituto Nacional de Formación Profesional (INFOP) in Honduras.

Die Kurzdarstellung der INFOP-Projekte erweist sich als schwierig, da vier Vorhaben an drei verschiedenen Standorten und mit unterschiedlichen Konzeptionen durchgeführt wurden.

In der ersten Phase der Zusammenarbeit mit INFOP (1976-1981) wurde eine vollschulische Ausbildung zum "Aufbau eines Ausbildungssystems für qualifizierte Fachkräfte" in Tegucigalpa eingeführt (hier "Zentrumsprojekt" genannt). Um 1980 fand ein Konzeptionswechsel statt, indem der Aufbau eines dualen Berufsbildungssystems als Oberziel festgeschrieben wurde. Hierfür wurde in Tegucigalpa ein Neuprojekt initiiert. In San Pedro Sula (S.P.S.), wo 1978 mit einem weiteren Vorhaben zur Zentrumsausbildung begonnen worden war, fand 1981 ebenfalls eine Umorientierung auf die duale Ausbildung statt. Ein Vorhaben der Finanziellen Zusammenarbeit zur Ausrüstung der INFOP-Werkstätten wird im Rahmen der Darstellung dieser drei Projekte mitberücksichtigt.

Zuerst also zu dem zwischen 1976 und 1981 in Tegucigalpa durchgeführten Zentrumsprojekt, für das 5,1 Mill. DM aufgewendet wurden. Nach dem die Überleitung des zuvor geförderten CTHA (Erziehungsministerium) in das dem Arbeitsministerium unterstehende INFOP mißlungen war, stellte INFOP auf deutsche Initiative hin einen entsprechenden Unterstützungsantrag.

Der Projektplanung lag eine Feasibility-Studie zugrunde, bei der wesentliche Projektbereiche nicht thematisiert worden waren (Zielgruppen, Bedarf, Frauen, entwicklungspolitische Alternativen etc.). Das Bildungssystem, der Träger und sein Programm wurden hingegen qualifiziert dargestellt. Bereits 1976 wurde ein detaillierter Operationsplan entwickelt, der eine gute Grundlage für die Durchführung bildete. Allerdings wurde zuwenig auf Trägerförderung, Systemberatung und die Zusammenarbeit mit den Betrieben geachtet. In den Projektfortschrittsberichten steht kaum etwas über auftretende Probleme, statt dessen in beigefügten Briefen. (Vgl. Schaubild 13)

Die formulierten Ziele (Aufbau eines Ausbildungssystems, Steigerung der Produktivkräfte von Betrieben und Gründung neuer Betriebe (!)) waren vollkommen überzogen. Die Projektarbeit beschränkte sich in der Realität auf den Aufbau eines Ausbildungszentrums für Facharbeiter.

Die deutschen Berater waren durchweg Meister mit Industrieerfahrung oder Technische Lehrer aus dem Berufsschulbereich und wurden als fachlich qualifiziert und sprachkundig beschrieben. Durchschnittlich vier bis fünf deutsche Berater arbeiteten mit 17 CP's zusammen. Die Zusammenarbeit innerhalb des deutschen Teams wurde zeitweise durch erhebliche Spannungen belastet. Die Zusammenarbeit mit dem Partner verlief anfangs noch weitgehend friktionsfrei, an Entscheidungen wurde er kaum beteiligt.

Die Unterstützung der Zentrumsausbildung lief 1981 aus. Doch im Rahmen der Einführung der dualen Ausbildung wurde die Ausbildungsstätte weitergefördert.

Schaubild 13: Input-Profil
INFOP Tegucigalpa (Zentrumsausbildung)
Honduras

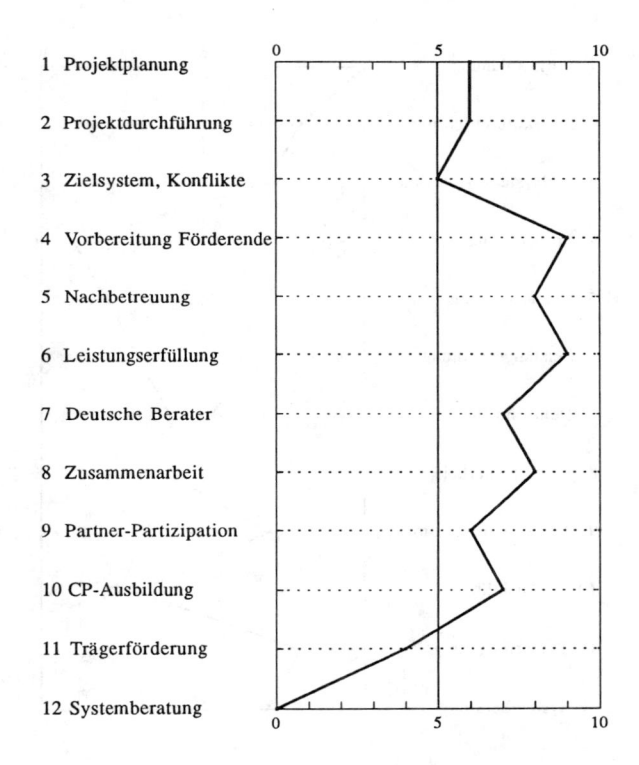

	0	5	10
1 Projektplanung			
2 Projektdurchführung			
3 Zielsystem, Konflikte			
4 Vorbereitung Förderende			
5 Nachbetreuung			
6 Leistungserfüllung			
7 Deutsche Berater			
8 Zusammenarbeit			
9 Partner-Partizipation			
10 CP-Ausbildung			
11 Trägerförderung			
12 Systemberatung			

Die Planung für das Nachfolgevorhaben (hier "Dualprojekt" genannt), das bis Ende 1990 mit einem Aufwand von 6,5 Mill. DM gefördert wurde, war vollkommen vernachlässigt worden (vgl. Schaubild 14). Da ein deutsches Projektteam vor Ort war, wurde keine Feasibility-Studie durchgeführt. Dies hatte zur Folge, daß schwerwiegende Probleme nicht erkannt wurden, wie insbesondere
- die geringe Akzeptanz des dualen Ansatzes auf allen Ebenen der Partnerorganisation sowie
- die geringe Bereitschaft der Betriebe sich an einem solchen Projekt zu beteiligen.

Ein detaillierter Operationsplan wurde erst nach dreijähriger Laufzeit erstellt, aber nicht gemeinsam mit dem Partner verabschiedet. Ein 1986 durchgeführter ZOPP kam viel zu spät. Zudem konnte die Methode dem Partner nicht vermittelt werden.

Schaubild 14: Input-Profil
INFOP Tegucigalpa (Duales System)
Honduras

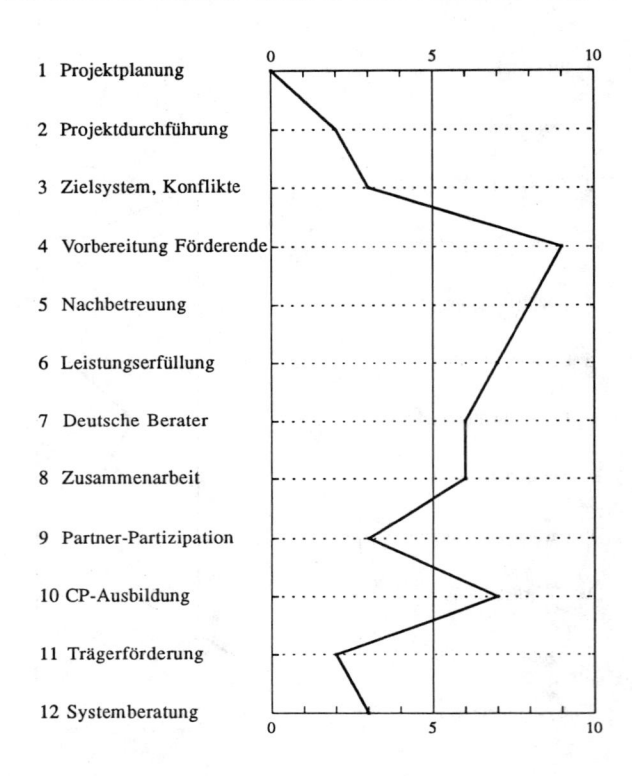

Nr.	Kriterium	0	5	10
1	Projektplanung	~0		
2	Projektdurchführung		~5	
3	Zielsystem, Konflikte	~3		
4	Vorbereitung Förderende			~9
5	Nachbetreuung			~9
6	Leistungserfüllung		~6	
7	Deutsche Berater			~9
8	Zusammenarbeit		~6	
9	Partner-Partizipation	~3		
10	CP-Ausbildung			~7
11	Trägerförderung	~3		
12	Systemberatung	~3		

In der Durchführung traten die Probleme dann offen zutage, ohne daß entsprechend gegengesteuert wurde:
- Die für die Einführung eines kooperativen Ausbildungssystems zentrale Zusammenarbeit mit den Betrieben und ihren Verbänden wurde nicht vehement genug verfolgt.
- Die Aus- und Weiterbildung der betrieblichen Ausbilder (Monitore) wurde vernachlässigt (keine Meisterausbildung).
- Die Organisations- und Managementberatung kam zu kurz.
- Für eine dauerhafte Absicherung der neuen Ausbildungsform und ihre sektorale und regionale Verbreitung hätte der Träger auf Systemebene qualifizierter und umfangreicher beraten werden müssen.
- Dem aufkommenden Konkurrenzverhältnis zwischen Zentrums- und Dualausbildung wurde zu wenig Beachtung geschenkt.

- Die Abwicklung des KfW-Kredits überforderte das zu diesem Zeitpunkt schon reduzierte deutsche Team zeitlich vollkommen, so daß wichtige Aufgaben (CP-Ausbildung, Beratung, Programmentwicklung) nicht genügend wahrgenommen werden konnten.
- Das Führungskonzept, die Projekte in Tegucigalpa und San Pedro Sula durch einen Teamleiter gemeinsam zu führen, schlug fehl.

Ein Mangel an unabhängigen Evaluierungen (die erste fand 10 Jahre nach Beginn des Zentrumsprojekts statt) hat vielleicht mit dazu beigetragen, daß gravierende Schwächen übersehen wurden und die auftretenden Probleme nur ungenügend beachtet wurden.

Der Zielkatalog war viel zu umfangreich und entsprach nicht den Prioritäten des Partners. Die duale Ausbildung war allein auf Initiative der deutschen Berater eingeführt worden. Die Honduraner hatten den Projektantrag nur gestellt, um die deutsche Hilfe nicht zu verlieren. Zielkonflikte ergaben sich auch im Hinblick auf die Dauer der Ausbildung, die Breite des Berufsbildes und die Einflußmöglichkeiten der Industrie auf die Ausbildung.

Bevor die deutschen Berater sukzessive aus dem Dualprojekt abgezogen wurden, bauten sie ein umfangreiches Ersatzteillager auf. Die Entscheidung, die Förderung einzustellen, erfolgte ohne maßgebliche Beteiligung des Partners.

Die deutschen Beraterteams zeigten in allen drei Projekten eine extreme Personalstabilität. Es kam kaum zu Wechseln, so daß ein großer Teil der Experten, die in den Zentrumsprojekten tätig gewesen waren, auch die dualen Projekte weiterführten.

Die Zusammenarbeit mit dem Partner wurde dadurch erschwert, daß die duale Ausbildungskonzeption gegen den Willen der einheimischen Ausbilder eingeführt worden war. Diese versuchten nun sich auf die Zentrumsausbildung zurückzuziehen, so daß es schwierig war, für die Dual-Ausbildung überhaupt Mitarbeiter zu finden. Die deutschen Berater (1981-84: 4, 1985-87: 3, 1988-89: 2, 1990: 1) arbeiteten deshalb nur mit wenigen CP's zusammen.

Die CP-Ausbildung vor Ort wurde in Tegucigalpa und San Pedro Sula (S.P.S.) durch die Abwicklung des KfW-Kredits stark beeinträchtigt. Die personell schon reduzierten Teams waren damit derart überlastet, daß sie nicht mehr die Zeit aufbringen konnten, die vertraglich vereinbarten Aus- und Weiterbildungskurse für die Instruktoren und die Ausbilder in den Betrieben durchzuführen. Dadurch entstanden aus einer eigentlich positiven Maßnahme (bessere Ausstattung der Ausbildungszentren durch Verknüpfung von TZ- und FZ-Maßnahmen) indirekt negative Effekte für die Ausbildung. Obwohl ein sehr hoher Anteil von Ausbildern mit Stipendien in Deutschland gefördert worden war, wurde das erworbene Know-how institutionell nicht genutzt, so daß Multiplikatoreffekte ausblieben. Die gut qualifiziert und voll motiviert zurückkehrenden Stipendiaten wurden rasch frustriert. Ihre Vorschläge waren unerwünscht und wurden sofort abgeblockt. Oft wurde ihnen sogar eine Höhergruppierung verweigert. Dies gilt auch für S.P.S..

Für die Fortführung des Zentrumsprojekts stellte sich die Ausgangslage günstiger dar als für das Dualprojekt (vgl. Schaubild 15 und Schaubild 16).

Das "Zentrums-Projekt"

Organisation

Beide Projekte wurden mit INFOP, einer 1972 gegründeten, halb-autonomen, öffentlich-rechtlichen Institution durchgeführt, die dem Arbeitsministerium untersteht, sich aber über eine einprozentige Lohnsummenabgabe der Betriebe mit mehr als 5 Beschäftigten selbst finanziert.

Oberstes Entscheidungsorgan INFOP's ist der Aufsichtsrat. Das doppelte Stimmrecht des vorsitzenden Arbeitsministers verschafft den vier Regierungsvertretern die Mehrheit gegenüber den beiden Arbeitgeber- und den zwei Gewerkschaftsvertretern. Dadurch ist der politische Einfluß auf INFOP sehr hoch.

Der Organisationsaufbau INFOP's entspricht dem anderer lateinamerikanischer Berufsbildungsorganisationen, die durch die OIT beraten wurden. Die deutschen Fachkräfte nahmen darauf keinen Einfluß.

Die Organisationsstruktur INFOP's war von Anfang an mit Problemen behaftet, die im Zeitverlauf mit der wachsenden Größe INFOP's weiter zugenommen haben. Schwierigkeiten bereiten vor allem:
- die stark zentralistisch ausgerichteten hierarchischen Entscheidungsstrukturen, die durch die Schaffung von zwei Regionalverwaltungen nicht reduziert wurden, sondern nur zu einer weiteren Verkomplizierung der Entscheidungs- und Verwaltungswege führten,
- die regionale Dominanz Tegucigalpas, durch die dynamischere Zentren wie San Pedro Sula in ihrer Entwicklung stark gehemmt werden,
- die personelle Überdimensionierung der Zentrale, die in keinem Verhältnis zu ihrem Output steht,
- die Differenzen zwischen normativen und operativen Abteilungen in der Zentrale, die sich teilweise gegenseitig blockieren,
- die geringe Flexibilität und Innovationsfähigkeit des Trägers,
- das komplizierte, überbürokratisierte, mit unzähligen Kontroll- und Überwachungsfunktionen ausgestattete administrative System, durch das auch andere Organisationsbereiche (Wartung, Instandhaltung, Betriebsbesuche etc.) negativ beeinflußt werden,
- die vielfältigen politisch motivierten Personalwechsel in der Führung INFOP's, die wegen der Zentralität der Organisation zu Entscheidungsblockaden bis auf die mittleren Führungsebenen hinab führen.

Die formale Autonomie und die Selbstfinanzierungsfähigkeit INFOP's wird durch die politische Besetzung von Führungspositionen, die allgemeinen haushaltsrechtlichen Maßnahmen (z.B. staatliche Sparpolitik, Einstellungsstopps) und die Regierungspolitik (z.B. Programme) eingeschränkt.

Die Ausbildungszentren sind einfach und zweckmäßig gegliedert, ebenfalls stark zentralistisch organisiert und von der Zentrale in finanziellen und personellen Angelegenheiten voll abhängig. Im

3.5 INFOP

Schaubild 15: Wirkungsprofil
INFOP Tegucigalpa (Zentrum)
Honduras

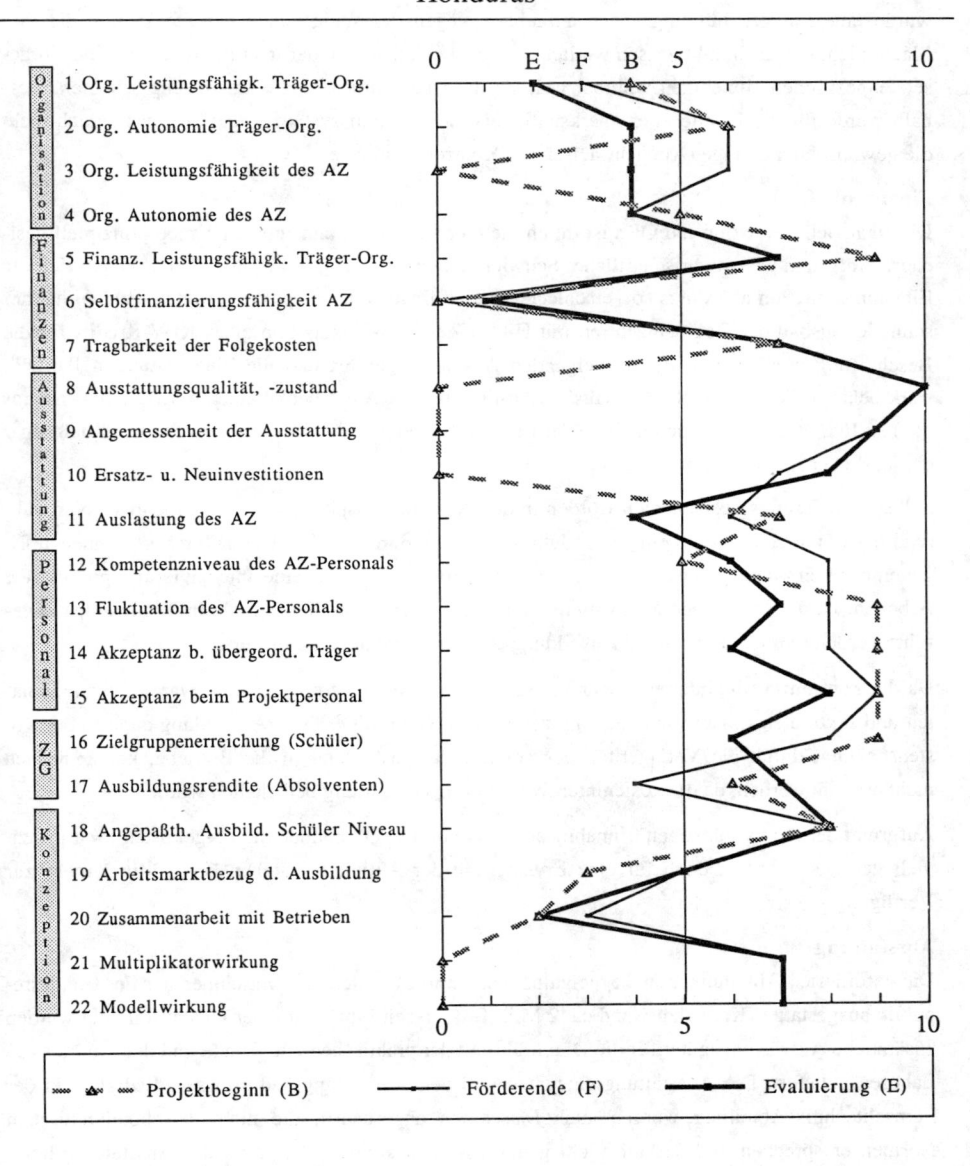

	Nr.	Indikator
Organisation	1	Org. Leistungsfähigk. Träger-Org.
	2	Org. Autonomie Träger-Org.
	3	Org. Leistungsfähigkeit des AZ
	4	Org. Autonomie des AZ
Finanzen	5	Finanz. Leistungsfähigk. Träger-Org.
	6	Selbstfinanzierungsfähigkeit AZ
	7	Tragbarkeit der Folgekosten
Ausstattung	8	Ausstattungsqualität, -zustand
	9	Angemessenheit der Ausstattung
	10	Ersatz- u. Neuinvestitionen
	11	Auslastung des AZ
Personal	12	Kompetenzniveau des AZ-Personals
	13	Fluktuation des AZ-Personals
	14	Akzeptanz b. übergeord. Träger
	15	Akzeptanz beim Projektpersonal
ZG	16	Zielgruppenerreichung (Schüler)
	17	Ausbildungsrendite (Absolventen)
Konzeption	18	Angepaßth. Ausbild. Schüler Niveau
	19	Arbeitsmarktbezug d. Ausbildung
	20	Zusammenarbeit mit Betrieben
	21	Multiplikatorwirkung
	22	Modellwirkung

⋯▲⋯ Projektbeginn (B)   ── Förderende (F)   ━■━ Evaluierung (E)

Ausbildungsbereich bestehen hingegen große Handlungsspielräume (vor allem in San Pedro Sula und La Ceiba), da die Zentrale ihre Kontrollbefugnisse kaum ausübt.

Der deutsche Einfluß auf die Organisationsgestaltung beschränkte sich auf die Etablierung von Werkstattleitern und in S.P.S. zusätzlich eines Koordinators für die Dualausbildung. Dadurch wurde eine mittlere Führungsebene aufgebaut; gegen die Widerstände der Direktoren, die ihre Macht nicht eingeschränkt wissen wollten, und gegen den Willen der Instruktoren, die keine Vorgesetztenpositionen einnehmen wollten, weil sie die Übernahme von Verantwortung scheuten. Deshalb wurde für die Position des Werkstattleiters ein Rotationssystem eingeführt, das jedoch nicht die gewünschten Erfolge (Aufsicht, Disziplin, Kontrolle) brachte.

Finanzen

Die finanzielle Situation INFOP's ist durch die einprozentige Lohnsummenabgabe prinzipiell gesichert. Aufgrund gesamtwirtschaftlicher Schwierigkeiten (wie z.B. in den 80er Jahren) kann sich die Einnahmesituation allerdings so verschlechtern, daß finanzielle Engpässe auftreten. Zudem hat der schnelle Ausbau der Regionalzentren mit Hilfe eines BID-Kredits und eines KfW-Kredits für die Beschaffung von Ausrüstung zu steigenden Ausgaben geführt und die Finanzsituation INFOP's stark belastet. Wegen staatlicher Haushaltsbestimmungen (Ausgabenkürzungen, Einstellungsstopps etc.) ist INFOP derzeit jedoch nicht in der Lage, alle verfügbaren Mittel zu verwenden, so daß sogar ein jährlicher Einnahmenüberschuß entsteht.

Selbstfinanzierungsmechanismen wurden in den Ausbildungsstätten nicht implementiert. Nur während der Förderzeit wurden einige Produktionsarbeiten durchgeführt. Die dadurch gewonnenen Eigeneinnahmen waren jedoch minimal. Haupthinderungsgrund für eine Intensivierung produktiver Arbeiten, ist die mangelnde Motivation. Da alle Einnahmen an die Zentrale in Tegucigalpa abgeführt werden müssen, können die Ausbildungszentren kaum davon profitieren.

Da die Zentrumsausbildung eine sehr kostspielige Ausbildungsform darstellt, waren ihrer regionalen und sektoralen Expansion enge Grenzen gesetzt. Die mit der Dual-Ausbildung angestrebte Kostensenkung, durch die Verlagerung der praktischen Ausbildung in die Betriebe, konnte jedoch nicht erreicht werden, da die kostenintensive Zentrumsausbildung beibehalten wurde.

Aufgrund der relativ günstigen Einnahmesituation von INFOP können die Folgekosten zwar prinzipiell getragen werden, doch für eine Erweiterung der Aktivitäten stehen keine Mittel mehr zur Verfügung.

Ausstattung

Die geförderten Abteilungen in Tegucigalpa wurden mit Geräten und Maschinen aus der Bundesrepublik ausgestattet (Kapitalaufwand ca. 2 Mill. DM). Nach Einführung der Dualausbildung wurden zusätzliche Ausrüstungsgüter für die Durchführung der praktischen Fachkunde und den Aufbau von Laboren geliefert. Die Ausstattung entsprach voll den Ausbildungsbedürfnissen. Lediglich in der Fernsehtechnik-Abteilung wurden auch Maschinen angeschafft, die nicht den honduranischen Normen entsprechen und deshalb nicht genutzt werden können. Aufgrund der Ausstattungslieferungen im Rahmen des KfW-Kredits (Kapitalaufwand ca. 4 Mill. DM) und durch andere Geber sind die Werkstätten äußerst modern und sehr großzügig ausgerüstet. Die vorhandene Ausstattung liegt teilweise über dem in Honduras verbreiteten Techniknivau. Aufgrund eines Überangebots an Ausrüstungsgegenständen werden nicht alle Maschinen und Geräte genutzt.

Probleme ergeben sich bei der Instandhaltung. Zwar wäre INFOP finanziell durchaus in der Lage Ersatzteile zu beschaffen, doch aufgrund der Devisenbewirtschaftung und von Importrestriktionen ist dies nahezu unmöglich.

Personal

Die Ausbildungskompetenz der Instruktoren in der Zentrumsausbildung liegt in Tegucigalpa heute deutlich höher als die der Dual-Ausbilder. Dies kommt daher, daß wegen der Unbeliebtheit der dualen Ausbildungsform vor allem junge und unerfahrene Instruktoren dafür eingesetzt werden.

Schon zu Projektbeginn war das Ausbildungsniveau der Lehrer zufriedenstellend, da rund 80% von ihnen ihre technische Erstausbildung im CTHA absolviert hatten. Bis zum Förderende konnte das Qualifikationsniveau durch die CP-Schulung vor Ort und in Deutschland gesteigert werden. Wegen fehlender Weiterbildungskurse und einer politisch beeinflußten Rekrutierungspraxis nimmt der Leistungsstand seitdem wieder ab (auch in S.P.S.).

Aufgrund einer minimalen Personalfluktuation konnte ein sehr hoher Effektivitätsgrad erreicht werden. Über 60% des vor 10 Jahren ausgebildeten Lehrpersonals ist noch immer bei INFOP tätig. Erst in den letzten beiden Jahren haben vor allem besonders qualifizierte Arbeitskräfte INFOP verlassen, da sich die Besoldungsschere zwischen öffentlichem Dienst und Privatwirtschaft immer weiter öffnet und die nicht-monetären Zusatzleistungen diese Kluft kaum mehr überbrücken können.

Da die Zentrumsausbildung die in Honduras vorherrschende Ausbildungsform war, wurde sie auf allen Ebenen ohne Probleme akzeptiert.

Zielgruppe

Für die Zentrumsausbildung gab es von Anfang an genügend Bewerber mit der entsprechenden Vorbildung (Primarschulabschluß). Die Schüler wurden außerdem durch verschiedene Maßnahmen (freier Transport, freie Verpflegung, Bereitstellung von Arbeitskleidung und Lernmitteln) unterstützt. Aufgrund der auftretenden finanziellen Probleme INFOP's wurde diese Unterstützung abgebaut, wodurch sich die soziale Zusammensetzung der Zielgruppe hin zu besser gestellten Einkommensgruppen verschob. Dieser Prozeß wurde durch die Verarmung der honduranischen Bevölkerung infolge gesamtwirtschaftlicher Probleme weiter verstärkt. Dennoch ist die Bewerberzahl hoch genug, um eine Auswahl treffen zu können.

Die Abgänger der Zentrumsausbildung konnten zu Projektbeginn noch relativ einfach einen Arbeitsplatz finden. Gegen Förderende wurde es hingegen zunehmend schwieriger, die Absolventen zu vermitteln. Ein Teil der Abgänger nahm deshalb weiterführende Studien auf. Inzwischen hat sich die Situation wieder verbessert, so daß fast alle befragten Absolventen in dem erlernten Berufsfeld tätig sind. Obwohl es für die Zentrumsabsolventen schwierig ist, berufliche Aufstiege zu erzielen (39,5%), sind die meisten Absolventen der Ansicht, daß die Ausbildung sich gelohnt habe (97%) und daß sie sie auch weiterempfehlen würden (89%). Nur knapp ein Fünftel glaubt, daß die von ihnen ausgeübte Tätigkeit auch von einem geringer Qualifizierten ausgeübt werden könnte. Bei den Dual-Absolventen sind es über 40%. Da die Teilnehmer an der Zentrumsausbildung direkt aus den Primarschulen rekrutiert werden, zuvor also nicht berufstätig waren, trägt die Ausbildung entscheidend dazu bei, daß sie schnell einen Arbeitsplatz finden, was angesichts der wirtschaftlichen Lage in Honduras von großer Bedeutung ist. Allerdings gibt über die Hälfte der Befragten an, daß sie mindestens einen oder mehrere ehemalige, arbeitslose Mitschüler kennen. (Vgl. Tabellen im Anhang.)

Konzeption
Das Niveau der Zentrumsausbildung war im wesentlichen an den Kenntnisstand der Schüler angepaßt. Aufgrund des insgesamt niedrigen Bildungsniveaus der Bewerber wurde eine dreimonatige Nivellierungsphase vorgeschaltet, um die Kenntnisse der Schüler in den relevanten Bereichen für die eigentliche Ausbildung anzuheben. Der Drop-out ist bis heute relativ gering. 1985 wurde die Nivellierungsphase wieder abgeschafft, um die Ausbildung von zweieinhalb auf zwei Jahre verkürzen zu können.

Trotz der Durchführung der Zentrumsausbildung sowie der Dual-Abendkurse sind die Werkstätten bei weitem nicht ausgelastet. Aufgrund hoher Drop-out-Raten bei den Dualschülern geht der Auslastungsgrad während der Ausbildung zusätzlich zurück. Außerdem werden die Werkstätten nicht effizient genutzt. Eine neue Regelung sieht vor, daß der praktische Unterricht durch eingeschobene Theorieblöcke unterbrochen wird, die in den Werkstätten abgehalten werden. Dadurch sind die Werkstätten belegt, obwohl die Ausrüstung nicht gebraucht wird.

Die Ausbildungspläne für die Zentrumsausbildung wurden auf der Grundlage deutscher Berufsbilder erarbeitet und waren nur ungenügend an den Bedürfnissen des Arbeitsmarktes orientiert. Die Schüler wurden im Zentrum an modernsten Maschinen unterrichtet und erhielten einen qualitativ guten Theorieunterricht. Die erworbenen Kenntnisse konnten sie an den späteren Arbeitsplätzen aber meist nicht anwenden. Die Absolventen hatten deshalb große Probleme, sich an die betriebliche Realität anzupassen.

Obwohl sie nach eigenen Angaben viel von dem in der Ausbildung Erlernten anwenden können, bestehen erhebliche Ausbildungsdefizite, vor allem im fachpraktischen Bereich. 82% der befragten Vorgesetzten stellen Ausbildungsdefizite fest. Das ist von allen Projekten der höchste Anteil. Insgesamt werden die Absolventen der Zentrumsausbildung dennoch von den Betriebsleitern besser beurteilt als die dual Ausgebildeten. (Vgl. Tabellen im Anhang.)

Aufgrund der INFOP per Gesetz zuerkannten Befugnisse traten in den Anfangsjahren Konflikte mit den Betrieben auf, die Maßnahmen zu unterlaufen versuchten. Außerdem brachte INFOP die Abhaltung von Kursen zum Tarifrecht, Arbeitsrecht, Arbeitsschutz etc. den Ruf ein, eine "linke" Organisation zu sein. Oft wurden honduranische Ausbilder gar nicht mehr in die Betriebe hereingelassen, so daß alle Kontakte über die deutschen Experten aufgebaut werden mußten. Auch wenn sich die Situation bis heute etwas gebessert hat, so bestehen doch nach wie vor Vorbehalte gegenüber INFOP.

Zudem sehen viele Unternehmer nicht die Notwendigkeit einer breiten Langzeitausbildung ein, da diese oft über die speziellen Bedürfnisse der Betriebe hinausgeht. Die meisten Unternehmer in Honduras betreiben keine langfristige Personalpolitik, und sind vor allem an kurzen Ausbildungskursen für ihre Mitarbeiter interessiert.

Multiplikatorwirkungen sind hauptsächlich durch die Absolventen entstanden. Da diese jedoch auf einer unteren Hierarchieebene eingesetzt werden, sind diese Wirkungen sehr begrenzt.

Modellwirkung konnte die in Tegucigalpa entwickelte Zentrumsausbildung dadurch erzielen, daß sie auch in anderen Ausbildungsstätten des Landes eigenständig durch INFOP eingeführt wurde.

Das "Dual-Projekt"

Bei der Beurteilung des "Dual-Projekts" in Tegucigalpa soll hier nur noch auf die Dimensionen eingegangen werden, die sich vom "Zentrums-Projekt" unterscheiden. (Vgl. Schaubild 16)

Organisation

Im organisatorischen Bereich ist vor allem hervorzuheben, daß es nicht gelungen ist, die duale Ausbildungsform zu integrieren. Die dualen Programme wurden parallel zu den Zentrumskursen organisiert. Das für die Dualausbildung zuständige Personal nahm nicht an dem sonst üblichen Rotationsprinzip der Ausbilder teil und war dadurch von den anderen separiert. Auch organisatorisch wurden die Dualausbilder ausgegrenzt. Alle administrativen Arbeiten für die es in der Zentrumsausbildung eigene Verwaltungskräfte gab, mußten die Dual-Lehrer selbst durchführen. Dies gilt auch heute noch. Da auf zehn Zentrumslehrer ca. ein Dual-Lehrer kommt, stellen letztere sowieso eine kleine Minderheit dar, die von ihren Kollegen nicht anerkannt wird. In Tegucigalpa werden deshalb die jungen, unerfahrenen, neuen Lehrer für diese Aufgabe eingeteilt, die eigentlich die kompetentesten erfordern würde.

An der Tatsache, daß es dem deutschen Team in über zehn Jahren nicht gelungen ist, die organisatorische und personelle Isolierung der Dual-Ausbildung zu verhindern, wird die Unbeliebtheit dieser Berufsbildungsform deutlich. Darüber hinaus läßt sie die Vermutung zu, daß die langfristige "Überlebenschance" dieses Programms, wenn der deutsche Druck nach dem Förderende vollkommen wegfallen wird, als recht gering einzustufen ist.

Personal

Die Einführung der dualen Ausbildung fand auf allen Ebenen des INFOP keine Zustimmung. Die Gründe hierfür sind vielfältig:
- INFOP identifizierte sich vollständig mit der Zentrumskonzeption.
- INFOP sah seine Selbständigkeit durch einen größeren Einfluß der Unternehmen auf die Ausbildung bedroht.

Schaubild 16: Wirkungsprofil
INFOP Tegucigalpa (Dual)
Honduras

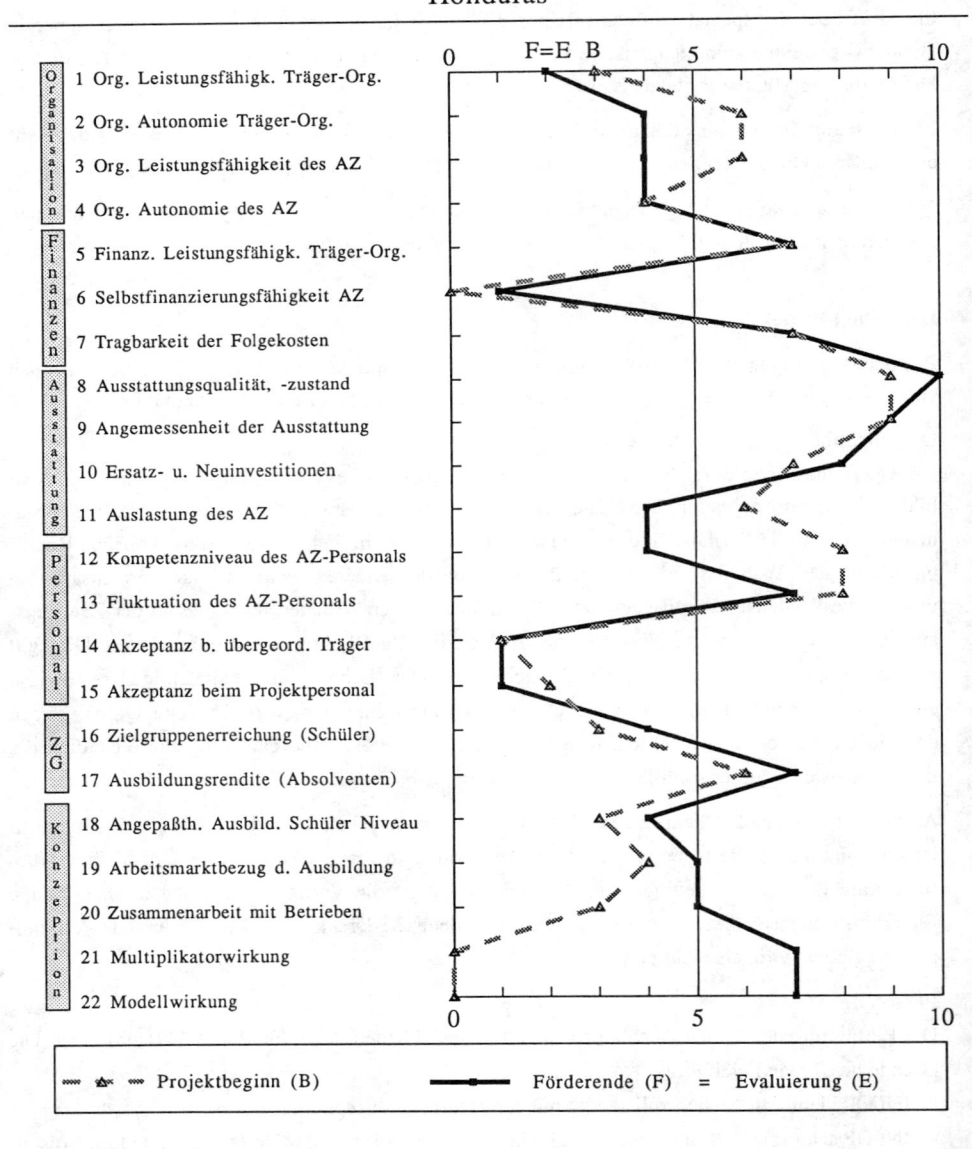

Organisation
1 Org. Leistungsfähigk. Träger-Org.
2 Org. Autonomie Träger-Org.
3 Org. Leistungsfähigkeit des AZ
4 Org. Autonomie des AZ

Finanzen
5 Finanz. Leistungsfähigk. Träger-Org.
6 Selbstfinanzierungsfähigkeit AZ
7 Tragbarkeit der Folgekosten

Ausstattung
8 Ausstattungsqualität, -zustand
9 Angemessenheit der Ausstattung
10 Ersatz- u. Neuinvestitionen
11 Auslastung des AZ

Personal
12 Kompetenzniveau des AZ-Personals
13 Fluktuation des AZ-Personals
14 Akzeptanz b. übergeord. Träger
15 Akzeptanz beim Projektpersonal

ZG
16 Zielgruppenerreichung (Schüler)
17 Ausbildungsrendite (Absolventen)

Konzeption
18 Angepaßth. Ausbild. Schüler Niveau
19 Arbeitsmarktbezug d. Ausbildung
20 Zusammenarbeit mit Betrieben
21 Multiplikatorwirkung
22 Modellwirkung

····△···· Projektbeginn (B)   ——■—— Förderende (F) = Evaluierung (E)

- Die Instruktoren sahen sich überfordert, da sie in Zukunft hauptsächlich Theorieunterricht geben sollten.
- Die Instruktoren hatten Berührungsängste gegenüber den Betrieben.
- Die Instruktoren hatten Sorge, daß die breite Einführung der Dualausbildung ihre Arbeitsplätze gefährden könne.

Da die duale Konzeption ohne jegliche Beteiligung des Partners geplant und eingeführt worden war und auf die Ängste des Partners nicht sensibel reagiert wurde, konnte sich die neue Ausbildungsform im INFOP nicht durchsetzen. Obwohl der "Konzeptionsbruch" im INFOP nicht verstanden wurde, ließ die Leitung die Einführung der dualen Ausbildungsform zu, um die deutsche Hilfe nicht zu verlieren. Auf mittlerer Führungsebene und in den Werkstätten wurde sogar offener Widerstand geleistet, der in den späteren Jahren dann einer Duldung wich.

Zielgruppe

Für die in Honduras unbekannte Dualausbildung war es sehr schwierig, genügend Bewerber mit den verlangten Voraussetzungen (Primarschulabschluß und fester Arbeitsplatz bzw. Lehrstelle) zu finden. Um die Ausbildungskurse überhaupt füllen zu können, wurden deshalb die Aufnahmebedingungen sehr flexibel gehandhabt. Die Arbeitgeber schickten vor allem verdiente Arbeiter zur Ausbildung, da sie das Angebot als Fortbildungsmöglichkeit wahrnahmen. Den Betrieben konnte bis heute nicht vermittelt werden, daß die duale Ausbildung eigentlich der Heranbildung eines qualifizierten Nachwuchses dienen soll.

Aufgrund der intensiven Werbung für die duale Ausbildung durch die deutschen Berater erhöhte sich im Laufe der Zeit zwar die Bewerberzahl, doch nach wie vor ist sie so klein, daß keine Auswahl getroffen werden kann.

Die Absolventen der Dualausbildung ziehen erst nach einiger Zeit einen Vorteil aus ihrer Ausbildung. Sie bleiben meist an ihrem Arbeitsplatz und erzielen auch keine großen Einkommenssteigerungen nach dem Ende der Ausbildung. Langfristig können die Absolventen jedoch einen beruflichen Aufstieg verzeichnen, so daß nahezu alle Befragte der Ansicht sind, die Ausbildung habe sich gelohnt und sei uneingeschränkt weiterzuempfehlen. Die Vorteile aufgrund der Ausbildung werden jedoch nicht allzu hoch eingeschätzt, da die Mehrheit der Abgänger der Meinung ist, eine andere Ausbildung sei für das berufliche Fortkommen vorteilhafter gewesen. Diese Auffassung wird auch dadurch unterstützt, daß nur gut die Hälfte aller befragten Betriebsleiter angab, daß sie Dual-Absolventen, Abgängern anderer Schulen (Zentrumsausbildung) vorziehen würden. Weniger als ein Drittel der Vorgesetzten glaubt, daß die Qualifikation der Dual-Abgänger höher einzustufen sei als die von Abgängern anderer Schulen. Dies sind im Vergleich zu allen anderen Projekten, die niedrigsten Werte. (Vgl. Tabellen im Anhang.)

Konzeption

Die in der dualen Ausbildung genutzten Lehrpläne waren nicht an das Vorbildungsniveau der Dualschüler angepaßt. Da es sich bei den Ausbildungsteilnehmern meist um ältere, verdiente Arbeiter handelte, hatten diese große Schwierigkeiten dem Theorieunterricht zu folgen, da sie bereits seit längerem dem Lernprozeß entwöhnt waren. Im Laufe der Zeit konnte durch eine Anpassung der Lehrpläne und eine sukzessive Veränderung der Zielgruppe, hin zu jüngeren Lehrlingen, die Situation etwas verbessert werden, doch nach wie vor sind die Drop-out-Quoten außerordentlich hoch. Der Schülerausfall wird allerdings auch durch andere Faktoren (familiäre und finanzielle Probleme, häufige Arbeitsplatzwechsel, Entlassungen usw.) maßgeblich beeinflußt.

Die duale Ausbildung orientierte sich an den für die Zentrumsausbildung entwickelten Berufsbildern. Obwohl dadurch auf die Erfahrungen mit der Zentrumsausbildung zurückgegriffen werden konnte, waren die Ausbildungspläne nur ungenügend an den Bedürfnissen des Arbeitsmarktes orientiert. Aufgrund der zunehmenden Betriebskontakte konnten die Curricula mit der Zeit zwar besser an die betriebliche Realität angepaßt werden. Dennoch lernen die Dual-Lehrlinge einerseits in den abendlichen Fortbildungskursen und Praxisseminaren im Zentrum mehr, als sie in ihrem Lehrbetrieb anwenden können. Auf der anderen Seite kommen die Fertigkeiten und Kenntnisse, die tatsächlich am Arbeitsplatz erforderlich sind, in der Ausbildung zu kurz. Paradoxerweise wird die praktische Kompetenz der Absolventen einer Dual-Ausbildung deshalb von den betrieblichen Vorgesetzten nicht höher eingeschätzt als die von den Zentrumsabgängern. Dieses Ergebnis dürfte auch mit der allgemein schwachen Ausbildung in den Betrieben zu erklären sein. Insgesamt werden allerdings bei den Zentrumsabgängern deutlich höhere Ausbildungsdefizite festgestellt als bei den Absolventen einer Dualausbildung. (Vgl. Tabellen im Anhang.)

Die für die Einführung der Dual-Ausbildung notwendige betriebliche Unterstützung konnte nur durch die intensiven Bemühungen der deutschen Experten erreicht werden. Dabei waren erhebliche Widerstände zu überwinden, wie

- das insgesamt negative Image INFOP's,
- ein geringes Interesse an breiter Langzeitausbildung,
- die Ansicht, daß mit der Abführung der Lohnsummenabgabe alle Verpflichtungen erfüllt seien und jetzt nicht auch noch betriebliche Ausbildungsleistungen gefordert werden könnten,
- die Furcht, zu erfolgreich ausgebildete Lehrlinge könnten mit ihrem Fachwissen eine Konkurrenz darstellen.

Nach wie vor ist die Zusammenarbeit mit den Betrieben schwierig. Es ist nicht gelungen, die Betriebe organisatorisch einzubinden: Keine Kammer arbeitet mit dem INFOP zusammen. Die Arbeitgeber können keinen Einfluß auf die Festlegung der Curricula oder Leistungsstandards nehmen und sind nicht an der Durchführung von Prüfungen beteiligt.

Daß die Zusammenarbeit mit den Betrieben stagniert oder gar rückläufig ist, liegt vor allem an der vollkommen unprofessionell und unzureichend betriebenen Werbung. Hierfür sind allein die Dualausbilder zuständig, die sich zwar wie in San Pedro Sula redlich bemühen, doch die mittlere oder gar höhere Führungsebene in größeren Betrieben bleibt ihnen verschlossen. Zudem fehlen für die Durchführung der Betriebsbesuche oft Personal, Fahrzeuge oder Benzin. Ein nationales Werbesystem oder Aktivitäten der INFOP-Zentrale existieren nicht.

Auf die Verbreitung der dualen Ausbildung hat sich negativ ausgewirkt, daß die betrieblichen Ausbilder nicht geschult wurden. Die Notwendigkeit ihrer Weiterbildung wurde im Projekt zwar schon frühzeitig erkannt, aber Kurse hierfür wurden nur vereinzelt und zu spät angeboten. Nachdem die ersten Kurse angelaufen waren, zeigte sich, daß die betrieblichen Ausbilder daran kein großes Interesse hatten. Dies ist jedoch nicht verwunderlich, denn sie konnten sich davon keine sonderlichen Vorteile versprechen. Es konnte weder ein Facharbeiterabschluß (CAP) oder gar ein Meistertitel erworben werden, noch hätte die Weiterbildung zu Lohnsteigerungen geführt.

(Eine zusammenfassende Wertung der INFOP-Projekte erfolgt im nächsten Kapitel.)

3.6 Berufliches Ausbildungszentrum INFOP's in San Pedro Sula, Honduras

Zwischen 1979 und 1986 wurde mit einem Kostenaufwand von 4,5 Mill. DM ein zweites Ausbildungszentrum INFOP's in San Pedro Sula (S.P.S.) unterstützt und ab 1981 bei der Einführung der dualen Ausbildungsform beraten. Dabei sollte die in Tegucigalpa entwickelte Konzeption einfach in San Pedro Sula übernommen werden. (Vgl. Schaubild 17)

Obwohl das Vorhaben in Planung und Durchführung von der bereits 1976 begonnenen Zusammenarbeit mit INFOP hätte profitieren können, war dies kaum der Fall. Prüfungsstudien wurden für das Vorhaben in keiner Form angefertigt. Deshalb kam es - neben den schon in Tegucigalpa beobachteten Problemen - zu weiteren gravierenden Fehleinschätzungen. So wurde anfangs nicht bemerkt, daß in S.P.S. gar nicht die Voraussetzungen für eine Übertragung der Ausbildungsprogramme gegeben waren. Erneut wurde auch in S.P.S. mit der Einführung einer Zentrumsausbildung begonnen, um schon knapp zwei Jahre später auf die Dualausbildung umzuschwenken. Dieses Vorgehen löste beim Partner erhebliche Verwirrung aus.

Die in Tegucigalpa aufgetretenen Durchführungsprobleme stellten sich auch in S.P.S. ein. Zudem führte eine unvollständige Ausstattung über Jahre hinweg zu mangelhaften Ausbildungsergebnissen.

Ein Operationsplan wurde erst 1983, über vier Jahre nach Projektbeginn aufgestellt. Dieser enthielt allerdings keine Sollvorgaben und wurde auch vom Partner nicht gegengezeichnet.

Das Fördernde war gut vorbereitet, auch wenn die in S.P.S. bis zuletzt verbliebenen drei Berater nicht sukzessive abgezogen wurden. Eine gewisse Nachbetreuung war bisher noch durch das geförderte Dualprojekt in Tegucigalpa möglich.

Die Zusammenarbeit der vier in S.P.S. tätigen Experten mit ca. 20 bis 25 einheimischen Fachkräften (von 40 bis 50 Lehrern insgesamt) war von Anfang an mit Problemen behaftet. Unstimmigkeiten tauchten vor allem nach der Einführung des dualen Systems auf, das von den Lehrkräften nicht verstanden und akzeptiert wurde. Innerhalb des deutschen Teams kam es ebenfalls zu beträchtlichen Spannungen.

Schaubild 17: Input-Profil
INFOP San Pedro Sula (Duales System)
Honduras

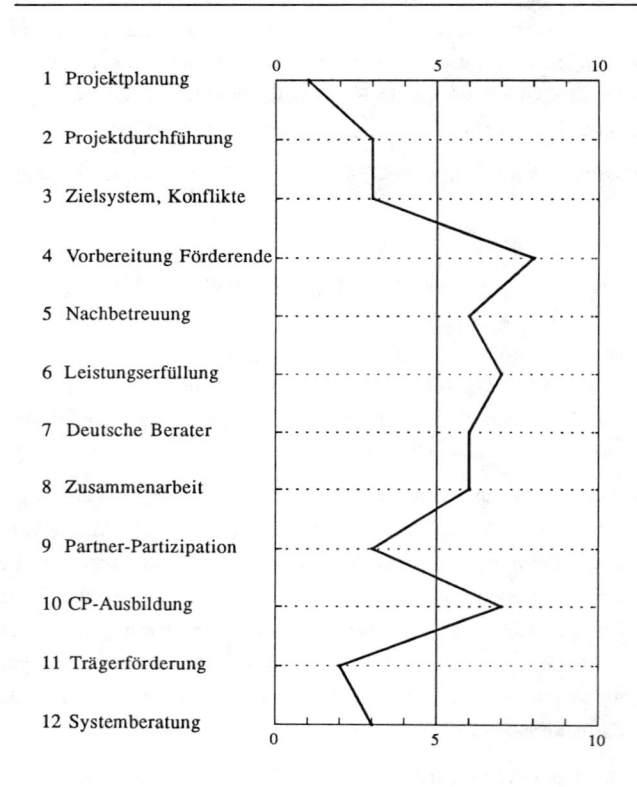

1	Projektplanung
2	Projektdurchführung
3	Zielsystem, Konflikte
4	Vorbereitung Förderende
5	Nachbetreuung
6	Leistungserfüllung
7	Deutsche Berater
8	Zusammenarbeit
9	Partner-Partizipation
10	CP-Ausbildung
11	Trägerförderung
12	Systemberatung

Die Trägerförderung in S.P.S. war schwieriger zu bewerkstelligen als in Tegucigalpa, da sich die deutschen Mitarbeiter in ein schon existierendes und voll funktionierendes System integrieren sollten.

Dementsprechend konnten die deutschen Berater auf die Organisationsstruktur der Ausbildungsstätte nur wenig Einfluß ausüben. Die personelle und organisatorische Isolierung des Dual-Programms wurde auch in S.P.S. nicht verhindert.

Organisation

Durch die größere Entfernung zu Tegucigalpa ergeben sich für die Ausbildungsstätte zwar etwas höhere Autonomiespielräume, personell und finanziell ist S.P.S. jedoch vollkommen von der Zentrale abhängig. Zudem machen sich die langen administrativen Wege nach Tegucigalpa negativ bemerkbar. (Vgl. Schaubild 18)

Schaubild 18: Wirkungsprofil
INFOP San Pedro Sula (Dual)
Honduras

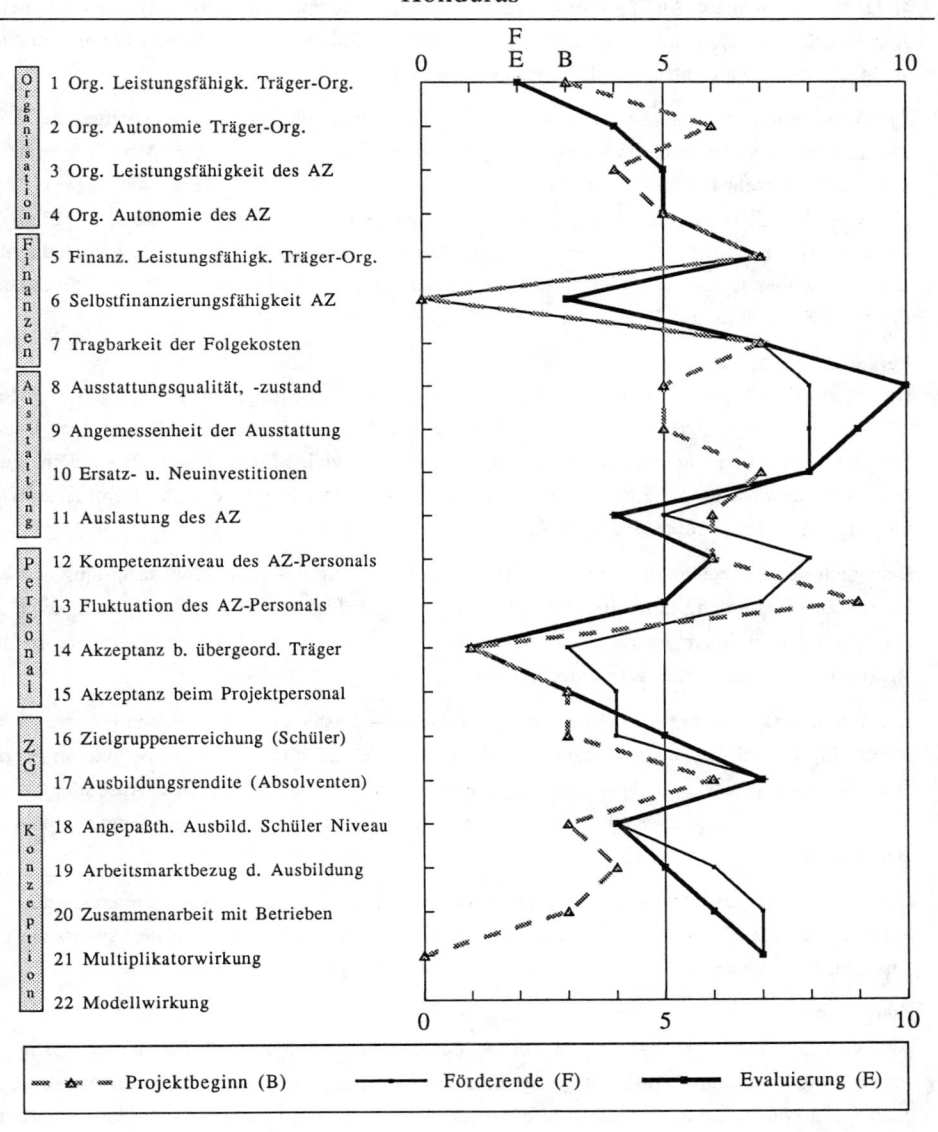

Organisation	1	Org. Leistungsfähigk. Träger-Org.
	2	Org. Autonomie Träger-Org.
	3	Org. Leistungsfähigkeit des AZ
	4	Org. Autonomie des AZ
Finanzen	5	Finanz. Leistungsfähigk. Träger-Org.
	6	Selbstfinanzierungsfähigkeit AZ
	7	Tragbarkeit der Folgekosten
Ausstattung	8	Ausstattungsqualität, -zustand
	9	Angemessenheit der Ausstattung
	10	Ersatz- u. Neuinvestitionen
	11	Auslastung des AZ
Personal	12	Kompetenzniveau des AZ-Personals
	13	Fluktuation des AZ-Personals
	14	Akzeptanz b. übergeord. Träger
	15	Akzeptanz beim Projektpersonal
ZG	16	Zielgruppenerreichung (Schüler)
	17	Ausbildungsrendite (Absolventen)
Konzeption	18	Angepaßth. Ausbild. Schüler Niveau
	19	Arbeitsmarktbezug d. Ausbildung
	20	Zusammenarbeit mit Betrieben
	21	Multiplikatorwirkung
	22	Modellwirkung

— ▵ — Projektbeginn (B)　　——— Förderende (F)　　—■— Evaluierung (E)

Ausstattung

Die Ausbildungsstätte war mit Hilfe eines Weltbankkredits erbaut und ausgestattet worden. Da die Ausrüstung nicht den Anforderungen des deutschen Ausbildungskonzepts entsprach, das anfangs ja noch auf einer Zentrumsausbildung basierte, wurden von deutscher Seite Ergänzungslieferungen für 460.000 DM veranlaßt. Aufgrund des Ausstattungsdefizits konnten die in Tegucigalpa erarbeiteten Ausbildungspläne nicht auf S.P.S. übertragen werden und Teile der praktischen Ausbildung mußten anfangs sogar im benachbarten CTHA absolviert werden.

Die Ausstattungssituation verbesserte sich im Zeitverlauf durch die mit Hilfe von Mitteln der KfW und anderer Geber finanzierten Ausrüstungsgüter derart, daß in den geförderten Abteilungen heute keine Defizite mehr festzustellen sind. Im Gegenteil, in einigen Abteilungen herrscht sogar ein solcher Überfluß, daß nicht alle Maschinen und Geräte genutzt werden können. Teilweise ist die Ausstattung moderner als die, die in den honduranischen Betrieben eingesetzt wird. Da jedoch die Maschinen und Geräte aus einer Vielzahl von Ländern beschafft wurden, stellt die Instandhaltung und Ersatzteilbeschaffung in S.P.S. ein besonderes Problem dar.

Personal

Die Fluktuation des Ausbildungspersonals ist zwar auch in S.P.S. insgesamt gering (von den Mitte 1980 als CP's eingesetzten Ausbildern sind heute noch 70% am Institut beschäftigt), doch in den letzten Jahren hat die Fluktuation deutlich zugenommen und viele offene Stellen können nicht mehr besetzt werden. Da es in S.P.S. ein wirtschaftlich stärkeres Umfeld gibt, das als Nachfragekonkurrent auftritt, sind die Probleme dort größer als in Tegucigalpa.

Bezüglich der Akzeptanz des Projektansatzes, der Auslastung des Ausbildungszentrums und der Zielgruppenorientierung treten in S.P.S. prinzipiell die gleichen Probleme auf wie in Tegucigalpa. Allerdings ist die Werbung für die duale Ausbildung hier wesentlich besser organisiert, so daß leichter Interessenten gefunden werden können.

In S.P.S. gibt es nicht nur einen Koordinator für das duale System, sowie genügend Fahrzeuge, um regelmäßig Betriebsbesuche abzuhalten, sondern es werden auch qualifizierte Instruktoren für die Dual-Ausbildung eingeteilt. Während in Tegucigalpa die Übernahme der Dual-Ausbildung einer Strafversetzung gleichkommt, gibt es in S.P.S. etliche Ausbilder, die von ihr überzeugt sind und sie auch durchführen.

Da die Zusammenarbeit mit den Betrieben in S.P.S. deshalb funktioniert und das Interesse der Unternehmer an der Dual-Ausbildung höher ist als in Tegucigalpa, konnte auch die Anpassung der Ausbildung an die Bedürfnisse des Arbeitsmarktes besser gelingen.

Zielgruppe

Ähnlich wie in Tegucigalpa ziehen die Absolventen der Dualausbildung in S.P.S. nur langfristig gesehen Vorteile aus ihrer Ausbildung. Anfangs verbleiben sie zwar meist an ihrem Arbeitsplatz, doch später können sie in weitaus größerem Maße als Abgänger der Zentrumsausbildung berufliche Aufstiege verzeichnen. Wobei "Aufstieg" hier wiederum schon mit der Übertragung anspruchsvoller Tätigkeiten und einem entsprechenden Lohnanstieg gleichgesetzt wird. (Vgl. Tabellen im Anhang.)

Konzeption

Da die in Tegucigalpa erarbeiteten Ausbildungspläne im großen und ganzen auf S.P.S. übertragen worden waren, traten hier auch die gleichen Probleme bezüglich der Zielgruppe (dem Lernen entwöhnte Erwachsene) und des allgemeinen Bildungsniveaus (oft kein Primarschulabschluß) auf. Die Teilnehmer an der dualen Ausbildung hatten deshalb große Probleme dem Unterricht zu folgen. Da die ursprünglich intendierte Zielgruppe (Berufsanfänger) zunehmend besser erreicht wird, verliert dieses Problem in S.P.S. an Schärfe.

Die aufgetretenen Modell- und Multiplikatorwirkungen sind wie in Tegucigalpa zu werten.

Resumee

Werden die hier dargestellten Ergebnisse der in Honduras geförderten Ausbildungsprojekte noch einmal im Überblick betrachtet, dann fällt auf, daß große Modell- und Multiplikatorwirkungen erzeugt wurden. Sowohl das Konzept für die Zentrumsausbildung, wie auch für die Dualausbildung haben eine sektorale und regionale Verbreitung erfahren. Positiv zu werten ist weiterhin, daß es den drei Projekten während des Förderzeitraums gelungen ist, die Personalkompetenz INFOP's zu erhöhen und die Ausbildungsstätten mit einer angemessenen Ausstattung zu versorgen. Dies trägt auch heute noch wesentlich dazu bei, daß die Absolventen hinreichend qualifiziert werden, um eine Anstellung zu erhalten. Sehr begrenzte "Aufstiegschancen" und Einkommensverbesserungen eröffnen sich nur längerfristig. Gemessen an der Dauer der Ausbildung ist dies eine eher schwache Rendite. Gemessen an den restriktiven Bedingungen des honduranischen Arbeitsmarktes stellt das Ergebnis hingegen einen nicht zu unterschätzenden Erfolg dar.

Insgesamt können die Resultate jedoch nicht zufriedenstellen. In der über 20-jährigen Förderzeit (das CTHA miteinbezogen) ist es nicht gelungen, ein akzeptiertes und praktikables Ausbildungsmodell zu entwickeln.

Die zuerst implementierte Form der Zentrumsausbildung ist zwar systemadäquat, von allen akzeptiert, wird nachgefragt und eröffnet Berufschancen, doch sie ist viel zu teuer, als daß sie flächendeckend praktiziert werden könnte. Der Arbeitsmarktbezug ist zu gering und die Ausbildungsrendite für die Absolventen ist nach dreijähriger Ausbildung nicht sehr hoch.

Durch eine Zentrumsausbildung können die vom Staat, der Wirtschaft und von den Individuen, die diese Ausbildung nachfragen, eingesetzten Ressourcen nicht effizient verwertet werden. Deshalb war es folgerichtig, kooperative Ausbildungsmodelle einführen zu wollen. Daß dies nur sehr rudimentär und ohne große Breitenwirkung gelang, lag einerseits an den nur ungenügend gegebenen Rahmenbedingungen und andererseits an der wenig gelungenen Umsetzung.

An zwei Standorten wurde ohne eine einzige Feasibility-Studie und ohne ein ausgearbeitetes Konzept gegen den Willen des Partners und trotz des Desinteresses der Betriebe mit der dualen Ausbildung begonnen. Da Planungsstudien fehlten konnten zentrale Probleme nicht erkannt werden. Doch auch in der Durchführung wurden die Widerstände des Partners nicht gebührend berücksichtigt. Die Überzeugungsmöglichkeiten der deutschen Berater wurden überschätzt, da die Rahmenbedingungen nicht beachtet wurden: Die Unternehmen sind an einer systematischen Langzeitausbildung nicht sonderlich interessiert, da sie in der Regel auch keine langfristige Personalpolitik betreiben. Besonders Kleinunternehmer fürchten zudem die daraus möglicherweise entstehende Konkurrenz mehr, als sie die Vorteile einer qualifizierten Ausbildung für ihren eigenen Betrieb schätzen.

Selbst wenn es mit der Zeit gelungen wäre, die Wirtschaft von diesem Ausbildungsmodell zu überzeugen, dann wäre noch immer die mangelhafte organisatorische Leistungsfähigkeit INFOP's einer erfolgreichen Umsetzung entgegengestanden. Der Träger ist zwar finanziell und rechtlich - formal betrachtet - autonom, doch durch die Einbindung in die Sparpolitik des Staates und die politischen Einflußnahmen der jeweiligen Regierungen stark in seinen Entscheidungs- und Handlungsmöglichkeiten eingeschränkt. Personell aufgebläht und überbürokratisiert stellt er weder eine Organisation dar, mit der das Vertrauen der Wirtschaft gewonnen werden kann, noch ist er schlagkräftig genug, um eine so anspruchsvolle Aufgabe wie die Einführung eines dualen Ausbildungssystems umzusetzen. Davon abgesehen war INFOP hierzu auf allen Ebenen, bis auf wenige in Deutschland ausgebildete Lehrer, sowieso nicht bereit.

Zudem wurden bei der Einführung des Ansatzes von deutscher Seite beträchtliche Fehler gemacht:
- Der Partner wurde nicht nur an wichtigen Entscheidungen kaum beteiligt, sondern es wurde anschließend auch keine beharrliche und sensible Überzeugungsarbeit geleistet.
- Die Zentrumsausbildung wurde nicht in eine kooperative Ausbildungsform umgewandelt und die personelle und organisatorische Integration der Dualausbildung innerhalb des INFOP gelang nicht. Dadurch konnte sich eine mächtige Opposition gegen die Dualausbildung formieren und sie marginalisieren.
- Es wurde versäumt, die Unternehmen organisatorisch einzubinden und die Werbung für das duale System organisatorisch zu verankern und zu einer zentralen Aufgabe INFOP's zu machen.
- Generell wurde zu wenig Träger-, Management- und Systemberatung geleistet.

Als Ergebnis bleibt insgesamt festzuhalten, daß das duale System in Honduras nur sehr rudimentär implementiert werden konnte, daß die Betriebe an dieser Ausbildungsform kaum interessiert sind, daß die organsatorische und personelle Isolierung der Dual-Ausbildung innerhalb INFOP's weiterhin besteht, daß die Akzeptanz des Ansatzes minimal ist und daß INFOP als Träger kaum in der Lage sein wird, das Programm selbständig fortzuführen, so daß die duale Ausbildung in Honduras kaum von Dauer sein dürfte.

3.7 Die entwicklungspolitische Zusammenarbeit mit dem Servicio Ecuatoriano de Capacitación Profesional (SECAP) in Ecuador

Bereits im Jahr 1965 begann die Zusammenarbeit mit Ecuador auf dem Gebiet der beruflichen Bildung. Bis 1974 wurde das Ausbildungszentrum ITEA gefördert, das Facharbeiter und Techniker im Kfz- und Metallbereich in dreijährigen Vollzeitkursen ausbildete. 1973 wurde ITEA bei Beibehaltung der Zielsetzung in die halbstaatliche Berufsbildungsorganisation SECAP eingegliedert. Darauf bauten mehrere Neuprojekte auf, die das Ziel hatten, in Ecuador ein einheitliches Berufsbildungssystem einzuführen. Mit Hilfe eines bei der Nationaldirektion des SECAP angesiedelten Beraters sollten die konzeptionellen Grundlagen hierfür erarbeitet und die deutsche Hilfe koordiniert werden (hier "Beraterprojekt" genannt, Laufzeit: 1972-1977).

In Quito wurde 1974 mit einer Meister- und Instruktorenausbildung, begleitet von Gewerbeförderungsmaßnahmen begonnen. Ab 1979 wurde das Vorhaben mit einer dualen Facharbeiterausbildung bis 1986 fortgeführt. Gleichzeitig wurden Ausbildungsstätten in Cuenca, Ibarra und Sto. Domingo aufgebaut. Parallel dazu wurde in Guayaquil ein Ausbildungszentrum gegründet, um mit deutscher Förderung (1975-1981) Lehrlinge in den Bereichen Metall und Kfz, zuerst vollzeit und später dann ebenfalls dual, auszubilden. Dieses Vorhaben wurde bis 1985 mit einer Ausbildung von Werkzeugmachern und Industriemeistern fortgesetzt.

Nachdem die Durchführung der dualen Programme in den einzelnen Zentren sukzessive bis 1986 in die alleinige Verantwortung des Partners übergegangen war, schloß sich in Quito eine letzte Förderphase bis zum März 1992 an, mit dem Ziel, ein Ausbildungsprogramm für Meister der Mechanik- und Kfz-Berufe einzuführen, sowie die Dualausbildung auf das Berufsfeld Holz auszuweiten.

Da hier nicht alle Projekte thematisiert werden können (siehe stattdessen Fallstudie Ecuador), soll das Schwergewicht auf dem abgeschlossenen Ausbildungsprojekt in Quito mit seinen regionalen Komponenten und dem Beratungsprojekt liegen. Für das erste Vorhaben wurden zwischen 1974 und 1986 10,2 Mill. DM aufgewendet und für das Beratungsprojekt knapp 700.000 DM (1972 bis 1977). Das hier nicht weiter berücksichtige Vorhaben in Guayaquil wurde zusätzlich mit 5,3 Mill. DM gefördert.

Die Feasibility-Studie für das Beratungsprojekt umfaßte nur wenige Seiten und für das Ausbildungsvorhaben in Quito fand überhaupt keine Projektprüfung statt. (Die Bewertungen in Schaubild 19 beziehen sich auf das Ausbildungsprojekt in Quito und das Beratungsprojekt). Dennoch gelang es, eine insgesamt zweckmäßige Projektkonzeption zu entwickeln, auch wenn zahlreiche Rahmenbedingungen zu optimistisch eingeschätzt wurden (vor allem die Leistungsfähigkeit SECAP's und dessen Willen, ein Berufsbildungssystem einzuführen). Die fast gleichzeitige Etablierung der drei Projekte auf der systemberatenden und operativen Ebene hätte wirkungsvoll sein können.

Schaubild 19: Input-Profil
SECAP Quito
Ecuador

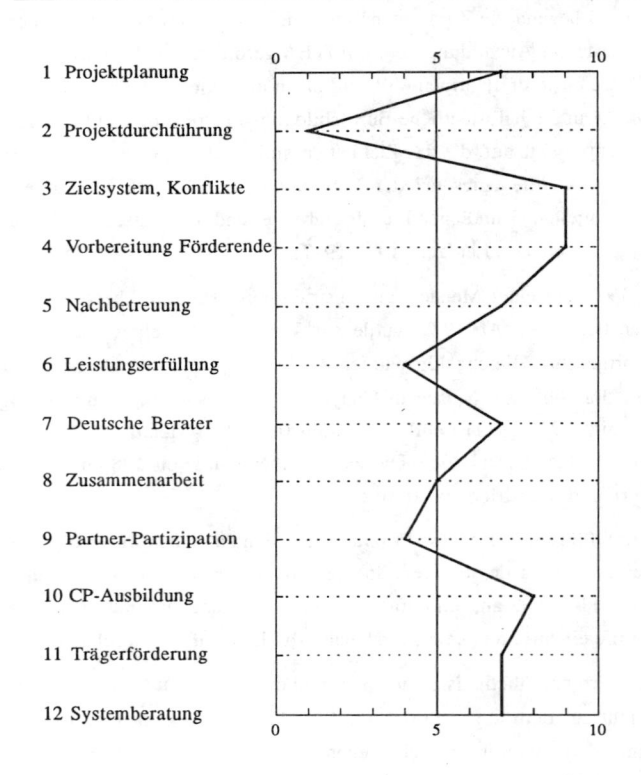

1	Projektplanung
2	Projektdurchführung
3	Zielsystem, Konflikte
4	Vorbereitung Förderende
5	Nachbetreuung
6	Leistungserfüllung
7	Deutsche Berater
8	Zusammenarbeit
9	Partner-Partizipation
10	CP-Ausbildung
11	Trägerförderung
12	Systemberatung

Zudem wurde die große Bedeutung der Lehreraus- und Fortbildung, der gleichzeitigen Weiterbildung von betrieblichen Ausbildern (Meisterkurse), der aktiven Einbindung von Kammern und Unternehmensverbänden sowie überhaupt die Bedeutung einer engen Zusammenarbeit mit den Betrieben für die erfolgreiche Einführung eines Ausbildungssystems erkannt.

In der Durchführung traten dann allerdings schwerwiegende Probleme auf:
- Da die Koordination und Führung der drei Projekte (Beratungsprojekt, Ausbildungszentrum Quito und Guayaquil) nicht geregelt worden war, kam es zu Überschneidungen, Rivalitäten und einem Konkurrenzkampf um die Projektverlängerungen. Es wurde versäumt, klare Kompetenzabgrenzungen vorzunehmen. Das Beratungsprojekt hätte am zweckmäßigsten als übergeordnete Instanz fungieren können.
- Die Beendigung des Beratungsprojekts im April 1977 wirkte sich negativ aus. Zwar wurde die Systemberatung anschließend bis 1990 von den jeweiligen Projektleitern in Quito wahrgenom-

men, doch wie schon aus vielen anderen Projekten bekannt, ist die gleichzeitige Beratung eines Ausbildungszentrums mit der Regelung zahlreicher operativer Aufgaben und die Durchführung einer systembezogenen Beratertätigkeit auf höherer Ebene, kaum von einer Person zu leisten. Zudem verlangen die beiden Aufgaben auch recht unterschiedliche Kompetenzen. Gerade vor dem Hintergrund, daß ein in Ecuador vollkommen neues Ausbildungssystem eingeführt werden sollte, hätte im Gegenteil, die Systemberatungskomponente verstärkt werden müssen.

- Als langfristig nachteilig für die Einführung des dualen Systems erwies sich die organisatorische, personelle und finanzielle Institutionalisierung des Quito-Projekts als eigenständiges, "ATECA" genanntes Subprogramm des SECAP's. Diese, wegen der großen administrativen und personellen Probleme SECAP's gewählte Konstruktion, schürte Neid und Mißgunst bei den anderen Abteilungen und führte die Dualausbildung in die Isolation.

Nach der Reintegration ATECA's in das Organisationsgefüge des Ausbildungszentrums Quito wurden fast alle bis dahin geschaffenen strukturellen Voraussetzungen zur Verbreitung des dualen Systems wieder abgebaut oder gar zerstört. Nahezu alle CP's, überzeugte Anhänger der Dualausbildung, schieden aus, da ihnen die Arbeitsmöglichkeiten entzogen wurden. Die Supervision in den Betrieben wurde stark eingeschränkt und die mühevoll aufgebauten Betriebskontakte gingen allmählich wieder verloren. Von dem Schaden, der dadurch der Implementierung des dualen Systems zugefügt wurde, hat sich das Vorhaben bis heute nicht mehr erholen können.

- Die Projekt- und Fortsetzungsanträge SECAP's entsprachen allein den deutschen Vorstellungen. Der Partner reichte sie ein, weil er die deutsche Hilfe nicht verlieren wollte.
- Wichtige Alarmzeichen während der Durchführung wurden systematisch übersehen:
    - Die Instruktorenaus- und Weiterbildung in Quito hatte nicht einmal kurzfristigen Bestand.
    - Die "übergebenen" Werkstätten wurden in kurzer Zeit abgewirtschaftet, insbesondere in Guayaquil.
    - Trotz erheblichen Aufwands schlug der Aufbau einer technischen Betriebsberatung fehl, da SECAP die Unterstützung verweigerte.
    - Die Einführung der Dualausbildung war permanent mit ernsten Problemen behaftet, ohne daß der SECAP zu Veränderungen bereit gewesen wäre.
    - In Guayaquil brach die Dualausbildung schon kurz nach dem Förderende zusammen und dennoch wurde mit der Meisterausbildung Kfz ein neues Projekt initiiert, das wie die Dualausbildung scheiterte.
    - Permanent fehlten Instruktoren und CP's in allen Ausbildungszentren.
    - SECAP erwies sich als überbürokratisiert, ineffizient und als ein politisches Instrument zur Klientelversorgung.

Das Zielsystem hingegen war durchdacht und formal betrachtet widerspruchsfrei. Die Zielabfolge - Instruktorenausbildung, Meisterkurse und Betriebsberatung als Vorbereitung für die Einführung eines Berufsbildungssystems - sowie die sofortige regionale Ausweitung des Vorhabens waren zweckmäßig. Selbst für das sehr anspruchsvoll formulierte Oberziel (Einführung eines Berufsbildungssystems) waren Durchführungschancen gegeben, denn das rechtliche und betriebliche Umfeld sowie die gewachsene Handwerkstradition bieten in Ecuador positive Rahmenbedingungen.

Offene Interessenkonflikte traten anfangs kaum auf, obwohl latent unterschiedliche Präferenzen vorhanden waren. Während der SECAP eine Zentrumsausbildung und die Durchführung von Kurzkursen bevorzugte, präferierte die deutsche Seite die duale Langzeitausbildung.

Das Förderende (1986) wurde adäquat vorbereitet. Nachbetreuungsmöglichkeiten bestehen noch durch das bis März 1992 geförderte "Meisterprojekt".

Hinsichtlich der materiellen Infrastruktur wurden von Ecuador - wenn auch mit zeitlichen Verzögerungen - alle Zusagen erfüllt. Probleme traten erst Mitte der 80er Jahre auf. Die Bereitstellung von CP's bereitete während der gesamten Förderzeit große Schwierigkeiten, da in allen Zentren Instruktoren fehlten.

Das Beratungsprojekt bestand zwar nur aus einem deutschen Experten, der aber als ausgesprochen kompetent zu beurteilen ist. Im Ausbildungsprojekt Quito waren von 1974 bis 1979 vier deutsche Fachkräfte tätig. Danach verblieben drei (später zwei) Experten im Quito-Ausbildungszentrum und je ein Deutscher waren in Sto. Domingo (1980-1984), Ibarra (1981-1985) und Cuenca (1983-1986) tätig. Es herrschte auch über die einzelnen Projekte hinweg eine hohe Personalkontinuität. Am stärksten beeindruckt waren die Partner von der Leistung, dem Einsatz und der Dynamik des ersten deutschen Teams in Quito (ATECA). Unverständnis löste die unterschiedliche Arbeitsweise und die stark voneinander abweichende Bewertung der dualen Ausbildung bei den einzelnen deutschen Teams und deren Projektleitern aus.

Das deutsche Personal übte - vor allem in den Anfangsjahren - in sehr großem Umfang exekutive Funktionen aus und zwar nicht nur, weil ständig CP's fehlten, sondern weil dies ihrem Rollenverständnis entsprach. In den Provinzzentren fungierten die Projektleiter auch als formelle oder informelle Schulleiter. Überall nahmen sie Leitungs- und Kontrollfunktionen wahr.

Die Zusammenarbeit dürfte in den Zeiten des "ATECA-Projekts" am besten funktioniert haben. Das Engagement und die Motivation waren auf beiden Seiten beispiellos. Danach nahmen die Unstimmigkeiten zu. In den 80er Jahren kam es zeitweise zur offenen Konfrontation; mit Werkstattverboten für die Deutschen und einer totalen Blockade der Zusammenarbeit.

Die Nutzung von Interventionsmöglichkeiten an "höherer" Stelle zur Durchsetzung vereinbarter Projektleistungen, zur Beschleunigung von Verwaltungsvorgängen etc. hatte zwar kurzfristig der Zielerreichung gedient, langfristig betrachtet war dieses Vorgehen jedoch ausgesprochen dysfunktional, da es der Zusammenarbeit schadete und sich gegenüber den deutschen Experten eine oppositionelle Haltung aufbaute, die der Akzeptanz des Projektansatzes abträglich war. Die Durchsetzung eines ZOPP gegen den massiven Widerstand des Nationaldirektors, verursachte einen lang andauernden Konflikt. Zwischen den deutschen Teams der verschiedenen Projekte traten ebenfalls erhebliche Spannungen auf, die den Projektverlauf insgesamt negativ beeinflußten.

Die Partizipationsmöglichkeiten des Partners waren sehr eingeschränkt, denn die deutschen Berater waren mit einem fertigen Konzept angetreten. Der ecuadorianische Partner wurde lediglich an der Umsetzung des Konzepts beteiligt.

Der CP-Ausbildung wurde von anfang an große Aufmerksamkeit geschenkt. Schon zu Beginn des Projekts in Quito wurde eine systematische Instruktorenausbildung eingeführt. Allerdings gelang es nicht, diese wie geplant, dauerhaft zu implementieren. Nachdem sie bereits 1978 in die alleinige Verantwortung SECAP's übergeben worden war, wurde sie immer weiter reduziert und schließlich ganz aufgegeben. Die zeitweise Verhängung von Einstellungssperren und das Verfahren, hauptsächlich Instruktoren auf Zeit einzustellen, unterstützten diesen Prozeß. Insgesamt mißt die SECAP-Führung diesem Bereich keine besondere Bedeutung zu.

Neben der direkten CP-Ausbildung während der täglichen Zusammenarbeit wurde auch die Fortbildung in Deutschland intensiv gefördert. Zwischen 1974 und 1988 wurden 96 Stipendien vergeben.

Die Trägerförderung und Systemberatung hatten gerade in den Anfangsjahren eine hohe Priorität, verloren später dann aber gegenüber der Fülle operativer Aufgaben an Gewicht. Vor allem während der Laufzeit des Beratungsprojekts konnten wesentliche rechtliche Grundlagen erarbeitet und in Kraft gesetzt werden.

Wie sich die einzelnen Projektdimensionen über die Zeit hinweg veränderten, kann Schaubild 20 entnommen werden.

Organisation

Am Aufbau und der Gestaltung SECAP's hat das deutsche Team kaum mitgewirkt. SECAP war 1966 nach dem Modell anderer lateinamerikanischer Berufsbildungsorganisationen gegründet und von der OIT dabei beraten worden. SECAP ist formal, rechtlich und finanziell autonom und dem Arbeitsministerium zugeordnet, das die Prioritäten festlegt und auch die Umsetzung politischer Programme verordnen kann (wie derzeit das Programm "Capacitación Popular"). Im Direktorium, dem höchsten Aufsichtsgremium SECAP's, verfügen die Regierungsvertreter über eine Stimmenmehrheit. Zudem wird der Exekutivdirektor politisch bestimmt. Aufgrund der stark zentralistischen Struktur kommt ihm eine besondere Machtfülle zu. Die Handlungsmöglichkeiten SECAP's werden darüber hinaus durch die Einbindung in die allgemeine Haushalts- und Sparpolitik der Regierung eingeengt (geringes Lohnniveau und Stellenbesetzungssperren).

Auch sechs Jahre nach seiner Gründung war es dem SECAP nicht gelungen, eine eigene Konzeption zu entwickeln. Durch die Eingliederung des von deutscher Seite geförderten und direkt dem Arbeitsministerium unterstehenden ITEA-Projekts, verfügte SECAP erstmals über ein Ausbildungszentrum und einen qualifizierten Personalstamm. Mit der, in den 70er und 80er Jahren, durch üppige BID-Kredite finanzierten, ungehemmten Ausbau- und Expansionsstrategie SECAP's konnte die Organisations- und Personalentwicklung nicht mithalten. SECAP verfügt deshalb zwar über eine beachtliche Zahl von im ganzen Land verteilten Zentren, die zumeist sogar gut ausgestattet

Schaubild 20: Wirkungsprofil
SECAP Quito
Ecuador

		Organisation
1	Org. Leistungsfähigk. Träger-Org.	
2	Org. Autonomie Träger-Org.	
3	Org. Leistungsfähigkeit des AZ	
4	Org. Autonomie des AZ	
5	Finanz. Leistungsfähigk. Träger-Org.	Finanzen
6	Selbstfinanzierungsfähigkeit AZ	
7	Tragbarkeit der Folgekosten	
8	Ausstattungsqualität, -zustand	Ausstattung
9	Angemessenheit der Ausstattung	
10	Ersatz- u. Neuinvestitionen	
11	Auslastung des AZ	
12	Kompetenzniveau des AZ-Personals	Personal
13	Fluktuation des AZ-Personals	
14	Akzeptanz b. übergeord. Träger	
15	Akzeptanz beim Projektpersonal	
16	Zielgruppenerreichung (Schüler)	ZG
17	Ausbildungsrendite (Absolventen)	
18	Angepaßth. Ausbild. Schüler Niveau	Konzeption
19	Arbeitsmarktbezug d. Ausbildung	
20	Zusammenarbeit mit Betrieben	
21	Multiplikatorwirkung	
22	Modellwirkung	

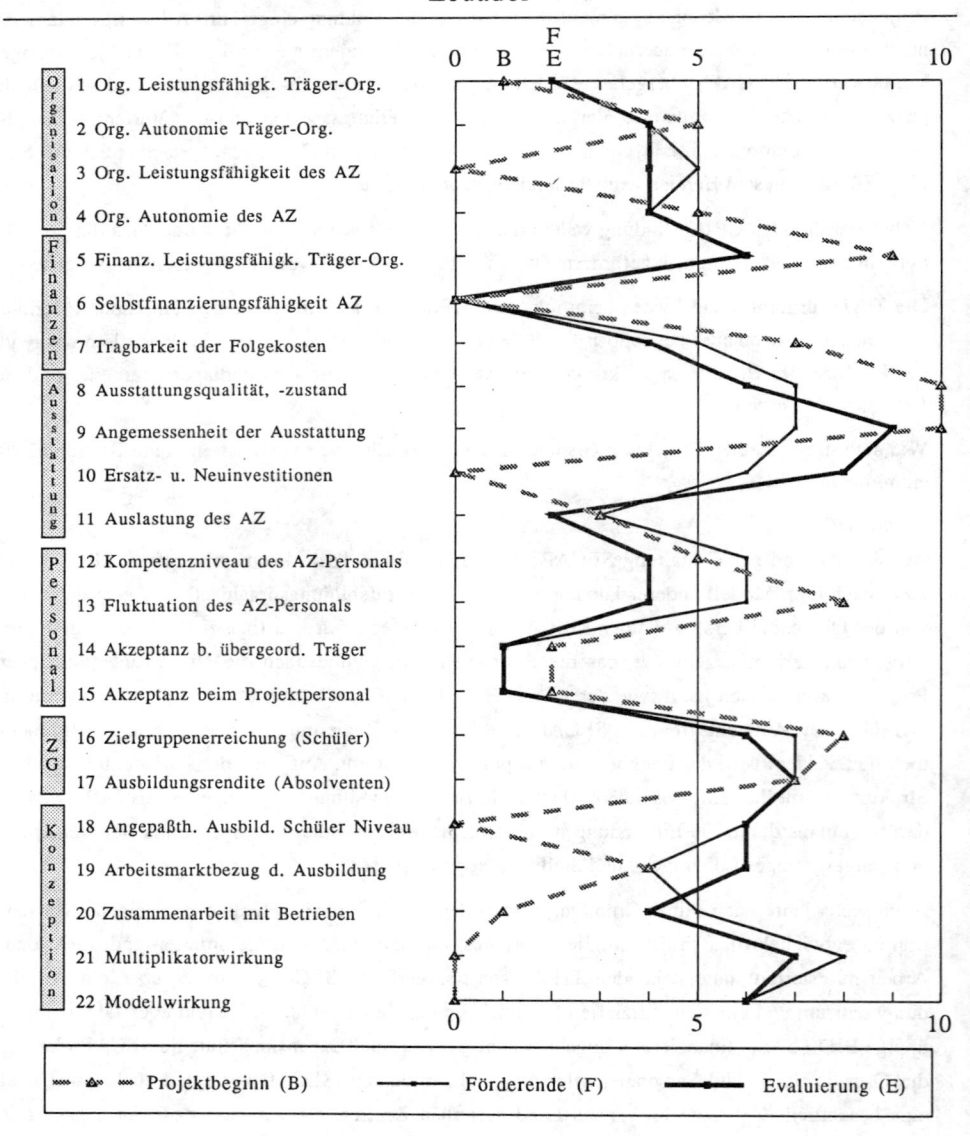

··· ▲ ··· Projektbeginn (B) ——•—— Förderende (F) ——■—— Evaluierung (E)

sind, doch überall fehlt es an Ausbildungspersonal. Mit zunehmendem Alter dieser Einrichtungen dürften die Folgekosten jedes finanzierbare Maß sprengen.

Seit seiner Gründung weist der SECAP eine Fülle organisatorischer und struktureller Probleme auf, die hier nur stichwortartig erwähnt werden können:
- Finanzielle Unterausstattung, da die Wirtschaft (außer Handwerk) nur 0,5% der Lohnsumme abführt, und die Ausschöpfungsrate gering ist.
- SECAP wird von den jeweiligen Regierungen für ihre politischen Interessen benutzt. Von "außen" werden immer wieder neue Programme verordnet, die die Entwicklung einer schlüssigen Ausbildungskonzeption verhindern.
- Darüber hinaus dient SECAP als Stellenpool zur parteipolitischen Klientelversorgung.
- Auf allen Ebenen herrscht eine hohe Personalfluktuation.
- Aufgrund mangelnder Führungsstrukturen ist nur eine sehr geringe Arbeits- und Qualitätskontrolle möglich.
- Die Koordination zwischen den verschiedenen Arbeitsebenen ist mangelhaft. Die mit deutscher Unterstützung eingeführten Regionaldirektionen verlängern nur die Entscheidungs- und Verwaltungswege und führen zu Zuständigkeitskonflikten, haben aber an der Dominanz der Nationaldirektion nichts geändert.
- SECAP verfügt nur über eine geringe organisatorische Flexibilität und Innovationsfähigkeit.
- Ein überbürokratisiertes, ineffizientes administratives System, ein nicht funktionierendes Wartungs-, Instandhaltungs- und Beschaffungssystem, fehlende Transportmöglichkeiten und eine ungenügende Mittelausschöpfung und -verwaltung schränken den Leistungsgrad SECAP's extrem ein.
- Einem wachsenden administrativen Personalüberhang steht ein extremer Mangel an Ausbildungspersonal in allen Zentren gegenüber.

Die Leistungsfähigkeit der einzelnen Ausbildungszentren wird dadurch natürlich ebenfalls stark eingeschränkt, zudem sie sich in einer starken Abhängigkeit von der Zentrale befinden. Lediglich im Unterrichtsbereich bestehen aufgrund mangelnder Kontrolle erhebliche Handlungsspielräume. Am organisatorischen Aufbau der Zentren - vor allem außerhalb Quitos - haben die deutschen Berater mitgewirkt. Es wurde eine Fülle von Organisationsmitteln (Verteilungs-, Rotations-, Wartungspläne etc.) entwickelt, die allesamt heute kaum mehr genutzt werden. Die Einführung einer mittleren Führungsebene ist in Quito mißlungen, da die Abteilungsleiter nicht anerkannt werden.

Finanzen

SECAP wird durch eine im lateinamerikanischen Vergleich verhältnismäßig niedrige Lohnsummensteuer in Höhe von 0,5% auf Löhne und Gehälter finanziert. Aufgrund des wirtschaftlichen Aufschwungs in den 70er Jahren entwickelte sich die Einnahmesituation der Institution äußerst positiv, so daß SECAP als ein finanziell stabiler Projektträger anzusehen war. In den 80er Jahren gingen die Einnahmen SECAP's jedoch drastisch zurück, da sich die wirtschaftliche Lage zunehmend verschlechterte. Gerade in diesen Zeitraum fällt der über Weltbankkredite finanzierte massive Ausbau der Infrastruktur, der den Bedarf an Eigenmitteln für die dadurch stark ansteigenden laufenden Kosten erhöhte. Diese Expansionsphase konnte bis heute finanziell nicht verkraftet werden und wird mit zunehmendem Alter der Gebäude, Anlagen und Ausrüstungsgüter zu kaum mehr finanzierbaren Folgekosten führen.

Die derzeitigen Finanzprobleme sind weniger eine Folge fehlender Einnahmen, denn seit seiner Gründung ist der SECAP noch nicht einmal in der Lage die zur Verfügung stehenden Gelder auszugeben, so daß fast jedes Jahr zum Teil erhebliche Beträge an die Staatskasse zurückgezahlt werden. Vielmehr wird die finanzielle Leistungsfähigkeit SECAP's eingeschränkt durch
- eine ineffiziente Verwaltung der Mittel,
- eine mangelhafte Ausschöpfung der Lohnsummensteuer,
- finanzpolitische und staatliche Vorgaben (Einstellungsstopp, Investitionsbeschränkung usw.) und
- zurückgehende staatliche Mittelzuwendungen.

Die Ausbildungszentren sind völlig von den finanziellen Zuweisungen durch die National- bzw. Regionaldirektionen abhängig. Mechanismen zur Selbstfinanzierung wurden nicht geschaffen. Lediglich zu Zeiten des ATECA-Projekts in Quito konnten Eigeneinnahmen aus Produktionsaufträgen erwirtschaftet werden. Nach der Aufhebung des Sonderstatus' von ATECA entfiel diese Form der Mittelerwirtschaftung. Produktion gegen Entgelt wurde verboten. Seit 1990 sind Produktionseinnahmen zwar wieder erlaubt, spielen jedoch bisher keine Rolle. Die von den Schülern zu zahlenden Einschreibe- und Materialgebühren, die in den einzelnen Zentren in unterschiedlicher Höhe erhoben werden, reichen nicht aus, um Finanzierungslücken zu füllen, haben aber einen erheblichen Einfluß auf die soziale Zusammensetzung der Zielgruppe.

Ausstattung

Für das Ausbildungszentrum in Quito wurden die Gebäude und die Ausstattung des von deutscher Seite geförderten ITEA übernommen. Nach der Lieferung von Ergänzungsausstattung (Kapitaleinsatz: 1,4 Mill. DM) entsprach die Infrastruktur qualitativ und quantitativ voll den Anforderungen. Nach dem Abzug der deutschen Werkstattleiter verkam die Ausrüstung in wenigen Jahren derart, daß vor Beginn der Meisterausbildung ein Großteil der Maschinen und Geräte erst einmal durch die deutschen Berater instand gesetzt werden mußte. Die Ausstattung wurde von deutscher Seite und vor allem mit Hilfe von Weltbankkrediten in großem Umfang ergänzt und erneuert, so daß die Ausrüstung heute im wesentlichen als angemessen, teilweise sogar als überdimensioniert zu bezeichnen ist.

Der Zustand der vorhandenen Ausrüstung und ihre Anordnung sind dagegen weniger günstig zu beurteilen. Alte, untaugliche Maschinen, die mangels Ersatzteile oder Kenntnisse nicht repariert werden können, stehen neben neuen Maschinen. Wartung und Instandhaltung funktionieren nur schlecht. Die Stromversorgung ist so ungenügend, daß der vorhandene Maschinenpark auch nicht annähernd genutzt werden kann. Hinzu kommt ein Mangel an Werkzeugen und Maschinenzusätzen, der die Einsatzmöglichkeiten der vorhandenen Ausstattung einschränkt.

Die Auslastung der Werkstätten war anfangs sehr gering, konnte dann zwar gesteigert werden, blieb jedoch immer weit unterhalb des Möglichen. Heute sind für die mangelhafte Auslastung in Quito vor allem das Fehlen von Lehrkräften, die schlechte Organisation, Probleme mit der Wasser- und Stromversorgung und Materialmangel verantwortlich.

Personal

Zu Beginn des Projekts profitierte der SECAP von dem bei ITEA gut ausgebildeten Projektpersonal. Später häuften sich Klagen über die unzureichende Qualifikation der Instruktoren, den Mangel an praktischen Erfahrungen, fehlende Pädagogikkenntnisse und geringe Arbeitsmotivation (außer bei ATECA). Durch die systematische Aus- und Weiterbildung vor Ort und in Deutschland verbesserte sich das Kompetenzniveau der Lehrerschaft bis zum Förderende. Seitdem nimmt es aber aufgrund einer hohen Fluktuation und der geringen Aus- und Weiterbildung des Personals wieder deutlich ab. Da die SECAP-Werkstätten auch nach dem Förderende mit Hilfe von BID-Krediten mit modernsten Maschinen und Geräten ausgestattet wurden, besteht zusätzlich das Problem, daß die technische Qualifikation der Lehrkräfte oft nicht dazu ausreicht, diese richtig zu handhaben, so daß die neuen Maschinen nicht adäquat genutzt und gewartet werden.

Das duale Konzept stieß nicht nur bei der Führung SECAP's, sondern auch bei den Ausbildern auf wenig Akzeptanz. Lediglich innerhalb des ATECA-Projekts gelang es den Deutschen ihre engsten Mitarbeiter zu überzeugen. Doch diese verließen nach der Reintegration ATECA's in das Ausbildungszentrum Quito alle bis auf einen den SECAP. In Quito wird heute eindeutig die Zentrumsausbildung präferiert. In der Zentrale gibt es nur wenige Mitarbeiter, die für das duale System eintreten.

Zielgruppe

Zu Projektbeginn wurde eine dreijährige Lehrlingsausbildung nach dem Centro-Empresa-System eingeführt (1 Jahr Zentrumsausbildung, das zweite und dritte Jahr geteilt in je 6 Monate Betrieb und 6 Monate Schule im Wechsel). 1977 kam als zweite Form der Lehrlingsausbildung die ebenfalls dreijährige duale Form Empresa-Centro (3 Jahre Betrieb mit wöchentlich einem Berufsschultag) hinzu. Aufgrund der mangelnden Vorbildung der Schüler wurde bei dem Empresa-Centro-System der eigentlichen Ausbildung ein vollschulischer Kurs vorgeschaltet. Diese Nivellierungsphase, die je nach Ausbildungsstätte zwischen 4 und 8 Wochen dauerte, wurde 1982 auf 6 Monate, und 1986 sogar auf ein Jahr verlängert,so daß es ein Empresa-Centro-System in Ecuador im Grunde nicht mehr gibt. Seit der Einführung der vollschulischen Grundbildungsphase stellt der Lehrvertrag keine Zugangsvoraussetzung zur Ausbildung mehr dar. 1982 wurden die Ausbildungsinhalte im Sinne einer Stufenausbildung modularisiert, vereinheitlicht und gekürzt. 1989 wurde die Ausbildungsdauer für beide Ausbildungsformen erneut gekürzt (C-E: 3 Semester Zentrum, 1 Semester Betrieb mit Berufsschultag, E-C: 2 Semester Zentrum, 3 Semester Betrieb mit einem Berufsschultag und insgesamt 6 Wochen Praxisseminaren), wodurch die Unterschiede zwischen dem C-E- und dem E-C-System noch geringer wurden.

Für die Zentrumsausbildung (C-E-System) können bis heute ausreichend Bewerber gefunden werden, obwohl 1982 die schulischen Zugangsvoraussetzungen erhöht wurden (zu Beginn Primarschulabschluß, ab 1982 Ciclo Básico = 9 Schuljahre). Dies hat dazu geführt, daß für das E-C-System seitdem eine negative Auslese stattfindet. Bewerber, die die Zulassung zur C-E-Ausbildung nicht erreichen, die in der Regel präferiert wird, werden in den E-C-Kursen ohne weitere Prüfung aufgenommen, um die Kurse zu füllen.

Durch die Einführung einer vollschulischen Grundausbildung und die Erhöhung der Zugangsvoraussetzungen (1982) wurde auf das mangelnde Vorbildungsniveau der Lehrlinge (E-C-System) reagiert. Dadurch wurde die Zielgruppe an das Niveau der Ausbildung angepaßt. Dies hatte eine Veränderung der sozialen Zusammensetzung der Zielgruppe zur Folge. Die Jugendlichen, die von Beginn an auf ein Einkommen angewiesen sind, konnten nicht mehr an der Ausbildung teilnehmen. Heute ist die Zielgruppe noch weiter eingeschränkt, da die Grundausbildung auf mindestens ein Jahr ausgedehnt wurde und zusätzlich Schulgebühren erhoben werden. Kinder sozial schwacher Familien können sich die Ausbildung nicht mehr leisten.

Die Absolventen der Dualausbildung verbleiben zumeist in ihrem Lehrbetrieb, häufig am gleichen Arbeitsplatz. Der Facharbeiterabschluß CAP ist nicht Grundlage für die Lohneinstufung, wird von den Betrieben nicht als Einstellungskriterium herangezogen und ist auch nicht Voraussetzung für die Zuweisung bestimmter, qualifizierterer Tätigkeiten. Aufgrund der erworbenen Kenntnisse finden die Absolventen jedoch sehr schnell einen Arbeitsplatz und können mit der Zeit einen beruflichen "Aufstieg" verzeichnen. Deshalb sind die befragten Abgänger überwiegend der Ansicht, daß sich die Ausbildung gelohnt habe, daß sie die Ausbildung weiterempfehlen würden und daß sie insgesamt mit ihrer Tätigkeit zufrieden sind. In ihren Einkommenserwartungen sind die Absolventen allerdings enttäuscht worden. Immerhin kennt fast die Hälfte der befragten Absolventen einen oder gar mehrere ehemalige Lehrlinge, die jetzt arbeitslos sind. Erstaunlich hoch ist die Zahl derer, die sich mittlerweile selbständig gemacht haben. (Vgl. Tabellen im Anhang.)

Konzeption

Die Grundzüge des Ausbildungsprogramms wurden entweder vom vormaligen ITEA-Projekt übernommen oder es wurden deutsche Lehrpläne übersetzt. Berufsbilder zur genauen Ermittlung des Qualifikationsprofils wurden nicht erstellt. Die eingeführten Ausbildungsprogramme waren deshalb nur ungenügend auf die Qualifikationserfordernisse der späteren Arbeitsplätze abgestimmt. Während die Teilnehmer der C-E-Ausbildungsgänge deshalb das erworbene Wissen an ihrem späteren Arbeitsplatz nur eingeschränkt anwenden konnten, bekamen die Teilnehmer der E-C-Ausbildung in den Betrieben nicht alle laut Lehrplan geforderten Kenntnisse vermittelt, sondern nur die, die der Betrieb als erforderlich ansah. Deswegen mußten die E-C-Lehrlinge zusätzliche Praxisseminare im Ausbildungszentrum besuchen, in denen ihnen dann wiederum Fertigkeiten vermittelt wurden, die sie nach Ansicht ihrer Lehrbetriebe gar nicht benötigten.

Durch die Umstrukturierung der Ausbildungspläne seit dem Förderende (Verkürzung der Ausbildung, teilweise Überarbeitung der Lehrpläne bei grundsätzlicher Beibehaltung der Rahmenpläne) hat sich die Situation anscheinend etwas verbessert. Immerhin sind über 60% der befragten Absolventen der Auffassung, daß sie viel des Erlernten im Beruf anwenden können. Im Vergleich zu den anderen Projekten ist dies jedoch ein niedriger Wert. Außerdem geben die Absolventen an, daß sie im fachpraktischen und -theoretischen Bereich große Ausbildungsdefizite haben. Dreiviertel der Arbeitgeber sind ebenfalls dieser Ansicht. Sie sind insgesamt mit den Absolventen zwar zufrieden, im Vergleich mit anderen Projekten fällt ihre Einschätzung jedoch am niedrigsten aus. (Vgl. Tabellen im Anhang.)

Auf die Zusammenarbeit mit den Betrieben und den verschiedenen Kammern und Verbänden wurde von Projektbeginn an großer Wert gelegt. Die Bemühungen von deutscher Seite wurden allerdings erschwert, weil die Wirtschaft dem SECAP negativ gegenüberstand und SECAP selbst nicht an einer Zusammenarbeit interessiert war. In mühevoller Kleinarbeit bauten die deutschen Berater dennoch entsprechende Kontakte auf. Dabei versuchten sie, auch die CP's daran zu beteiligen. Im ATECA-Projekt gelang dies sehr gut.

Das größte Interesse an einer Kooperation brachten die Handwerksbetriebe mit, die aufgrund ihrer Tradition dem Ausbildungsgedanken aufgeschlossener sind als die Industriebetriebe. Dabei tauchte jedoch das Problem auf, daß Handwerksbetriebe aufgrund steuerlicher Erleichterungen keine Lohnsummenabgabe an den SECAP leisten. Deshalb verlangte die SECAP-Führung schon während der Förderzeit eine Reduzierung dieser Aktivitäten und eine stärkere Konzentration auf die Industriebetriebe. Da diese aber kein großes Interesse an der Ausbildung aufbrachten und die Handwerksbetriebe auf Betreiben SECAP's vernachlässigt wurden, kam es insgesamt zu einer Reduzierung der Betriebskontakte. In der Provinz, wo die Handwerksbetriebe besonders stark vertreten sind, entwickelte sich die Zusammenarbeit noch am besten.

Seit die Werbung für das duale System allein von ecuadorianischen Ausbildern betrieben wird, ist die Zusammenarbeit mit den Betrieben immer schwächer geworden. Oft ist das Lehrpersonal nicht an Betriebsbesuchen interessiert, der Zentrumsdirektor verweigert seine Zustimmung oder es fehlen Fahrzeuge und Benzin. Auf nationaler Ebene konnte kein Promotionssystem für die duale Ausbildung implementiert werden.

Da die Supervision und Promotion nicht funktionieren und die Betriebe nach wie vor in der Mehrzahl wenig Verständnis für den Wert einer Facharbeiterausbildung aufbringen und statt dessen an Kurzkursen interessiert sind, ist die Zahl der Betriebe, die an der Dual-Ausbildung partizipieren in den letzten Jahren zurückgegangen. Hierzu trägt auch die insgesamt negative Einstellung gegenüber dem SECAP bei.

Wird nach den Modell- und Multiplikatorwirkungen des Projekts gesucht, dann sind in erster Linie die Absolventen der Ausbildung zu nennen, die ihre Kenntnisse an ihrem Arbeitsplatz einsetzen oder sich selbständig gemacht haben. Dies ist in Ecuador einem nicht unbeträchtlichen Teil gelungen. Zumindest zeitweise wurde in Quito eine Vielzahl technischer Lehrer ausgebildet, die mittlerweile in allen Zentren Ecuadors eingesetzt werden. Durch die hohe Fluktuation sind ausgebildete Lehrer mittlerweile auch außerhalb des SECAP tätig. Die Multiplikatorwirkungen durch die Lehreraus- und -weiterbildung hätten allerdings viel umfangreicher ausfallen können, wenn eine Institutionalisierung gelungen wäre. Auf der konzeptionellen Ebene wurden Multiplikatorwirkungen durch die Übertragung modularisierter Inhalte auf die Abendlehrgänge und auf die Erwachsenenbildung erzielt.

Darüber hinaus wurden erhebliche Modellwirkungen erreicht, da das komplette Konzept an acht Standorten in Ecuador implementiert wurde. Selbst wenn noch immer erst 20% aller Lehrlinge dual ausgebildet werden, so ist dies dennoch als Erfolg zu werten. Zudem wurden für den Aufbau der Provinzzentren Organisationsmittel und Strukturprinzipien übertragen, die in Quito, der "Modellschule" entwickelt worden waren.

Abschließend soll noch ein kurzer Blick auf diese drei Provinzzentren geworfen werden, die nach dem "Muster" in Quito entstanden. Da hier nicht für alle drei ein Projektprofil gezeichnet werden kann, soll nur Cuenca als das am besten funktionierende Zentrum grafisch dargestellt werden[5].

Cuenca, Ibarra und Sto. Domingo

Das Ausbildungszentrum in Cuenca (vgl. Schaubild 21) wurde von 1983 bis 1986 von einem sehr kompetenten deutschen Berater unterstützt. Bei der Planung konnte auf die Erfahrungen in Quito zurückgegriffen werden. Während der Durchführung wurden alle Partnerleistungen erbracht und die CP's wurden intensiv geschult. Allerdings waren in Cuenca nicht genügend CP's vorhanden. Die Zusammenarbeit verlief ohne Probleme, auch wenn in Cuenca eine Partizipation des Partners an Entscheidungen eher nicht die Regel war. Trägerförderung wurde im Rahmen des Zentrumsaufbaus betrieben[6]. Das deutsche Fördernde war gut vorbereitet und das Projekt konnte von dem weiter unterstützten Projekt in Quito nachbetreut werden, was in den ersten Jahren auch intensiv geschah.

In den beiden anderen Zentren, Sto. Domingo und Ibarra, verlief die Entwicklung ähnlich. Auch dort wurden die Zentren mit deutscher Hilfe aufgebaut und die duale Ausbildung implementiert. Unterschiede zu Cuenca gab es vor allem in der Leitung der Zentren. In Sto. Domingo und Ibarra wechselten die Direktoren häufig, so daß die Schulen zumindest informell durch die deutschen Berater geleitet wurden, teilweise ohne einen entsprechenden CP.

Sto. Domingo ist das einzige Zentrum, in dem auf deutsche Initiative hin, ein Elternbeirat gegründet werden konnte, um auf das "erzieherische Umfeld" Einfluß zu nehmen. Dies hat sich positiv auf das Schulgeschehen ausgewirkt. Der Beirat besteht noch immer.

Inwieweit sich die günstigen Anfangsbedingungen des Projekts in Cuenca auf den erreichten Projekterfolg und die Nachhaltigkeit positiv auswirkten, ist in Schaubild 22 dargestellt.

---

[5] Sollten die Zentren nach dem Grad ihrer Funktionstüchtigkeit in eine Rangfolge gebracht werden, dann sähe diese, mit dem besten beginnend, so aus: Cuenca, Quito, Ibarra, Sto. Domingo und mit großem Abstand Guayaquil.

[6] Systemberatung entfiel wegen des Standorts in der Provinz. Dafür war das Team in Quito zuständig.

3.7 SECAP 117

Schaubild 21: Input-Profil
SECAP Cuenca
Ecuador

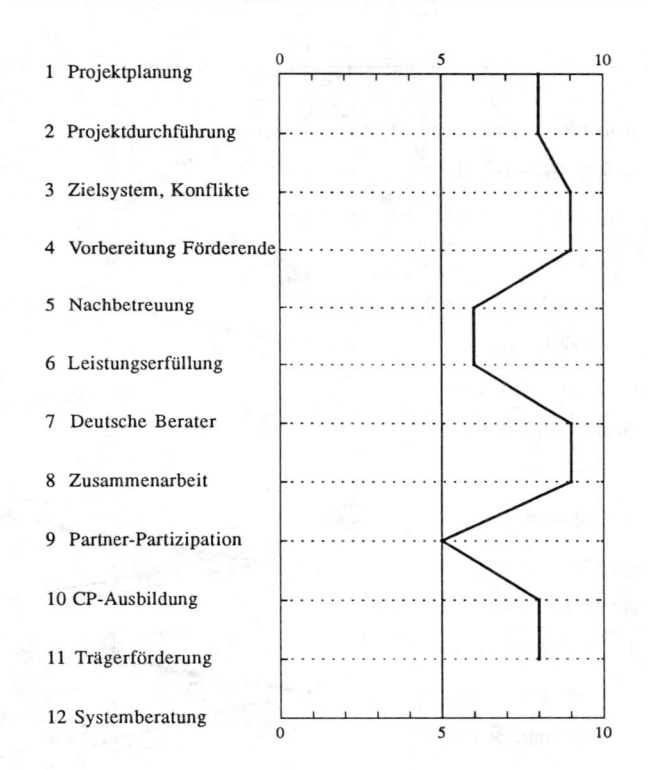

1 Projektplanung	
2 Projektdurchführung	
3 Zielsystem, Konflikte	
4 Vorbereitung Förderende	
5 Nachbetreuung	
6 Leistungserfüllung	
7 Deutsche Berater	
8 Zusammenarbeit	
9 Partner-Partizipation	
10 CP-Ausbildung	
11 Trägerförderung	
12 Systemberatung	

Organisation

Die Organisationsstruktur des Ausbildungszentrums in Cuenca wurde wesentlich durch den deutschen Berater vor Ort und die in Quito entwickelten Organisations- und Berufsordnungsmittel geprägt. Derzeit macht Cuenca den besten Eindruck von allen Ausbildungszentren. Besonders positiv hat sich ausgewirkt, daß in Cuenca immer ein kompetenter ecuadorianischer Direktor vorhanden war.

Finanzen

Die finanzielle Situation der drei Provinzzentren unterscheidet sich nicht von der in Quito, so daß auf eine Darstellung verzichtet werden kann.

Ausstattung

Die Ausbildungsstätte in Cuenca wurde als letztes Regionalzentrum aufgebaut. Von deutscher Seite wurden die Kfz- und Metall-Abteilungen mit einem Kapitalaufwand von 700.000 DM unterstützt.

118 3. Projekte der beruflichen Bildung auf dem Prüfstand

Schaubild 22: Wirkungsprofil
SECAP Cuenca
Ecuador

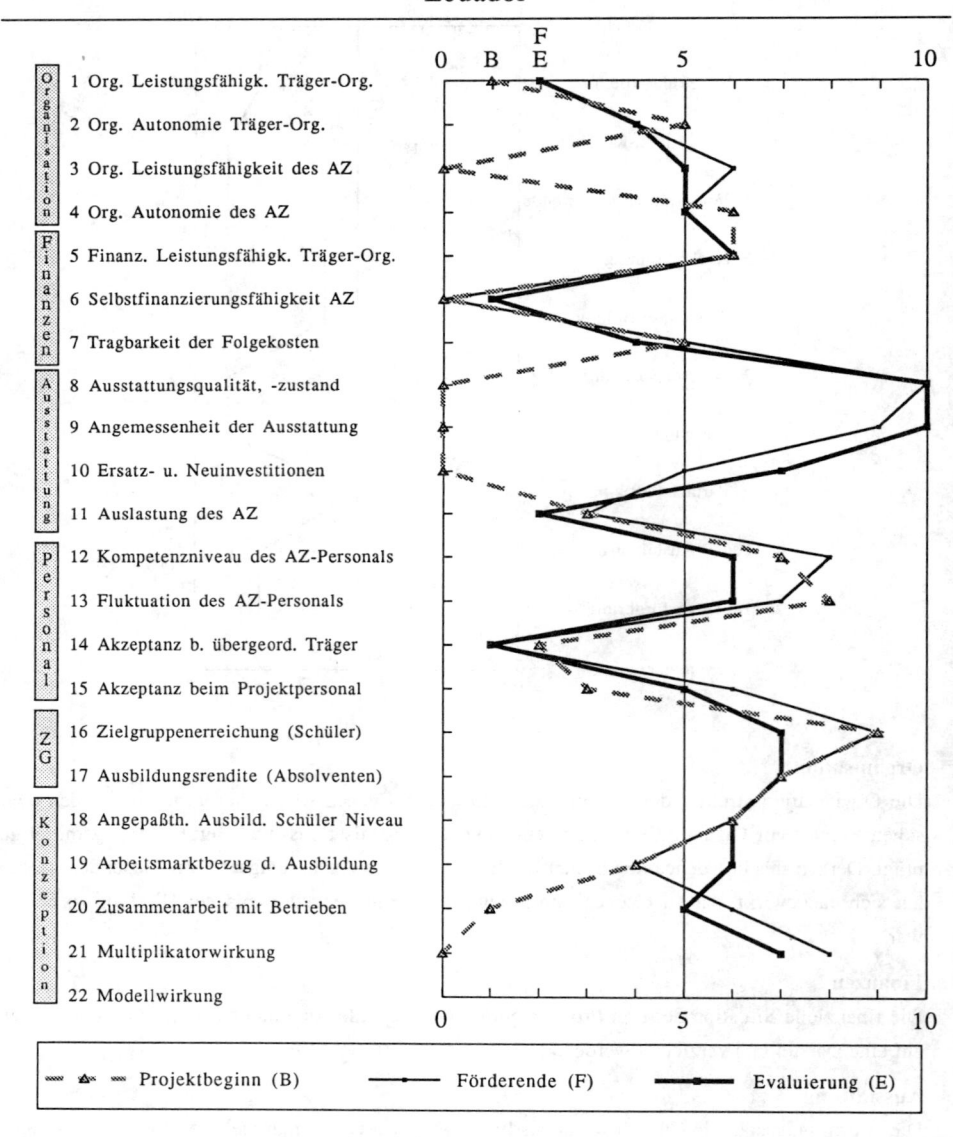

Organisation	1	Org. Leistungsfähigk. Träger-Org.
	2	Org. Autonomie Träger-Org.
	3	Org. Leistungsfähigkeit des AZ
	4	Org. Autonomie des AZ
Finanzen	5	Finanz. Leistungsfähigk. Träger-Org.
	6	Selbstfinanzierungsfähigkeit AZ
	7	Tragbarkeit der Folgekosten
Ausstattung	8	Ausstattungsqualität, -zustand
	9	Angemessenheit der Ausstattung
	10	Ersatz- u. Neuinvestitionen
	11	Auslastung des AZ
Personal	12	Kompetenzniveau des AZ-Personals
	13	Fluktuation des AZ-Personals
	14	Akzeptanz b. übergeord. Träger
	15	Akzeptanz beim Projektpersonal
ZG	16	Zielgruppenerreichung (Schüler)
	17	Ausbildungsrendite (Absolventen)
Konzeption	18	Angepaßth. Ausbild. Schüler Niveau
	19	Arbeitsmarktbezug d. Ausbildung
	20	Zusammenarbeit mit Betrieben
	21	Multiplikatorwirkung
	22	Modellwirkung

--- △ --- Projektbeginn (B)   ———•——— Förderende (F)   ═══■═══ Evaluierung (E)

Ergänzt wurde die Ausrüstung mittels eines Weltbankkredits. Die geförderten Werkstätten entsprachen voll den Anforderungen, in Teilbereichen bestand sogar eine Überausstattung. Seit die vollschulische Ausbildung eingeführt worden ist, wird die vorhandene Ausrüstung komplett benötigt und kann deshalb nun auch als angemessen betrachtet werden.

In den beiden anderen Regionalzentren (Ibarra und Sto. Domingo) ist die Ausstattungssituation weniger günstig zu beurteilen. Für beide Zentren wurde lediglich die Ausrüstung für die Durchführung eines ergänzenden fachpraktischen Unterrichts geliefert. Nach der Einführung der Grundausbildung im Zentrum reichte die Ausstattung jedoch nicht mehr aus. In Ibarra wurde die gut gepflegte Ausrüstung mittels eines Weltbankkredits ergänzt und entspricht heute im wesentlichen den Anforderungen. In Sto. Domingo befindet sich dagegen die Ausrüstung in einem schlechten Zustand. Die erst kürzlich gelieferte Ergänzungsausstattung aus Weltbankmitteln kann aus Platzgründen nicht sinnvoll aufgestellt werden. In Cuenca und Ibarra scheint die Wartung und Instandhaltung besser zu funktionieren als in Quito oder gar in Sto. Domingo. Dies dürfte vor allem auf das größere Engagement der Lehrkräfte sowie die bessere Zusammenarbeit zwischen den Abteilungen zurückzuführen sein, denn die Probleme bei der Ersatzteilbeschaffung sind in diesen Außenstellen noch schwieriger zu lösen als in Quito. Die Auslastung der drei Provinzzentren ist wie in Quito, vor allem wegen Personalmangels äußerst unzureichend.

Personal

Das Qualifikationsniveau der Ausbilder in den Provinzzentren war durchweg gut, da bereits ausgebildete Instruktoren aus Quito eingesetzt werden konnten. Die Akzeptanz des Projektansatzes lag in den Zentren, die neu aufgebaut worden waren und in denen es keine alten Strukturen zu durchbrechen galt, höher als in Quito. Allerdings nimmt die Akzeptanz der dualen Ausbildungsform überall ab. Aufgrund der Fluktuation scheiden die noch von den deutschen Beratern überzeugten Mitarbeiter zunehmend aus und die nachrückenden Lehrer stehen diesem System fremd gegenüber.

Zielgruppe

In Cuenca wurde von Beginn an die duale Ausbildung mit einem Grundschuljahr begonnen. Es standen immer ausreichend Bewerber für die Ausbildung zur Verfügung, so daß sogar eine Auswahl getroffen werden kann. Durch die Erhöhung der schulischen Eingangsvoraussetzungen und die Erhebung von Schulgebühren veränderte sich die Zielgruppe aber auch hier wie in Quito.

Für Cuenca gilt, ähnlich wie im Falle Quitos, daß die Absolventen nur langfristig gesehen ihren beruflichen Status verbessern können. Dabei sind die Arbeitsmarktchancen in Quito noch am besten. In Cuenca treten aufgrund des geringeren Arbeitsplatzangebots bereits Probleme auf, zumal die SECAP-Facharbeiter mit den Abgängern des Colegio Salesiano konkurrieren, die als sehr gut ausgebildet gelten. In Sto. Domingo und Ibarra sind die Arbeitsmarktchancen aufgrund der ländlichen Strukturen noch schlechter, so daß viele Abgänger gezwungen sind abzuwandern.

Konzeption

Die überarbeiteten Ausbildungspläne der dualen Ausbildung wurden von Quito übernommen (Grundausbildungsjahr, modularisierte Ausbildung). Durch die Erhöhung der schulischen Voraussetzungen wurden auch in Cuenca, Ibarra und Sto. Domingo die Zielgruppen an das Ausbildungsniveau angepaßt, das von Anfang an ein höheres Bildungsniveau voraussetzte als es in der ursprünglichen Zielgruppe tatsächlich gegeben war.

Die Kontakte zu den Betrieben wurden in Cuenca und in den anderen Zentren hauptsächlich durch die deutschen Berater aufgebaut. Da die Provinzzentren kleiner und überschaubarer sind als Quito, konnte ein größerer Wirkungsgrad erzielt werden, vor allem, weil sich das Handwerk sehr kooperationsbereit zeigte. Nach dem Weggang der Deutschen brach die Betreuung der Teilnehmer in den Betrieben, wie in Quito auch, zusammen. Vor allem deshalb, weil die Fahrzeuge nicht mehr von den Direktoren dafür zur Verfügung gestellt wurden. Während in Sto. Domingo derzeit kaum eine Supervision in den Betrieben stattfindet, scheinen in Cuenca und Ibarra noch Besuche durchgeführt zu werden.

Resumee

Das wichtigste Ziel, die Einführung des dualen Ausbildungssystems in Ecuador, ist trotz erheblicher Mittelaufwendungen (über 20 Mill. DM) und einer über 15-jährigen Förderzeit (ohne ITEA) nur sehr rudimentär erreicht worden. Obwohl die duale Ausbildung mittlerweile an acht Standorten Ecuadors praktiziert wird und immerhin ein Fünftel aller Lehrlinge dual ausgebildet wird, ist der Erfog stark bedroht, da die Unterstützung dieser Ausbildungsform von seiten aller Beteiligten (Betriebe, SECAP-Führung und -Ausbilder, Lehrlinge) nachläßt, so daß für die Zukunft mit einer abnehmenden Bedeutung der dualen Ausbildung zu rechnen ist.

Davon abgesehen konnten die Projekte in Ecuador (mit Ausnahme von Guayaquil) erhebliche Modell- und Multiplikatorwirkungen entfalten. Neben der Verbreitung des Ausbildungskonzepts und der Qualifizierung des Personals wurden zahlreiche Ausbildungsstätten aufgebaut und ausgerüstet. Die dort vermittelte Ausbildung ermöglicht es den Abgängern besser als vorher, einen Beruf zu ergreifen, auch wenn der Facharbeiterabschluß bisher nur selten als Einstellungskriterium herangezogen wird und nicht Voraussetzung für die Zuweisung qualifizierterer Tätigkeiten ist. Alle Berufsanfänger (mit oder ohne Ausbildung) müssen sich zuerst bewähren. Dabei können die SECAP-Absolventen dann indirekt ihr erworbenes Wissen einsetzen und ihr Gehalt und ihre berufliche Position verbessern.

Auch die Steigerung der Ausbildungskompetenz der Lehrkräfte ist ein klares Verdienst des Projekts. Durch die hohe Fluktuation und da es nicht, wie geplant gelang, die Aus- und Weiterbildung von Lehrern bei SECAP zu implementieren, nahm das Leistungsniveau allerdings schon während der Förderzeit wieder ab und ist weiter sinkend.

Obwohl die Projekte recht günstige Ausgangsbedingungen vorfanden und im Vergleich zu anderen Projekten eine gute Planung aufweisen[7], ist die Gesamtbilanz nicht zufriedenstellend. Was sind die Ursachen? Die fast gleichzeitige Etablierung eines systemberatenden und zweier operativer Projekte war der Größe der Aufgabe angemessen. Selbst die Rahmenbedingungen stellten sich als ver-

---

[7] Für das Vorhaben in Guayaquil wurden vor Projektbeginn sogar mehrere umfangreiche Projektgutachten erstellt.

gleichsweise günstig dar: SECAP war noch im Aufbau begriffen, verfügte über kein eigenes Ausbildungsmodell, war finanziell gut abgesichert und organisatorisch relativ autonom. Außerdem existiert in Ecuador eine traditionsreiche Handwerkerausbildung (bis zum Meister), so daß mit Recht auf gute Kooperationsmöglichkeiten gehofft werden konnte.

Dennoch führten die Projekte nicht zu den gewünschten Erfolgen. Dies lag vor allem an den sich im Zeitverlauf verändernden Rahmenbedingungen, auf die nicht entsprechend reagiert wurde und an einer wenig geglückten Umsetzung:

Die einzelnen Projekte wurden nicht miteinander vernetzt und zu wenig koordiniert, so daß eine Zersplitterung der Aktivitäten eintrat. Anstelle die für die Einführung eines Berufsbildungssystems zentrale Systemberatungskomponente zu stärken, wurde sie geschwächt. Obwohl SECAP die duale Ausbildungskonzeption von Anfang an ablehnte, wurde sie gegen den Widerstand der Ausbilder und die Duldung der Führung (um die deutsche Hilfe nicht zu verlieren) durchgesetzt. Die personelle und organisatorische Abschottung des Vorhabens mittels der Gründung eines mit allen Privilegien ausgestatteten "Superprojekts" (ATECA) außerhalb der bestehenden Organisations-, Programm- und Personalstruktur, führte die duale Ausbildung in die Isolation. Die mißlungene Reintegration fügte der Implementierung des dualen Ausbildungssystems schließlich einen nicht mehr wiedergutzumachenden Schaden zu. Fast alle von dieser Ausbildungsform überzeugten Ausbilder verließen SECAP, das Supervisionssystem und die Zusammenarbeit mit den Betrieben brach zusammen.

Der deutsche Alleingang hätte durch einen kompetenten und an dieser Ausbildungsform interessierten Träger vielleicht noch aufgefangen werden können. Doch das Gegenteil war der Fall. Wenn anfangs die Hoffnung noch berechtigt war, SECAP könnte sich zu einem leistungsfähigen Träger entwickeln, hätte im Laufe der Zeit deutlich werden müssen, daß SECAP sich immer mehr in ein Instrument zur politischen Klientelversorgung wandelte. Überbürokratisiert und ineffizient, weder am Aufbau einer technischen Betriebsberatung, der Einführung von Meisterkursen, noch an der Implementierung einer Aus- und Weiterbildung für seine Lehrer oder an der Einführung eines Ausbildungssystems interessiert, scheiterten alle Versuche vor allem an der Inkompetenz des Trägers. Sobald die deutschen Berater einen Teilbereich verließen, brachen die Aktivitäten dort meist nach kurzer Zeit zusammen. Der politischen Dominanz überdrüssig, haben viele gute (teilweise in Deutschland ausgebildete Lehrkräfte[8]) SECAP verlassen.

Die SECAP-Führung war vor allem am Ausbau der Infrastruktur interessiert. Versorgt mit Millionen-Krediten der Weltbank wurden in den wirtschaftlichen Krisenjahren der 80er immer mehr neue Zentren aufgebaut und ausgestattet. Die Organisations-, Personal- und Konzeptionsentwicklung konnte nicht Schritt halten. Alle Zentren leiden unter einem permanenten Personalmangel, so daß die teilweise vorzügliche Ausstattung nur völlig unzureichend genutzt werden kann. Die Folgekosten werden SECAP in den kommenden Jahren vor unlösbare Probleme stellen.

---

[8] ITEA mitgerechnet wurden in Deutschland bisher rund 130 Stipendiaten ausgebildet.

Aufgrund dieser Entwicklung und weil die Zusammenarbeit mit SECAP teilweise aufs Schwerste belastet war, bis hin zu einer totalen Blockade der deutschen Aktivitäten, hätte unbedingt ein Trägerwechsel stattfinden müssen.

Die Zusammenarbeit mit den Betrieben beruhte fast durchweg auf deutscher Initiative. Vor allem die Handwerksbetriebe zeigten sich kooperationsbereit. Da sie jedoch keine Lohnsummenabgabe entrichten, wurden sie von SECAP ausgegrenzt. Damit wurde jedoch eine Stütze, die das duale Ausbildungsmodell mittrug, herausgebrochen. Die Industrie wollte diese Lücke nicht füllen. Da die Promotion des dualen Systems von SECAP nur mangelhaft betrieben wird, ist keine Dynamik mehr vorhanden, die Betriebskontakte sind rückläufig und das Interesse am dualen System geht innerhalb wie außerhalb des SECAP's zurück.

Da der SECAP jedoch ein starrer bürokratischer Apparat mit wenig Innovationsfähigkeit ist, kann vermutet werden, daß die duale Ausbildungsform als eine Ausbildungsmöglichkeit neben anderen wahrscheinlich weiter fortbestehen wird, da sie eben einmal eingeführt wurde. Allerdings dürfte sie im Zeitverlauf immer mehr an Bedeutung verlieren.

3.8 Das Centro de Estudios Tecnológicos Mexicano-Alemán (CETMA) in Mexiko

Die Zusammenarbeit mit dem mexikanischen Erziehungsministerium geht auf einen Antrag aus dem Jahr 1962 zurück. Die Förderung zum Aufbau einer Technikerschule kam aber erst 1968 zustande und dauerte bis 1976 an. Insgesamt wurden 14,2 Mill. DM an Fördermitteln bereitgestellt. (Vgl. Schaubild 23)

Nach einer wenig fundierten Pre-Feasibility-Studie wurde 1968 eine Planungsstudie durchgeführt, die weit über dem Durchschnitt liegt. Außergewöhnlich ist auch die sehr gründliche Auseinandersetzung mit dem Gutachten durch alle verantwortlichen Stellen. Wichtige Problembereiche wurden erkannt:
- Die Bedeutung einer Systemberatung, um Modellwirkungen zu erzielen.
- Die Notwendigkeit einer Institutionalisierung der Lehreraus- und -weiterbildung.
- Unmittelbare Bedürfnisbefriedigung der Industrie nach Kurz- und Erwachsenenkursen.
- Die Notwendigkeit einer längerfristigen Projektlaufzeit.
- Richtige Standortwahl.

Allerdings überschätzten die Gutachter die finanziellen Möglichkeiten des Partners. Zudem wurde eine zu kostspielige Konzeption entwickelt, die Bedeutung des Abiturs für die Abgänger nicht erkannt und der deutsche Personaleinsatz überdimensioniert geplant. Eine Bedarfsanalyse konnte nicht durchgeführt werden.

3.8 CETMA

Schaubild 23: Input-Profil
CETMA
Mexiko

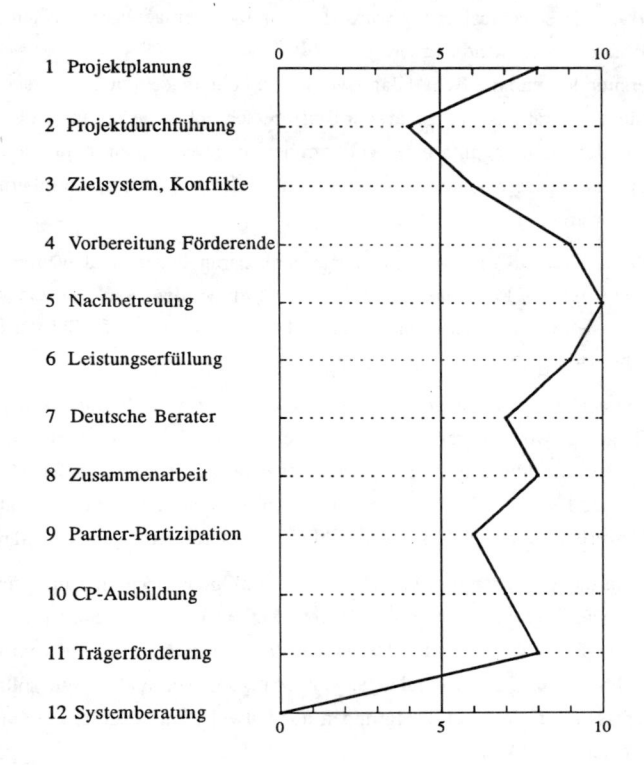

#	Kriterium
1	Projektplanung
2	Projektdurchführung
3	Zielsystem, Konflikte
4	Vorbereitung Förderende
5	Nachbetreuung
6	Leistungserfüllung
7	Deutsche Berater
8	Zusammenarbeit
9	Partner-Partizipation
10	CP-Ausbildung
11	Trägerförderung
12	Systemberatung

Gleich zu Beginn des Projekts wurde auf der Grundlage der Feasibility-Studie ein detaillierter Operationsplan erarbeitet. In der Durchführung konnten die Planungsvorgaben nur zum Teil umgesetzt werden:
- Das wohl schwerwiegendste Versäumnis ist darin zu sehen, daß die geforderte Systemberatung nicht verwirklicht wurde. Das Problem, wie das Projekt Modell- und Multiplikatorwirkungen entfalten könne, wurde während der Durchführung nicht mehr thematisiert.
- Mit den vorhandenen Ausbildungsstätten wurde in keiner Weise kooperiert.
- Eine systematische CP-Ausbildung oder gar der Aufbau einer Lehrerfortbildungsstätte wurde vernachlässigt bzw. versäumt, obwohl bis zu 22 deutsche Lehrkräfte vor Ort waren. Mit dem Erstellen von Arbeitsunterlagen, der Übersetzung von Betriebsanleitungen ins Spanische und durch die Übernahme von Lehraufgaben wurden die Prioritäten falsch gesetzt. Die GAWI[9] war wäh-

---
[9] "Vorläuferorganisation" der GTZ

rend des gesamten Förderzeitraums nicht in der Lage, Betriebsanleitungen in spanischer Sprache zu beschaffen.
- Trotz des hohen deutschen Personaleinsatzes wurde keine Nachmittagsschicht eingeführt und die Kurzzeit- und Erwachsenenausbildung wurde vollkommen vernachlässigt. Nach 14.00 Uhr standen die Werkstätten weitgehend leer.
- Die Abgängersituation und die Bedarfslage wurden zu keinem Zeitpunkt untersucht.
- Die mangelnde Kooperationsbereitschaft der Betriebe schränkte die Zusammenarbeit stark ein.
- Zudem erfolgte der Projektbeginn unter vollkommen unzureichenden Voraussetzungen, obwohl seit dem Projektantrag sechs und seit dem Abschluß der Regierungsvereinbarung bereits drei Jahre vergangen waren.

Daß viele Probleme nicht erkannt wurden, dürfte auch daran liegen, daß während der gesamten Förderzeit nur eine externe Projektkontrolle durchgeführt worden war, die zudem noch extrem schwach ausfiel. In den zahlreichen Dienstreiseberichten werden die aufgeführten Durchführungsprobleme kaum thematisiert.

Während in der ersten Regierungsvereinbarung noch die Kurzzeitausbildung von Jugendlichen zu Facharbeitern festgelegt worden war, wurde auf Intervention eines Gutachters hin, eine gestufte, vierjährige Technikerausbildung mit starker Praxisorientierung vereinbart. Der Gutachter wollte festgestellt haben, daß für eine schulische Facharbeiterausbildung kein Bedarf bestand, und daß dafür auch kaum Bewerber mit Sekundarschulausbildung zu interessieren gewesen wären.

Die Ziele waren auf das Erreichen von Modell- und Multiplikatorwirkungen ausgerichtet und hätten bei angemessener Durchführung durchaus realisiert werden können, wenn dieser Aufgabe mehr Aufmerksamkeit gewidmet worden wäre. Der von Anfang an vorhandene Zielkonflikt, ob mit dem Technikerabschluß auch eine Hochschulzugangsberechtigung verbunden sein sollte, blieb latent. Obwohl die Interessen der einzelnen Zielgruppen nur teilweise miteinander vereinbar waren, kam es nicht zu manifesten Konflikten:

Die Deutschen wollten vor allem qualifizierte Techniker für die Industrie ausbilden und betonten deshalb die praktische Ausbildung. Durch die Verweigerung des Abiturs sollten die Karrieren der Absolventen auf die Werkstatt begrenzt werden. Es wurde befürchtet, daß die Abgänger andernfalls ein Universitätsstudium anstreben würden. Dies entsprach jedoch nicht den Vorstellungen der Schüler, die sich nach dem Examen oft nicht als Techniker in mittleren Führungspositionen wiederfanden, sondern in den Werkstätten als Facharbeiter eingesetzt wurden, für die es laut Gutachter gar keinen Bedarf hätte geben dürfen. Die Betriebe hatten an den Abgängern insofern Interesse, als diese qualifiziert ausgebildet und vielseitig verwendbar waren. Allerdings dauerte den Unternehmen die Ausbildung viel zu lange. Außerdem wollten sie möglichst auch keinen Beitrag dazu leisten. Deshalb mußte das ursprünglich vorgesehene Praxisjahr auf 10 Wochen schrumpfen. Die Lehrer teilten die Interessen der Schüler, da durch die Möglichkeit, das Abitur zu erwerben, auch ihr Status aufgewertet worden wäre. Das Erziehungsministerium wiederum hätte CETMA dieses Recht

- bei entsprechender Lehrplanänderung - verliehen, um CETMA in das allgemeine Ausbildungssystem zu integrieren.

Das Förderende wurde rechtzeitig vorbereitet und der große Personalstamm von zeitweise 22 deutschen Mitarbeitern wurde sukzessive verringert. Alle Berufsordnungsmittel (Ausbildungspläne, Schülerprogramme, Arbeitsblattsammlungen für jede Unterrichtsstunde, Werkstattpläne etc.) lagen vor, 70 mexikanische Vollzeitausbilder waren eingearbeitet, die Schulorganisation war aufgebaut und eingespielt (Verantwortlichkeit der Abteilungs-, Labor- und Werkstattleiter sowie Ablauforganisation und Abteilungsbesprechungen etc. geregelt bzw. institutionalisiert), die CETMA-Ausbildung war von den Betrieben anerkannt und die Absolventen fanden einen Job.

CETMA ist eines der wenigen Projekte, die nach dem Förderende noch intensiv nachbetreut wurden. Zwischen 1977 und 1991 wurden 12 deutsche Kurzzeitexperten zur Abhaltung von Lehrgängen und Kursen in CETMA eingesetzt. Außerdem wurden Ersatzteile geliefert. Die Nachbetreuungsmaßnahmen haben sich vor allem im Bereich der Weiterbildung des Lehrpersonals, der Aktualisierung der Lehrinhalte und im Instandhaltungsbereich positiv ausgewirkt.

Der Einsatz deutscher Berater im CETMA war überdimensioniert. 1970-71 arbeiteten 14 Deutsche mit 30 einheimischen Lehrern zusammen und 1972-1974 betrug das Verhältnis 22 zu 65. Die deutschen Berater werden als "fachlich gut geeignet" (Dipl.-Ingenieure, Gewerbelehrer, Meister), hochmotiviert und engagiert beschrieben.

Die Zusammenarbeit wird von beiden Seiten als "gut" geschildert, auch wenn sie zumindest anfangs sehr stark von den deutschen Experten dominiert wurde. Die Ausbildungspläne wurden ohne mexikanische Beteiligung erstellt und an der Entscheidung, die Förderung zu beenden, waren sie nur indirekt beteiligt. Das teilweise autoritäre Auftreten deutscher Berater führte bei den Lehrern kaum zu Konflikten, weil sie gewohnt waren, sich in hierarchische Strukturen einzufügen und nicht an Entscheidungen zu partizipieren. Schon aus strukturellen Gründen waren deshalb an der deutsch-mexikanischen Führungsspitze Konflikte vorprogrammiert. Zweimal mußten deutsche Projektleiter ausgetauscht werden, weil es zu nicht auflösbaren Spannungen mit dem dominierenden Zentrumsdirektor gekommen war.

Da die deutschen Berater sich zu stark um andere Aufgaben kümmerten, wurde die systematische CP-Ausbildung vernachlässigt. Bei der Ausbildung in Deutschland kam es anfangs zu Problemen (mehrere Ausbildungsabbrecher). Am effektivsten erwies sich der Aufbau einer personellen "Doppelstruktur". Alle wichtigen Positionen waren mit deutschen und einheimischen Mitarbeitern besetzt, so daß "on the job" ausgebildet werden konnte. Auf diese Weise wurde auch eine nachhaltige Trägerförderung betrieben.

Der Wandel in den einzelnen Projektbereichen über die Zeit hinweg, läßt sich anhand von Schaubild 24 beobachten.

Schaubild 24: Wirkungsprofil
CETMA
Mexiko

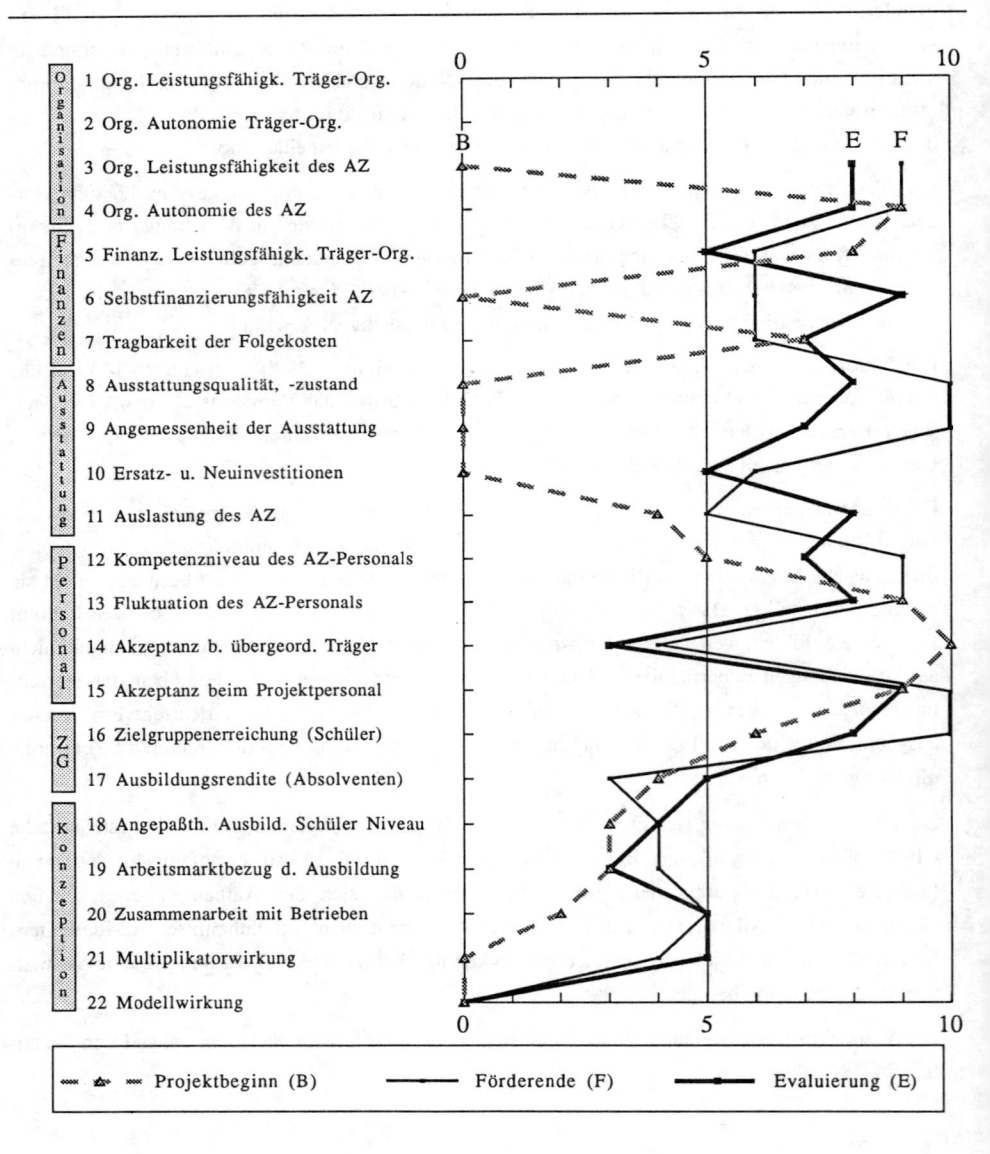

Organisation	1 Org. Leistungsfähigk. Träger-Org.
	2 Org. Autonomie Träger-Org.
	3 Org. Leistungsfähigkeit des AZ
	4 Org. Autonomie des AZ
Finanzen	5 Finanz. Leistungsfähigk. Träger-Org.
	6 Selbstfinanzierungsfähigkeit AZ
	7 Tragbarkeit der Folgekosten
Ausstattung	8 Ausstattungsqualität, -zustand
	9 Angemessenheit der Ausstattung
	10 Ersatz- u. Neuinvestitionen
	11 Auslastung des AZ
Personal	12 Kompetenzniveau des AZ-Personals
	13 Fluktuation des AZ-Personals
	14 Akzeptanz b. übergeord. Träger
	15 Akzeptanz beim Projektpersonal
ZG	16 Zielgruppenerreichung (Schüler)
	17 Ausbildungsrendite (Absolventen)
Konzeption	18 Angepaßth. Ausbild. Schüler Niveau
	19 Arbeitsmarktbezug d. Ausbildung
	20 Zusammenarbeit mit Betrieben
	21 Multiplikatorwirkung
	22 Modellwirkung

···△··· Projektbeginn (B) ——— Förderende (F) ——■—— Evaluierung (E)

Organisation

Wie erfolgreich diese Methode der Trägerförderung war, läßt sich insbesondere an der nach wie vor relativ hohen organisatorischen Leistungsfähigkeit CETMA's ablesen, die nach dem Förderende nicht wesentlich abgefallen ist. Da das Zentrum neu aufgebaut wurde, nahmen die deutschen Berater großen Einfluß auf die organisatorische Gestaltung. Als bedeutsam erwies sich vor allem die Einführung mittlerer Führungsebenen (Abteilungs-, Werkstatt- und Laborleiter), die auch in Zeiten häufigen Leitungswechsels die Stabilität und Funktionsfähigkeit der Schule aufrecht erhielten. Nachdem der erste Direktor das Zentrum 10 Jahre lang autoritär geführt hatte, folgten nach seiner Entlassung 1977 eine Vielzahl von Direktoren, die durchschnittlich nicht länger als zwei Jahre dem CETMA vorstanden. Ihre Auswahl erfolgte vor allem nach politischen Kriterien.

Jeder der Direktoren verfügte Organisationsänderungen, die in den 80er Jahren ein Organigramm entstehen ließen, in dem die Werkstätten gar nicht mehr vorkommen. Das formale Organisationsmuster entspricht jedoch dem realen Funktionsablauf in keiner Weise. Nach wie vor steuern die Koordinatoren (Werkstatt- und Laborleiter) den Ausbildungsbetrieb, obwohl dies formal nicht vorgesehen ist. Dadurch sichert die informelle, im Zeitverlauf gewachsene und bewährte Struktur die Steuerungsfähigkeit des Systems, während sich die formale Organisationsstruktur im Hinblick auf die Funktionsfähigkeit dysfunktional auswirkt.

CETMA zeichnet sich durch eine hohe Flexibilität und Improvisationsfähigkeit aus. Nur so können die Alltagsprobleme, die aus der mangelnden staatlichen Unterstützung resultieren, aufgefangen werden. Der Zustand der Werkstätten macht deutlich, daß Wartung und Instandhaltung weitgehend funktionieren, soweit nicht die finanziellen Mittel für Ersatzteile fehlen. Außerdem vergehen zwischen der Bestellung und dem Eintreffen der Materialien und Teile oft mehrere Monate. Manchmal können sie auf dem einheimischen Markt auch gar nicht beschafft werden. Zudem sehen sich die Koordinatoren außer Stande, sinnvoll zu planen, da ihnen nicht mitgeteilt wird, wieviele Finanzmittel ihnen pro Jahr für ihre Abteilung überhaupt zustehen.

In formaler Hinsicht ist die Autonomie der Schule eng begrenzt. Informell verfügen die Zentren und insbesondere CETMA über eine beachtliche Handlungsfreiheit, die sie zu nutzen wissen. Die Lehrplangestaltung hat sich zwar am Rahmenplan zu orientieren, läßt jedoch große Spielräume zu, da Kontrollen fehlen. Prinzipiell darf die Schule sogar ihre eigenen Lehrkräfte rekrutieren. Seit einigen Jahren wird die Personalentsendung aber fast ausschließlich durch das Erziehungsministerium vorgenommen. Auch wenn die Autonomie im Zeitverlauf abgenommen hat, so konnten doch eigenständige organisatorische Lösungen entwickelt werden, die sich positiv auf die Funktionsfähigkeit des Zentrums auswirken. Besonders wichtig ist die Möglichkeit, alle Einnahmen (aus Produktionsaufträgen, Schulgebühren, Spenden etc.) autonom verwalten zu dürfen.

Finanzen

Das mexikanische Erziehungsministerium war zu Projektbeginn finanziell gut ausgestattet, da fast 20 Prozent des Staatshaushaltes für das Bildungswesen aufgebracht wurden. Für die technische Bildung wurde, gemessen am Gesamtetat des Ministeriums, allerdings nur ein geringer Teil eingesetzt.

Aufgrund der negativen gesamtwirtschaftlichen Entwicklung und der hohen Inflation hat sich die finanzielle Lage des Ministeriums relativ verschlechtert.

Verspätete Mittelbereitstellung und niedrige Haushaltsansätze für Sachmittel führten bereits in den ersten Förderjahren zu der Einsicht, daß die Schule durch Eigeneinnahmen finanziell unabhängiger gemacht werden soll. Aus diesem Grund wurde eigens eine Produktionswerkstatt aufgebaut. Diese wurde neben der Erzielung von Einnahmen, um Finanzierungslücken zu füllen, auch zu dem Zweck eingerichtet, den Mangel an adäquaten Praktikantenplätzen in der Industrie zu substituieren. Nach einem Konflikt zwischen dem deutschen Projektleiter und dem mexikanischen Direktor über die Verwendung der Erlöse aus den Produktionsarbeiten, mußte die Produktion auf Erlaß des Erziehungsministeriums eingestellt werden. Erst Jahre später konnte wieder damit begonnen werden. Heute spielen die Einnahmen aus Produktionsarbeiten kaum mehr eine Rolle. An ihre Stelle sind die von den Schülern zu entrichtenden Schul- und Materialgebühren getreten, die den wichtigsten Finanzierungsmechanismus darstellen. Da nur einkommensstarke Familien diese Kosten tragen können, ist es zu einer deutlichen Verschiebung der Zielgruppe gekommen.

Die Tragbarkeit der Folgekosten wurde zu Projektbeginn günstig beurteilt, obwohl die Ausbildungskosten sehr hoch waren (hoher Praxisanteil, bessere Bezahlung für die Lehrer, günstiges Lehrer-Schüler-Verhältnis) und keine Informationen über die Mittelzuweisungen für die Schule vorlagen. Da die Zuwendungen des Erziehungsministeriums neben den Personalkosten nur einen Bruchteil der laufenden Kosten abdecken, sichern vor allem die Eigeneinnahmen den Schulbetrieb. Für Ersatz- und Neuinvestitionen stehen keine Mittel zur Verfügung.

Ausstattung

Die Ausstattung der Schule wurde komplett aus der Bundesrepublik geliefert und entsprach gegen Förderende voll den Anforderungen. Obwohl die zu Förderbeginn gelieferten Maschinen und Geräte inzwischen über 20 Jahre alt sind und entsprechende Verschleißerscheinungen aufweisen, macht die Ausstattung der Werkstätten noch immer einen guten Eindruck. Allerdings wird es zunehmend schwieriger, Defekte zu beheben, so daß es zu längeren Ausfallzeiten kommt.

Ohne die über GTZ-Nachbetreuungsmaßnahmen beschafften Ersatzteile hätte dieses Niveau nicht gehalten werden können. Trotz der Lieferung von Ergänzungsausstattung im Rahmen von KZE-Einsätzen und eines Weltbankkredits ist die früher ausgezeichnete Ausstattung des CETMA inzwischen modernisierungsbedürftig. Dennoch genügt die Ausstattung noch den Ausbildungserfordernissen, zumindest zur Vermittlung der Grundkenntnisse. Die Laboratorien befinden sich hingegen zumeist in einem recht desolaten Zustand und genügen den Anforderungen nicht mehr.

Während der Förderzeit waren die vorhandenen Einrichtungen nicht voll ausgelastet, da die deutschen Berater keinen Zweischichtbetrieb einführen wollten und die Erwachsenenbildung sowie die Abhaltung von Kurzkursen vernachlässigten. Seit 1980 der Zweischichtbetrieb eingeführt wurde ist der Auslastungsgrad gestiegen. Allerdings gibt es große Unterschiede zwischen den Abteilungen.

Personal

Zu Projektbeginn gab es Klagen über das Qualifikationsniveau der mexikanischen Ausbilder, doch dafür dürften auch die strengen Maßstäbe der Deutschen verantwortlich gewesen sein. Aufgrund der "Doppelstrategie", alle leitenden Positionen zusammen mit CP's zu besetzen, konnten diese direkt eingearbeitet werden und auch Führungserfahrungen sammeln. Zusammen mit der erst gegen Ende der Förderung einsetzenden intensiven systematischen Schulung konnten die CP's gut qualifiziert werden. Die in Deutschland ausgebildeten CP's hatten, wie schon in den anderen Projekten beobachtet, nach ihrer Rückkehr große Integrationsschwierigkeiten. Viele wurden anschließend nicht adäquat eingesetzt, konnten ihre Zusatzqualifikationen nicht genügend einbringen, wurden oft nicht höher eingruppiert und interessante Aufstiegspositionen waren besetzt.

Da die Aus- und Weiterbildung nicht institutionalisiert wurde, nimmt das Qualifikationsniveau kontinuierlich ab. Hierzu trägt auch bei, daß immer häufiger nicht kompetente Lehrer vom Erziehungsministerium ans CETMA versetzt werden, daß freie Lehrerstellen aufgrund eines allgemeinen Einstellungsstopps nur selten noch mit fest angestellten Lehrern besetzt werden, daß viele Lehrer ohne Industrieerfahrung eingestellt werden (dies gilt auch für CETMA-Absolventen), und daß die Fluktuation stark zunimmt. Eine Ausbildungsstätte für technische Lehrer existiert in Mexiko nicht.

Während der Förderzeit war die Fluktuation unerheblich, denn CETMA war ein attraktiver Arbeitgeber. Die Gehälter lagen über denen der Industrie, es boten sich Weiterbildungs- und Stipendienmöglichkeiten und die Zusammenarbeit mit den Deutschen war prestigeträchtig. Mittlerweile sind die Gehälter stark abgesunken, so daß ein Abwanderungstrend festzustellen ist. Bisher bestand am CETMA eine ausgesprochene Personalkontinuität und ausscheidende Lehrkräfte wurden oft durch CETMA-Abgänger ersetzt. Die Ausbildung der ehemaligen Mitarbeiter hatte demnach einen hohen Effektivitätsgrad erreicht.

CETMA erhielt von Anfang an große politische Unterstützung. Dem Zentrum wurde der Sonderstatus einer "Modellschule" zuerkannt, mit dem verschiedene Privilegien verbunden waren, die teilweise bis heute gelten. Hierzu zählen eine großzügigere Personalausstattung, geringeres Lehrdeputat (bei gleichem Lohn), umfangreiche Materialzuweisungen (heute nicht mehr) und letztlich auch die Möglichkeit ein eigenes Ausbildungs-Programm zu entwickeln und beizubehalten. Heute nimmt CETMA zwar immer noch eine Sonderrolle ein, jedoch nur als singuläres Vorzeigeobjekt, nicht aber als übertragbares, beispielgebendes Modell einer Technikerschule.

Beim Personal CETMA's war der Projektansatz zu allen Zeiten voll akzeptiert. Dies ging soweit, daß die Lehrerschaft 1983 durch ihren anhaltenden Widerstand die vom Erziehungsministerium schon verfügte Abschaffung des "deutschen" Programms verhinderte. Auch die von vielen deutschen Fachkräften befürchtete Theoretisierung der Ausbildung ist nicht eingetreten.

Zielgruppe

In Mexiko gibt es Technische Schulen, die das Abitur verleihen (CBETIS) und solche, die das nicht tun (CETIS). Zu letzterer Kategorie gehört auch das von Deutschland geförderte CETMA. Dadurch steht das CETMA zwar nicht außerhalb des bestehenden Bildungssystems, doch wird den

CETMA-Abgängern die Hochschulreife verweigert, obwohl die Ausbildung um ein Jahr länger ist als an allen anderen Technischen Schulen (4 anstelle von 3 Jahren) und die Qualität der Ausbildung noch über der von Technischen Schulen mit Abiturabschluß (CBETIS) liegen dürfte.

Da für beide Schularten die gleichen Zugangsvoraussetzungen gelten (Sekundarschule), wurde die Zielgruppe in den Anfangsjahren nur ungenügend erreicht. Den bereits zur Bildungselite des Landes zählenden Schülern erschien diese Ausbildung nicht attraktiv. Erst als CETMA sich einen guten Ruf erworben hatte, nahm auch die Bewerberzahl zu. Nach dem Förderende wurden sogar Nachmittagskurse eingerichtet, die hauptsächlich von älteren Berufstätigen besucht werden. Dennoch blieb die Zielgruppe sehr eingeschränkt. Nur diejenigen, die nicht an anderen technischen Schulen zugelassen werden oder die nicht die finanziellen Möglichkeiten für ein Weiterstudium haben, entscheiden sich für eine Ausbildung am CETMA. Die zumeist mangelhaften Ergebnisse bei der Aufnahmeprüfung - während der Förderzeit und heute - weisen darauf hin, daß die Ausbildung am CETMA eher "zweite Wahl" ist und die besten Sekundarschulabgänger eine Institution vorziehen, an der sie auch das technische Abitur erwerben können. Bis auf die Abteilung Gießerei/Formenbau, die erhebliche Probleme hat, ihre Kurse zu füllen, stehen jedoch genügend Bewerber zur Verfügung.

Aufgrund der Einführung von Einschreibe- und Materialgebühren hat sich die soziale Herkunft der Schüler verschoben, da diese nur von finanziell besser gestellten Familien aufgebracht werden können.

Die meisten Abgänger finden zwar schnell einen Arbeitsplatz, jedoch werden sie zumeist nicht als Techniker, sondern als Facharbeiter eingesetzt. Der Technikertitel bietet nur eine geringe Chance auf einen ausbildungsadäquaten Arbeitsplatz oder die Einstufung in eine entsprechende Lohngruppe. Auch wenn die Einkommenserwartungen nicht ganz erfüllt werden, so sind doch die meisten mit ihrem Job und dem Arbeitsinhalt zufrieden. Die Befragten gaben zu 71% an, daß ihnen ein beruflicher Aufstieg gelungen sei und knapp 60% glauben sogar, ihre beruflichen Vorstellungen verwirklicht zu haben. Deshalb sind die meisten Absolventen (95%) der Auffassung, daß sich ihre Ausbildung gelohnt habe und würden zu 67% die Ausbildung auch weiterempfehlen. Fast alle befragten Betriebsleiter (91%) ziehen CETMA-Absolventen Abgängern anderer technischer Schulen vor, sind mit ihnen hoch zufrieden (85%) und schätzen ihre Qualifikation besser ein (82%) als die von Abgängern vergleichbarer Schulen.(Vgl. Tabellen im Anhang.)

Konzeption
Die Lehrpläne wurden auf der Grundlage deutscher Berufsbilder, ausgehend von dem deutschen Ausbildungsniveau erstellt. Wie sich zeigte, war die Vorbildung der Schüler nicht ausreichend, um dem anspruchsvollen Unterricht folgen zu können. Die vorgenommenen Anpassungen der Lehrpläne während der Förderlaufzeit änderten nichts an den relativ hohen Drop-out- und Repeater-Quoten. Neben mangelhaften Leistungen, ökonomischen und familiären Problemen, führt vor allem der Wechsel zu Technischen Schulen, die das Abitur ermöglichen, zu den hohen vorzeitigen Abgängerraten: Im ersten Ausbildungsjahr verlassen über 50% der Schüler CETMA.

Aufgrund des Fehlens qualitativer und quantitativer Arbeitsmarktanalysen wiesen die Ausbildungspläne zu Projektbeginn nur einen unzureichenden Arbeitsmarktbezug auf. Durch zunehmende Kontakte mit den Betrieben wurden die Pläne zwar angepaßt, so daß sich die Situation leicht verbesserte, doch nach wie vor sind die Lehrpläne nur ungenügend an den Bedürfnissen der Industrie orientiert. Ein Indiz hierfür ist u.a., daß Zusatzkurse für die Abgänger angeboten werden müssen, um Ausbildungslücken zu schließen. Hinzu kommt, daß die Rahmenlehrpläne seit der Förderzeit nicht mehr verändert wurden und ein hoher Modernisierungsbedarf besteht. Die Schüler lernen inzwischen nicht mehr alle nachgefragten Fertigkeiten, auch wenn sie viel von dem in der Ausbildung Erlernten anwenden können.

Die befragten Betriebsleiter sind deshalb der Ansicht, daß knapp 57% der CETMA-Absolventen Ausbildungsdefizite aufweisen, vor allem im administrativen und organisatorischen Bereich sowie bei der Problemsuche und -lösung. Auch die Absolventen selbst sehen ihre größten Defizite in Bereichen, die für die Ausübung von Führungspositionen wichtig sind. (Vgl. Tabellen im Anhang.)

Die Zusammenarbeit mit der Industrie wurde durch die deutschen Berater erst mühevoll aufgebaut. Von Anfang an war eine enge Verzahnung vorgesehen, doch das Interesse der Betriebe war gering, so daß das ganzjährige Betriebspraktikum nicht realisiert werden konnte. Selbst für das auf 10 Wochen reduzierte Praktikum fanden sich nicht genügend Betriebe. Deshalb mußte der größte Teil der praktischen Ausbildung im Zentrum stattfinden. Von den deutschen Beratern wurde eine Abteilung "Industriekontakte" gegründet, die heute noch existiert und die Aufgabe hat, die Praktikanten zu vermitteln. Indirekt fungiert sie auch als "Jobvermittlungsbörse". Trotzdem sind die Betriebskontakte mittlerweile sehr schwach geworden, da kaum mehr Unternehmensbesuche durchgeführt werden. Im Rahmen von Fortbildungskursen für die Industrie könnte sich wieder eine engere Zusammenarbeit anbahnen lassen.

Multiplikatoreffekte haben sich vor allem durch die CETMA-Absolventen ergeben, die als technische Lehrer selbst wieder am CETMA oder in anderen technischen Schulen tätig sind. Multiplikatoreffekte entstanden auch durch Absolventen, die sich selbständig gemacht haben oder die in mittlere Führungspositionen aufgestiegen sind. Über die als Lehrer tätigen Absolventen wurden auch Teile der Ausbildungsunterlagen verbreitet.

Modellwirkungen - wie eigentlich vorgesehen - konnte das Projekt hingegen überhaupt keine entwickeln, vor allem weil die Ausbildungskonzeption aus Kostengründen nicht auf andere Schulen übertragbar ist.

Resumee

CETMA ist zwar eine gut funktionierende Technikerschule, die seit zwei Jahrzehnten erfolgreich arbeitet, dennoch ist dieses Projekt kein gutes Beispiel für eine gelungene Berufsbildungshilfe. Und zwar deshalb nicht, weil CETMA trotz eines sehr hohen Personal- und Mitteleinsatzes immer ein singulärer Fall geblieben ist, der trotz guter Rahmenbedingungen keinen Einfluß auf das Ausbildungssystem nehmen und keinerlei Modellwirkungen entfalten konnte, obwohl dies das erklärte Ziel der deutschen Hilfe gewesen war.

Die konzeptionellen Gründe hierfür sind nicht allein einer unvollkommenen Planung anzulasten. Zwar ist es richtig, daß von Anfang an eine zu kostspielige, die finanziellen Möglichkeiten des Erziehungsministeriums weit übersteigende Konzeption entwickelt wurde, doch diese hätte im Prozeß der Durchführung angepaßt werden können, wenn eine Zusammenarbeit mit dem Erziehungsministerium auf Systemebene zustande gekommen wäre, wie in den Planungsstudien vorgeschlagen.

Es ist ein Versäumnis der Projektdurchführung und -steuerung, daß Planungsvorschläge, wie Systemberatung und Institutionalisierung der Aus- und Weiterbildung nicht umgesetzt wurden. Trotz des Einsatzes von bis zu 22 Experten wurde kein übertragbares Ausbildungsmodell ausgearbeitet. Dadurch wurde eine große Chance verspielt, da zur gleichen Zeit das System der Centros de Estudios Tecnológicos erst entwickelt wurde und somit große Gestaltungsmöglichkeiten vorhanden gewesen wären. Bei entsprechender Systemkenntnis, einem Berater im Erziehungsministerium und einem auch für die anderen Centros angepaßten Ausbildungsprogramm hätten zahlreiche Modell- und Multiplikatoreffekte ausgelöst werden können.

Am Beispiel CETMA's zeigt sich, daß beste Ausgangsvoraussetzungen, vollkommene Akzeptanz des Projektansatzes, beispielhafte Leistungserfüllung durch den Partner, fachlich qualifizierte deutsche Berater, eine gute Zusammenarbeit aller Beteiligten und eine ausgezeichnete Trägerförderung nicht ausreichen, um ein System zu beeinflussen. Ohne Systemberatung auf ministerieller Ebene ist dies nicht machbar. Hierfür wurden weder die entsprechenden Stellen geschaffen, noch das dafür erforderliche Personal entsandt. Statt dessen begnügten sich die Verantwortlichen damit, eine "Elite-Techniker-Schule" aufzubauen.

Hierzu hat das Projekt entscheidende Beiträge geleistet:
- Es wurde eine angemessene Ausstattung geliefert, die auch heute, nach 20 Jahren, weitgehend funktionstüchtig ist.
- Es wurden Selbstfinanzierungsmechanismen implementiert, die zumindest einen Versuch darstellten, die Schule unabhängiger von den spärlichen Zuweisungen des Erziehungsministeriums zu machen.
- Die Organisation der Schule wurde zweckmäßig gestaltet und mit einer stabilen mittleren Führungsebene aufgebaut.
- Das Personal wurde nicht nur fachlich und pädagogisch geschult und weitergebildet, sondern auch für Führungsaufgaben "on the job" trainiert.

Es gab weder im organisatorischen, noch im Lehrbereich große Einbrüche nach dem Förderende. Lediglich auf lange Sicht zeigen sich im Ausstattungsbereich, in der Curriculumsentwicklung und in der Personalkompetenz Schwächen und Versäumnisse des Projekts. Das Qualifikationsniveau nimmt ab, da eine Lehreraus- und -weiterbildung nicht institutionalisiert wurde und die Ausstattung zeigt große Modernisierungsdefizite, weil es an Finanzen für Neu- und Ersatzinvestitionen mangelt.

Zur Erzielung eines Modelleffektes fehlte nicht nur die Systemberatung, mit dem Ziel, den Prototyp in Serie gehen zu lassen, sondern auch eine an die mexikanischen Verhältnisse angepaßte Version dieses Typs. Die Verbreitung des deutschen Konzepts, mit einer stark praxisbezogenen Ausbildung, hätte die Anschaffung von Maschinen und Geräten in einem Umfang erforderlich gemacht, die das Erziehungsministerium nie hätte aufbringen können. Die daraus entstehenden Folgekosten hätten genausowenig getragen werden können. Im Erziehungsministerium wird das CETMA deshalb heute als nicht wiederholbarer Sonderfall eingestuft, der aufgrund seiner Konzeption und Ausstattung zwar kein Modell darstellt, aber ein gutes "Vorzeigeprojekt" abgibt.

3.9 Das Centro Colombo-Alemán (CCA) SENA's in Barranquilla, Kolumbien

Die Förderung der Berufsbildung in Kolumbien geht auf die Initiative einer starken "deutschen Kolonie" in Barranquilla zurück, die es verstand, einen entsprechenden Antrag über die deutsche Botschaft zu lancieren. Erstaunlicherweise fand keinerlei Planung für das Projekt statt. (Vgl. Schaubild 25) Ohne die geringste Prüfung vor Ort wurde das Projekt bewilligt und 1962 mit der Durchführung begonnen. Rasch wurde klar, daß das Vorhaben, die Ausbildung von Werkmeistern, keine Realisierungschance hatte:
- Die Bewerber blieben aus.
- Einheimische Mitarbeiter und ein kolumbianischer Direktor fehlten.
- Die örtliche Konkurrenz durch SENA, der eine kostenlose Ausbildung anbietet, war zu groß.
- Die als Trägerin gegründete Fundación war nicht in der Lage, die Kosten für den Ausbau der Schule und ihre Unterhaltung aufzubringen.
- Die ersten Absolventen fanden keinen adäquaten Arbeitsplatz.

Obwohl diese Probleme schon im ersten Förderjahr auftraten und vom Projektleiter schonungslos der GAWI mitgeteilt worden waren, unterblieb jede Steuerung. Erst drei Jahre nach Projektbeginn wurden die entsprechenden Konsequenzen gezogen.

Das Projekt wurde Mitte 1965 in die halbstaatliche Berufsbildungsorganisation SENA (Servicio Nacional de Aprendizaje) integriert, die vor Ort eine große Ausbildungsstätte unterhält. Wäre der Projektdurchführung eine Prüfung vorausgegangen, hätte unzweifelhaft erkannt werden können, daß es zu der Zusammenarbeit mit SENA in Barranquilla keine Alternative gab.

Doch die Verantwortlichen lernten aus diesem Versäumnis nichts, denn auch für die Fortführung des Projekts wurde keine Feasibility-Studie durchgeführt. Die Chance für einen konstruktiven Neuanfang wurde vergeben:
- Die Standortnachteile Barranquillas wurden nicht thematisiert. 1000 Kilometer von der Hauptstadt Bogotá entfernt, war keine effektive Systemberatung möglich. An wichtigen das Ausbildungssystem betreffenden Fragen konnte das deutsche Team nur ungenügend mitwirken.
- Es wurde keine neue Projektkonzeption entwickelt. Zuerst wurden die Ziele der Stiftungsschule noch fortgeführt. Doch mit der Zeit wurde immer deutlicher, daß das Meisterkonzept am Desinteresse der Industrie scheitern würde. Deshalb widmeten sich die deutschen Experten immer stärker der Facharbeiter- und Lehrerausbildung, ohne daß jedoch ein schlüssiges Konzept ent-

wickelt wurde. Dieses wurde erst Anfang 1970 mit der Einführung einer Technikerausbildung vorgelegt.
- Allerdings wurde der zugrundeliegende Projektantrag Kolumbiens erneut keiner Prüfung unterzogen, obwohl viele Unklarheiten bei der zukünftigen Technikerausbildung vorherrschten, wie unbekannter Bedarf, Mangel an qualifiziertem Ausbildungspersonal und ein in der kolumbianischen Industrie vollkommen unbekanntes Berufsbild.

Durch die mangelhafte Planung und Durchführung des Projekts sowie die jahrelang vorherrschende Konzeptionslosigkeit wurden wertvolle Ressourcen verschwendet. Insgesamt wurden für das Vorhaben 7 Mill. DM aufgewendet.

Schaubild 25: Input-Profil
SENA
Kolumbien

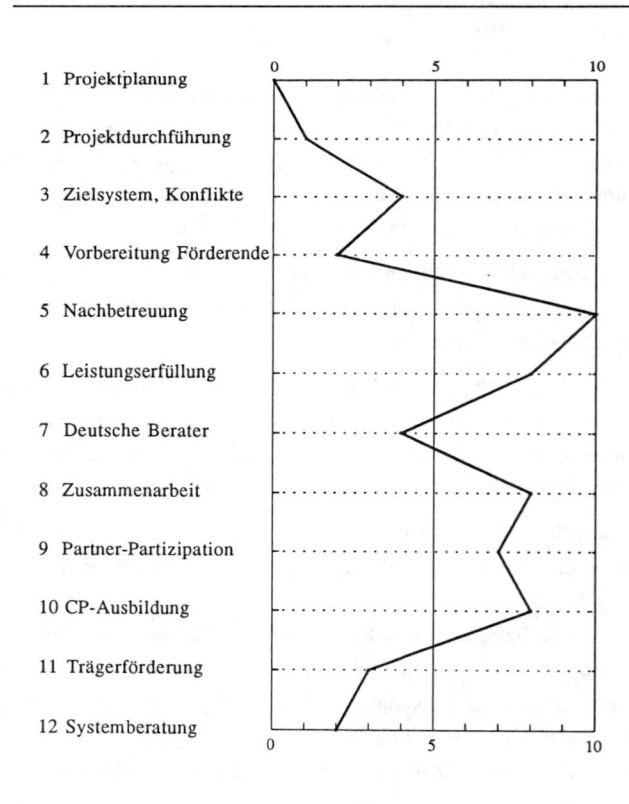

	0	5	10
1 Projektplanung			
2 Projektdurchführung			
3 Zielsystem, Konflikte			
4 Vorbereitung Förderende			
5 Nachbetreuung			
6 Leistungserfüllung			
7 Deutsche Berater			
8 Zusammenarbeit			
9 Partner-Partizipation			
10 CP-Ausbildung			
11 Trägerförderung			
12 Systemberatung			

Mit dem Trägerwechsel zu SENA änderten sich auch die Arbeitsschwerpunkte: Von der Meister- zur Lehrlings- und schließlich zur Instruktorenausbildung, ohne daß dies den im Abkommenstext vereinbarten Zielsetzungen entsprochen hätte. Da die deutsche Seite bis 1970 keine bestimmte Ausbildungsstrategie verfolgte, richteten sich die Aktivitäten der Experten, die in hohem Umfang exekutive Aufgaben wahrnahmen, stark an den aktuellen Bedürfnissen des Partners aus. Erst in der Regierungsvereinbarung von 1970 wurde schließlich festgelegt, daß das Vorhaben hauptsächlich der Ausbildung mittlerer betrieblicher Führungskräfte für Metallbe- und -verarbeitung sowie der Weiterbildung von Instruktoren zu dienen habe. Diese Auffassung wurde prinzipiell von beiden Seiten geteilt, so daß es zu keinen Zielkonflikten kam.

Die nach dem Förderende erfolgte Internationalisierung des Projekts, indem die Aus- und Weiterbildung von Instruktoren auch für andere lateinamerikanische Länder geöffnet wurde, entsprach zwar keinem intendierten Ziel der deutschen Förderung, war aber eine folgerichtige Weiterentwicklung.

Das Förderende war Jahre vorher bekannt, so daß konsequent darauf zugearbeitet werden konnte. Der deutsche Personalabbau erfolgte allerdings nicht sukzessive. Ende 1974 schieden die verbliebenen neun (von ehemals 11) Mitarbeiter auf einmal aus. Dadurch entstand eine große personelle Lücke, da sich die Gesamtbelegschaft der Schule um ein Viertel reduzierte. Obwohl die Lehrkräfte gut auf ihre Aufgaben vorbereitet worden waren, ergaben sich daraus vermeidbare Folgeprobleme.

Ein Nachbetreuungskonzept wurde von Seiten der Verantwortlichen nicht erstellt, obwohl noch Fördermittel in Millionenhöhe vorhanden waren. Nur einmal (1978) wurden dringend benötigte Ersatzteile geliefert.

Die Nachbetreuung hat vor allem die DSE übernommen. 1975 wurde Barranquilla als internationale Ausbildungsstätte in das DSE-Programm aufgenommen. Seitdem werden Instruktoren aus Kolumbien und anderen lateinamerikanischen Ländern fortgebildet. Mit den von der DSE bereitgestellten Mitteln für die Stipendien kann das Ausbildungszentrum Ersatzteile, neue Geräte und Maschinen sowie Lehrmittel finanzieren. Außerdem bietet die DSE für die Lehrer am CCA Stipendien in der Bundesrepublik an und setzt regelmäßig Kurzzeitexperten zur Weiterbildung in Barranquilla ein.

Neben CETMA, das durch die GTZ intensiv nachbetreut wird, ist das CCA, aufgrund der Zusammenarbeit mit der DSE, das am besten nachbetreute ehemalige Projekt. Der noch vorhandene hohe Leistungsstand des Zentrums im Personal-, Ausstattungs- und Programmbereich ist vor allem darauf zurückzuführen.

Die Entwicklung des Projekts während der Förderzeit war vor allem durch den Personalmangel auf beiden Seiten gehemmt. Während in den ersten 10 Jahren teilweise nur drei der vorgesehenen sechs deutschen Berater entsandt worden waren - sicherlich auch ein Ausdruck der vorhandenen Konzeptionslosigkeit - wurden erst mit der Verabschiedung der neuen Regierungsvereinbarung (1970) die zugesagten Personalleistungen erfüllt. Zeitweise waren bis zu 11 Experten im Einsatz, die von ca. 25 einheimischen Lehrkräften unterstützt wurden. Das deutsche Personal bestand hauptsächlich aus Meistern und Gewerbelehrern, die als "gute Praktiker und Fachkräfte" charakterisiert werden.

Die Zusammenarbeit wird von beiden Seiten als fruchtbar, freundschaftlich und offen beschrieben, auch wenn die Counterparts nicht an allen wichtigen Entscheidungen partizipierten. Dies gilt jedoch auch für die deutschen Mitarbeiter, denn die eingesetzten Projektleiter präferierten offenbar einen recht autoritären Führungsstil. Insgesamt wurde ein hoher Grad an sozialer Integration erreicht.

An der Entscheidung, die Förderung einzustellen, war der Träger beteiligt. SENA selbst gab einem Vorhaben zur Gewerbeförderung in Cali den Vorzug vor einer Weiterförderung in Barranquilla.

Eine CP-Ausbildung in Deutschland war lange Zeit als nicht erforderlich angesehen worden, da die Experten einer Ausbildung vor Ort ein besonderes Schwergewicht zumaßen und spezielle Lehrerausbildungsprogramme entwickelten und durchführten. Obwohl erst ab 1971 Stipendien vergeben wurden, konnten bis zum Förderende noch 15 kolumbianische Lehrkräfte in Deutschland ausgebildet werden.

Während die deutschen Fachkräfte der fachlichen, pädagogischen und didaktischen Ausbildung große Aufmerksamkeit widmeten, wurde die Trägerförderung und Systemberatung vernachlässigt. Da das Projekt in ein bestehendes SENA-Zentrum eingegliedert wurde, das zudem nach SENA-einheitlichen Strukturen funktionierte, war die Notwendigkeit einer Trägerförderung auch nicht zwingend gegeben. Auf die Organisationsstruktur nahmen die deutschen Experten deshalb kaum Einfluß. Die wichtigsten Organisationsmittel lagen im CCA bereits vor. Die gemeinsam entwickelten Wartungspläne werden nicht mehr genutzt.

Einer effektiven Systemberatung stand die räumliche Entfernung zu Bogotá (1000 km) im Wege. Auf die Entwicklung nationaler Programme für die Techniker- und Instruktorenausbildung konnte deshalb nur ein beschränkter Einfluß genommen werden. Die OIT-Mission war in Bogotá vor Ort und bei der Konzeptionsentwicklung bestimmend.

Welche Veränderungen die Projektförderung bewirkte und ob diese von Dauer waren, läßt sich anhand von Schaubild 26 zeigen.

Organisation

Mit dem Wechsel des Projektträgers von einer gemeinnützigen Stiftung, die von ca. 20 Unternehmen gegründet worden war und ihre Aufgaben in keiner Weise erfüllen konnte, zu SENA, war eine Trägerorganisation gefunden worden, die in ihrer Leistungsfähigkeit deutlich über dem lateinamerikanischen Durchschnitt liegt. SENA wurde 1957 nach dem brasilianischen Vorbild SENAI gegründet und unter dem Einfluß der OIT aufgebaut, mit dem Ziel jugendlichen und erwachsenen Arbeitskräften eine Berufsausbildung zu vermitteln. Seit seiner Gründung hat sich SENA zu einem staatlichen Entwicklungsinstrument mit einer breiten sozialpolitischen Zielsetzung entwickelt. SENA ist auf einen Apparat mit über 8000 Beschäftigten angewachsen und die einzige kolumbianische Institution, die in fast allen 1200 Verwaltungsbezirken des Landes vertreten ist. SENA unterhält über 100 Ausbildungszentren. Die Führungsspitze SENA's wird durch einen Aufsichtsrat, den

3.1 CCA und SENA

Schaubild 26: Wirkungsprofil
SENA
Kolumbien

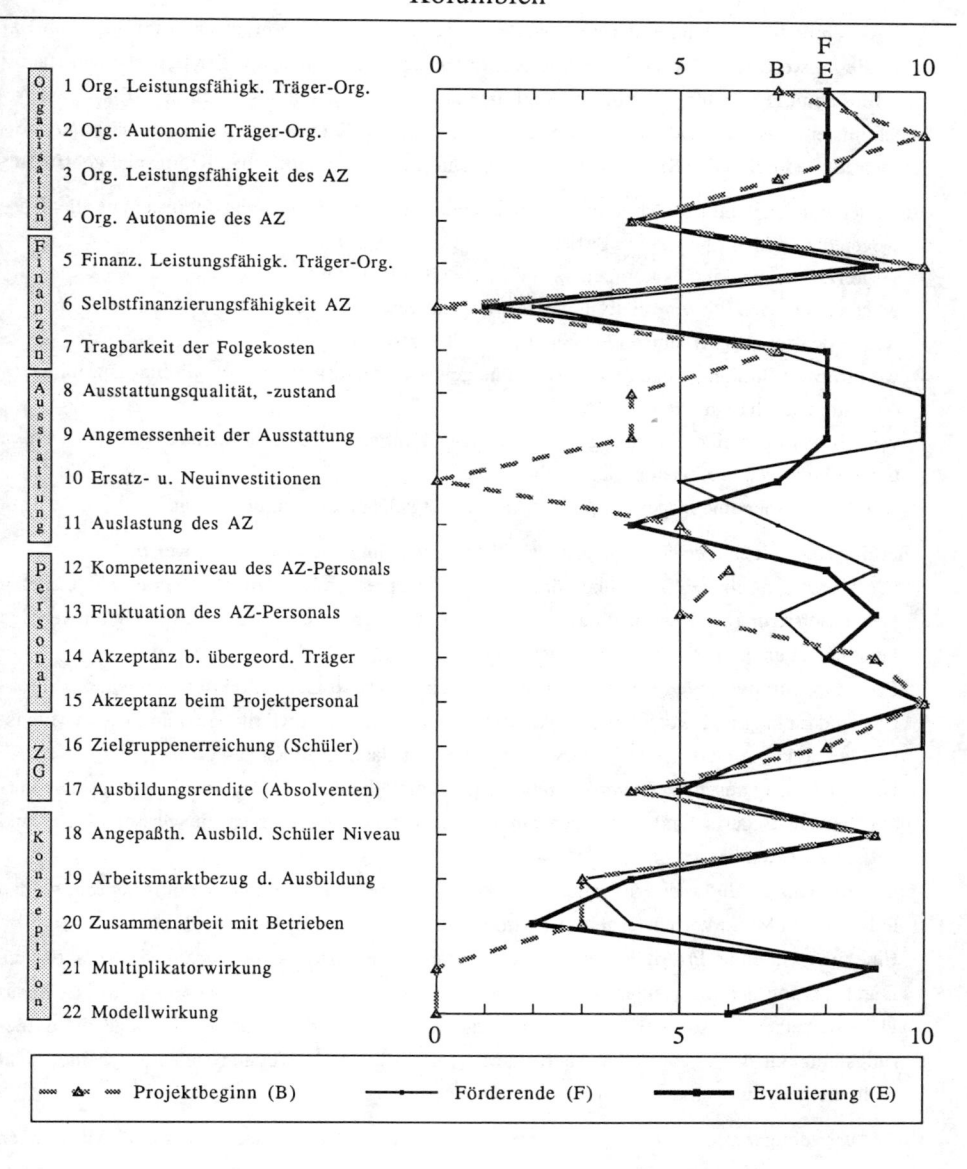

Organisation	1	Org. Leistungsfähigk. Träger-Org.
	2	Org. Autonomie Träger-Org.
	3	Org. Leistungsfähigkeit des AZ
	4	Org. Autonomie des AZ
Finanzen	5	Finanz. Leistungsfähigk. Träger-Org.
	6	Selbstfinanzierungsfähigkeit AZ
	7	Tragbarkeit der Folgekosten
Ausstattung	8	Ausstattungsqualität, -zustand
	9	Angemessenheit der Ausstattung
	10	Ersatz- u. Neuinvestitionen
	11	Auslastung des AZ
Personal	12	Kompetenzniveau des AZ-Personals
	13	Fluktuation des AZ-Personals
	14	Akzeptanz b. übergeord. Träger
	15	Akzeptanz beim Projektpersonal
ZG	16	Zielgruppenerreichung (Schüler)
	17	Ausbildungsrendite (Absolventen)
Konzeption	18	Angepaßth. Ausbild. Schüler Niveau
	19	Arbeitsmarktbezug d. Ausbildung
	20	Zusammenarbeit mit Betrieben
	21	Multiplikatorwirkung
	22	Modellwirkung

▲ Projektbeginn (B)　　●—— Förderende (F)　　■—— Evaluierung (E)

Consejo Nacional gebildet, in dem die privaten Vertreter mit 7:4 die Mehrheit gegenüber den Regierungsvertretern haben.

Unterhalb der Nationaldirektion existieren Regionaldirektionen mit eigenen Haushalten und Regionalräten, denen die Ausbildungszentren unterstellt sind.

SENA ist eine halbautonome, dezentralisierte, öffentlich-rechtliche Körperschaft mit eigenem Kapital, die im wesentlichen durch eine zweiprozentige Lohnsummenabgabe der Betriebe und staatlicher Einrichtungen finanziert wird. 1968 erfolgte eine Satzungsänderung, nach der SENA dem Arbeitsministerium zugeordnet und den Regeln des öffentlichen Dienstes (incl. Besoldung) unterworfen wurde. Dadurch büßte SENA Autonomie ein und wurde dem politischen Kräftespiel geöffnet.

Von allen untersuchten Berufsbildungsorganisationen ist SENA die leistungsfähigste, vor allem:
- wegen der soliden finanziellen Basis,
- wegen der hohen Personalkompetenz und personellen Kontinuität,
- wegen einer nach wie vor relativ hohen Autonomie gegenüber der Politik,
- wegen der gut ausgearbeiteten Programme und Konzeptionen,
- weil trotz der umfangreichen Expansion eine gewisse organisatorische Flexibilität und Innovationsfähigkeit erhalten blieb,
- weil SENA über eine Vielzahl gut ausgestatteter Zentren verfügt, die instand gehalten werden und deren laufende Kosten gesichert sind und
- weil SENA über eine insgesamt funktionierende Organisationsstruktur verfügt.

Allerdings darf nicht übersehen werden, daß SENA auch einige Schwächen aufweist:
- Die Verwaltung im SENA ist überbürokratisiert. Entsprechend der vor fünf Jahren eingeleiteten Dezentralisierung müßten nicht nur Kompetenzen, sondern auch das zur Ausführung notwendige Personal an untere Einheiten abgegeben werden.
- Die administrativen Wege zwischen Ausbildungszentrum, Regionaldirektion und Nationaldirektion sind zu lang und kompliziert, so daß es zu Koodinationsschwierigkeiten und Beschaffungsproblemen kommt. Die zentrale Verwaltung in Bogotá ist überdimensioniert.
- Die Umsetzung ausgezeichneter konzeptioneller Vorstellungen fällt oft mangelhaft aus. Die vorangehenden Bedarfs- und Arbeitsplatzanalysen spiegeln zumeist nicht die wirtschaftliche und betriebliche Realität wider.
- Der Kontakt zur Industrie, vor allem auf der Arbeitsebene der Zentren, ist zu schwach, so daß teilweise am Markt vorbei ausgebildet wird (zumindest im Raum Barranquilla).
- Eine wegweisende Prioritätensetzung fehlt. Durch die Instrumentalisierung SENA's für die Durchführung der Entwicklungsprogramme der verschiedenen Regierungen, sind SENA derart viele Aufgaben im sozialen und berufsbildenden Bereich aufgebürdet worden, daß die Steuerungsfähigkeit der Organisation überfordert ist und die zur Verfügung stehenden Mittel nicht mehr zielgerichtet genug eingesetzt werden können.

Das Ausbildungszentrum CCA in Barranquilla besteht derzeit nur aus zwei Abteilungen (Schweißerei, Wartungstechnik), wird kompetent geführt und verfügt über eine funktionierende Organisationsstruktur. Da die Ebene von Werkstattleitern fehlt, findet allerdings zu wenig Kontrolle und Supervision statt. Probleme bereitet vor allem das schwerfällige administrative System SENA's. Das grundsätzlich durch die Regionaldirektionen abgewickelte Beschaffungswesen weist die größten Defizite auf.

Finanziell, personell und programmatisch hängt das Zentrum ebenfalls stark von der Regional- bzw. Nationaldirektion ab. Lediglich auf der operativen Ebene gibt es - vor allem wegen fehlender Kontrolle - gestalterische Spielräume.

Finanzen
SENA ist seit seiner Gründung als eine finanziell besonders stabile Organisation einzustufen. Die Ausschöpfungsquote der zweiprozentigen Lohnsummensteuer ist hoch, so daß ausreichend Mittel zur Verfügung stehen. Aufgrund der starken Differenzierung des Aufgabenspektrums infolge der zunehmenden Einbindung SENA's in die Durchführung sozialpolitischer Programme sind die für die Berufsausbildung zur Verfügung stehenden Mittel allerdings zurückgegangen.

Während der Förderlaufzeit wurden am CCA, nach der Aufhebung des generellen Produktionsverbots (1973), durch Auftragsarbeiten zusätzliche Mittel zur Finanzierung des Zentrums erwirtschaftet. Immerhin erreichten die Produktionseinnahmen bis zum Förderende einen solchen Umfang, daß damit das Verbrauchsmaterial fast vollständig finanziert werden konnte. Heute werden kaum mehr Auftragsarbeiten ausgeführt. Als Begründung wird genannt, daß SENA als staatliche Einrichtung nicht in Konkurrenz zur Industrie treten will. Das geringe Interesse der Ausbilder an solchen Arbeiten dürfte dafür jedoch eher verantwortlich sein.

Folgekosten ergaben sich hauptsächlich aus den Sachmittellieferungen der Bundesrepublik. Die anfallenden Kosten (Import von Ersatzteilen und Werkzeugen) konnten während der Förderzeit im wesentlichen getragen werden. Bis heute haben sich keine Probleme ergeben. Durch die Zusammenarbeit mit der DSE können notwendige Ersatzteile beschafft werden. Ansonsten kommt SENA für die laufenden Ausbildungskosten, incl. Wartung und Instandhaltung auf. Neu- und Ersatzinvestitionen können zwar über ein nationales Sonderprogramm SENA's finanziert werden, doch die Mittel hierfür reichen bei weitem nicht aus, so daß auch am CCA ein gewaltiger Modernisierungsbedarf besteht.

Ausstattung
Die ursprünglich für die Werkmeisterschule Barranquilla gelieferte Ausstattung wurde vom Centro Colombo-Alemán übernommen und wies zu diesem Zeitpunkt bereits Mängel auf. Durch Ergänzungslieferungen wurde die Ausstattung an die im Zeitverlauf wechselnden Ausbildungsziele angepaßt und entsprach zum Förderende voll den Anforderungen (Kapitalaufwand insgesamt: ca. 2,6 Mill. DM). Seitdem hat sich die Qualität und die Angemessenheit der Ausrüstung aufgrund ihrer Überalterung zwar verschlechtert, doch durch Modernisierungsmaßnahmen und Ersatzinvestitionen (hauptsächlich mit Hilfe von DSE-Mitteln) konnte sichergestellt werden, daß die Ausstattung noch den Ausbildungserfordernissen entspricht. Durch die DSE wurden außerdem

neue Labore eingerichtet, die allerdings hauptsächlich für die internationale Lehrerfortbildung genutzt werden.

Die Versorgung mit Ausbildungsmaterial und Ersatzteilen wird lediglich durch verwaltungstechnische Probleme erschwert, jedoch kaum durch fehlende Finanzmittel. Wartung und Instandhaltung funktionieren weitgehend.

Ein hoher Auslastungsgrad der Werkstätten konnte erst zum Förderende erreicht werden. Heute existieren viele ungenutzte Kapazitäten. Da insbesondere in der Schweißausbildung wegen angeblich mangelnder Nachfrage das Programm stark reduziert wurde, ist der Auslastungsgrad des Zentrums insgesamt deutlich zurückgegangen.

Personal

Das Kompetenzniveau der kolumbianischen Ausbilder wurde schon zum Förderbeginn als solide bezeichnet, wobei die theoretischen Kenntnisse überwogen. Durch die Ausbildung vor Ort und in Deutschland konnten vor allem fachpraktische, pädagogische und didaktische Defizite abgebaut werden. Die Zusammenarbeit mit der DSE ermöglicht die Fortbildung der CCA-Lehrer durch Kurzzeitexperten. Insgesamt werden aber zu wenig Weiterbildungsmöglichkeiten für Lehrkräfte angeboten, da SENA diesen Bereich vernachlässigt.

Während der Förderlaufzeit stellte die Fluktuation des Personals ein permanentes Problem dar. Vor allem als SENA 1968 in den öffentlichen Dienst integriert wurde, nahm die Fluktuation zeitweise zu. Da durch die deutschen Experten bis zum Förderende jedoch genügend Lehrkräfte ausgebildet worden waren, konnten die Abgänge gut verkraftet werden. Derzeit ist die Fluktuation am CCA sehr gering. Insgesamt wurde dadurch ein hoher Effektivitätsgrad der CP- und Lehrerausbildung erreicht.

Die Akzeptanz des Projektansatzes - Techniker bzw. mittlere Führungskräfte auszubilden - war auf allen Ebenen des SENA gegeben und ist auch heute noch unumstritten. Sonderbedingungen wurden dem Projekt jedoch keine eingeräumt.

Zielgruppe

Die Zielgruppe der Auszubildenden konstituierte sich zu Beginn aus technischen Abiturienten und Absolventen einer Lehrlingsausbildung. Anfangs gab es Schwierigkeiten, Abiturienten für die Technikerausbildung zu gewinnen. Wegen der beschränkten Studiermöglichkeiten und der hohen Arbeitslosigkeit nahmen die Abiturienten aber zunehmend das Alternativangebot an. Mittlerweile ist das technische Abitur als generelle Zugangsvoraussetzung zur Ausbildung etabliert worden. Deshalb ist die Durchlässigkeit für Facharbeiter ohne Abitur nicht mehr gegeben. Dadurch werden insbesondere Bewerber aus unteren sozialen Schichten benachteiligt.

Außerdem wirkt sich das neue Auswahlverfahren negativ auf die fachliche Eignung der Bewerber aus. Entscheidend für die Erfüllung der Aufnahmebedingungen ist ein allgemeines Examen, das alle Schüler vor der Zulassung zu einer Universität absolvieren müssen. Hierdurch werden aber nur allgemeine Kenntnisse abgeprüft, die keinen Rückschluß auf die tatsächliche Eignung der Bewerber für einen technischen Beruf zulassen. Grundsätzlich stehen genügend Bewerber für die Technikerausbildung am CCA zur Verfügung.

Nicht alle Absolventen der Technikerausbildung finden einen Arbeitsplatz. Fast 70% der befragten Absolventen geben an, daß sie einen oder mehrere arbeitslose ehemalige Mitschüler kennen. Das ist von allen untersuchten Projekten mit großem Abstand der höchste Wert. Die berufstätigen Absolventen haben zu über 40% erst mehrere Monate nach einer Stelle suchen müssen. Zudem stellt der Technikerabschluß keine Voraussetzung für die Einstufung in eine bestimmte Lohngruppe dar oder hat die automatische Zuweisung einer mittleren Führungsposition zur Folge. In der Regel werden die Techniker-Absolventen als Facharbeiter eingesetzt.

Allerdings bevorzugen über 90% aller befragten Betriebsleiter SENA-Absolventen gegenüber Abgängern anderer technischer Schulen, sind mit ihnen weitgehend zufrieden (81%) und schätzen ihre Qualifikation deutlich besser ein als die anderer Bewerber (76%). Dies sind neben CETMA (Mexiko) die mit Abstand besten Resultate von allen untersuchten Projekten. (Vgl. Tabellen im Anhang.)

Dennoch verbessern, auch langfristig betrachtet, nicht alle SENA-Absolventen ihre berufliche Position aufgrund des während der Ausbildung erworbenen Wissens. Über 60% der befragten Absolventen, die eine hohe Vorbildung (Abitur) mitbringen und eine dreijährige Technikerausbildung absolviert haben sind der Auffassung, daß sie ihre beruflichen Vorstellungen nur zum Teil umsetzen konnten. Über 70% glauben zudem, daß ihre derzeitige Tätigkeit auch von einem geringer Ausgebildeten zumindest teilweise ausgeübt werden könnte. Dies deutet darauf hin, daß die Absolventen nicht ausbildungsadäquat eingesetzt werden.

Konzeption
Während das Ausbildungsniveau den Schülern aufgrund ihrer relativ hohen Schulbildung keine Schwierigkeiten bereitete, so daß die Drop-out- und Repeater-Quoten zu allen Zeiten sehr niedrig ausfielen, stellt der Arbeitsmarktbezug der Ausbildung ein gravierendes Problem dar. Da die Technikerausbildung in Kolumbien neu und die Stellung eines Technikers im Betrieb völlig unbekannt war, wurden die Lehrpläne auf der Grundlage deutscher Berufsbilder erarbeitet. Weil die Abgänger nach ihrer Ausbildung nicht ausbildungsadäquat, sondern hauptsächlich in der Produktion arbeiteten, mußten die Lehrplänen nach dem Förderende modifiziert werden. Bei grundsätzlicher Beibehaltung der Rahmenpläne wurde die praktische Ausbildung intensiviert, das Ausbildungsniveau gesenkt, und zusätzlich ein Betriebspraktikum eingeführt.

Trotzdem stellen fast 60% der befragten Betriebsleiter praktisch-technische Defizite bei den SENA-Absolventen fest. Zudem werden Defizite in den Bereichen bemängelt, die zur Erfüllung von Aufgaben in mittleren Führungspositionen wichtig sind (Managementkompetenz, Problemlösungsfähigkeit). Hier wird die Ausbildung offensichtlich ihrem Anspruch nicht gerecht. Dieser Eindruck wird auch durch die Angaben der Absolventen gestützt, die bei sich selbst vor allem bei den praktischen Fertigkeiten und im Managementbereich Defizite feststellen. (Vgl. Tabellen im Anhang.)

Das während der Förderzeit erarbeitete und mittlerweile erweiterte Ausbildungsprogramm wird in seiner Grundstruktur nach wie vor genutzt, obwohl die Akzeptanz der Technikerausbildung durch die Industrie bis heute nicht wesentlich gesteigert werden konnte, so daß erhebliche Nachfrageprobleme auftreten. Dies kann einerseits daran liegen, daß der Bedarf an mittleren technischen Führungskräften vollkommen falsch eingeschätzt wurde (bis heute wurde keine Bedarfsanalyse durchgeführt), oder aber daran, daß SENA es nicht verstand, die Vorteile des neuen Ausbildungstyps zu vermitteln. Als Folge davon wird die Technikerausbildung am CCA deutlich zurückgefahren, insbesondere in der Schweißtechnik. Stattdessen werden zunehmend Weiterbildungskurse für Berufstätige angeboten.

Die mangelnde Zusammenarbeit mit den Betrieben ist sicherlich ein wesentlicher Grund für diese Misere. Selbst während der Förderzeit wurden durch die deutschen Berater nur vereinzelt Kontakte zur Industrie gepflegt. Seit die Betriebskontakte zentral durch eine Stelle in der Regionaldirektion wahrgenommen werden, verfügt das CCA kaum mehr über Betriebsverbindungen. Dadurch verlieren die Lehrer jeden Bezug zur betrieblichen Realität. Zudem funktioniert die "Betriebskontaktstelle" (mit einer Person besetzt) so ungenügend, daß die Betriebe nur sehr schlecht darüber informiert sind, welche Ausbildungsmöglichkeiten SENA in Barranquilla anbietet.

Die Kommunikation zwischen Industrie und SENA ist derart mangelhaft, daß z.B. die Schweißerei nur noch zur Hälfte ausgelastet ist, weil SENA keinen Bedarf an Schweißern feststellt, während gleichzeitig die befragten Arbeitgeber über einen Mangel an ausgebildeten Schweißern klagen. Auch für die mittlerweile vorgeschriebenen Praktika am Ende der Technikerausbildung kann SENA nur selten Stellen vermitteln, so daß die Absolventen weitgehend sich selbst überlassen sind.

Modell- und Multiplikatorwirkungen, die z.T. erst nach dem deutschen Förderende eintraten, ergaben sich in vielfältiger Hinsicht:
- Die am CCA erarbeiteten Lehrpläne und Ausbildungsunterlagen für Lehrberufe im Metallbereich mit Facharbeiterabschluß sowie für die Technikerausbildung wurden von verschiedenen SENA-Zentren übernommen.
- Die Ausbildungslehrgänge für Instruktorenanwärter im Bereich Metallverarbeitung (auf nationaler Ebene) wurden während der Förderzeit zeitweise im CCA abgehalten. Die entsprechenden Ausbildungspläne werden im Zuge der Dezentralisierung auch von anderen SENA-Zentren genutzt.
- Auf der Grundlage der am CCA erarbeiteten Pläne der Lehreraus- und -fortbildung werden Surplace-Ausbildungsmaßnahmen der DSE durchgeführt.
- Das CCA nimmt eine bedeutende Funktion im nationalen Programm zur Lehrerfortbildung im Metallbereich wahr.
- Durch die internationalen Kurse, in Zusammenarbeit mit der DSE, werden Multiplikatorwirkungen über die Landesgrenzen hinaus erzielt.
- Über die Abgänger, die in Betrieben beschäftigt sind oder sich selbständig gemacht haben, werden ebenfalls indirekt Multiplikatorwirkungen erzielt.

Obwohl diese Aufzählung beachtliche Multiplikatorwirkungen belegt, hätten bei einer konsequenten Systemberatung noch weit größere, landesweite Effekte erreicht werden können.

Resumee

Das SENA-Projekt ist ein erstaunliches Beispiel dafür, wie trotz einer mangelhaften Planung, einer ungenügenden Projektsteuerung und einer über lange Zeit nicht zufriedenstellenden, konzeptionslosen Durchführung dennoch ein Projekt mit nachhaltigen Wirkungen entstehen kann. Dies ist vor allem auf die nachträgliche Internationalisierung des Projekts und seine überaus günstige Nachbetreuungssituation zurückzuführen. Hierzu hat das Projekt entscheidende Beiträge geleistet, ohne die eine solche Fortführung nicht möglich gewesen wäre:
- Es wurde eine angemessene Ausstattung geliefert, die auch heute noch, nach über 20 Jahren weitgehend einsatzfähig ist.
- Aufgrund der fachpraktischen, pädagogischen und didaktischen Schulung des Personals konnte ein so hohes Leistungsniveau erreicht werden, daß es für die interne Lehrerfortbildung sowie für die Berufsschullehrerausbildung anderer lateinamerikanischer Staaten erfolgreich eingesetzt werden kann.
- Es wurden Lehrpläne und Ausbildungsunterlagen erstellt, die für diesen Zweck genutzt werden.

Unterstützt wurde diese Entwicklung durch intensive Nachbetreuungsmaßnahmen der DSE, die sich sowohl auf die Personalentwicklung, durch die Abhaltung von Weiterbildungskursen, als auch auf die Instandhaltung und Modernisierung der Ausstattung ausgesprochen positiv auswirkten. Durch die Einnahmen aus dem Surplace-Ausbildungsprogramm können notwendige Ersatzteilbeschaffungen und teilweise auch Ersatz- und Ergänzungsinvestitionen vorgenommen werden. Deshalb ist der in allen nicht-nachbetreuten Projekten festzustellende Leistungsabfall im Personal- und Ausstattungsbereich im CCA kaum zu beobachten.

Als weniger erfolgreich erwiesen sich die Projektaktivitäten im eigentlichen Zielbereich, nämlich der Ausbildung von mittleren Führungskräften und Technikern. Hier macht sich deutlich die ungenügende Planung sowie das Fehlen von Bedarfsanalysen und unabhängigen Evaluierungsstudien bemerkbar. Obwohl das Berufsbild des Technikers in Kolumbien nicht bekannt war, wurden keine Versuche unternommen die Vorstellungen und Bedürfnisse der Industrie zu eruieren. Aufbauend auf deutschen Erfahrungen, wurde ohne Zusammenarbeit mit der kolumbianischen Industrie ein Ausbildungsgang entwickelt und eingeführt, für den in dieser Form kein Bedarf zu bestehen scheint. Die meisten Absolventen haben große Schwierigkeiten einen Praktikantenplatz oder gar einen Arbeitsplatz zu finden. Nach ihrer Einstellung werden sie zumeist nicht ausbildungsadäquat, d.h. als Facharbeiter und nicht als Techniker, eingesetzt. Als Folge davon werden die Ausbildungszahlen am CCA teilweise (z.B. in der Schweißtechnik) deutlich reduziert.

Trotz prinzipiell guter Ausgangsbedingungen, wie
- eines leistungsfähigen, finanziell potenten und organisatorisch funktionsfähigen Trägers, der während der Förderzeit alle wesentlichen Leistungen erbracht hat,
- einer guten Zusammenarbeit zwischen den Partnern und

- einer allgemeinen Akzeptanz der Projektziele auf allen Ebenen,

gelang es nicht, das eigentliche Projektziel, Techniker auszubilden, die als solche auch von der Industrie gebraucht und aufgenommen, zu erreichen. Der wesentliche Grund hierfür ist in dem Versäumnis zu sehen, daß weder in der Planung noch in den verschiedenen Durchführungsphasen eine dem Arbeitsmarkt angepaßte Konzeption entwickelt wurde.

Daß das Projekt dennoch eine erfolgreiche Komponente im Bereich der einheimischen und internationalen Instruktorenaus- und Weiterbildung entwickelte, entsprach nicht den ursprünglichen Intentionen. Doch der hohe Ausbildungsstand des Personals, die moderne Ausstattung und die bereits vorhandenen Programme - allesamt Resultate der Projektaktivitäten - sowie die vorhandenen Ausbildungskapazitäten infolge einer mangelhaften Auslastung des Zentrums, legten es der DSE nahe, das CCA im Rahmen ihrer Ausbildungsaktivitäten zu nutzen.

4. Komponenten der Nachhaltigkeit im Querschnittsvergleich

Nachdem die Projekte bisher über die Zeit hinweg einer Längsschnittbetrachtung unterzogen wurden, um die historische Entwicklung eines Projekts und seine Nachhaltigkeit zu untersuchen, soll jetzt eine Querschnittsperspektive dazu dienen, die erreichten Veränderungen und ihre Ursachen innerhalb eines Bereiches (Organisation, Finanzen, Ausstattung, Personal, Zielgruppe, Konzeption, Modell- und Multiplikatorwirkungen) über die einzelnen Projekte hinweg zu analysieren, um anschließend entsprechende Empfehlungen abzuleiten.

Es wird erneut von der eingangs dargestellten Nachhaltigkeitsdefinition ausgegangen, nach der Projekte dann als nachhaltig angesehen werden, wenn in möglichst vielen Bereichen problemadäquate Strukturen aufgebaut wurden und die Problemlösungsfähigkeit der Partnerorganisation und/oder Zielgruppe so gesteigert werden konnte, daß eine permanente strukturelle Anpassung an die sich verändernden Umweltbedingungen stattfindet. Zudem soll die Nachhaltigkeit eines Projekts auch danach bestimmt werden, ob und in welchem Umfang Multiplikatoreffekte und Modellwirkungen entstanden sind, die das Projekt über den Status einer isolierten Entwicklungsinsel hinausheben und durch ihren Verbreitungsgrad absichern. Dabei werden die drei Dimensionen des Nachhaltigkeitsbegriffs berücksichtigt (Struktur-Funktion, geplant-ungeplant, zielkonform-zielkonträr[1]).

4.1 Organisation

Die Träger: Erziehungsministerien und Berufsbildungsorganisationen

Die Zusammenarbeit im Berufsbildungsbereich erfolgte entweder mit den Erziehungsministerien oder mit den Berufsbildungsorganisationen des Partnerlandes. Beide Trägergruppen weisen typische Merkmale auf.

Die Untersuchung hat gezeigt, daß die Erziehungsministerien in der Regel für die Durchführung von Berufsbildungsprojekten wenig geeignete Träger darstellen: Neben der Fülle von kaum zu bewältigenden Aufgaben im primären, sekundären und tertiären Bildungssektor messen sie der Berufsbildung und Technischen Bildung einen untergeordneten, manchmal sogar marginalen Stellenwert bei. Dementsprechend werden für diesen Bereich auch nur geringe Finanzmittel zur Verfügung gestellt. Oft fehlt es in den Ministerien auch an Berufsbildungsfachleuten, so daß die aus einer praxisorientierten Ausbildung resultierenden Anforderungen, Notwendigkeiten und Kosten nicht

---

[1] Ein wichtiger, nicht-intendierter Effekt wurde bisher noch nirgends untersucht und konnte auch hier wegen der Kürze der vor Ort zur Verfügung stehenden Zeit nicht berücksichtigt werden. Es handelt sich dabei um den höchstwahrscheinlich negativen Effekt, der bei anderen Ausbildungszentren eines Trägers dadurch entsteht, daß ein Großteil der Mittel (Personal, Material, Finanzen) für die bevorzugte Behandlung des Projekts verwendet wird, um die zugesagten Partnerleistungen zu erfüllen. Dadurch kann es bei anderen Ausbildungsstätten zu umso größeren Problemen kommen.

erkannt werden. Finanzprobleme bei der Beschaffung von Verbrauchsmaterial, Ersatzteilen, Maschinen und Geräten sind chronisch. Für Instandhaltung und Wartung, Material oder gar Neu- und Ersatzinvestitionen sind keine oder nur mit geringen Mitteln ausgestattete Haushaltspositionen vorgesehen.

Es ist als ein Mangel der durchgeführten Projekte anzusehen, daß die Erziehungsministerien nicht entsprechend beraten wurden. Im Gegenteil, da den Projekten während der Förderzeit normalerweise eine bevorzugte Stellung zugebilligt wird und deshalb überproportional viele Mittel für ein Projekt bereitgestellt werden (die dann natürlich an anderer Stelle fehlen), wurden die Probleme noch nicht einmal immer sofort erkannt.

Selbst Länder, die einen relativ hohen Staatsanteil für Bildung ausgeben (z.B. Mexiko), sind nicht in der Lage, die technischen Schulen ausreichend mit Finanzmitteln zu versorgen. Schon gar nicht die aus deutschen Projekten hervorgegangenen Ausbildungsstätten, die wegen der besonderen Betonung der praktischen Ausbildung und der dafür erforderlichen Ausstattung um ein Vielfaches kostspieliger sind als die landesüblichen Schulen.

Nachteilig wirkt sich außerdem aus, daß die (untersuchten) Erziehungsministerien zumeist über keine Industriekontakte verfügen, die technischen Lehrer schlecht ausgebildet sind und gering entlohnt werden. Die Ministerien sind überbürokratisiert, ineffizient und zudem starken politischen Einflüssen ausgesetzt. Die mit Regierungswechseln einhergehende Personalrotation - oft bis auf mittlere Führungsebenen - ist häufig mit Konzeptionswechseln verbunden, so daß eine stabile, berechenbare Politik fehlt.

Die zweite Trägergruppe umfaßt die in Lateinamerika in vielen Ländern als halbstaatliche, öffentlich-rechtliche Körperschaften gegründeten Berufsbildungsorganisationen, die mit Hilfe einer (unterschiedlich hohen) Lohnsummenabgabe der Betriebe und staatlicher Einrichtungen finanziert werden. Diesen fast immer mit Unterstützung der OIT aufgebauten Institutionen, wurde die Aufgabe übertragen, qualifizierte Arbeitskräfte aus- und weiterzubilden. Teilweise geht der staatliche Auftrag auch darüber hinaus und wird insbesondere um soziale Programme erweitert (z.B. bei SENA).

Der organisatorische Aufbau ist in allen Berufsbildungsinstitutionen ähnlich. Unterschiede gibt es vor allem im Grad der gewährten Autonomie, in der Zusammensetzung des Aufsichtsrates (Regierung vs. Arbeitgeber und Gewerkschaften), der damit verbundenen politischen Beeinflussung sowie in der organisatorischen Leistungsfähigkeit der einzelnen Institutionen.

Werden die untersuchten Berufsbildungsinstitutionen im Hinblick auf ihre organisatorische Kompetenz in eine Rangfolge gebracht, dann nimmt SENA unangefochten den ersten Platz ein, mit einigem Abstand gefolgt von INTECAP, SECAP und INFOP.

Alle Organisationen weisen - in unterschiedlichem Umfang - strukturelle Mängel auf. Die häufigsten sind[2]:

---

[2] Für SENA gelten mehrere Ausnahmen.

- Dominanz der Politik bei der Programmgestaltung[3],
- politisch motivierte Stellenbesetzungspolitik,
- ineffiziente Führung,
- stark zentralistisch ausgerichtete Entscheidungsstrukturen,
- komplizierte Entscheidungs- und Verwaltungswege,
- personelle Überdimensionierung der Zentrale,
- administrative Personalüberhänge,
- hohe Personalfluktuation,
- aufgrund ineffizienter Führungsstrukturen mangelhafte Arbeits- und Qualitätskontrolle,
- schlechte Koordination der verschiedenen Arbeitsebenen und Abteilungen,
- schlecht funktionierende, überbürokratisierte Administration mit negativen Folgen für Wartung, Instandhaltung und Beschaffung,
- geringe Flexibilität und Innovationsfähigkeit,
- schlecht funktionierende Mittelverwendung.

Ein besonderes Problem resultiert aus dem starken materiellen und personellen Wachstum der Berufsbildungsorganisationen in den 70er und 80er Jahren. Teilweise haben die Organisations- und Personalentwicklung mit dieser extensiven Ausbaustrategie nicht Schritt halten können.

Deutlich über dem Leistungsstand der drei übrigen Berufsbildungsorganisationen liegt SENA, vor allem wegen seiner hohen Personalkompetenz und geringen Fluktuation, einer insgesamt funktionierenden Organisationsstruktur und seiner nach wie vor relativ hohen Autonomie gegenüber der Politik.

Überhaupt scheint es einen hohen Zusammenhang zwischen der organisatorischen Leistungsfähigkeit und der Autonomie einer Institution zu geben. Von den untersuchten Berufsbildungsorganisationen haben sich diejenigen als die funktionstüchtigsten erwiesen, die am wenigsten politischen Einflüssen ausgesetzt waren. In den Fällen, in denen die Regierungen die Institutionen dazu benutzten, ihr jeweiliges parteipolitisches Klientel zu versorgen und politisch orientierte "Schauprogramme" durchzuführen, sind die größten Organisationsdefizite und die größten Schwächen bei der Kompetenz des Personals zu konstatieren (am stärksten ausgeprägt bei INFOP und SECAP).

Insgesamt konnte festgestellt werden, daß alle untersuchten Berufsbildungsorganisationen zunehmend unter politischen Druck geraten und Autonomie-Spielräume verlieren. Von dieser Entwicklung ist auch SENA nicht ausgenommen, dem immer mehr neue, politisch-motivierte Programme zur Ausführung übertragen werden, so daß sich SENA zunehmend von seinen ursprünglichen Ausbildungsaufgaben entfernt.

Am deutlichsten macht sich die mangelnde Autonomie - neben dem Personalbereich und der Zuweisung neuer Aufgaben - vor allem in der Kontrolle der Lohn- und Stellenpolitik negativ bemerk-

---

[3] INTECAP stellt dabei insoweit eine Ausnahme dar, daß weniger die Regierung als ein Unternehmensverband den größten Einfluß auf die Führung ausübt.

bar. Obwohl alle Organisationen im Grunde genügend Finanzmittel haben (Lohnsummenabgabe), sind sie an die allgemeine Ausgabenpolitik des Staates gebunden. Dadurch kommt es zu der widersprüchlichen Situation, daß die Löhne nicht ausreichend erhöht und Stellenpläne eingefroren werden, obwohl die Institutionen über ausreichende Mittel verfügen. Die Folgen daraus sind in Honduras, Ecuador und Guatemala massive Personalabwanderungen. Vor allem die qualifiziertesten, oft in Deutschland ausgebildeten Lehrer verlassen die Ausbildungsstätte zuerst, da sie die besten Arbeitsmarktchancen haben.

Bei den Technischen Schulen der Erziehungsministerien erreicht die Fluktuation hingegen nicht so ein hohes Ausmaß, obwohl auch dort die Löhne weitaus niedriger sind als in der Industrie. Doch der Staat bietet hier als Kompensation eine sichere Pension und andere soziale Vergünstigungen.

Neben den geschilderten Defiziten weisen die Berufsbildungsorganisationen jedoch auch nicht zu unterschätzende Vorteile auf. Sie verfügen in der Regel:
- über ein landesweites Netz von Ausbildungszentren, mit teilweise sehr gut ausgestatteten (meist über internationale Kredite finanzierten) Werkstätten,
- über einen umfangreichen (wenn auch nicht immer gut qualifizierten) Personalstamm,
- über erhebliche finanzielle Mittel (je nach Lohnsummenangabe, Ausschöpfungsquote und Wirtschaftslage) sowie
- über das Recht, staatlich anerkannte Zertifikate auszustellen (z.B. CAP-Facharbeiterbrief).

Beurteilung des deutschen Beitrags und Empfehlungen

Für die Zusammenarbeit im Berufsbildungsbereich bedeutet dies, daß diese Institutionen insbesondere dann von großer Bedeutung sind, wenn mit Hilfe von Projekten und Programmen Veränderungen des bestehenden Ausbildungssystems oder sogar die Einführung eines neuen Berufsbildungssystems bewirkt werden sollen und insgesamt sehr umfangreiche Modell- und Multiplikatorwirkungen angestrebt werden.

Die prinzipiellen Vorteile von Berufsbildungsorganisationen können allerdings nur dann zum Tragen kommen, wenn ihre organisatorische Leistungsfähigkeit dies zuläßt. Wie die untersuchten Projekte zeigen, scheiterten in Honduras und Ecuador die Versuche, duale Ausbildungssysteme einzuführen, im wesentlichen auch an der Inkompetenz der Träger. Die Kooperation mit SENA und INTECAP führte hingegen zu beachtlichen Erfolgen. Der regionale und sektorale Verbreitungsgrad der eingeführten Dual-Systeme sowie ihre Akzeptanz korreliert auffällig mit der Rangfolge des Leistungsgrades der Berufsbildungsorganisationen[4]. Dies deutet darauf hin, daß die organisatorische Kompetenz der Träger zumindest eine wichtige Variable für die dauerhafte Einführung bildungspolitischer Programme darstellt.

Für die Erzielung von Systemeffekten bieten sich zwar auch die Erziehungsministerien als Träger an, da sie ebenfalls über ein dichtes Netz von Ausbildungsstätten, einen umfangreichen Personal-

---

[4] In Kolumbien (SENA) wurde eine Technikerausbildung eingeführt.

stamm sowie das Zertifizierungsrecht verfügen. Doch aufgrund der genannten Defizite sind sie noch weniger als die Berufsbildungsorganisationen für die Durchführung geeignet.

Verbände und Kammern scheiden als alternative Partner *für systembildende Aufgaben* aus strukturellen Gründen weitgehend aus: Ihr Verbreitungsgrad ist zu gering, sie vertreten nur wenige Berufe, die Abschlüsse sind meist ohne Rechtskraft und die zur Verfügung stehenden Mittel oft sehr begrenzt. Verbände und Kammern können sich aber natürlich bestens für Projekte ohne Systemcharakter eignen. Bei der Untersuchung fiel allerdings auf, daß sie sich oft nur als politische Interessenvertretungen verstehen und Ausbildungsfragen wenig Bedeutung zumessen. Am ehesten scheinen sich die Handwerkskammern dafür zu interessieren. Auch von den Gewerkschaften ist selten mit Unterstützung zu rechnen, da sie das Senioritätsprinzip präferieren. Die Etablierung eines Ausbildungssystems oder von Weiterbildungskursen fördert jedoch das Leistungsprinzip. Die Ausbildung von Schülern oder Lehrlingen wurde deshalb in einigen der untersuchten Länder (ganz stark in Mexiko) als eine Bedrohung für die etablierten, weniger gut ausgebildeten Arbeiter (Gewerkschaftsmitglieder) wahrgenommen und deshalb nicht unterstützt.

Es kann deshalb festgehalten werden, daß sich die Zusammenarbeit mit Berufsbildungsorganisationen vor allem dann anbietet, wenn systemverändernde Interventionen beabsichtigt sind. Voraussetzung für eine erfolgreiche Zusammenarbeit ist aber in jedem Fall die Kompetenz des Trägers. Ist diese nicht gegeben, ist genau zu prüfen, ob der erforderliche strukturelle Wandel durch entsprechende Trägerförderungsmaßnahmen herbeigeführt werden kann. Hierfür ist erforderlich, daß das Personal des Trägers mit solchen Veränderungen einverstanden ist und aktiv daran mitarbeitet. Darüber hinaus muß der Träger über die erforderliche Autonomie verfügen, um einschneidende Organisationsveränderungen beschließen und umsetzen zu können. Bei Institutionen wie SECAP oder INFOP sind diese Voraussetzungen zum Beispiel derzeit nicht gegeben, so daß selbst eine massive Organisations- und Managementberatung kaum zum Erfolg führen würde.

Obwohl die meisten der untersuchten Träger in den 60er und 70er Jahren noch im Aufbau begriffen waren und deshalb größere Chancen für eine Organisationsgestaltung bestanden, war der Einfluß der deutschen Teams auf die Organisations- und Managementstrukturen äußerst gering. Dieses Feld wurde fast ausschließlich den OIT-Missionen überlassen.

Die Ausbildungszentren

Die konstatierten Defizite in den Erziehungsministerien und Berufsbildungsinstitutionen schlagen sich natürlich auch in den ihnen untergeordneten Ausbildungsstätten nieder. Formal besteht eine hohe finanzielle, administrative und personelle Abhängigkeit, so daß erhebliche Probleme in diesen Bereichen auftreten. Über eine relativ hohe informelle Autonomie verfügen die Zentren und Technischen Schulen im Ausbildungsbereich. Aufgrund fehlender Kontrollen wird die Einhaltung vorgegebener Lehrpläne nicht überwacht, so daß große Handlungsspielräume existieren. In einigen Schulen (Mazatenango, SECAP- und INFOP-Außenstellen) führt dies dazu, daß eine einheitliche Ausbildung nach allgemein verbindlichen Standards kaum mehr gewährleistet ist.

Während sich eine Einschränkung der Autonomie der Ausbildungsstätten im Ausbildungsbereich deshalb durchaus positiv auf die Qualität der Lehre auswirken könnte, ist umgekehrt eine Stärkung der organisatorischen Autonomie durch die Delegation von Entscheidungsbefugnissen und eine umfassende Dezentralisierung der Verwaltungsstrukturen unbedingt notwendig, um die Funktionsfähigkeit der Zentren zu verbessern.

Auf die Organisationsstrukturen der Ausbildungsstätten wirkten die deutschen Berater stärker gestaltend ein als bei den Trägerinstitutionen, insbesondere in den Fällen, in denen die Zentren neu aufgebaut wurden[5] (CETMA, CTHA, INTECAP-Zentren, INFOP-Tegucigalpa, SECAP-Quito[6]). Für die Implementierung funktionsfähiger Strukturen war jedoch weniger der Umstand des Neuaufbaus bedeutsam, als die Art und Weise wie die Experten ihren Einfluß geltend machten.

Beurteilung des deutschen Beitrags und Empfehlungen

In den Ausbildungsstätten, in denen die deutschen Berater wichtige Führungsfunktionen selbst übernahmen und in einem großen Umfang exekutiv tätig waren, erreichten die Schulen zwar während der Förderzeit ein zufriedenstellendes Funktionsniveau, aber nach dem Förderende trat ein erheblicher Leistungsverlust ein, da das Personal keine Führungserfahrung hatte sammeln können (am deutlichsten in Mazatenango).

Am besten bewährte sich das Prinzip der Doppelbesetzung von Funktionsstellen mit einem deutschen Berater und einem CP. Dadurch konnte das einheimische Personal "on the job" in seine Aufgaben eingewiesen werden. Nach dem Weggang der Berater waren die so geschulten CP's in der Lage, die Schule fachgerecht weiterzuführen. Einfache organisatorische Regeln bieten die beste Gewähr dafür, daß sie auch nach dem Förderende beibehalten werden[7].

Als besonders erfolgreich hat sich der Aufbau einer mittleren technischen Führungsebene erwiesen (Werkstatt-, Labor-, Abteilungsleiter). Da in vielen Ausbildungsstätten die Direktoren häufig wechseln, stellte sie (besonders im CETMA) das stabilisierende Element dar, das eine kontinuierliche Arbeit an diesen Schulen erst ermöglicht. In den Ausbildungsstätten, in denen diese mittlere technische Führungsebene fehlt oder nicht funktioniert (SECAP-Quito, INFOP-AZ, Mazatenango) traten nach dem Förderende in allen untersuchten Projekten große Kontroll- und Verantwortungsprobleme auf.

Eine gezielte administrative oder managementbezogene Ausbildung fand in keinem der untersuchten Projekte statt. Deshalb kam es in allen Ausbildungsstätten nach dem Förderende zu erheblichen Verwaltungsproblemen, insbesondere in der Ersatzteil- und Materialversorgung. Mangelhafte ad-

---

[5] Eine Ausnahme bildet Mazatenango. Es handelt sich zwar um einen Neuaufbau, doch die Struktur des Instituts war vom Erziehungsministerium für alle Technischen Schulen vorgegeben, so daß die Experten auf die Organisationsstruktur kaum Einfluß nahmen.
[6] Das CERFIN (SECAP-Quito) ging aus dem zuvor geförderten Ausbildungszentrum ITEA hervor.
[7] Die Einführung des Ausbildungsrhythmus' 1 Woche Theorie und 1 Woche Praxis im CETMA (Mexiko), führt zum Beispiel dazu, daß sich der Praxisanteil der Ausbildung nur schwer verringern läßt, da dadurch der gesamte Ausbildungsplan durcheinander gebracht würde.

ministrative Kenntnisse bei der Kostenkalkulation und im Rechnungswesen sind u.a. auch ein Grund dafür, daß die Produktionsarbeiten gegen Entgelt nach dem Förderende oft deutlich zurückgehen.

Nicht sehr stark beeinflußt wurde die Nachhaltigkeit der Organisationsstrukturen hingegen durch die Schaffung umfangreicher und detaillierter Organisationsmittel (wie Rotations-, Verteilungs-, Kontroll-, Wartungspläne etc.). In manchen Projekten wurde für die Erstellung solcher Ordnungsinstrumente sehr viel Zeit aufgewendet. Zudem wurden sie in jedem Projekt immer wieder aufs Neue entwickelt, ohne auf bereits bestehende Unterlagen zurückzugreifen. Da im Organisationsalltag informelle Regelungen jedoch weitaus bedeutsamer sind als schriftlich niedergelegte Ordnungsmuster, konnten die geschaffenen Regelwerke nur einen begrenzten Wirkungsgrad entwickeln. Zudem scheinen sie nach einigen Jahren in Vergessenheit zu geraten oder ganz zu verschwinden.

In allen untersuchten Projekten läßt sich feststellen, daß die Teamleiter gerne ihre Machtposition für Interventionen nutzen, um die "Dinge voranzutreiben". Hierzu gehören das Überspielen von Hierarchien, das Umgehen langwieriger Entscheidungswege, das "Austricksen" von Bürokratien, das Einsetzen von Drohpotentialen (Botschaft, Mittelabfluß, Stipendien etc.), das Ausüben von psychologischem Druck etc. Dies mag sich kurzfristig auf die schnellere Zielerreichung durchaus positiv auswirken, langfristig kann sich ein solches Vorgehen jedoch als ausgesprochen kontraproduktiv erweisen, da Oppositionsgruppen entstehen, die um so mächtiger werden, je näher das Förderende und damit das Ausscheiden der deutschen Berater rückt.

Wenn den CP's die "starken" Berater dann nicht mehr zur Seite stehen, müssen sie oft nachträglich für dieses Verhalten "büßen". Jetzt müssen bürokratische Spielregeln und komplizierte Verwaltungswege wieder eingehalten werden, wichtige Informationskanäle sind blockiert und zentrale Ressource-Persons nicht mehr zugänglich. Damit einhergehend wird nach dem Förderende oft auch der Sonderstatus des Projekts aufgelöst und bestehende Sonderregeln und Vergünstigungen werden gestrichen.

Probleme können sich auch aus der Einführung "außerordentlicher" Regelungen ergeben, wie durch das "topping up" von Angestellten, um deren Ausscheiden zu verhindern; die Ausgleichung von chronischen Finanzproblemen durch Überbrückungsgelder sowie durch die Übernahme von exekutiven Tätigkeiten, um personelle Lücken der Partnerorganisation zu füllen. Solche Maßnahmen schaffen eine künstliche Projektsituation, die zu Fehlschlüssen verleitet.

Je mehr die Funktionstüchtigkeit einer Organisation auf solchen Sonderleistungen und der "Macht der Experten" beruht, um so größer ist die Gefahr, daß die wirklichen Probleme eines Projekts übersehen werden, da ja alles "läuft". Dadurch droht dem Projekt bzw. seinem Träger nach dem Förderende die organisatorische Krise.

Insgesamt bleibt festzuhalten, daß in den meisten Projekten organisatorische und administrative Schulungsaufgaben stark vernachlässigt wurden. Entsprechende Berater wurden nicht entsandt. Die Zusammenarbeit konzentrierte sich vor allem auf technische und pädagogische Fragen.

Funktionsfähige Organisationsstrukturen fanden sich zum Evaluationszeitpunkt in den Zentren und Technischen Schulen, in denen während der Förderlaufzeit wenigstens
- die Schulleitung nicht (alleine) durch einen deutschen Berater ausgeübt wurde[8],
- die Leitungsfunktionen gleichzeitig zumindest auch mit einem CP besetzt waren (Doppelbesetzung) und
- mittlere Führungsebenen (Werkstatt-, Laborleiter etc.) für koordinative und organisatorische Aufgaben sowie für die Durchführung von Arbeits- und Qualitätskontrollen aufgebaut wurden.

Weit größere Nachhaltigkeitserfolge im Organisationsbereich hätten erzielt werden können, wenn der Trägerberatung eine größere Aufmerksamkeit gewidmet worden wäre. Dies ist insbesondere deshalb als ein großer Mangel zu werten, weil effiziente und funktionsfähige Organisationsstrukturen eine wichtige Voraussetzung für die Einführung eines entwicklungspolitischen Programms und seine Nachhaltigkeit darstellen.

4.2 Finanzen

Wird die finanzielle Situation der Partnerorganisationen betrachtet, muß unterschieden werden zwischen den Technischen Schulen des Erziehungsministeriums, die aus dem Staatshaushalt finanziert werden und den Berufsbildungsorganisationen, die über die Einnahmen aus einer Lohnsummenabgabe verfügen.

Die Technischen Schulen des Erziehungsministeriums

Wie schon ausgeführt, sind die Haushaltsbudgets der Erziehungsministerien viel zu gering bemessen, um alle dringenden Bildungsprobleme ihrer Länder lösen zu können. Die Berufsbildung spielt zudem in den untersuchten Fällen (außer in Mexiko) eine untergeordnete Rolle. Trotz der finanziell knappen Mittelsituation wurde eine vollschulische Zentrumsausbildung eingeführt, die sich durch besonders hohe Kosten auszeichnet. Bereits während der Durchführung traten Probleme bei der Finanzierung der laufenden Kosten auf, die sich verschärften, als der Sonderstatus der Schulen und damit ihre bevorzugte Behandlung bei der Personal- und Mittelzuweisung nach dem Förderende entfallen war.

Daß die Folgekosten nicht getragen werden konnten, war während der Projektdurchführung (allerdings viel zu spät) auch von deutscher Seite erkannt worden, so daß in Honduras und Guatemala die Überführung der beiden geförderten Technischen Schulen in die dem Arbeitsministerium unterstehenden Berufsbildungsorganisationen betrieben wurde[9], was allerdings nicht gelang.

---

[8] Es gibt Ausnahmen von dieser Regel, z.B. das CTHA.
[9] In Mexiko gibt es keine vergleichbare Berufsbildungsorganisation.

Versuche, die Schulen durch die Erwirtschaftung von Produktionseinnahmen finanziell unabhängiger zu machen, wurden nicht konsequent genug verfolgt, scheiterten aber auch an ungünstigen Rahmenbedingungen:
- Am Kerschensteiner-Institut (Guatemala) konnten über Produktionsaufträge kaum Mittel erwirtschaftet werden. Als gegen Förderende die Einnahmen auch noch an das Erziehungsministerium abgeführt werden mußten, kam die Produktion gegen Entgelt ganz zum Erliegen.
- Am CETMA (Mexiko) wurde durch den Aufbau einer Produktionswerkstatt versucht, die Eigenfinanzierung der Schule zu sichern, doch ohne dauerhaften Erfolg. Aufgrund interner Streitigkeiten zwischen dem deutschen Teamleiter und dem mexikanischen Direktor über die Verwendung der Mittel wurde die Produktion vom Erziehungsministerium untersagt, später aber wieder aufgenommen. Heute spielen die Einnahmen aus Produktionsaufträgen bei der Finanzierung CETMA's kaum mehr eine Rolle. Die voll ausgerüstete Produktionswerkstatt wird nur noch wenig genutzt.
- Das CTHA (Honduras) ist die einzige der untersuchten Schulen, deren laufende Kosten überwiegend durch Produktionseinnahmen finanziert werden können. Positiv ist hervorzuheben, daß die Verwaltung während der Förderzeit in die Abwicklung der Aufträge miteinbezogen wurde, so daß ein entsprechendes "Know-how" aufgebaut werden konnte. Zu einem wichtigen Finanzierungsfaktor wurden die Produktionseinnahmen jedoch erst 10 Jahre nach dem Förderende, als ein CIM-Experte diesen Bereich systematisiert und neu organisiert hatte.

Anstelle, oder als Ergänzung der Einnahmen aus Produktionsarbeiten werden eingesetzt:
- *Gebühren*: Vor allem am CETMA wurden die Schulgebühren so drastisch erhöht, daß damit mittlerweile ein Großteil der laufenden Ausgaben bestritten werden kann. Allerdings wirkt sich diese Maßnahme erheblich auf die Zusammensetzung der Zielgruppe aus.
- *Spenden*: Besonders das Kerschensteiner-Institut hält den Schulbetrieb über Spenden in Form von Material und Schrott aufrecht, das als Übungsmaterial oder zur Herstellung von Ersatzteilen genutzt wird.
- *Sparstrategien* werden u.a. am Kerschensteiner-Institut und am CTHA genutzt, indem z.B. Holz anstelle von Metall, oder Schrott als Übungsmaterial verwandt wird und die praktische Ausbildung dem gerade vorhandenen Material angepaßt wird.

Es ist beachtlich, welche "Überlebensstrategien" die einzelnen Schulen im Zeitverlauf entwickelt haben. Am eindrucksvollsten ist dies am Kerschensteiner-Institut zu beobachten, das immer wieder wegen fehlender Finanzmittel von der Schließung bedroht ist und dennoch mit viel Engagement und Kreativität den Schulbetrieb aufrecht erhält.

Beurteilung des deutschen Beitrags

Der deutsche Beitrag zur Etablierung einer tragfähigen Finanzierungskomponente war äußerst gering. Trotz der Etablierung einer kostspieligen Ausbildungsform und einer Ausstattung, die hohe Folgekosten verursacht, wurden kaum Maßnahmen zur finanziellen Absicherung entwickelt. Als die deutschen Berater die Probleme in ihrer vollen Tragweite erkannten, führten sie statt dessen einen Trägerwechsel durch. Die Versuche, Selbstfinanzierungsmechanismen zu entwickeln, beschränkten sich einseitig auf die Erzielung von Produktionseinnahmen. Wenn sie langfristig nur wenig Erfolg hatten, dann lag das vor allem daran:
- daß die Lehr- und Verwaltungskräfte zu wenig in die Akquisition, Organisation und administrative Abwicklung der Produktionsaufträge eingebunden worden waren,
- daß die Lehrkräfte daran ein zu geringes Eigeninteresse entwickelten, da sie persönlich kaum davon profitierten,

- daß die Verwendung der Gelder nicht klar geregelt werden konnte,
- daß die Furcht vor Mißbrauch der Einnahmen, zu alles blockierenden bürokratischen Kontrollstrukturen führte,
- daß die autonome Verwaltung der Einnahmen in den Schulen nicht erlaubt war,
- daß den Erziehungsministerien nicht deutlich gemacht wurde, wie wichtig die Einnahmen für die Funktionsfähigkeit der Schulen sind (fehlende Systemberatung).

Berufsbildungsorganisationen

Während die Technischen Schulen des Erziehungsministeriums allesamt unterfinanziert sind, mangelt es den Berufsbildungsorganisationen aufgrund der Lohnsummenabgabe grundsätzlich nicht an Finanzmitteln. Abgesehen von der jeweiligen Wirtschaftslage bestimmt neben der Höhe der Lohnsummensteuer (SENA: 2%, INTECAP: 2%, INFOP: 1%, SECAP: 0,5%) auch die Ausschöpfungsquote (SENA: gut, INTECAP: mittelmäßig, INFOP: mäßig, SECAP: schlecht) den Umfang der Einnahmen.

Dennoch treten immer wieder Finanzierungsprobleme auf. Neben einer unausgewogenen Entwicklungsstrategie (zu viele Mittel werden für Bauten und Ausstattung und zu wenige für Instandhaltung und Wartung ausgegeben) sind eine ungenügende, zentralistische und undurchschaubare Planung sowie eine ineffiziente und überbürokratisierte Verwaltung dafür verantwortlich. Zudem führen allgemeine haushaltspolitische Richtlinien und Sparmaßnahmen des Staates (Festsetzung von Haushaltsobergrenzen, Investitionsbeschränkungen, Einstellungsstopps) dazu, daß selbst die vorhandenen Mittel nicht vollständig ausgegeben werden können.

Für Neu- und Ersatzinvestitionen sehen die regulären Haushaltstitel der Berufsbildungsorganisationen kaum Mittel vor. Eine Ausnahme stellt SENA dar, das über ein nationales Investitionsprogramm verfügt. Die anderen Institutionen stützen sich hierfür vor allem auf internationale Kredite und Entwicklungshilfegelder.

Insgesamt ist festzuhalten, daß (bis auf SECAP) die finanziellen Mittel für die Durchführung der Ausbildung aufgebracht werden können und Probleme vor allem adiministrativ oder durch staatliche Haushaltsbestimmungen (insb. bei INFOP und INTECAP) verursacht werden. Die Einführung der Dual-Ausbildung hat nur dort finanzielle Entlastung gebracht, wo gleichzeitig die Zentrumsausbildung abgeschafft wurde. Dies ist nur in Guatemala der Fall.

Selbstfinanzierungsmechanismen tragen in keinem Ausbildungszentrum der Berufsbildungsorganisationen zur Verbesserung der Lage bei:
- Am CCA (SENA) wurden lediglich während der Förderzeit Produktionseinnahmen erwirtschaftet. Heute findet keine Produktion mehr statt.
- Auch die produktiven Tätigkeiten bei INFOP wurden nach dem Förderende eingestellt. Lediglich in San Pedro Sula gibt es noch vereinzelte Aktivitäten.
- Bei den Ausbildungszentren INTECAP's spielten Eigeneinnahmen zu keiner Zeit eine Rolle.
- Bei SECAP wurden Produktionseinnahmen lediglich in der kurzen Zeit des ATECA-Projekts erwirtschaftet. Ansonsten gab es keine Versuche.

Beurteilung des deutschen Beitrags und Empfehlungen

Der deutsche Beitrag zur finanziellen Absicherung der Ausbildung bestand vor allem in einem Konzeptionswechsel (außer bei SENA). Anstelle der kostenintensiven Zentrumsausbildung sollte die duale Ausbildungsform eingeführt werden. Da dies nur zum Teil gelang, war der daraus resultierende Einsparungseffekt auch nur gering. Die dauerhafte Einführung von Produktionsarbeiten zur Stabilisierung der Finanzsituation mißlang aus den gleichen Gründen wie bei den Technischen Schulen des Erziehungsministeriums.

Während auf die Finanzbeschaffung auf übergeodneter Ebene (Erziehungsministerien, Berufsbildungsorganisationen) kaum Einfluß genommen werden kann, da hierfür politische Entscheidungen verantwortlich sind (z.B. Haushaltszuweisungen, Höhe der Lohnsummensteuer, Sanktionen bei Nichtzahlung etc.), sind auf der Ebene der Ausbildungsstätten vielfältige Möglichkeiten denkbar, die zu einer Erhöhung der Eigeneinnahmen und damit zu einer größeren Unabhängigkeit vom Mittelgeber führen können. Wichtige Voraussetzungen hierfür sind:
- Die Erlaubnis für die Ausbildungsstätten, Einnahmen zu tätigen.
- Die Eigenverwendung der Gelder (keine Abführung an übergeordnete Stellen).
- Selbstbestimmung über den Verwendungszweck.
- Die autonome Verwaltung der Einnahmen.
- Finanzielle Anreize für die Ausbilder, Produktionsaufträge durchzuführen.

Wie die untersuchten Projekte zeigen, können bei entsprechender Akquisition immer Aufträge aus der heimischen Wirtschaft geordert werden. Das Interesse der Betriebe ist groß, wenn sie kostengünstige Angebote erhalten. Zudem ist die Ausstattung der geförderten Projekte meist so gut, daß in einer überdurchschnittlichen Qualität produziert werden kann. Darüber hinaus haben in vielen Ländern die Absolventen ein großes Zugehörigkeitsgefühl zu "ihrer" Schule entwickelt, so daß sie diese gerne mit Aufträgen unterstützen.

Sind die administrativen, wirtschaftlichen und rechtlichen Rahmenbedingungen dafür gegeben, sollten in Zukunft verstärkt Selbstfinanzierungsmechanismen genutzt werden. Dabei können mehrere Strategien (gleichzeitig) verfolgt werden:
- Empfehlenswert ist die Durchführung von Produktionsarbeiten und Dienstleistungen (z.B. Laborprüfungen) gegen Entgelt oder zur Verrechnung gegen Material- und Sachlieferungen durch die Lehrlinge in fortgeschrittenen Semestern.
- Die Lehrer können Aus- und Weiterbildungskurse für Unternehmenspersonal durchführen. Beide Maßnahmen stärken die Kontakte zur Industrie und fördern die Berufsbezogenheit der Ausbildung.
- Die Erhebung von Schul- und Materialgebühren sollte dann erwogen werden, wenn die Zielgruppe aus mittleren sozialen Schichten stammt, die finanzielle Beiträge aufbringen können. Bei der Technikerausbildung ist dies oft der Fall. Durch Stipendienprogramme kann diese Maßnahme sozial abgefedert werden.

- Die Wirtschaft sollte zu Materialspenden und zur Übernahme von Stipendien angeregt werden. Im Gegenzug könnten prioritäre Zugriffsrechte auf die (besten) Absolventen, kostenlose Kursangebote oder andere Dienstleistungen angeboten werden.
- Die Auslagerung von praktischen Ausbildungsaktivitäten in die Betriebe ist in den Ländern empfehlenswert, in denen die entsprechenden Voraussetzungen gegeben sind (Systemfrage).

4.3 Ausstattung

Alle Projekte wurden mit Maschinen, Geräten und Werkzeugen aus Deutschland ausgestattet. Die drei Technischen Schulen (CETMA, CTHA, Kerschensteiner-Institut) und einige Ausbildungszentren der Berufsbildungsorganisationen (CCA-SENA, SECAP-Sto. Domingo u. Ibarra) wurden vollständig ausgerüstet. In den anderen Zentren wurden nur einzelne Abteilungen aufgebaut. Wenn die Ausbildungsstätten vor Ort schon über eine Ausstattung verfügten, erwies sich diese - in der Beurteilung der deutschen Berater - meist als nicht ausreichend für eine qualfizierte Ausbildung, so daß umfangreichere Lieferungen vorgenommen wurden, als ursprünglich in der Projektplanung vorgesehen waren (so z.B. in den INTECAP-Zentren und im INFOP-Zentrum San Pedro Sula).

Bis zum Förderende wurden alle Projekte ihrer (sich teilweise verändernden) Aufgabenstellung entsprechend, angemessen ausgestattet. In einigen Fällen war die Ausrüstung für die vorgesehenen Ausbildungszwecke allerdings überdimensioniert und an einer industriellen Fertigungsweise orientiert, obwohl die Wirtschaftsstruktur eher handwerklich geprägt war. Oft lag die Ausstattung über dem Techniknieveau der Unternehmen vor Ort.

Aus Aufstellung 6 ist der Zustand der Ausstattung zum Evaluierungszeitpunkt ersichtlich.

Es wird deutlich, daß sich die gelieferten Maschinen und Geräte in den meisten Ausbildungsstätten noch in einem brauchbaren Zustand befinden, für die Ausbildung genutzt werden und ein ausbildungsadäquater Unterricht gesichert ist. Neben der Qualifikation des Personals, das für die Wartung und Instandhaltung verantwortlich ist, hängt der Zustand der Ausstattung in großem Umfang davon ab, ob Ersatzteile beschafft werden können und ob Ersatz- oder Neuinvestitionen möglich sind.

Wie der Übersicht zu entnehmen ist, wurden Ersatz- und Neuinvestitionen - wenn überhaupt - nur über internationale Kredite oder im Rahmen von Nachbetreuungsmaßnahmen getätigt. Mit Ausnahme von SENA hat kein Projektträger aus eigenen Mitteln Investitionen durchgeführt.

Bei der Anschaffung von Ausrüstungsgütern über großzügig bemessene Kredite treten oft Probleme auf. Aus der Untersuchung zeigt sich,
- daß oft die "falschen" Maschinen und Geräte beschafft werden,
- daß viel zuviel angeschafft wird, so daß es in manchen Abteilungen zu einer totalen Überausstattung kommt,

4.3 Ausstattung 157

- daß oft die baulichen oder infrastrukturellen Voraussetzungen für die Anschaffung fehlen (z.B. die Stromversorgung zu gering ausgelegt ist, kein staubfreier oder klimatisierter Raum vorhanden ist etc.),
- daß die Einweisung des Ausbildungspersonals in die Bedienung und Wartung der Maschinen und Geräte durch die Herstellerfirma viel zu kurz ist, so daß sie zumeist nicht für eine Beherrschung der Technik ausreicht. Die Folge davon ist, daß diese Maschinen und Geräte dann auch nicht im Unterricht verwendet werden.

Alle Ausbildungsstätten weisen Probleme bei der Beschaffung von Ersatzteilen auf. Eine Ausnahme machen lediglich das CCA-SENA und CETMA die von den intensiven Nachbetreuungsmaßnahmen durch die DSE bzw. die GTZ profitieren. Der Ersatzteilmangel ist vor allem eine Folge:
- fehlender finanzieller Mittel (weil der entsprechende Haushaltstitel viel zu knapp bemessen ist),
- nicht praktikabler Beschaffungsregeln (zu viele Bestell- und Kontrollinstanzen),
- und einer nicht funktionierenden Verwaltung (nicht technisch vorgebildetes Personal in den Beschaffungsabteilungen, so daß oft die falschen Maschinen und Ersatzteile bestellt werden).

Zusätzliche Probleme ergeben sich daraus, daß nahezu alle Projekte mit deutschen Maschinen und Geräten ausgestattet wurden[10]. Dies bedeutet, daß Originalersatzteile weitestgehend importiert werden müssen, da es in den wenigsten Fällen Vertretungen der Herstellerfirmen im Lande selbst gibt. Deshalb scheitern die meisten Beschaffungsversuche.

Bis auf SENA besteht in keiner Berufsbildungsorganisation und erst recht nicht in den Erziehungsministerien eine Abteilung, die sich mit dem Import von Ersatzteilen beschäftigt. Die Verwaltungen sind in der Regel nicht in der Lage entsprechende Anfragen an ausländische Hersteller- oder Vertreiberfirmen zu richten und die richtigen Ersatzteile einzukaufen. Auch die Lehrkräfte in den geförderten Ausbildungszentren kennen sich mit diesen Fragen nicht aus, da die Ersatzteilbeschaffung bei der Lehrerfortbildung keine Rolle spielt. Hier macht sich erneut negativ bemerkbar, daß die Projektförderung keine Schulungsmaßnahmen für die Administration einschließt, und Importbeschaffungen während der Förderzeit vor allem durch die deutschen Berater über die GTZ abgewickelt werden, so daß auch niemand "on the job" ausgebildet wird.

Beurteilung des deutschen Beitrags und Empfehlungen

Um den genannten Schwierigkeiten zu begegnen, ist unbedingt eine veränderte Ausstattungspraxis notwendig.

Da die meisten Maschinen für die Ausrüstung einer Ausbildungsstätte nicht auf dem heimischen Markt eines Partnerlandes produziert werden, sind sie notgedrungen zu importieren. Dadurch entsteht in jedem Fall eine kaum vermeidbare Importabhängigkeit. Die Beschaffung von Ergänzungsausstattung und Ersatzteilen ließe sich jedoch ganz wesentlich dadurch erleichtern,

---

[10] Lediglich bei den INFOP-Ausbildungszentren wurden auch Maschinen aus Österreich, der Tschechoslowakei u.a. Ländern eingesetzt.

Aufstellung 6: Beurteilung der Ausstattung zum Evaluierungszeitpunkt

Ausbildungs-stätte/Stadt/Land/Projekttyp	Wartungs- und Instandhaltungszustand	Neu- und Ersatzinvestitionen	Ausbildungsadäquater Unterricht noch gesichert?
Kerschensteiner, Mazatenango, Guatemala, Technische Schule	Die Anlagen sind über 25 Jahre alt und gleichen eher einem Industriemuseum. Beachtlich ist der Instandhaltungszustand, denn es können kaum Ersatzteile beschafft werden und das feuchttropische Klima erfordert besondere Wartungsbemühungen.	Keine. Dringender Modernisierungsbedarf.	nein
CTHA, San Pedro Sula, Honduras, Technische Schule	Die Ausstattung ist teilweise über 20 Jahre alt, aber noch in gutem Zustand. Die eigenerwirtschafteten Mittel reichen gerade aus, um den Ausbildungsbetrieb aufrecht zu erhalten. Ersatzteile können (auch aus finanziellen Gründen) nicht immer beschafft werden.	Zusatzausrüstung wurde im Rahmen eines BID-Kredits geliefert, weist jedoch Qualitätsprobleme auf. Teilweise Modernisierungsbedarf.	ja
CETMA, Mexico City, Mexico, Technische Schule	Die Ausstattung ist teilweise 20 Jahre alt, aber noch in gutem Zustand. Ohne die über GTZ-Nachbetreuungsmaßnahmen beschafften Ersatzteile hätte der Zustand nicht gehalten werden können. Die Laboratorien sind teilweise in einem schlechten Zustand.	Im Rahmen der Nachbetreuung ergänzte und modernisierte die GTZ die Ausstattung. In geringem Umfang Neuinvestitionen aus Weltbankmitteln.	teilweise
CCGA-INTECAP, Guatemala-City, Guatemala, Dual-Ausbildung	Alter der Ausstattung: im Durchschnitt 5 bis 15 Jahre. Der Mangel an Ersatzteilen erschwerte die Instandhaltung sehr.	Kaum. Geringe Ergänzungsausstattung durch GTZ (Laboratorien). Hoher Modernisierungsbedarf.	In einigen Abteilungen nicht mehr möglich

4.3 Ausstattung

INTECAP-Druckerei, Guatemala City, Guatemala, Dual-Ausbildung	Ausstattung: ganz neu. Da für die komplizierten Maschinen und Geräte alle Ersatzteile importiert werden müssen und kein Wartungsservice besteht, dürften extreme Instandhaltungsprobleme entstehen.	Die Anschaffung ist so kostspielig, daß INTECAP nicht in der Lage sein wird, Neu- und Ersatzinvestitionen im Druckbereich vorzunehmen.	(noch) ja
INFOP, Tegucigalpa, Honduras, Zentr. u. Dual-Ausb.	Alter der Ausstattung: 15 Jahre bis neu. Maschinen und Geräte entsprechen tw. neuestem Stand der Technik. Sehr reichlich ausgestattet, Ersatzteilprobleme.	KfW- und Weltbank-Kredite. Keinerlei Modernisierungsbedarf.	ja
INFOP, San Pedro Sula, Honduras, Zentr.- u. Dual-Ausb.	Wie Tegucigalpa	Wie Tegucigalpa	ja
SECAP, verschiedene Standorte, Ecuador Dual-Ausbildung	Alter der Ausstattung: 15 Jahre bis neu. Wartung und Instandhaltung funktionieren an einigen Standorten schlecht. Teilweise Überausstattung, Ersatzteilprobleme	Teilweise ziellose Neuanschaffungen über Weltbankkredite.	ja
CCA-SENA Barranquilla, Kolumbien, Techniker-Ausbildung	Alter der Ausstattung: 15 Jahre bis neu. Wartungs- und Instandhaltungszustand gut.	Über DSE, weniger durch SENA selbst.	ja

Quelle: Eigene Erhebung 1990/91

Stockmann 1992

daß im Rahmen der Fördermaßnahmen Maschinen und Geräte geliefert werden, für die im Partnerland Vertretungen der Herstellerfirmen vorhanden sind. Dieser Grundsatz gewinnt um so mehr an Bedeutung, je mehr Maschinen und Geräte angeschafft werden, die nicht mehr selbst gewartet und instandgesetzt werden können (Computer, CNC-, Durckmaschinen etc.) Dadurch würde auch die Wahrscheinlichkeit steigen, daß die Lehrlinge an Maschinen ausgebildet werden, die in den Betrieben des Landes Verwendung finden. Eine weitere Maßnahme zur Verringerung derzeitiger Beschaffungs- und Instandhaltungsprobleme ist die Qualifizierung des in den Trägerorganisationen tätigen Verwaltungspersonals während der Förderzeit.

4.4 Personal

Die Ausbildung des technischen Personals war in allen Projekten eine zentrale Aufgabenstellung. Durch eine systematische Ausbildung vor Ort sowie durch Stipendienaufenthalte in Deutschland konnte ein qualifizierter Personalstamm herangebildet werden, der mit den eingeführten Techniken vertraut ist und den Lehrbetrieb nach dem Förderende in der Regel ohne Probleme weiterführen konnte, selbst in den Projekten die vorzeitig oder sehr abrupt beendet wurden. Dies gilt für die Technischen Schulen und Berufsbildungsorganisationen gleichermaßen.

Die Berufsbildungsorganisationen profitierten in hohem Umfang davon, wenn in diesen Ländern zuvor Technische Schulen gefördert worden waren, da sie dann auf die dort ausgebildeten Lehrer und Absolventen zurückgreifen konnten. In den Anfangsjahren kamen 50% der INTECAP-Ausbilder aus dem Kerschensteiner-Institut (Guatemala) und 80% der INFOP-Lehrer hatten ihre technische Erstausbildung im CTHA erhalten (Honduras). Mit der Überführung der Technischen Schule ITEA in den SECAP wurde auch das ausgebildete Personal komplett übernommen (Ecuador).

Aufgrund einer hohen Personalkontinuität während der Förderlaufzeit wurde ein hoher Effektivitätsgrad der Aus- und Weiterbildungsmaßnahmen erreicht. Durch teilweise hohe Selbstrekrutierungsquoten (insb. am CTHA) konnte dieser Effekt noch weiter gesteigert werden.

Dieser Projekterfolg wird jedoch dadurch geschmälert, daß es in keinem Fall gelang, die Aus- und Weiterbildung der technischen Lehrer und Instruktoren zu institutionalisieren. Weil es in keinem Land entsprechende Ausbildungsstätten gibt, wäre dies umso wichtiger gewesen.

Als Theorielehrer werden zumeist Personen eingestellt, die ein entsprechendes Universitätsstudium absolviert haben. Werkstattlehrer sollen in der Regel eine technische Ausbildung (an einer technischen Schule oder Berufsbildungsorganisation) und Berufserfahrung nachweisen. Aufgrund der geringen Dotierung der Ausbilderstellen können Personen, die bereits im Berufsleben stehen, kaum mehr dazu bewegt werden in den Schuldienst einzutreten, so daß weitgehend Berufsanfänger als Werkstattlehrer rekrutiert werden (bei teilweise hohen Selbstrekrutierungsquoten der Schulen). In den meisten Ländern erhalten die neuen Ausbilder keine didaktische oder pädagogische Schulung, sie werden sich selbst überlassen, sollen von Kollegen lernen, oder sich mit einschlägiger Literatur beschäftigen.

Während der Projektdurchführung konnten diese Defizite durch die Kurse der deutschen Berater sowie durch Stipendienprogramme aufgefangen werden. Da jedoch nirgendwo Aus- und Weiterbildungseinrichtungen implementiert wurden, hat die Ausbildungskompetenz in allen Zentren sukzessive wieder abgenommen. Dieser Trend wird seit einigen Jahren durch eine erhöhte Fluktuation verstärkt (außer am CTHA und dem Kerschensteiner-Institut), da sich die wirtschaftliche Lage der Lehrkräfte z.T. sehr verschlechtert hat.

Zur Ausbildung von Stipendiaten in Deutschland hat die Untersuchung folgendes ergeben: Die Stipendiaten konnten in der Bundesrepublik normalerweise qualifiziert ausgebildet werden, doch entstanden auch Probleme. Von ehemaligen Stipendiaten wurde vor allem kritisiert, daß bei der Ausbildung in Deutschland die Ausgangsniveaus der Studenten nicht ausreichend bei der Kurseinteilung berücksichtigt werden, so daß es zu Über- oder Unterforderungen der Teilnehmer kommt.

In ihren Heimatländern haben die Stipendiaten oft nicht von ihrer Ausbildung profitieren können. In Mazatenango wurden sogar nur 50% der zurückkehrenden Teilnehmer wieder in den Schuldienst aufgenommen, da es an Stellen mangelte! In nur wenigen Ländern konnten die Stipendiaten berufliche Karrieren machen. In vielen Fällen wurden ihnen vorübergehend mittlere Führungspositionen in den Ausbildungsstätten vorenthalten (weil sie während des Besetzungszeitpunkts nicht anwesend waren) oder es wurde ihnen eine Höhergruppierung verweigert, da der Abschluß in Deutschland nicht anerkannt wurde.

Die gut qualifizierten Ausbilder, die mit viel Engagement und großer Motivation zurückkehrten, wurden deshalb oft stark frustriert. Auch ihr neu erworbenes Wissen interessierte oft niemanden. Neue Ausbildungsvorschläge wurden abgewehrt. Die Kollegen schauten nicht selten neidisch auf die Stipendiaten, die ihnen vorgezogen worden waren. Derart behandelt, darf es nicht verwundern, daß viele Stipendiaten sich auf dem Arbeitsmarkt nach einer neuen Stelle umsehen. Es ist nicht allein der finanzielle Anreiz der ehemalige Stipendiaten zum Wechsel veranlaßt, sondern oft auch diese frustrierende Rückkehrersituation.

Beurteilung des deutschen Beitrags und Empfehlungen

In allen Projekten ist nach dem Förderende ein Kompetenzverlust beim Ausbildungspersonal eingetreten, weil keine Aus- und Weiterbildungseinrichtungen etabliert wurden, obwohl es in allen Ländern keine Ausbildungsstätten für technische Lehrer gibt. Die Institutionalisierung solcher Einrichtungen ist notwendig, um kontinuierliches Lernen und damit ein bestimmtes Ausbildungsniveau sicherzustellen. Ein hoher Multiplikatoreffekt könnte dadurch erreicht werden, daß eine solche "Lehrerausbildungseinheit" für die allgemeine Aus- und Weiterbildung von technischen Lehrern genutzt wird.

In ein solches System der Aus- und Weiterbildung von Lehrern sollten die zurückgekehrten Stipendiaten integriert werden. Neben der Weitervermittlung ihres in Deutschland erworbenen Wissens in aktuellen Kursen, könnten sie auch dauerhaft Aufgaben in diesem Bereich übernehmen. Dadurch ließe sich der Stipendienaufenthalt einerseits effizienter nutzen, andererseits könnten den Stipendiaten zusätzliche Aufgaben anvertraut werden, die ihre berufliche Situation aufwerten.

Zu der Frage, ob sich die hohen Kosten, die eine Ausbildung in Deutschland verursacht, rentiert, oder ob Stipendienaufenthalte in anderen lateinamerikanischen Ländern sinnvoller wären, kann diese Untersuchung nichts aussagen. Ein Stipendienaufenthalt in Deutschland sollte jedoch nicht allein unter Kosten- und Effizienzgesichtspunkten betrachtet werden. Die Möglichkeit, Betriebe, Fertigungs- und Ausbildungsmethoden sowie andere Organisationsformen kennenzulernen, ist nicht gering zu schätzen. Die meisten Stipendiaten scheinen mit einem großen Motivationsschub in ihre Heimat zurückzukehren, den es lediglich gechickter auszunutzen gilt, damit nicht, wie bisher oft geschehen, eine gegenteilige Reaktion daraus wird.

4.5 Zielgruppe

Bei den Schüler-Zielgruppen ist nach dem Ausbildungsniveau zu unterscheiden. An den Technischen Schulen werden Techniker und mittlere Führungskräfte ausgebildet, bei den Berufsbildungsorganisationen Facharbeiter. Eine Ausnahme stellt das CCA in Kolumbien (SENA) dar, an dem ebenfalls Techniker graduiert werden.

Technikerausbildung

Für die Technikerausbildung wird in allen untersuchten Fällen als Zugangsvoraussetzung ein Sekundarabschluß (Ciclo Básico: 9 Schuljahre) verlangt, bei SENA sogar das Technische Abitur (12 Schuljahre)[11]. Aufgrund des allgemein niedrigen schulischen Abschluß-Niveaus in diesen Ländern gehören Schüler mit der geforderten Vorbildung bereits zur Bildungselite. Entsprechend hoch sind ihre Ansprüche an die Ausbildung, an die Verwertbarkeit des zu erzielenden Abschlusses und an die später angestrebte Berufsposition. Bis auf das Kerschensteiner-Institut (Guatemala) kann jedoch an keiner der Technischen Schulen das Abitur erlangt werden. Da formale Bildungsabschlüsse in Lateinamerika für den sozialen Status und die spätere Berufskarriere von großer Bedeutung sind, erscheinen die Ausbildungsgänge für die Zielgruppe der Sekundarschüler nur wenig attraktiv. Dementsprechend kam es zu einem Bewerbermangel.

---

[11] SENA stellt insoweit einen Sonderfall dar, als dort die höchsten Zugangsvoraussetzungen (technisches Abitur) bestehen. Daß sich dennoch genügend Abiturienten für die Technikerausbildung interessieren, hängt mit dem insgesamt höheren Bildungsniveau in Kolumbien und der hohen Akademikerarbeitslosigkeit zusammen.

Die deutschen Experten wollten jedoch auf jeden Fall einen Abitursabschluß verhindern [12], da sie befürchteten, daß die Schüler nach ihrer Ausbildung nicht eine Arbeitstätigkeit aufnehmen, sondern an eine Hochschule wechseln würden. Die Sorge der deutschen Experten war jedoch weitgehend unbegründet. Ein Großteil der Abgänger der Kerschensteiner-Schule und des CTHA wechseln nicht an eine Hochschule, obwohl sie (heute) die Möglichkeit dazu haben. Die ökonomische Basis der Wenigsten reicht dazu aus, ein Vollzeitstudium aufzunehmen. Statt dessen werden Hochschulkurse am Abend belegt. Dem nicht-akademischen Arbeitsmarkt gehen sie deshalb in der Regel nicht verloren.

Die Möglichkeit mit der Hochschulreife abzuschließen hat sich positiv auf die Bewerberzahl und die Qualität der Bewerber ausgewirkt. In den Schulen, in denen das Abitur nicht verliehen wird (z.B. CETMA), ist die Zahl der Interessenten aufgrund des guten Rufes, den sich die Schulen mit der Zeit erwerben konnten, zwar angestiegen, doch die Ausbildung wird nach wie vor als zweite Wahl betrachtet. Die Technischen Schulen, die zum Abitur führen, werden eindeutig bevorzugt.

Geringe Bewerberzahlen treten lediglich in den Fachrichtungen auf, bei deren Auswahl die jeweiligen sozio-kulturellen Gegebenheiten nicht berücksichtigt wurden. Wie sich zeigte, sind Berufe wie Schreiner, Maurer, Gießer, Modellbauer oder Schweißer aufgrund des negativen Images bei Sekundarschülern (!) nicht gefragt. Diese Berufe gelten als zu schmutzig und zu anstrengend, versprechen keine Aufstiegsmöglichkeiten oder werden sozial negativ bewertet. So werden zum Beispiel in Guatemala Holzarbeiten vornehmlich von Indios mit primitiven Arbeitsmethoden ausgeführt. Die meist weißen Sekundarschüler möchten sich aufgrund der bestehenden kulturellen Schranken nicht auf eine Stufe mit den traditionellen Schreinern stellen. Hinzu kommt, daß ein ausbildungsadäquater Einsatz vor allem der Absolventen einer Schreiner- und Maurerausbildung keinesfalls gegeben ist. In diesem Bereich existieren nur Kleinstbetriebe, die weitgehend mit traditionellen Techniken arbeiten und Absolventen auf einem Technikerniveau überhaupt nicht einsetzen können. Lediglich am CTHA in San Pedro Sula (Honduras) wurde auf dieses Problem reagiert, indem differenzierte Zugangsvoraussetzungen festgelegt wurden. Für die Schreinerausbildung werden Primarschüler akzeptiert, während in allen anderen Fachrichtungen nur Sekundarschüler aufgenommen werden.

Facharbeiterausbildung

Bei den Berufsbildungsorganisationen gilt einheitlich ein Primarschulabschluß als Zugangsvoraussetzung für die Facharbeiterausbildung. Bei der Zentrumsausbildung gab es keine Probleme genügend Bewerber zu finden. Ganz anders sah es bei der Dualausbildung aus. Hier mußten die Auszubildenen neben dem Primarschulabschluß auch noch einen Arbeitsplatz nachweisen. Die Auszubildenen wurden mühsam, einzeln durch die deutschen Berater direkt in den Betrieben geworben. Da es nicht gelang, ein effizientes nationales Promotionssystem einzuführen, blieben die Bewerber-

---

[12] Nur am Kerschensteiner-Institut gelang es der deutschen Seite nicht, die vom Partner gewünschte Doppelqualifikation - Techniker und Abitur - zu verhindern. CTHA-Absolventen werden aufgrund einer nach dem Förderende getroffenen informellen Regelung an der Universität in San Pedro Sula für technische Studiengänge zugelassen.

zahlen immer sehr begrenzt. Um die Kurse überhaupt füllen zu können, wurden teilweise alle Bewerber (ohne Auswahlmöglichkeit) akzeptiert.

Nach wie vor besteht eine Präferenz der Auszubildenden für die Zentrumsausbildung. In den Ländern, in denen die Centro-Empresa-Ausbildung eingeführt wurde (Grundbildungsjahr plus betriebliche Ausbildung), wird diese bevorzugt (SECAP, INTECAP).

Jugendliche, die nach dem Abschluß der Primarschule mit einer Lehrlingsausbildung beginnen wollten, wurden bei der Dual-Ausbildung anfangs nicht erreicht. Die Arbeitgeber verstanden diese Ausbildungsform als eine Weiterbildungsmöglichkeit und schickten deshalb vor allem ältere, "verdiente" Arbeiter. Die deutschen Berater akzeptierten dieses "Mißverständnis", da sie auf andere Weise ihre Ausbildungskapazitäten nicht hätten füllen können. Bis heute konnte dieses Problem nicht vollkommen ausgeräumt werden, vor allem in Honduras. Ältere Erwachsene, die bereits seit längerem dem Lernen entwöhnt sind, haben jedoch in der Regel große Schwierigkeiten dem theoretischen Unterricht zu folgen, so daß der Drop-out auch heute noch sehr hoch liegt.

Durch die Einführung der dualen Ausbildung ergaben sich in allen Fällen Zielgruppenverschiebungen gegenüber der Zentrumsausbildung. Da Dualschüler von vornherein auch eine Arbeitsstelle haben, verfügen sie über ein Einkommen und damit die ökonomische Basis, eine Ausbildung zu absolvieren. Die vollschulische Lehrlingsausbildung bietet hingegen keine Einkommensmöglichkeiten und verursacht darüber hinaus noch zusätzlich Kosten (Schul-, Material-, Prüfungsgebühren etc.), d.h., die duale Ausbildungsform bietet vor allem für soziale Schichten mit geringem Einkommen eine Ausbildungsmöglichkeit.

Nun ist jedoch in allen Projekten zu beobachten, daß im Zeitverlauf in der Zentrums- wie Dualausbildung eine Zielgruppenverschiebung zu finanziell besser gestellten Familien stattgefunden hat. Einerseits durch den Wegfall verschiedener Unterstützungsmaßnahmen (freier Transport, Essen, Arbeitskleidung, Material etc.) und andererseits durch die Einführung von schulischen Grundbildungsphasen, die der eigentlichen Dualausbildung vorangestellt werden. Bei SECAP wurde zusätzlich das formale Vorbildungsniveau für die Centro-Empresa-Ausbildung auf 9 Schuljahre erhöht. Der Lehrvertrag als Zugangsvoraussetzung entfiel hingegen in Ecuador für beide Modalitäten.

Dieser Trend zur Verteuerung der Ausbildung für die Schüler ist am stärksten bei den Technischen Schulen ausgeprägt. Außer im Kerschensteiner-Institut wurden überall die Schul- und Materialgebühren deutlich angehoben, am stärksten im CTHA. Dadurch wurden die wirtschaftlichen Anforderungen, die für die Absolvierung einer Ausbildung notwendig sind, in fast allen Ausbildungsstätten heraufgesetzt.

Erfolg der Techniker- und Facharbeiterausbildung

Ein wesentliches Kriterium zur Beurteilung des Erfolgs von Ausbildungsprojekten ist, ob die Absolventen eine Anstellung finden und ob sie ausbildungsadäquat eingesetzt werden.

4.5 Zielgruppe

Hierzu hat die Studie ergeben, daß offensichtlich die überwiegende Anzahl der Abgänger aller geförderten Einrichtungen nach der Ausbildung einen Arbeitsplatz findet. Da die Schulen jedoch keine Abgängerstatistik führen, mit Hilfe der eine eindeutige Antwort formuliert werden könnte und auch repräsentative Umfragen fehlen, gibt es hierfür nur Indizien. Auf die Frage, "Wieviele arbeitslose ehemalige Mitschüler kennen Sie?", gaben zwischen 47% (INFOP-Zentrum) und 79% (INTECAP-Dual) der befragten erwerbstätigen Absolventen an, daß sie keinen Mitschüler kennen, der ohne Arbeitsstelle ist. Überall waren es unter 5%, die in ihrem Bekanntenkreis mehr als zehn arbeitslose Absolventen hatten. Eine Ausnahme bildet SENA (Kolumbien), dessen Abgänger nur zu 31% angeben, daß sie keine ehemaligen Mitschüler ohne Arbeit kennen, aber fast 19% wußten von über zehn Arbeitslosen. (Vgl. Tabelle 3 im Anhang)

Wichtig ist jedoch nicht nur, wieviele Absolventen Arbeitsplätze erhalten, sondern auch, ob sie ausbildungsadäquat eingesetzt werden. Hierzu ist grundsätzlich festzustellen, daß die Abgänger aller geförderten Ausbildungsstätten direkt nach dem Ausbildungsende unter ihrem jeweiligen Qualifikationsniveau beschäftigt sind. Das heißt, die am CETMA, CTHA, Kerschensteiner-Institut und CCA ausgebildeten Techniker, werden zuerst nicht als Techniker, Vorarbeiter oder mittlere Führungskräfte eingesetzt, sondern als Facharbeiter. Die Abgänger einer Facharbeiterausbildung sind zumeist nicht auf dieser Qualifikationsstufe tätig, sondern verbleiben an ihrem angestammten Arbeitsplatz (Dual-Schüler) oder werden auf der Ebene von Angelernten eingesetzt (Zentrums-Schüler).

Dieses erst einmal ernüchternde Ergebnis ist eine Folge der Einstellungspraxis in den untersuchten Ländern. Zeugnisse, wie sie von den geförderten Institutionen vergeben werden, spielen zwar als Einstellungskriterium eine Rolle, doch für die Einstufung sind die formalen Bildungsabschlüsse entscheidend. Dabei wird ganz traditionell vorgegangen: Primarschüler werden als Arbeiter, Sekundarschüler mit Abitur werden auf einer mittleren und Akademiker auf einer höheren Ebene eingesetzt. Zusatzqualifikationen wie eine Lehrlings- oder Technikerausbildung werten den formalen Bildungsstatus nicht automatisch auf, d.h., die Arbeitgeber schätzen offenbar die staatlichen Ausbildungsleistungen nicht sehr hoch ein. Sie verwenden die formalen Bildungsabschlüsse lediglich als grobes Einordnungsraster, innerhalb dessen zuerst einmal alle beweisen müssen, was sie zu leisten vermögen. Deshalb werden Abgänger mit einem Facharbeiterbrief nicht sofort in eine höhere Lohngruppe eingestuft, sondern sie müssen sich erst einmal in Konkurrenz zu erfahrenen oder geschickten Arbeitern (mit oder ohne Primarschulabschluß) bewähren. Dies gilt genauso für die Techniker, die mit Sekundarschülern ohne Technikerdiplom konkurrieren. Dabei haben langfristig diejenigen Abgänger die besten Aufstiegschancen, die neben ihrer technischen Ausbildung auch noch über einen hohen formalen Bildungsabschluß (Abitur) verfügen. Das heißt, der Facharbeiterbrief oder das Technikerdiplom erleichtern in jedem Fall den Berufseinstieg. Die Karrieremöglichkeiten hängen hingegen stark von den tatsächlich erworbenen Kenntnissen und Fertigkeiten ab, die in Konkurrenz zu den Kollegen ohne Facharbeiter- oder Technikerausbildung unter Beweis gestellt werden müssen.

Nicht unterschätzt werden sollte die psychologische Wirkung, die durch die deutsche Förderung bei den Arbeitgebern hervorgerufen wird. Es ist erstaunlich wie selbst in den Ausbildungsstätten, in denen die Ausbildungsqualität mittlerweile stark zurückgegangen ist (z.B. in Mazatenango) die Abgänger noch heute davon profitieren, von einer "deutschen" Schule zu kommen. Die meisten Arbeitgeber verbinden mit dem Wort "alemán", das sich in den Schulnamen noch gehalten hat, ein hohes technisches Ausbildungsniveau. Mit Hilfe des deutschen Beitrags konnten die geförderten Schulen einen so guten Ruf aufbauen, daß ihr Besuch noch heute einen starken Prestigegewinn ermöglicht.

Tabelle 1 im Anhang macht deutlich, daß über 90% der befragten erwerbstätigen Absolventen (Techniker- und Facharbeiterabschluß) in ihrem Beruf tätig sind und daß zwischen 40% (INFOP-Zentrum, CTHA) und 71% (CETMA, Mazatenango) einen beruflichen Aufstieg verzeichnen konnten[13]. Am erfolgreichsten sind dabei - nach eigenen Angaben - die Techniker (außer CTHA). Durchschnittlich 80% bis 90% geben an, daß sie zumindest einen Teil ihrer beruflichen Vorstellungen verwirklichen konnten. Bis auf die SENA-Absolventen glaubt kaum jemand, daß seine Arbeit auch von einem geringer Qualifizierten erledigt werden könne[14]. Über 90% sind in der Retrospektive der Auffassung, daß sich die Ausbildung gelohnt habe und würden sie zumeist auch uneingeschränkt weiterempfehlen[15].

Die befragten Arbeitgeber sind mit den Abgängern im allgemeinen zufrieden. Sie geben an, daß die Absolventen der geförderten Schulen deutlich weniger Einarbeitungszeit benötigen, als Abgänger anderer, vergleichbarer Schulen und daß sie sie deshalb auch bevorzugen würden. Außerdem schätzen die Arbeitgeber die Qualifikationen der Absolventen aus den geförderten Ausbildungsstätten besser ein, als die von Abgängern anderer vergleichbarer Ausbildungsstätten. Allerdings zeigt sich hier ein klarer Unterschied zwischen den Technischen Schulen und den Berufsbildungsorganisationen. Während die Techniker-Absolventen von 53% bis 82% der Arbeitgeber als besser eingestuft werden, sind es bei den Facharbeitern (Zentrum wie Dual) nur ein Drittel. (Vgl. Tabelle 4)

Da keine Abgängerstatistiken und -studien vorhanden sind, kann die Frage, wieviele Absolventen sich nach der Ausbildung selbständig gemacht haben, nicht beantwortet werden. Als Indiz können lediglich die Antworten der erwerbstätigen Abgänger dienen, die gefragt wurden, wieviele ehemalige Mitschüler sie kennen, die sich mittlerweile selbständig gemacht haben. Zwischen 74% (CTHA, CETMA) und 97% (INFOP-Zentrumsausbildung) gaben an, daß sie keinen oder 1-5 Absolventen kennen, die sich selbständig gemacht haben. Durchweg weniger als 10% kennen mehr als zehn selbständige ehemalige Mitschüler. Eine Ausnahme bilden die Abgänger der Kerschensteiner-

---

[13] Dabei bedeutet beruflicher Aufstieg in diesem Kontext, daß Facharbeiter tatsächlich als solche tätig sind, eine qualifizierte Tätigkeit ausüben und dadurch einen Einkommensgewinn erzielen. Für Techniker bedeutet dies, daß sie nicht mehr als Facharbeiter sondern als Vorarbeiter oder in technischen, mittleren Führungs- oder Stabsfunktionen eingesetzt werden.

[14] Allerdings glauben immerhin zwischen 37% und 73%, daß die Arbeit zumindest teilweise auch von einem geringer Ausgebildeten erledigt werden könnte.

[15] Auf eine genauere Darstellung soll hier aus Raumgründen verzichtet werden. Statt dessen wird auf die Fallstudien verwiesen.

Schule (Mazatenango), von denen die meisten den Schritt in die Selbständigkeit gewagt zu haben scheinen. Grundsätzlich gilt, daß die Abgänger Technischer Schulen sich eher selbständig machen als die Facharbeiter. Am schwierigsten ist es für die Zentrumsabgänger. (Vgl. Tabelle 3 im Anhang)

Beurteilung des deutschen Beitrags und Empfehlungen

Die deutsche Förderung hat offensichtlich dazu beigetragen, daß die Ausbildungsqualität dauerhaft so gesteigert werden konnte, daß die Absolventen - mit deutlichen Projektunterschieden - in großem Umfang vom Arbeitsmarkt aufgenommen werden. Allerdings werden sie - zumindest anfangs - nicht ausbildungsadäquat eingesetzt. Techniker werden als Facharbeiter und ausgebildete Facharbeiter weiterhin auf der gleichen Ebene wie Angelernte beschäftigt. Der "Aufstieg" in eine adäquate Berufsposition erfolgt erst nach einer entsprechenden Bewährung im Unternehmen.

Der deutsche Beitrag berücksichtigte zu wenig die sozio-kulturellen Rahmenbedingungen, die beruflichen Zuweisungsprozesse auf dem Arbeitsmarkt und allgemein die Bedeutung system-konformer Konzeptionen. Aus der Verweigerung des Abiturs in der Technikerausbildung dürften den Absolventen strukturelle Nachteile im Karriereverlauf entstanden sein.

Die Zielgruppenauswahl und ihre Erreichung hat sowohl bei den Technikerausbildung als auch bei der Einführung der Dualausbildung zu Problemen geführt, die u.a. auf mangelnde Systemkenntnis zurückzuführen sind. Die Akzeptanz bestimmter Ausbildungsgänge oder von Berufen hängt unmittelbar von sozio-kulturellen Rahmenbedingungen ab, die deshalb in Zukunft stärker berücksichtigt werden sollten. Insgesamt ist zu beobachten, daß sich im Zeitverlauf die Zielgruppen bei der Techniker- und Facharbeiterausbildung immer mehr auf ökonomisch besser gestellte Familien verschoben haben. Durch die Streichung von Unterstützungsmaßnahmen, die teilweise deutliche Erhöhung von Gebühren, die Anhebung schulischer Zugangsvoraussetzungen und die Einführung von vollschulischen Ausbildungsabschnitten bei der Dualausbildung hat sich die Ausbildung sukzessive immer mehr verteuert.

Auch wenn schon immer klar war, daß diese Form der Ausbildung nicht gerade die ärmsten Familien unterstützt - wobei die "reine" Dualausbildung (ohne vollschulische Berufsbildungsphase) noch am ehesten den ärmeren Schichten zu Gute kommt - stellt sich die Frage, ob in Zukunft in erster Linie Projekte mit diesen Zielgruppen durchgeführt werden sollen, oder ob nicht ein Zielgruppenwechsel, hin zu einer weitaus stärkeren Berücksichtigung der ärmsten Bevölkerungsgruppen vorgenommen werden sollte.

Wie sich zeigte, tragen die untersuchten Ausbildungsprojekte kaum zur Schaffung von Arbeitsplätzen bei. Nur sehr wenige Absolventen haben sich selbständig gemacht. Es sollte deshalb geprüft werden, ob formelle wie informelle Ausbildung vielmehr als bisher auch auf die Selbständigkeit vorbereiten und hinführen sollte und inwieweit sie mit Gewerbeförderungsmaßnahmen und Selbständigenprogrammen verbunden werden sollte, da es in vielen Ländern nicht nur an qualifizierter Ausbildung fehlt, sondern vor allem an Arbeitsplätzen für qualifiziertes Personal.

4.6 Ausbildungskonzeption

Die unterschiedlichen Ausbildungsgänge (Techniker, Facharbeiter) wurden schon im Zusammenhang mit der Zielgruppe erörtert, so daß hier nicht mehr detailliert darauf eingegangen werden soll. Der Zeitraum in dem die untersuchten Projekte geplant und durchgeführt wurden, spiegelt auch den Wandlungsprozeß und die Veränderungen in den entwicklungs- und sektorspezifischen Grundsätzen wider, die sich mit einiger Zeitverzögerung in den Projektkonzepten niederschlugen.

- Bei den frühen Projekten wurde zumeist in Zusammenarbeit mit den Technischen Schulen des Erziehungsministeriums (Kerschensteiner, CTHA, CETMA) eine Technikerausbildung in vollschulischer Form eingeführt.
- Nachdem die großen Folgekostenprobleme und die finanziellen Schwierigkeiten der Erziehungsministerien erkannt worden waren, boten sich nach der Gründung großer, nationaler Berufsbildungsorganisationen, insbesondere in Lateinamerika, diese als neue Träger der Zusammenarbeit an. Vorerst wurde noch mit dem vollschulischen Modell weitergearbeitet.
- Da sich abzeichnete, daß auch die finanziell gut ausgestatteten Berufsbildungsorganisation die Kosten für eine großflächige Zentrumsausbildung nie würden aufbringen können, wurden duale Ausbildungsmodelle entwickelt und eingeführt. Dabei gewann erstmals auch der Systemansatz an Bedeutung. Die Projekte sollten nicht nur einzelne "Modellschulen" entwickeln, sondern ein Ausbildungssystem auf nationaler Ebene implementieren (INTECAP, INFOP, SECAP)[16].

Diese Umorientierung von vollschulischer auf duale Ausbildung kam für viele einheimische Mitarbeiter völlig überraschend und hat bei ihnen großes Unverständnis ausgelöst, das teilweise bis heute (Honduras) angehalten hat. Insbesondere auf der Ausbildungsebene gab es deshalb anfangs immense Schwierigkeiten diesen "Konzeptionsbruch" zu vermitteln.

Unabhängig von dieser Entwicklung zeigt sich in fast allen Projekten, daß die Erstellung der Lehrpläne nicht nur auf deutschen Berufsbildern[17] aufbaute, sondern daß zumeist auch von einem Vorbildungsniveau der Schüler ausgegangen wurde, wie es in Deutschland anzutreffen ist. Dies mußte zu Problemen führen, da die Schüler systematisch überfordert wurden. In den wenigsten Fällen erfolgte jedoch eine Anpassung der Ausbildungsstandards an das Schülerniveau, sondern vielmehr wurde umgekehrt die Zielgruppe der Schüler an das Ausbildungsniveau angepaßt, d.h. die schulischen Voraussetzungen wurden entsprechend höher angesetzt.

Am Kerschensteiner-Institut, dem CTHA und dem CCA reicht die Sekundarschulbildung (bzw. am CCA das Abitur) aus, um der Ausbildung folgen zu können. Es gibt genügend Bewerber, so daß die besten ausgewählt werden können und der Drop-out ist gering. Am CETMA hingegen bei dem sich nur die weniger guten Sekundarschüler bewerben, da die anderen eine Technische Schule vorzie-

---

[16] Das CCA (Kolumbien) stellt einen Sonderfall dar, da hier in Zusammenarbeit mit einer Berufsbildungsorganisation (SENA) eine Technikerausbildung eingeführt wurde.
[17] Einheimische Berufsbilder existieren oft nicht, d.h. es ist nirgendwo kodifiziert, welche Qualifikationen für einen bestimmten Beruf verbindlich sind.

hen, an der auch das Abitur erworben werden kann, gibt es Probleme mit dem Leistungsniveau der Schüler und eine hohe Drop-out-Rate (im ersten Ausbildungsjahr über 50%).

An den Berufsbildungsorganisationen gab es ebenfalls Probleme mit dem Vorbildungsniveau der Schüler. Obwohl nur ein Primarschulabschluß verlangt wurde, konnten viele Bewerber diesen nicht vorweisen, vor allem die Dualschüler. Da die Betriebe gerne ältere, verdiente Mitarbeiter entsandten, die dem Lernprozeß schon entwöhnt waren, traten zusätzliche Probleme auf. Überall hat sich zwar mittlerweile das Durchschnittsalter der Lehrlinge reduziert, die Primarschulen vermitteln jedoch ein so niedriges Ausbildungsniveau, daß sich die Situation nicht grundlegend gewandelt hat. Die fehlenden schulischen Voraussetzungen sind auch ein Grund dafür, daß mittlerweile überall (bis auf die E-C-Ausbildung bei INTECAP) allgemeine Grundbildungsjahre eingeführt wurden.

Während die Drop-out-Raten bei der Facharbeiterausbildung in vollschulischer Form schon immer eher niedrig waren, sind sie bei den kooperativen Ausbildungsarten in der Regel sehr hoch. Eine Vielzahl von Gründen ist hierfür verantwortlich: Neben ökonomischen und familiären Problemen, führen Arbeitsplatzwechsel und Entlassungen sowie die Verweigerung des Berufsschultages durch die Betriebe zu Ausbildungsabbrüchen. Das Ausbildungsniveau ist dabei nicht mehr so entscheidend, da die allgemeine Vorschaltung von vollschulischen Ausbildungsphasen für eine Nivellierung sorgt.

Da deutsche Berufsbilder in der Regel die Lehrpläne (bei der Techniker- und Facharbeiterausbildung) prägten, fehlte nicht nur die Anpassung an das Bildungsniveau der Schüler, sondern auch an die Anforderungen des Arbeitsmarktes. Die jeweiligen ökonomischen und sozio-kulturellen Gegebenheiten der einzelnen Länder sowie die Bedürfnisse der Unternehmen wurden zu wenig berücksichtigt. Lediglich in Guatemala (INTECAP) wurden Arbeitsmarktanalysen durchgeführt und heimische "Berufsbilder" bei der Lehrplangestaltung verwendet. Der Theorieunterricht war oft zu anspruchsvoll (gemessen an den Anforderungen der betrieblichen Arbeit) und bei der praktischen Ausbildung in den Technischen Schulen und bei der Zentrumsausbildung wurden die modernsten Maschinen eingesetzt, die nur in den größten Betrieben dieser Länder zu finden waren, so daß die Abgänger später große Probleme hatten, sich der betrieblichen Realität anzupassen.

Durch die Einführung der Dualausbildung entstand das Problem, daß nicht mehr alle zu einem Berufsbild gehörenden praktischen Tätigkeiten erlernt werden, weil die wenigsten Betriebe dazu in der Lage sind. Da die Lehrlinge nicht ausreichend betreut werden, können die entstehenden Defizite auch nicht zielgerichtet am "Berufsschultag" abgebaut werden. Theoretischer Unterricht und praktische Ausbildung entfernen sich voneinander. Durch zunehmende Betriebskontakte und Erfahrungen mit den ersten Abgängern konnten die Curricula zwar angepaßt werden, doch an dem Grundproblem hat sich nur wenig geändert.

In den Technischen Schulen werden die Rahmenlehrpläne und Curricula, obwohl sie mittlerweile teilweise über 20 Jahre alt sind, nur wenig modifiziert noch immer angewendet. Vor allem am Kerschensteiner-Institut und am CETMA besteht ein dringender Reformbedarf. In den Berufsbildungsorganisationen haben die Lehrpläne immer wieder Anpassungen erfahren, indem die Zentrumsausbildung in duale Ausbildungsformen umgewandelt wurde. Deshalb ist der Reformbedarf dort nicht so groß. Die Programme werden nach wie vor verwendet.

Der Arbeitsmarktbezug der Ausbildung nach Einschätzung der Absolventen geht aus Tabelle 3 (im Anhang), nach Einschätzung der Arbeitgeber aus Tabelle 4 (im Anhang) hervor.

Die Mehrheit der Absolventen, vor allem der Facharbeiter, ist der Meinung, daß sie viel des Erlernten bei ihrem derzeit ausgeübten Beruf verwenden können. Allerdings zeichnen sich auch große Defizite ab. Erstaunlicherweise werden Mängel in der praktisch-technischen Ausbildung von den Absolventen aller Ausbildungsstätten (außer CETMA) am meisten genannt, auch von den Absolventen einer Dualausbildung. Bei den Abgängern Technischer Schulen schlägt negativ zu Buche, daß sie Defizite besonders stark im Bereich "Managementkenntnisse" konstatieren, obwohl sie als mittlere Führungskräfte eingesetzt werden sollen. Hier wird die Ausbildung offensichtlich ihrem Anspruch nicht gerecht.

Dies scheinen auch die Arbeitgeber so zu sehen, die mehrheitlich bei den Absolventen aller geförderten Ausbildungseinrichtungen Mängel feststellen. Bei den genannten Defizitbereichen deckt sich die Einschätzung der Arbeitgeber mit der Selbsteinschätzung der Absolventen. Auch die Arbeitgeber bemängeln vor allem Defizite in der praktisch-technischen Ausbildung (auch bei den Absolventen einer Dualausbildung) sowie insbesondere bei den Abgängern Technischer Schulen im administrativen und organisatorischen Bereich, sowie bei der Fähigkeit Probleme zu suchen und zu lösen.

Die mangelnde Angepaßtheit der Ausbildung an die Arbeitssituation der Betriebe ist nicht zuletzt die Folge einer ungenügenden Zusammenarbeit der Ausbildungsstätten mit den Betrieben. Wie schon ausgeführt, wurden die Ausbildungspläne nach deutschen Vorbildern konstruiert, ohne daß die Unternehmen daran mitgewirkt oder dazu befragt worden wären. Von Anfang an manifestierten sich deshalb Ausbildungsdefizite, die während der Förderzeit und teilweise bis heute nicht vollständig behoben werden konnten.

Von wenigen Ausnahmen abgesehen zeigt die Zusammenarbeit mit den Betrieben über die Zeit hinweg folgenden Verlauf:
- Anfangs bestanden kaum Kontakte.
- Diese wurden durch die deutschen Berater in zum Teil sehr mühevoller Kleinarbeit aufgebaut und erreichten zum Förderende ihren Höhepunkt.
- Da es jedoch nicht gelungen war, die Zusammenarbeit zu institutionalisieren und die Kontakte durch die einheimischen Mitarbeiter nicht ausreichend gepflegt wurden, ist die Zusammenarbeit fast überall auf ein Minimum abgesunken.

Etwas anders ist die Entwicklung in den Ländern verlaufen, in denen Berufsbildungsorganisationen gegründet wurden. Für die Technischen Schulen bedeutete dies immer einen Rückgang der Betriebskontakte. Sobald die Unternehmen dazu verpflichtet worden waren, eine Lohnsummenabgabe zu leisten, reduzierten sie andere Unterstützungsmaßnahmen (wie Praktika, Spenden etc.), die vor allem den Technischen Schulen zugute gekommen waren. Die Kontakte des Kerschensteiner-Instituts und des CTHA haben sich erst in den letzten Jahren wieder intensiviert, nachdem ehemalige Absolventen in den Unternehmen in Führungspositionen aufgerückt sind und wegen der Verbundenheit zu ihrer ehemaligen Schule zu einer Zusammenarbeit bereit sind.

Beurteilung des deutschen Beitrags und Empfehlungen

Die deutschen Konzepte zur Entwicklung der Berufsbildung haben sich über die Zeit hinweg schwerpunktmäßig von einer anspruchsvollen vollschulischen Technikerausbildung über die vollschulische Facharbeiterausbildung hin zu dualen Ausbildungsformen verlagert. Dabei haben Systemberatungskomponenten immer mehr an Bedeutung gewonnen.

Ohne daß die Unterstützungsstrategien irgendwo theoretisch begründet werden, lassen die ausgewählten Förderbereiche, Berufe und Institutionen zumindest implizit modernisierungstheoretische Vorstellungen vermuten. Ausbildung wird als eine wichtige Voraussetzung für die industrielle Entwicklung eines Landes erkannt und für extern beeinflußbar und steuerbar gehalten. Darauf bauen prinzipiell die interventionistischen Eingriffe durch Berufsbildungsprojekte und -programme auf.

In der Umsetzung dieser modernisierungstheoretischen Hintergrundideen lassen sich die Verantwortlichen bisher stark von den Erfahrungen und den Erfolgen des deutschen Berufsbildungssystems leiten, ohne in jedem Fall genügend zu prüfen, ob diese auch auf den fremden sozio-kulturellen Kontext übertragbar sind. Dies hatte zur Folge, daß alle Phasen der deutschen Berufsbildungshilfe bisher stark durch deutsche Vorstellungen und Berufsbilder geprägt wurden. Ohne große Rücksicht auf die Systembedingungen und sozio-kulturellen Rahmenbedingungen eines Landes wurden Konzeptionen entwickelt, die in der Regel weder dem Ausbildungsniveau der Zielgruppe noch den Bedürfnissen des Arbeitsmarktes entsprachen. Aufgrund geringer Kenntnisse des Bildungssystems des Partnerlandes, der Berufszuweisungsprozesse, der unternehmerischen Rekrutierungsstrategien und Berufsanforderungen (Qualifikationsprofile), der Nachfrage auf dem Arbeitsmarkt und des Vorbildungsniveaus der Schulabgänger entstanden zu wenig systemintegrierte Lösungen, die deshalb auch nur wenig Akzeptanz erzielen konnten. Hierzu hat beigetragen, daß die deutschen Berater diese Konzepte in den meisten Fällen alleine erarbeiteten, ohne die Beteiligung von einheimischen Bildungsexperten, ohne Vertreter der Ministerien oder Berufsbildungsorganisationen, ohne die Lehrer in den Ausbildungsstätten und ohne Vertreter von Kammern, Verbänden oder Unternehmen.

Das heißt, ausgehend von einem aus deutscher Sicht festgelegten allgemeinen technischen Standard, wurde der Lernbedarf als Defizit gegenüber diesem Standard definiert. Dieses Defizit kann individueller oder institutioneller Art sein. Aufgrund einer rigiden Handhabung des Standards wurden dann neben verwertbaren Ausbildungsinhalten auch solche vermittelt, die am Arbeitsplatz gar nicht einsetzbar sind. Die Ausbildung erreicht zwar einen sehr guten Qualitätsstandard, wie alle durchgeführten Befragungen bestätigen, doch die Ausbildung wird dadurch unnötig verlängert und verteuert.

Die von deutschen Beratern entwickelten Ausbildungskonzepte sind auf der Techniker- wie Facharbeiterebene geprägt durch:
- die Ausrichtung an deutschen Berufsbildern und Ausbildungsstandards,
- ein hohes Gewicht der praktischen Ausbildung bei geringer Bedeutung der Allgemeinbildung,
- ein teilweise unrealistisch hoch angesetztes Vorbildungsniveau der Schüler/Lehrlinge,
- Instruktionsdidaktik und
- lange Ausbildungszeiten (3 bis 4 Jahre).

Für die Entwicklung bildungs- und arbeitsmarktgerechter Konzepte, sollte in Zukunft die Zusammenarbeit mit allen Zielgruppen (Schülern, Lehrern, Arbeitgebern) intensiviert werden. Um die teilweise hohen Drop-out-Raten zu kompensieren, sollten zunehmend Stufenausbildungskonzepte erarbeitet werden, die sich bewährt haben.

Deutsche Standards und Wertvorstellungen dürfen nicht dazu führen, daß starr an beispielhaften Konzepten festgehalten wird, sondern daß angepaßte Lösungen erarbeitet werden. D.h. es müssen manchmal Kompromisse gegenüber einem als defizitär erkannten System eingegangen werden. Dabei darf es keine Tabus geben. Der "Vollständigkeitsanspruch" der Ausbildung, der einen (für deutsche Verhältnisse) festgelegten Kanon von Wissen und Fertigkeiten für bestimmte Berufe vorsieht, sollte zugunsten realistischer (den Verhältnissen vor Ort entsprechenden) Anforderungen aufgegeben werden.

Dies kann z.B. bedeuten, daß ein Ausbildungskonzept, dessen Defizit in einer zu starken Theoretisierung der Ausbildung liegt und welches deshalb durch eine stärkere Praxisorientierung verändert werden soll, nicht im gewünschten oder (gemessen an deutschen Standards) auch notwendigen Umfang umgearbeitet wird, um stattdessen eine systemadäquate Lösung zu erreichen. D.h. es wird ein Konzept entwickelt, das unter realistischen Bedingungen (Akzeptanz, Kompetenz des Personals, Ausstattung, Kosten etc.) auch von anderen Schulen übernommen werden kann und nicht in erster Linie von außen gesetzten Standards entspricht. Die Einführung einer idealtypischen Ausbildung nützt kaum etwas, wenn sie nicht replizierbar ist. Weitaus mehr Wirkungen können manchmal dadurch erzielt werden, daß geringe Veränderungen für viele herbeigeführt werden, anstelle von großen Veränderungen für wenige.

Dies gilt natürlich auch für die Auswahl der geförderten Sektoren (formeller versus informeller Sektor), Berufe und Zielgruppen, die festzuschreibenden Ausbildungsinhalte, die didaktischen Lehr- und Lernmethoden, die Dauer der Ausbildung, die Verteilung von Diplomen und Abschlüssen etc.

Um innerhalb eines Ausbildungssystems wirkungsvoll mit den Partnern zusammenarbeiten zu können, ist die Kenntnis des Bildungssystems, der Bildungspolitik, des Arbeitsmarktes und der Unternehmensstrukturen eine unbedingte Voraussetzung, da diese wichtige Rahmenbedingungen für Berufsbildungsprojekte setzen. Diesen Bereichen wurde in allen untersuchten Projekten zu wenig Aufmerksamkeit geschenkt.

Die Angepaßtheit der Ausbildungskonzeption an das vorherrschende Ausbildungs- und Wirtschaftssystem eines Landes ist von ausschlaggebender Wichtigkeit für die Durchsetzung und langfristige Implementierung eines solchen Programms oder gar Systems. Davon hängt auch ab, welcher Verbreitungs- oder Wirkungsgrad mit einem strategisch plazierten Projekt erzielt werden kann.

4.7 Modell- und Multiplikatorwirkungen

Für die Nachhaltigkeit eines Projekts ist nicht nur die Etablierung wirkungsvoller und funktionsfähiger Strukturen von Bedeutung sowie die Schaffung von Problemlösungsfähigkeiten, um notwendig werdende Anpassungen an veränderte Umweltbedingungen vornehmen zu können, sondern auch deren regionale und sektorale Verbreitung.

Nach der hier verwendeten Definition können Multiplikatorwirkungen erzielt werden durch die Absolventen der Ausbildung, die weitergebildeten Lehrer sowie durch die Verbreitung von entwickelten Arbeitsunterlagen.

Modellwirkungen entstehen im Idealfall dann, wenn nicht nur einzelne Ausbildungsfragmente von anderen übernommen werden, sondern wenn das gesamte Ausbildungskonzept auf Schulen und Ausbildungsstätten übertragen oder auf andere Ausbildungsgänge ausgedehnt wird.

Bei den untersuchten Projekten ist wieder einmal zwischen Technischen Schulen und Berufsbildungsorganisationen zu unterscheiden. Auf die Multiplikatorwirkungen der Absolventen einer Techniker- oder Facharbeiterausbildung an ihrem Arbeitsplatz oder in ihrem eigenen Betrieb ist schon im Zusammenhang mit der Erörterung der Zielgruppe eingegangen worden. Am erfolgreichsten hat sich hierbei die Technikerausbildung erwiesen. Die Abgänger der Technischen Schulen konnten im Laufe der Jahre mittlere Führungspositionen erreichen. Dadurch verfügen sie über größere Einwirkungsmöglichkeiten auf ihr betriebliches Umfeld als die auf einer unteren Hierarchieebene eingesetzten Absolventen einer Facharbeiterausbildung.

Multiplikatorwirkungen sind auch dadurch entstanden, daß Lehrer und Absolventen als Ausbilder an andere Schulen gewechselt sind und dadurch Teile des Ausbildungskonzepts, der Lehrunterlagen und des didaktischen Materials Verbreitung fanden. Besonders stark war dieser Effekt in Guatemala und Honduras, wo die beiden neu gegründeten Berufsbildungsorganisationen einen Großteil ihres personellen Erstbedarfs aus den Reihen der Lehrer und Absolventen des Kerschensteiner-Instituts und des CTHA's rekrutierten.

In allen geförderten Projekten stellten die ausgebildeten Lehrkräfte wichtige Multiplikatoren dar. Deshalb konnten vor allem in den Projekten, in denen eine systematische Aus- und Fortbildung auch für Lehrer anderer Schulen und Ausbildungsstätten durchgeführt wurde, große Effekte erzielt werden. Dies war vor allem bei den Berufsbildungsorganisationen SECAP, INTECAP und SENA der Fall, nicht jedoch bei den Technischen Schulen. Allerdings konnte die Lehreraus- und Fortbildung bis auf eine Ausnahme nirgendwo institutionalisiert werden. Lediglich das CCA (SENA-Kolumbien) nimmt im nationalen Ausbildungsprogramm Metall (vor allem in der Schweißtechnik) noch eine bedeutende Funktion ein.

Die Verbreitung der Konzepte und Arbeitsunterlagen fand im Bereich der Technischen Schulen fast ausschließlich über die abwandernden Lehrkräfte und die dort ausgebildeten Abgänger statt. Eine exemplarische Entwicklung von Lehr- und Lernmittel, so daß sie auch von anderen technischen Schulen des Landes hätten genutzt werden können, war nicht vorgesehen. Ein zusätzlicher (nichtintendierter) Verbreitungseffekt entstand dadurch, daß die in Honduras und Guatemala für die Technischen Schulen erarbeiteten Unterlagen von den deutschen Experten für den Aufbau der Zentrumsausbildung in den neu gegründeten und geförderten Berufsbildungsorganisationen genutzt wurden.

Die später entwickelten Dual-Programme fanden einen so großen Verbreitungsgrad, daß sogar von einer Modellwirkung gesprochen werden kann. Die in den geförderten Ausbildungsstätten entwickelten Programme wurden in Guatemala, Honduras und Ecuador auf andere Ausbildungszentren der Berufsbildungsorganisationen übertragen. Dadurch gelang eine regionale Verbreitung des dualen Ausbildungssystems. Außerdem wurden die Regionalzentren hinsichtlich ihrer Ausstattung und Organisationsstruktur entsprechend der geförderten "Modellschule" aufgebaut. Eine selbständige sektorale Verbreitung, durch die Übertragung des dualen Ausbildungskonzepts auf andere Berufe, fand nur in Guatemala statt.

Bei den Technischen Schulen ist keine vergleichbare Entwicklung festzustellen. Keine der Schulen konnte Modellwirkung entfalten, alle blieben isolierte Einzelfälle.

Während demnach für die Technischen Schulen überhaupt keine modellfähigen Konzepte entwickelt werden konnten, waren die für die Berufsbildungsorganisationen erarbeiteten Programme weitaus erfolgreicher. Der regionale und sektorale Verbreitungsgrad, die Akzeptanz des Ansatzes und seine institutionelle Absicherung variieren in den einzelnen Ländern allerdings stark. Die Frage nach den Ursachen dieser sehr unterschiedlichen Resultate ist deshalb von besonderer Bedeutung.

Technische Schulen

Da die Technischen Schulen in das formale Erziehungssystem ihres Landes integriert sind, kann die fehlende Modellwirkung dieses Projekttyps nicht auf eine mangelhafte Angepaßtheit an das Bildungssystem zurückgeführt werden. Auch der Einbau von systemfremden Elementen, wie die Verweigerung des Abiturs, das an vergleichbaren Schulen den regulären Ausbildungsabschluß darstellt, war hierfür nicht entscheidend, auch wenn dadurch der Ausbildungsgang bei den Zielgruppen an Attraktivität verlor und es in dieser Frage zu permanenten Konflikten mit den Lehrern der geförderten Einrichtung kam. Doch selbst dort, wo die Hochschulzugangsberechtigung erteilt wurde, wie in Mazatenango (Kerschensteiner-Institut), entstanden keine Modellwirkungen.

Da bei allen Technischen Schulen eine hohe Bewerber- und Abgängernachfrage vorhanden waren, die die Attraktivität und Qualität der Ausbildung belegen, scheiden diese Faktoren ebenfalls als Erklärung aus.

Dies gilt auch für die Akzeptanz des Projektansatzes, der auf allen Ebenen in hohem Maße gegeben war. Die Identifikation mit dem "deutschen" Ausbildungskonzept war sogar derart stark, daß die in Honduras und Guatemala von deutscher Seite beabsichtigten Konzeptionswechsel nicht mitgetragen wurden. Selbst die dort erfolgten Projektabbrüche konnten an dieser totalen Identifikation nichts ändern. Versuche seitens der Erziehungsministerien, nach dem Förderende das "deutsche" Programm durch nationalstaatliche zu ersetzen, scheiterten am Widerstand der Ausbilder.

Die fehlende Modellwirkung der geförderten Technischen Schulen ist vielmehr auf eine, die finanziellen Möglichkeiten der Erziehungsministerien vollkommen übersteigende Konzeption zurückzuführen. Die starke Betonung der praktischen Ausbildung erfordert:
- eine umfangreiche Ausstattung für eine große Zahl von Ausbildungsplätzen,
- vielfältige Verbrauchs- und Übungsmaterialien und
- wegen der intensiven Betreuung, kleine Klassengrößen und deshalb eine größere Zahl von Lehrkräften.

Schon allein die finanziellen Mittel, die für die flächendeckende Einführung einer solchen Ausbildungskonzeption notwendig gewesen wären, konnten von den Erziehungsministerien unmöglich aufgebracht werden. Die daraus resultierenden Folgekosten wären genausowenig finanzierbar gewesen.

Obwohl die Schulen mit dem Anspruch "Pilotprojekte" zu sein aufgebaut worden waren, kümmerten sich die deutschen Berater nicht um die Verbreitungschancen ihres Modells. Statt dessen konzentrierten sie sich darauf, einzelne, gut ausgestattete und funktionierende Ausbildungsstätten zu errichten, mit denen eine qualitativ hochwertige Ausbildung betrieben werden konnte. Offenbar war die Auffassung verbreitet, daß es sich um "Selbstläufer" handeln würde, wenn das Modell erst einmal seine Erfolge unter Beweis gestellt hätte.

Eine Systemvermittlung und -beratung fand auch in den Ländern nicht statt, in denen sie (wie in Honduras, CTHA) direkt nachgefragt worden war. Dabei hätten beide Seiten davon profitieren können. Dem Partner hätten die Vorteile der "deutschen" Ausbildungskonzeption verdeutlicht werden können und die deutsche Seite hätte frühzeitig lernen können, daß "ihr" Modell nicht übertragbar ist. Aus dieser Differenz wären Chancen für die Entwicklung einer angepaßteren Ausbildungskonzeption entstanden, die auch von anderen Technischen Schulen hätte genutzt werden können.

Statt dessen wurde die entwickelte Ausbildungskonzeption durch die deutsche Seite auch noch dadurch desavouiert, daß in Honduras und Guatemala die Träger gewechselt wurden. Damit wurde deutlich signalisiert, daß auch die Deutschen nicht mehr an eine erfolgreiche Verbreitung des Modells bei den Erziehungsministerien glaubten. Heute spielen das CETMA, das CTHA und das Kerschensteiner-Institut konzeptionell keine Rolle mehr in ihren Ländern.

Berufsbildungsorganisationen

Nachdem auch in den Berufsbildungsorganisationen zuerst die kostspielige vollschulische Zentrumsausbildung eingeführt worden war, wurde Mitte der 70er bis Anfang der 80er Jahre in Guatemala, Honduras und Ecuador mit der dualen Ausbildung begonnen. Dabei wurde anfangs auf Systembedingungen keine Rücksicht genommen. Das duale System wurde überall nach deutschem Vorbild, nach dem gleichen Schema eingeführt. Dabei trafen die Projekte - scheinbar eher zufällig - auf ein mehr oder weniger günstiges Umfeld, das sich wie folgt charakterisieren läßt.

In Guatemala herrschten relativ positive System- und Rahmenbedingungen vor:

- Die Einführung einer kooperativen Ausbildungsform war zwar in Guatemala neu, doch zumindest im Handwerk gab es eine Ausbildungstradition, an die angeknüpft werden konnte.
- INTECAP hatte schon vor dem Förderbeginn mit den Betrieben in einer kooperativen Ausbildungsform zusammengearbeitet. Allerdings war das Interesse an einer systematischen Langzeitausbildung nicht sehr stark ausgeprägt, so daß die Arbeitgeber erst mühsam zu einer Kooperation überredet werden mußten.
- Die Akzeptanz dieser Ausbildungsform war auf allen Ebenen INTECAP's gegeben, da die Einsicht vorhanden war, daß die Zentrumsausbildung zu kostspielig ist und deshalb durch ein anderes Ausbildungsmodell ersetzt werden sollte.
- Entscheidend für die flächendeckende Einführung des Systems war zudem, daß es gelang, die angestammte Zentrumsausbildung abzuschaffen. Durch die Entwicklung zweier dualer Ausbildungsformen (mit und ohne Grundbildungsjahr) wurde sichergestellt, daß alle Lehrer an der dualen Ausbildung partizipierten und keine Spaltung des Lehrkörpers in Zentrums- und Dualausbilder eintrat.
- Schließlich war bedeutsam, daß INTECAP zur Zeit der Einführung des dualen Systems noch eine relativ leistungsfähige, flexible und zu Innovationen bereite Trägerorganisation darstellte, die versuchte mit dem dualen System ausbildungspolitisches Profil zu gewinnen.

In Honduras stellten sich die Ausgangsbedingungen weniger gut dar:

- Duale Ausbildungsformen waren in Honduras unbekannt.
- Die Arbeitgeber waren an einer Zusammenarbeit mit INFOP nicht interessiert, den sie für inkompetent, politisiert und linkslastig hielten. Auch der Nutzen einer systematischen Langzeitausbildung konnte ihnen nicht vermittelt werden.
- INFOP selbst zeigte an der dualen Ausbildung ebenfalls kein Interesse. Sie wurde dennoch, ohne aktive Beteiligung des Partners, eingeführt. Bis heute findet das duale System weder bei Schülern noch Lehrern Akzeptanz. Deshalb gelang es auch nicht, die Zentrumsausbildung abzuschaffen, so daß sich eine mächtige Opposition gegen die Dualausbildung formieren konnte.
- Zudem erwies sich INFOP als ein organisatorisch nicht gerade leistungsfähiger Träger.

In Ecuador waren die Ausgangsbedingungen wiederum anders gelagert:

- Zwar waren auch in Ecuador kooperative Ausbildungsformen unbekannt, doch eine bestehende Handwerkstradition mit bis zur Meisterausbildung geregelten Ausbildungsgängen, stellten beste Voraussetzungen für die Einführung des dualen Systems dar.
- Die Handwerksbetriebe zeigten deshalb eine große Bereitschaft zur Mitarbeit, die Industriebetriebe hingegen weniger. Da jedoch nur Unternehmen mit mehr als 5 Beschäftigten zur Zahlung der Lohnsummensteuer verpflichtet sind, ist der SECAP gehalten, Programme für die abgabepflichtigen Betriebe durchzuführen. Deshalb wurde das Handwerk zunehmend vernachlässigt, obwohl es eine wesentliche Stütze bei der Einführung des dualen Systems darstellte.
- Der SECAP selbst war auf allen Ebenen nicht an der dualen Ausbildungsform interessiert. Sie wurde dennoch gegen den Widerstand der meisten Ausbilder eingeführt. Da die Zentrumsausbildung nicht eliminiert werden konnte, blieb die Dualausbildung marginal.
- Nicht zuletzt stellte auch die geringe Leistungsfähigkeit des Trägers ein zentrales Hindernis für die Einführung der Dualausbildung dar.

Die Projekte wurden demnach in ganz unterschiedlich beschaffenen Umwelten aufgebaut. Die besten Ausgangsbedingungen waren in Guatemala gegeben, die durch einen qualifizierten deutschen Beitrag genutzt wurden, der sich vor allem auszeichnete durch:
- ein kompetentes Team vor Ort,
- Trägerförderung und Systemberatung,
- gute Zusammenarbeit,
- Partnerpartizipation,
- intensive CP-Schulung,
- Aufbau der Betriebskontakte zusammen mit dem Partner (allerdings keine organisatorische Einbindung der Betriebe, keine Meisterkurse oder betriebliche Ausbilderschulung),
- Interventionen auf der operativen als auch Systemberatungsebene.

Das Vorhandensein günstiger Rahmenbedingungen und eines kompetenten deutschen Beitrags führten dazu, daß es in Guatemala, als einzigem der untersuchten Länder gelang, das duale System dauerhaft einzuführen.

In Honduras wies der deutsche Beitrag erhebliche Mängel auf:
- unzureichende Trägerförderung und Systemberatung,
- keine Entscheidungsbeteiligung des Partners bei der Einführung des dualen Systems,
- insgesamt geringe Partnerpartizipation,
- keine organisatorische Einbindung der Betriebe, keine Meisterkurse, keine betriebliche Ausbilderschulung,
- geringe organisatorische Einbindung der dualen Ausbildungsform innerhalb des INFOP (Enklavenstellung).

Trotz intensiver CP-Ausbildung und der Überzeugungsarbeit in den Betrieben, konnte in Honduras das duale System nur sehr rudimentär aufgebaut werden. Hierzu fehlten auch nahezu alle Voraussetzungen und der deutsche Beitrag war nicht dazu angetan die negativen Ausgangsbedingungen dauerhaft zu verändern.

In Ecuador war der deutsche Beitrag gut geplant, doch traten bei der Durchführung Probleme auf. Positiv zu bewerten ist,
- daß gleichzeitig Projekte auf der operativen und systemberatenden Ebene durchgeführt wurden,
- daß die Unternehmen durch Meisterkurse und Betriebsausbilderschulungen aktiv eingebunden wurden und
- daß die CP's intensiv geschult wurden.

Negativ wirkte sich aus:
- die geringe Entscheidungsbeteiligung und Partizipation des Partners,
- die in späteren Jahren sehr konfliktreiche Zusammenarbeit,
- die geringe organisatorische Einbindung der dualen Ausbildungsform.

Daß sich das duale System in Ecuador nicht durchsetzen konnte, liegt vor allem an der Inkompetenz des Trägers und der mangelnden Akzeptanz des Ansatzes bei der Führungsspitze und einem Großteil des SECAP-Personals. Bestehende Handwerkstraditionen sowie ein interessiertes betriebliches Umfeld hätten hingegen bessere Voraussetzungen geboten als in anderen Ländern.

Die in der Dualausbildung bis zum Förderende erreichten Erfolge sind - zwar in unterschiedlichem Umfang - jedoch in allen drei Ländern, stark bedroht. Folgende Gründe sind dafür verantwortlich:
- Die nach wie vor sehr geringe Akzeptanz des Ansatzes bei den Berufsbildungsorganisationen (außer bei INTECAP).
- Nirgendwo ist es gelungen, ein nationales Werbe- und Informationssystem für die duale Ausbildung aufzubauen. Die "Promotion" des Systems obliegt allein den Dualausbildern, die in den größeren Betrieben in der Regel nicht bis zu den verantwortlichen Führungskräften vordringen.
- Da nicht genügend Personal und Mittel (Kfz, Benzin) für Betriebsbesuche bereitgestellt werden, leidet sowohl die Promotion als auch die Supervision (Seguimiento). Damit fehlt ein wichtiges systematisches Element der Dualausbildung. Es kommt zu willkürlichen Beurteilungen der praktischen Fähigkeiten der Lehrlinge, Defizite in der praktischen Ausbildung können nicht erkannt und ausgeglichen werden, der Kontakt zu den Betrieben läßt nach und der Träger diskreditiert sich, da er seine eigenen Ausbildungsverpflichtungen nicht erfüllen kann.
- Eine Aus- und Weiterbildung für betriebliche Ausbilder fehlt nach wie vor. Dort wo Kurse angeboten wurden (SECAP, INFOP) mußten sie wegen mangelnden Interesses der Arbeitgeber wieder eingestellt werden.

Empfehlungen

Die untersuchten Fälle machen deutlich, daß die Einführung eines Ausbildungssystems ein sehr komplexes Unterfangen ist, dessen Gelingen an notwendige Bedingungen geknüpft ist:
- Die Akzeptanz des Projektansatzes bei der Führung und dem Personal des Projektträgers muß gegeben sein. Dabei ist weniger entscheidend, ob der Partner an der Entwicklung der Konzeption mitgewirkt hat, als die Überzeugung, daß der Ansatz eine brauchbare Problemlösung darstellt. Aber natürlich fördert Partizipation die Akzeptanz.
- Vor der Einführung eines Modells oder gar Systems, sind die sozio-kulturellen und systemischen Voraussetzungen genauestens zu prüfen. Fehlen diese, wird besser von der Verwirklichung eines solchen systembezogenen Ansatzes abgesehen, da es sich um Rahmenbedingungen handelt, die nur sehr langfristig, in einem jede Projektlaufzeit übersteigenden Zeitrahmen, verändert werden können. Die Durchführung nicht systembezogener "bescheidenerer" Berufsbildungsprojekte kann in diesem Fall natürlich dennoch sehr nützlich sein.
- Bei der Einführung von kooperativen Ausbildungsmodellen ist die Bereitschaft der Arbeitgeber zur Zusammenarbeit unverzichtbar.
- Stellen sich die äußeren Rahmenbedingungen auch noch so günstig dar, fehlt aber ein leistungsfähiger Träger, dann ist die landesweite Verbreitung eines Ausbildungsmodells ebenfalls kaum zu bewerkstelligen.

4.7 Modell- und Multiplikatorwirkungen

- Sind alle diese Voraussetzungen gegeben oder können durch die deutsche Förderung kurzfristig hergestellt werden, kann ein Projekt eine Initialzündung bewirken. Dabei ist eine auf Partizipation ausgelegte Zusammenarbeit am erfolgversprechendsten. Besonders wichtig ist die Verknüpfung operativer mit systemberatenden Maßnahmen. Die Systemberatung als eigenständige Aufgabe wurde bisher viel zu sehr vernachlässigt.

Die Multipkikatorwirkungen könnten in allen Fällen dadurch stark vergrößert werden, daß an den geförderten Ausbildungsstätten Lehreinheiten für die landesweite Aus- und Weiterbildung von Lehrern dauerhaft etabliert werden. Dadurch ließe sich die Ausbildungsqualität an einer Vielzahl von Schulen gleichzeitig und nachhaltig verbessern.

Dieser Effekt könnte auch durch die, während der Förderzeit entwickelten, Ausbildungsunterlagen erzielt werden, wenn diese so erarbeitet würden, daß sie an möglichst vielen anderen vergleichbaren Technischen Schulen und Ausbildungsstätten im Lande einsetzbar sind. Diesem Aspekt wurde in den untersuchten Projekten zu wenig Aufmerksamkeit geschenkt. Aufgrund mangelnder Koordination, werden statt dessen immer wieder aufs neue Lehr- und Lernmittel mit einem besonderen Perfektionsanspruch entwickelt und an die spezifischen Bedürfnisse der geförderten Ausbildungseinrichtung angepaßt anstelle auf allgemeine Verwertbarkeit zu achten.

5. Gesamtergebnis und Ausgangsbedingungen

5.1 Eine kumulierte Erfolgs- und Nachhaltigkeitsbilanz

Nachdem für die Untersuchungsbereiche Organisation, Finanzen, Ausstattung, Personal, Zielgruppe und Ausbildungskonzept gezeigt wurde, welche Strukturen aufgebaut und welche Problemlösungskapazitäten unter welchen Bedingungen mit deutscher Hilfe geschaffen wurden, wie sie heute noch funktionieren, welche Modell- und Multiplikatorwirkungen sie erzielt haben und welche Empfehlungen sich daraus ableiten lassen, soll jetzt der Versuch unternommen werden, eine Gesamtbilanz für die einzelnen Projekte zu erstellen, indem die Befunde aus den einzelnen Bereichen kumuliert werden, um sie in eine Rangfolge zu bringen.

Dabei wird so vorgegangen, daß zu den drei Bewertungszeitpunkten für jedes Projekt die ausgewählten 20 bzw. 22 Indikatorenwerte (vgl. Aufstellung 4) aufsummiert und durch ihre Anzahl dividiert werden. Der so gebildete Outputindex B gibt das Ausgangsniveau zum Förderbeginn an, Outputindex F markiert den erreichten Stand zum Förderende und Outputindex E stellt das zum Evaluierungszeitpunkt noch vorgefundene Niveau dar. Zuerst wird ein ungewichteter Index berechnet, d.h. alle 22 bzw. 20 Indikatoren gehen mit dem gleichen Gewicht in die Berechnung ein. (Vgl. Tabelle 5 im Anhang.)

In Schaubild 27 sind die Ergebnisse hierfür grafisch dargestellt. In der Vertikalen ist der Index abgebildet, der auf der hier verwendeten 11stufigen Skala basiert, die von 1 (sehr schlecht) bis 10 (sehr gut) reicht. In der Horizontalen ist die Zeitachse abgetragen, so daß der Projektbeginn (B), die Laufzeit bis zum Förderende (F) und die Zeit bis zum Evaluierungszeitpunkt (E) abgelesen werden können.

Deutlich sind die drei unterschiedlichen Förderphasen zu erkennen:
- Mitte der 60er Jahre wurde mit der Förderung der drei Technischen Schulen (Kerschensteiner-Institut, CTHA und CETMA) sowie mit der Technikerausbildung bei SENA begonnen.
- Anfang der 70er Jahre begann die Förderung der Berufsbildungsorganisationen (INFOP, INTECAP, SECAP), zuerst noch mit einer vollschulischen Facharbeiterausbildung.
- Anfang der 80er Jahre wurden schließlich die Projekte zur Implementierung dualer Ausbildungssysteme unterstützt (INFOP, INTECAP, SECAP).

Weiterhin sind aus der Grafik die unterschiedlichen Ausgangsniveaus erkennbar. Vorhaben, für die Ausbildungsstätten neu gegründetet wurden (Kerschensteiner, CTHA, CETMA, SECAP-Quito und SECAP-Cuenca, INFOP-Tegucigalpa-Zentrum), haben in der Regel ein niedrigeres Ausgangsniveau als die Projekte, die schon auf vorhandene Einrichtungen und Strukturen aufbauen konnten.

Unabhängig vom Ausgangsniveau und Durchführungszeitraum zeigen die Kurven (bis auf zwei Ausnahmen) einen steilen Anstieg der Indizes bis zum Förderende. Dies kann dahingehend interpretiert werden, daß es in diesen Projekten während der Förderzeit gelungen ist, eine markante Situationsverbesserung (alle Bereiche kumuliert!) herbeizuführen. Die Projekte, die schon auf einem

5.1 Erfolgs- und Nachhaltigkeitsbilanz

Schaubild 27: Kumulierte Bewertung der untersuchten Projekte
(ungewichtete Outputindizes)

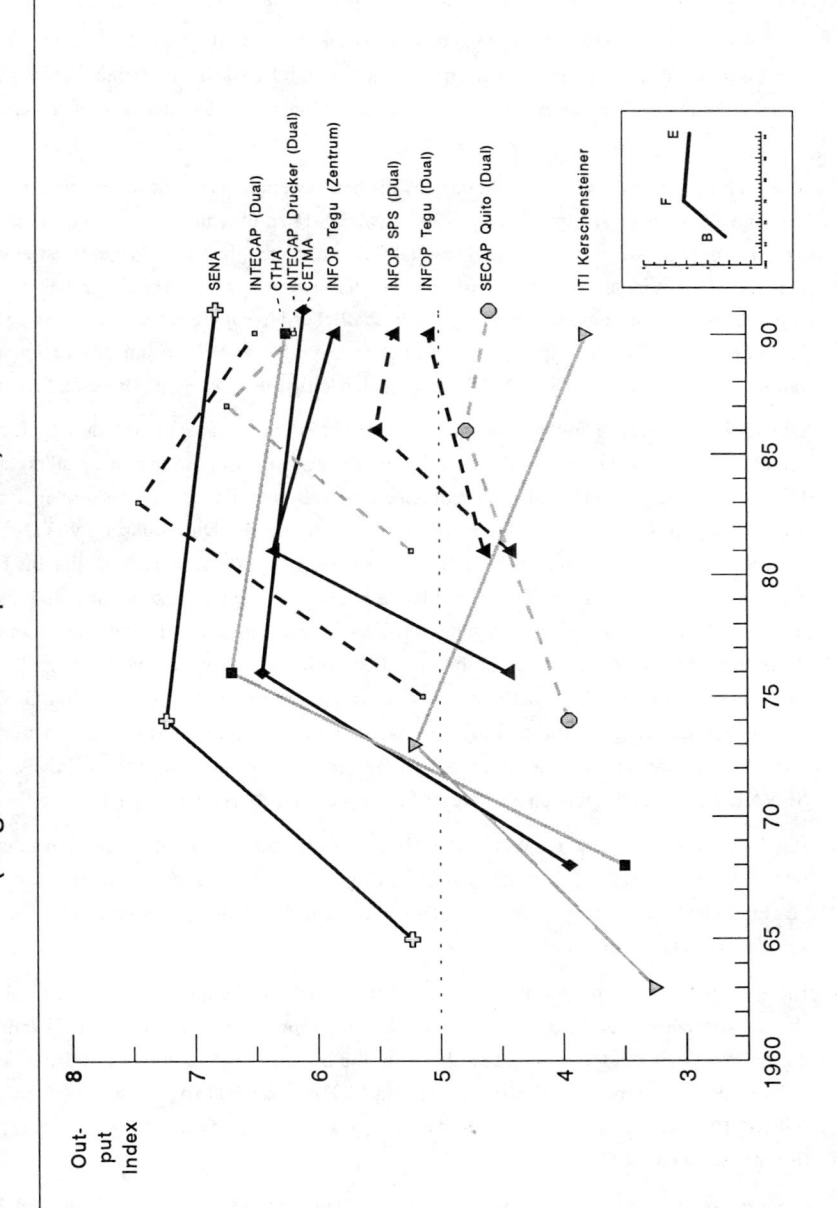

hohen Ausgangsniveau begannen, erreichten dabei auch die höchsten Werte bis zum Förderende (SENA, INTECAP-Dual, INTECAP-Drucker). Die absolut stärksten Anstiege verzeichnen (von einem niedrigeren Niveau aus) das CTHA und CETMA.

Eine Ausnahme bilden die Dualprojekte von INFOP (Tegucigalpa) und SECAP (Quito), deren Kurven bis zum Förderende deutlich flacher verlaufen und demnach kaum eine Ausgangsverbesserung erzielen konnten. Dies deutet darauf hin, daß sie insgesamt betrachtet, von eher geringer Wirkung waren.

Wie sich die Projekte vom Förderende (F) bis heute weiterentwickelt haben, ist am Kurvenverlauf bis zum Evaluierungszeitpunkt (E = 1990 bzw. 1991) zu erkennen. Dabei wird deutlich, daß kein Projekt auf sein Ausgangsniveau (B) zurückfällt, aber auch, daß kein Projekt den einmal zum Förderende (F) erreichten Stand halten oder gar verbessern konnte. Allerdings haben viele Projekte selbst über längere Zeiträume hinweg, ein beachtliches Niveau aufrecht erhalten, was für die Nachhaltigkeit dieser Projekte spricht. Es handelt sich hierbei vor allem um die Technischen Schulen (außer Mazatenango) und SENA. Dies sind gleichzeitig die ältesten, geförderten Projekte.

Die stärksten Verluste mußten die mit den Berufsbildungsorganisationen durchgeführten Projekte (außer SENA) hinnehmen. Bei diesen zeigt die Kurve seit dem Förderende am stärksten nach unten. Dies dürfte mit den geschilderten Problemen aller Berufsbildungsorganisationen (mit Ausnahme von SENA) sowie mit den besonderen Problemen, die bei der Durchführung von Dualprogrammen auftreten, zu erklären sein. Da das Förderende dieser Projekte zumeist erst vier bis fünf Jahre zurückliegt und dennoch zum Teil schon höhere Indexrückgänge zu verzeichnen sind als bei den Projekten, die in den 60er Jahren begannen (außer Mazatenango), stellt dies insgesamt keine guten Aussichten für die Zukunft dar. Sollten die Berufsbildungsorganisationen ihre große Krise, in der sie sich seit einigen Jahren befinden, nicht durch gravierende Reformen in den Griff bekommen, wird die Nachhaltigkeit dieser Projekte massiv gefährdet sein. Darüber hinaus dürfte es immer zweifelhafter werden, ob die untersuchten Berufsbildungsorganisationen INTECAP, INFOP und SENA derzeit überhaupt noch als Partner für die Zusammenarbeit in Frage kommen.

Ein Blick auf die absoluten Werte, die bis zum Förderende bzw. zum Evaluierungszeitpunkt erreicht wurden, macht deutlich, welche Projekte - gemessen an dem hier konstruierten "Outputindex" - am erfolgreichsten waren und die größte Nachhaltigkeit entwickelten. Deutlich lassen sich zwei Gruppen erkennen:

Die erfolgreicheren Projekte erreichen auf der hier verwandten 11stufigen Skala zum Förderende Werte zwischen 7,5 und 6,5 und zum Evaluierungszeitpunkt zwischen 6,8 und 6,1 Indexpunkte. Bei diesen Projekten handelt es sich vor allem um die beiden Berufsbildungsorganisationen SENA und INTECAP sowie um die Technischen Schulen CTHA und CETMA. Auch das Zentrumsprojekt mit INFOP (vollschulische Facharbeiterausbildung) kann noch dieser Gruppe zugerechnet werden (Rangpositionen 1-6).

Die weniger erfolgreichen und weniger nachhaltigen Projekte umfassen neben dem Kerschensteiner-Institut die Vorhaben mit den Berufsbildungsorganisationen INFOP und SECAP

(Rangpositionen 7-11). Diese Projekte erreichen bis zum Förderende nur Indexwerte zwischen 5,6 und 4,8 Punkte und zum Evaluierungszeitpunkt zwischen 5,4 und 3,8 Punkte. Es fällt auf, daß es sich bei diesen Projekten um Vorhaben jüngeren Datums handelt (mit Ausnahme des Kerschensteiner-Instituts), die allesamt die Einführung des dualen Systems zum Ziel hatten[1].

Wie sich die beiden Gruppen in den einzelnen Bereichen voneinander unterscheiden, ist holzschnittartig in Aufstellung 8 zusammengefaßt.

Bisher gingen alle Indikatoren gleichwertig in die Berechnung der Indexwerte ein. Davon kann jedoch auch abgewichen werden, denn für die Bedeutung des Erfolgs und der Nachhaltigkeit eines Projekts, sind einige Indikatoren höher zu bewerten als andere.

So kann z.B. die Auslastung der Ausbildungsstätte, die Fluktuation des Ausbildungspersonals oder die organisatorische Autonomie des Ausbildungszentrums als weniger bedeutsam eingestuft werden als die organisatorische Leistungsfähigkeit des Trägers, die Kompetenz des Ausbildungspersonals, die Ausbildungsrendite, die die Abgänger erzielen, der Arbeitsmarktbezug der Ausbildung und der Umfang der erzielten Modell- und Multiplikatorwirkungen. Die einzelnen Indikatoren können deshalb nach ihrer unterschiedlichen Bedeutung gewichtet werden. Hier wurde folgende Gewichtung vorgenommen:

Aufstellung 7: Gewichtung der Nachhaltigkeitskomponenten

Nachhaltigkeitskomponenten	Anzahl der Indikatoren	Gewicht insgesamt
Organisation	4	10
Finanzen	3	5
Ausstattung	4	4
Personal	4	10
Zielgruppe	2	6
Konzeption	3	10
Modell- und Multiplikatorwirkungen	2	10
Summe	22	55
Anm.: Durchschnittliches Gewicht pro Indikator 2,5 Indexpunkte		

Diese Form der Gewichtung stellt natürlich nur eine Möglichkeit unter vielen dar. Auch andere sind denkbar und können begründet werden. Verschiedene Versuche haben ergeben, daß nur ganz ex-

---

[1] Die angegebenen Indexwerte sollten keinesfalls überintepretiert werden. Sie dienen lediglich dazu, die Projekte in eine Rangfolge zu bringen, um ihre relativen Lagen miteinander vergleichen zu können.

Aufstellung 8: Zusammenfassende Bewertung von Projektgruppen zum Evaluierungszeitpunkt nach Bereichen

	Die "Nachhaltigeren"		Die weniger "Nachhaltigeren"
	Berufsbildungsorganisationen INTECAP, SENA	Technische Schulen CTHA, CETMA	Berufsbildungsorganisationen INFOP, SECAP und die Technische Schule Kerschensteiner (K.)
Organisation	+ relativ autonome und leistungsfähige Träger (- INTECAP mit großen Schwächen) + funktionsfähige Ausbildungsstätten mit geringer Autonomie	+ relativ autonome, leistungsfähige Ausbildungsstätten	- geringere organisatorische Leistungsfähigkeit und geringe Autonomie + höchstens mittelmäßig funktionierende Ausbildungsstätten mit geringer Autonomie
Finanzen	+ ausreichende Mittelversorgung (- aber INTECAP mit Folgekostenproblemen) - keine Selbstfinanzierungsmechanismen	- keine ausreichende Mittelversorgung durch den Träger - Folgekostenprobleme + funktionierende Selbstfinanzierungsmechanismen	- prinzipiell genügend Mittel, aber große administrative Probleme und einschränkende Haushaltsrichtlinien. (- K. finanziell unterversorgt) - Folgekostenprobleme (+ außer INFOP) - keine Selbstfinanzierungsmechanismen
Ausstattung	+ funktionsfähige und angemessene Ausstattung - Probleme bei Ersatz- und Neuinvestitionen	+ funktionsfähige und angemessene Ausstattung - Probleme bei Ersatz- und Neuinvestitionen	+ funktionsfähige und angemessene Ausstattung (- außer K.) + Ersatz- und Neuinvestitionen über ausländische Kredite (- außer K.)
Personal	+ kompetent u. qualifiziert (- hohe Fluktuation bei INTECAP) + hohe Akzeptanz des Projektansatzes	+ kompetent u. qualifiziert + hohe Akzeptanz des Projektansatzes	- abnehmende Kompetenz u. Qualifikation - sehr geringe Akzeptanz der Dualausb. (+ K. hohe Akzeptanz der Zentrumsausb.)
Zielgruppe	+ hohe Ausbildungsrendite (bei SENA mittelmäßig)	+ Ausbildungsrendite gut (CTHA) bis mittelmäßig (CETMA)	+ gute Ausbildungsrendite
Konzeption	+ dem Arbeitsmarkt angepaßt (- bei SENA ungenügend)	+ dem Arbeitsmarkt angepaßt (- bei CETMA ungenügend)	+ dem Arbeitsmarkt teilweise angepaßt (- bei K. ungenügend)
Multiplikatorwirkungen	+ viele	+ mittelmäßig	+ viele
Modellwirkungen	+ hoch (SENA mittelmäßig)	- keine	+ mittelmäßig (- K. keine)

Stockmann 1992

treme Gewichtsveränderungen die skizzierte Rangfolge der Projekte entscheidend verändern, da die meisten Indikatoren interdependent sind.

Deshalb zeigen auch die in Schaubild 28 dargestellten Projektverläufe kein grundsätzlich anderes Bild. Nach wie vor liegen die beiden Berufsbildungsorganisationen INTECAP und SENA sowie die Technischen Schulen CTHA und CETMA (zusammen mit der INFOP-Zentrumsausbildung) im oberen Bereich (Rangpositionen 1-6) und die Dualprojekte mit SECAP und INFOP sowie die Kerschensteinerschule befinden sich im unteren Bereich (Rangpositionen 7-11). Die für das ungewichtete Modell getroffenen Aussagen gelten deshalb prinzipiell auch dann, wenn durch einen Gewichtungsfaktor bestimmte, entwicklungspolitisch als besonders bedeutsam erscheinende Komponenten stärker berücksichtigt werden.

Die Rangfolge der Projekte im Hinblick auf den zum Förderende erreichten Stand und seine Nachhaltigkeit verändert sich auch dann nicht wesentlich, wenn die Differenz zwischen den Ausgangsniveaus (B) und den Endniveaus (E) gebildet wird (E-B). Dadurch lassen sich die langfristig erreichten Veränderungen quantifizieren, die als "Nachhaltigkeitswerte" interpretiert werden können. Werden diese Differenzen in eine Rangfolge gebracht, dann sind erneut die beiden bekannten Gruppen zu erkennen, mit den beiden Berufsbildungsorganisationen SENA und INTECAP sowie den Technischen Schulen CTHA und CETMA (zusammen mit dem Dualprojekt SECAP-Cuenca, die Rangpositionen 1-5) auf der einen Seite und den Projekten mit INFOP, SECAP und der Kerschensteiner-Schule auf der anderen Seite. Dieses Ergebnis gilt sowohl auf der Basis der gewichteten als auch ungewichteten Indizes, d.h., die Rangfolge der Projekte scheint insgesamt recht stabil zu sein, unabhängig davon, welche Basis für die Hierarchisierung herangezogen wird.

5.2 Der Projektbeitrag

Neben den Outputindikatoren, die die Veränderung relevanter projektinterner und -externer Dimensionen im Zeitverlauf anzeigen sollen, wurde hier auch eine Reihe von "Input-Indikatoren" ausgewählt, die die Qualität der einzelnen Inputleistungen, im wesentlichen des deutschen Beitrags, während des Planungs- und Durchführungsprozesses beschreiben sollen (vgl. Kap. 3). Die 12 verwendeten Einzelindikatoren wurden ebenfalls zu einem Gesamtindex zusammengefaßt, um die Qualität der Inputleistungen mit dem Erfolg (bis zum Förderende) und der Nachhaltigkeit (bis zum Evaluierungszeitpunkt) des Projekts vergleichen zu können.

Die These, daß Projekte mit sehr guten Partnerleistungen und einem kompetenten deutschen Projektbeitrag zu einem erfolgreichen und nachhaltigen Projekt führen würden, trifft nicht immer zu. Die Rangkorrelationen des Inputindex mit dem gewichteten wie ungewichteten Outputindex betragen zum Förderende 0,63 bzw. 0,52 und zum Evaluierungszeitpunkt 0,6 bzw. 0,49. Die Maßkorrelationskoeffizienten erreichen zum Förderende 0,41 bzw. 0,36 und zum Evaluierungszeitpunkt 0,52 bzw. 0,50.

Schaubild 28: Kumulierte Bewertung der untersuchten Projekte
(gewichtete Outputindizes)

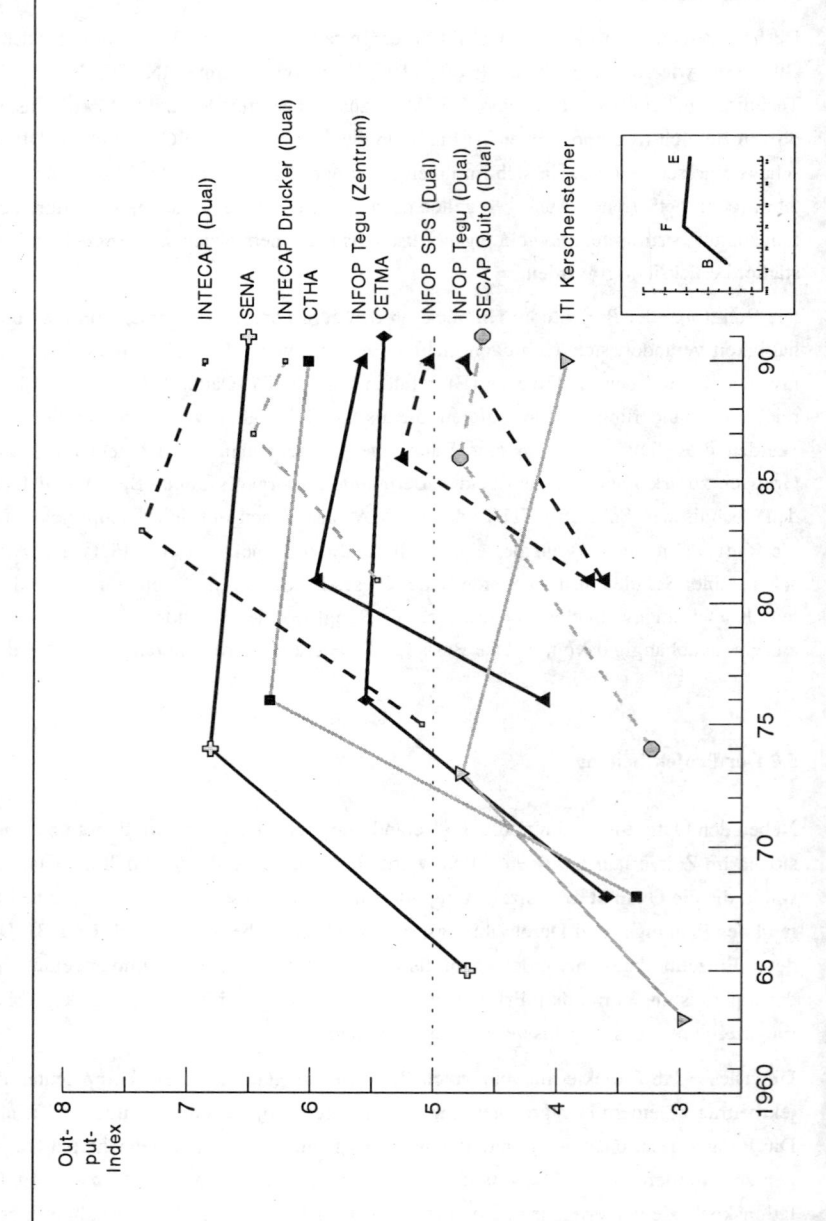

Dies ist jedoch auch nicht weiter verwunderlich, da die externen Rahmenbedingungen natürlich einen entscheidenden Einfluß auf das Projektergebnis ausüben. So kann auch in den Fällen, in denen der Index gute Inputleistungen andeutet, ein nicht befriedigendes Nachhaltigkeitsergebnis entstehen, wie dies bei SECAP-Cuenca, SECAP-Quito und INFOP-Tegus-Zentrum zu beobachten ist. Die ungenügende organisatorische Leistungsfähigkeit dieser Träger, die geringe Kooperationsbereitschaft der Arbeitgeber, fehlende Gesetze, Traditionen oder andere wichtige Rahmenbedingungen können in der Regel nicht durch einen zeitlich, personell und materiell sehr begrenzten Beitrag substituiert werden.

Wie zu erwarten war, konnte in den Fällen, in denen sowohl die Umfeldbedingungen als auch die Inputleistungen positiv beurteilt wurden, ein über dem Durchschnitt liegendes Nachhaltigkeitsergebnis erzielt werden (INTECAP-Dual, INTECAP-Druck, CETMA). Umgekehrt erreichten die Projekte, in denen die Umfeldbedingungen und die Inputleistungen unter dem Durchschnitt lagen kein befriedigendes Nachhaltigkeitsergebnis (INFOP-Tegus-Dual, INFOP-SPS, Kerschensteiner).

Es gibt aber auch Projekte, die höchstens mittelmäßige Inputindizes aufwiesen (CTHA und SENA) und dennoch, gemessen an den verschiedenen Outputindizes, jedesmal in der Spitzengruppe der erfolgreichen und nachhaltigen Projekte vertreten sind.

Dies ist für SENA leicht zu erklären, denn das Projekt wurde zuerst mit einem anderen Träger (einer privaten Stiftung) durchgeführt. Planung und Durchführung des Projekts bekamen besonders schlechte Bewertungen, die jedoch nichts mit SENA zu tun haben.

Das CTHA ist ein Beispiel dafür, wie trotz insgesamt mittelmäßiger Inputleistungen (negativ waren vor allem: schlechte Planung und Durchführung, Projektabbruch, keine Systemberatung) aufgrund sehr positiver Umfeldbedingungen (hohe Autonomie der Schule, stabile Personalsituation, sehr hohe Akzeptanz des Projektansatzes, gute Zusammenarbeit mit den Betrieben u.a.) eine leistungsfähige und allgemein anerkannte Schule aufgebaut werden konnte.

5.3 Der Planungs- und Durchführungsprozeß

5.3.1 Bewertung der bisherigen Praxis

Auf die Bedeutung einzelner Faktoren, wie z.B. die Systemberatung für die Erzielung von Modellwirkungen, die Organisations- und Managementberatung für die Steigerung der Leistungsfähigkeit des Trägers, die Zusammenarbeit und Partizipation für die Akzeptanz der Projektkonzeption, die CP-Schulung für die Personalqualifizierung usw. wurde schon mehrfach im Zusammenhang mit den Projektprofilen (Kap. 3) als auch bei der Querschnittsbetrachtung (Kap. 4) eingegangen. Bisher unbehandelt blieb allerdings die Bedeutung des Planungs- und Durchführungsprozesses für den Erfolg und die Nachhaltigkeit eines Projekts.

In allen bisher vorgelegten Nachhaltigkeitsstudien wird die Projektplanung als ein wichtiger Faktor für die Erzielung eines nachhaltigen Projektergebnisses hervorgehoben. *Die hier durchgeführte*

Untersuchung rechtfertigt hingegen den Schluß, daß eine "gute", d.h. eine an die Realität angepaßte Planung, weder eine notwendige, noch eine hinreichende Bedingung für die Nachhaltigkeit eines Projekts darstellt.

Diese These wird durch die Beobachtung gestützt, daß erfolgreichen und nachhaltigen Projekten keineswegs immer eine gelungene Planungsphase vorausging und umgekehrt, daß auch gut geplante Projekte nicht immer Nachhaltigkeit erzielten.

Von den wenigen Projekten, deren Planung positiv bewertet wurde, erreichte nur das CETMA ein insgesamt über dem Durchschnitt liegendes Nachhaltigkeitsergebnis. Bei den meisten untersuchten Projekten wurde die Planung hingegen als "unterdurchschnittlich" oder "schlecht" beurteilt. Dennoch konnten auch diese Projekte - zumindest auf einigen Dimensionen - Nachhaltigkeit erzielen und bis heute positive Wirkungen entfalten. Die insgesamt erfolgreichsten und nachhaltigsten Projekte (SENA, INTECAP, CTHA) weisen sogar allesamt ungenügende Planungsgrundlagen auf.

Für fast alle untersuchten Projekte liegen keine qualifizierten Feasibility-Studien vor. In den meisten Fällen werden die bestehenden Verhältnisse nicht ausreichend untersucht und Probleme falsch eingeschätzt. Vor allem deshalb, weil zumeist Träger-, Zielgruppen-, Bedarfs- und Systemanalysen fehlen oder weil die durchgeführten Studien große Mängel aufweisen. Obwohl die für Feasibility-Studien zur Verfügung stehende Zeit immer sehr knapp bemessen ist, werden den Gutachtern oft zu viele und zu anspruchsvoll formulierte Aufgaben gestellt.

Bei den untersuchten Berufsbildungsprojekten fällt zudem auf, daß die meisten Studien von einem recht kleinen Kreis von Experten durchgeführt wurden. Immer wieder werden hierfür in anderen Projekten tätige und ehemalige Projektleiter eingesetzt, oder Experten, die dann später selbst die Leitung des zu prüfenden Projekts übernehmen. Aber auch die von "unabhängigen" Gutachtern erstellten Prüfberichte sind oft viel zu optimistisch abgefaßt[2]. Es fehlen kritische Analysen mit realitätsbezogenen Schlußfolgerungen. Häufig werden in den analysierten Berichten Empfehlungen auf der Basis zahlreicher positiver Annahmen gegeben, die jeden Realitätsbezug übersteigen, und oft durch die selbst dargelegten Fakten und kritischen Randbemerkungen nicht zu rechtfertigen sind[3].

Die festgestellten Mängel gelten nicht etwa nur für ältere Projekte sondern auch für neuere, so z.B. für die in den 80er Jahren durchgeführten Projekte INTECAP-Grafisches Gewerbe (bis 1987), INFOP-SPS (bis 1986) und das INFOP-Dual-Projekt (bis 1991), sowie für die hier nicht behandel-

---

[2] Die Untersuchung hat es mit sich gebracht, daß mehrere hundert Berichte gelesen werden mußten. Dabei fällt auf, daß selten eine klare Sprache gesprochen wird. Dies gilt in besonderem Maße für die Projektberichterstattung. Ein Vergleich der Interviewaussagen mit der Aktenanalyse macht dies deutlich. Im historischen Vergleich fällt auf, daß die älteren Berichte zwar meist unsystematisch aufgebaut sind, aber oft (nicht immer!) informativer sind als die jüngeren Berichte. Die an der ZOPP-Systematik ausgerichteten Projektfortschrittsberichte und Projektfortschrittskontrollen haben sehr an Lesbarkeit eingebüßt. Nicht selten degenerieren sie zu semantischen Übungen, in denen zwischen Oberziel, Projektziel, Ergebnissen und Aktivitäten unterschieden wird. Seit die Textverarbeitung mit Computer erfolgt, ist eine weitere Verschlechterung zu konstatieren. Die Berichte werden immer umfangreicher. Um die im Vergleich zum Vorbericht neuen Informationen zwischen den "alten" Textstellen zu entdecken, ist jedoch ein ungeheurer Leseaufwand erforderlich.

[3] Manchmal gewinnt der Leser den Eindruck, daß die Gutachter hoffen, daß die Rezipienten des Berichts zwischen den Zeilen zu lesen vermögen.

ten Projekte SECAP-Meisterausbildung (bis 1992) und INFOP-Druckerausbildung in S.P.S. (bis 1991).

Die Güte der Planungsunterlagen könnte natürlich durch eine Steigerung des zeitlichen, personellen und materiellen Aufwands verbessert werden. Doch ob sich dieser Mehraufwand auch tatsächlich in besseren Durchführungsresultaten niederschlagen würde, darf zumindest bezweifelt werden. Die Vorstellung, daß Interventionen in einer komplexen Umwelt planbar und ihre möglichen Konsequenzen vorausschaubar seien, hat sich nämlich in der Vergangenheit als ziemlich unrealistisch herausgestellt. Die Gründe hierfür liegen vor allem darin, daß Planung grundsätzlich auf einer sehr unsicheren Grundlage durchgeführt werden muß, die zudem permanenten Veränderungen unterliegt. Zukünftige Entwicklungen lassen sich per se nur schwer prognostizieren, insbesondere in Entwicklungsländern in denen verläßliche Daten zumeist fehlen.

Weil die Planungsphase deshalb immer das hohe Risiko in sich birgt, die Realität nicht richtig erfaßt zu haben, sollten die Planungsergebnisse als vorläufig betrachtet werden und die Handlungsfreiheit nicht zu sehr einschränken. *Eines der zentralen Ergebnisse dieser Untersuchung ist nämlich, daß Flexibilität in der Projektdurchführung ein Qualitätsmerkmal nachhaltig erfolgreicher Projekte zu sein scheint.* Durch eine kompetente und flexible Steuerung in der Durchführungsphase konnten wesentliche Planungsmängel ausgeglichen werden. Zu rigides Festhalten an einer möglicherweise sogar unter hohem Aufwand erstellten Planungsgrundlage kann deshalb zu kontraproduktiven Ergebnissen führen, wenn dadurch die notwendige Flexibilität in der Durchführung behindert wird. Daß dafür automatisch die Anforderungen an die Kompetenz der Berater steigen, ist klar.

Die Projektsteuerung hat vor allem dann gute Erfolge gezeigt, wenn die Verantwortlichen (Partner, BMZ, GTZ-Zentrale und GTZ-Durchführungsteam) rasch zu einem Konsens gelangten. Dieser konnte früher oft in gemeinsamen Projektevaluierungen noch vor Ort hergestellt werden. Mühsame, nachträgliche Überzeugungsprozesse entfielen. Heute werden Konzeptionsänderungen schon dadurch erschwert, daß Abweichungen von der Projektplanungsübersicht (PPÜ) zumindest erklärungsbedürftig sind, in gravierenden Fällen durch die GTZ-Zentrale sanktioniert oder im Extremfall gar durch das BMZ genehmigt werden müssen. Dies schränkt die Handlungsfreiheit vor Ort stark ein. In Einzelfällen führt dies sogar dazu, daß eine "doppelte Projektführung" entsteht. Eine, die der Projektplanungsübersicht (PPÜ) formal entspricht und eine, die informell den Bedürfnissen, den Umsetzungsfähigkeiten oder dem Willen des Partners angemessen ist.

Wenn Flexibilität in der Durchführung, als kompetente Anpassung an das von der Zielgruppe Gewünschte und Machbare, ein zentrales Erfolgskriterium ist, dann müssen das zur Zeit bei der GTZ praktizierte Planungs- und Durchführungsverfahren sowie das hierfür verwendete ZOPP-Instrumentarium daraufhin betrachtet werden, inwieweit sie Flexibilität zulassen.

In den letzten Jahren wurde in der GTZ vor allem das Planungsinstrumentarium perfektioniert. Um realitätsnäher und angemessener planen zu können wurde eine abstrakte, auf Logik und Rationalität basierende Methode entwickelt, die "Zielorientierte Projektplanung" (ZOPP)[4].

ZOPP dient als ein Mittel, um "aus der Wirklichkeit, die komplex und eigentlich unüberschaubar ist, modellhaft Ausschnitte herauszuarbeiten, die einer weiteren Planung und Bearbeitung durch Gruppen zugänglich sind" (ZOPP, Einführung in die Grundlagen, GTZ 1987). Aus dem großen Puzzle der komplexen Wirklichkeit werden Realitätsausschnitte herausgelöst, in eine Hierarchie gebracht, zusammengeführt, zueinander in Beziehung gesetzt und daraus ein begreifbares Modell konstruiert.

Dabei tritt allerdings das Problem auf, daß das entwickelte Konzept in hohem Maße von den an ZOPP beteiligten Personen bestimmt wird und deshalb die Realität in sehr unterschiedlichem Grade widerspiegeln kann. Die Auswahl der einzelnen Puzzlestücke hängt u.a. davon ab
- wie hoch der Informationsstand der Beteiligten ist,
- welche persönlichen Präferenzen die Beteiligten haben, welcher Profession sie angehören, welche Entwicklungstheorie sie vertreten,
- ob der Partner des Empfängerlandes seine Vorstellungen bei diesem Verfahren qualifiziert artikulieren kann,
- inwieweit der ZOPP-Moderator den Diskussionsprozeß in eine bestimmte Richtung lenkt, etc.

D.h. das ZOPP-Ergebnis, zuletzt in eine Projektplanungsübersicht (PPÜ) gegossen, hängt von vielen Unwägbarkeiten ab, die allen Beteiligten bekannt sind. Umso erstaunlicher ist es, welche Bedeutung diese Planungsmethode in der GTZ erringen konnte. Planungs- und Durchführungsunterlagen, Projektberichterstattung und Fortschrittskontrollen wurden dem ZOPP-Schematismus angepaßt.

Während ZOPP als ein Brainstorming-Verfahren unstrittig zu kreativen Ergebnissen führt und zur Problem- und Zielbildung beiträgt, kann ZOPP dann zu einer Gefahr für eine flexible Projektdurchführung werden, wenn die am Ende einer Planungsphase formulierte Projektplanungsübersicht (PPÜ) zur dominierenden Handlungsgrundlage avanciert, die davon abweichendes Verhalten erklärungsbedürftig macht, Rechtfertigungszwänge schafft und letztlich zur Meßlatte für Projekterfolg oder -mißerfolg wird[5].

Dies ist jedoch nur eine logische und folgerichtige Konsequenz dieser Planungsphilosophie. Gerade dann, wenn Planung für die Grundlage des Projekterfolgs gehalten wird, muß auf die Einhaltung der vorgegebenen Richtlinien geachtet und ein entsprechendes Kontrollinstrumentarium entwickelt

---

[4] Keines der untersuchten Projekte war von Anfang an mit der ZOPP-Methode durchgeplant worden. Allerdings konnte festgestellt werden, daß die wenigen, auf ZOPP basierenden Operationspläne sich nicht realitätsnäher als herkömmliche, weniger strukturierte und fixierte Durchführungspläne zeigten. Manchmal führten sie sogar zu zusätzlichen Zielkonflikten oder verwandelten latent vorhandene Zielkonflikte in manifeste. Wenn versucht wurde, die Operationspläne zu rigide umzusetzen, dann brachte dies neue Probleme. Oft waren die Operationspläne nicht durch den Partner sanktioniert.

[5] Vgl. den Soll-Ist-Vergleich in jeder Projektfortschrittskontrolle.

werden. Dabei kann in Vergessenheit geraten, daß die aus einem ZOPP resultierende Projektplanungsübersicht auf einer sehr unsicheren Informationsgrundlage, in einer sehr künstlichen Situation erarbeitet wurde und im Grunde auch jederzeit wieder veränderbar ist. Es besteht die Gefahr, daß eine Projektplanungsübersicht dann zu einem Handlungskorsett erstarrt, das die Flexibilität des Projektteams bei der Durchführung maßgeblich beeinträchtigt und damit kontraproduktiv wird.

Vor dem Hintergrund der hier ermittelten Befunde, daß "gute" Planungsunterlagen nicht immer zu den gewünschten Ergebnissen geführt haben und "schlechte" Planungsstudien erfolgreiche und nachhaltige Projekte nicht verhinderten, sowie angesichts der grundsätzlichen Zweifel an der Planbarkeit und den Möglichkeiten der Folgenabschätzung von Interventionen in komplexen Systemen, sollte die bisherige, von ZOPP geprägte Planungs- und Durchführungspraxis überdacht werden.

Insbesondere wenn Planung und Durchführung als ein kontinuierlicher, ineinandergreifender Prozeß betrachtet werden, liegt es nahe, Planung und Durchführung konzeptionell und methodisch zu integrieren, indem das herkömmliche Verfahren modifiziert wird. Folgende Vorgehensweise wird vorgeschlagen:

5.3.2 Ein dezentraler, integrierter Planungs- und Durchführungsmodus

Am Anfang eines Projekts sollte nicht mehr wie bisher, ein detaillierter formaler Planungsprozeß stehen, der wesentlich charakterisiert ist durch
- einen hohen Einfluß der Zentrale (ZOPP),
- wichtige Parametersetzungen fremder Kurz-Gutachter (Feasibility-Studien),
- geringe Beteiligung von Partnerinstitutionen oder gar der Zielgruppen,
- eine insgesamt zu geringe Kenntnis der speziellen Situation vor Ort.

Anstelle einer solchen, durch hohe Unsicherheiten geprägten Planungssituation sollte ein Planungsprozeß treten, der direkt mit der Durchführung verbunden ist. Dies kann dadurch erreicht werden, daß Planung vor allem im Partnerland gemeinsam mit den Betroffenen stattfindet. Hierzu sollte ein interdisziplinäres Planungsteam entsandt werden, das lediglich mit einigen groben Zielvorgaben ausgestattet ist und das die Freiheit hat, alle wesentlichen Entscheidungen, die für die Durchführung wichtig sind vor Ort zu treffen. Zum Beispiel:
- Festlegung der Unterziele (Facharbeiter oder Techniker),
- Trägerauswahl (Halbstaatliche Berufsbildungsorganisationen oder Kammern),
- Zielgruppe (Primaria- oder Sekundariaabschluß),
- Ausstattung (moderne oder traditionelle Techniken), etc.

Während einer solchen, dezentralisierten Planungsphase wird die Planung zu einem Bestandteil der Durchführung[6]. In dieser Phase sollte das Experimentieren erlaubt sein. Wenn sich z.B. die Kammer X entgegen den Erwartungen (der Planung) als nicht leistungswillig oder -fähig herausstellt, wird ein Trägerwechsel vorgenommen. Wenn sich Ziele als unrealistisch oder mit dem Partner für

---

[6] ZOPP kann dabei durchaus, als ein Planungsinstrument neben anderen, einen wichtigen Beitrag leisten.

nicht durchsetzbar erweisen, werden sie verändert. In einem solchen von "try und error" geprägten Planungsstadium werden Alternativen vor Ort erprobt und nicht nur theoretisch erwogen. Während einer nicht zu knapp (mindestens mehrere Monate) bemessenen Phase, findet ein *kontinuierlicher Anpassungsprozeß an das Machbare* statt, bei dem der Partner direkt eingebunden ist. In dieser Planungsphase wird die Durchführung erprobt. Da es noch keine detaillierten Vereinbarungen zwischen den Partnern gibt, verhindern auch keine bürokratischen Hürden diesen gegenseitigen Abstimmungsprozeß.

Diese Vorphase der Durchführung - der *"Feasibility-Pretest"* - stellt keine Pilotphase[7] dar, in der ein bestehendes Konzept auf seine Durchführung hin geprüft wird, sondern ein "Experimentierstadium", in dem Konzepte, Träger und Gruppen auf ihre Durchführungsfähigkeit bzw. -willigkeit und Motivation hin alternativ getestet werden. Um den komplexen Umweltbedingungen eines Projekts Rechnung zu tragen, sollten interdisziplinäre Teams eingesetzt werden, bestehend aus Praktikern und Theoretikern sowie einheimischen und externen Experten, die verschiedene Disziplinen abdecken. Zusätzlich könnten für Spezialfragen auch Kurzzeitexperten herangezogen werden. Da das Team vor allem konzeptionelle und planerische Aufgaben zu lösen hat, kann es sich personell von dem späteren Durchführungsteam *teilweise* unterscheiden[8].

Am Ende dieser Entwicklungsphase sollte ein mit dem Partner erarbeitetes Projektkonzept stehen, das eine realitätsnähere und an die örtlichen Verhältnisse und Systembedingungen angepaßtere Lösung darstellt, als dies durch die bisher verwandte Planungspraxis möglich ist. Dabei wäre für den weiteren Projektverlauf von besonderer Bedeutung, daß notwendige Anpassungsprozesse nicht durch bürokratische Hürden in der Durchführung erschwert werden.

5.3.3 Die Nachbetreuung

Der ursprünglich entwickelten Lebenszyklusperspektive entsprechend sollten nicht nur Planung und Durchführung als ein kontinuierlicher, integrativer Prozeß verstanden werden, sondern auch die Zeit nach dem Förderende, wenn die deutschen Berater das Projekt verlassen haben. In dieser Phase kommt der Nachbetreuung eine entscheidende Funktion zu.

In den untersuchten Projekten konnte festgestellt werden, daß die Nachbetreuung auf die Nachhaltigkeit eines Projekts erheblichen Einfluß nimmt. Zudem zeigte sich, daß nur dort eine Nachbetreuung stattfindet, wo auch das Förderende sukzessive vorbereitet wurde.

Bei einem abrupt herbeigeführten Förderende - zumeist ausgelöst durch Zielkonflikte, bei denen der Partner nicht dem deutschen Konzept folgen wollte (CTHA, Mazatenango) - wurden auch dann keine Nachbetreuungsmaßnahmen durchgeführt, wenn noch genügend Restmittel vorhanden waren.

---

[7] In der GTZ werden bereits Projekte mit vorgeschalteter Pilotphase erprobt.
[8] Ein kompletter Teamwechsel wäre wenig sinnvoll, da dadurch das mittlerweile beim Partner gewonnene Vertrauen, das wesentlich von personellen Beziehungen abhängt, gefährdet werden könnte.

5.3 Der Planungs- und Durchführungsprozeß

In den Fällen, in denen es zu solchen Maßnahmen kam, wurde in der Regel das Auftreten von Problemen verhindert, die normalerweise mit einiger Zeitverzögerung regelmäßig in den durchgeführten Projekten zu beobachten sind.

Es handelt sich dabei vor allem um Ersatzteilprobleme, die wegen der vorhandenen Importabhängigkeit aus finanziellen und noch mehr aus administrativen Gründen nicht bewältigt werden können. Außerdem setzt regelmäßig ein kontinuierlicher Kompetenzverlust des Ausbildungspersonals ein, da es in den untersuchten Ländern keine oder nur ungenügende Weiterbildungsmöglichkeiten für technische Lehrer gibt und während der Durchführung keine entsprechenden Einrichtungen aufgebaut wurden. Zudem veralten die Curricula und werden zu wenig an Weiterentwicklungen angepaßt. Diese Probleme werden durch Nachbetreuungsaktivitäten (Ersatzteile, Stipendien, Kurzzeitexperten-Einsätze) zumindest gemildert bzw. aufgeschoben. Teilweise konnten durch Nachbetreuungsmaßnahmen nachträglich auch versäumte Maßnahmen nachgeholt werden, so z.B. die erfolgreiche Einführung von Selbstfinanzierungsmechanismen beim CTHA durch einen Kurzzeitexperten.

Besonders positiv auf die Projektentwicklung wirken sich die GTZ-Nachbetreuungsmaßnahmen bei CETMA aus, für das noch umfangreiche Restmittel zur Verfügung standen. SENA profitiert von der intensiven Partnerschaft mit der DSE. Im Kerschensteiner-Institut, dem einzigen Projekt, in dem es keine Nachbetreuung gab, mußten die größten Einbußen nach dem Förderende hingenommen werden.

Machen die Nachbetreuungsaktivitäten nur einen geringen Umfang aus oder werden sie eingestellt, dann treten die bekannten Probleme mit entsprechender Zeitverzögerung auf. Das heißt, durch eine Nachbetreuung können vor allem der Ausstattungszustand der Werkstätten sowie die Kompetenz der Ausbilder und damit die Ausbildungsqualität zwar noch eine längere Zeit auf dem zum Förderende erreichten Niveau gehalten werden. Doch der während der Durchführung versäumte Aufbau funktionierender Strukturen und Problemlösungskapazitäten (finanzielle Stabilität, administrative Kompetenz, Aus- und Weiterbildungseinrichtungen etc.) kann durch Nachbetreuungsaktivitäten nur noch in Ausnahmefällen nachgeholt werden.

Mit diesen Überlegungen zur Bedeutung von Planung, Durchführung und Nachbetreuung für die Nachhaltigkeit von Projekten, schließt sich der Kreis der Lebenszyklusbetrachtung, die von den erreichten Resultaten und Wirkungen ausging und aus dem Verlauf der Projektgeschichte, den rahmensetzenden Umweltbedingungen, den Partneraktivitäten und dem deutschen Beitrag zu ergründen versuchte, in welchen Dimensionen die untersuchten Projekte Nachhaltigkeit erzielen konnten und welche Gründe dafür verantwortlich sind.

Abschließend sollen einige wesentliche Ergebnisse und Empfehlungen noch einmal zusammengefaßt werden. Außerdem wird kurz der Frage nachgegangen, inwieweit diese Erkenntnisse auf andere Bereiche und Sektoren übertragbar sind.

6. Zusammenfassung der Ergebnisse

Die vorliegende Untersuchung richtete sich an drei theoretischen Überlegungen aus: Einem simplen systembezogenen Wirkungsmodell, einem mehrdimensionalen Nachhaltigkeitsbegriff und einem Lebenszyklusmodell für Entwicklungsprojekte. Darauf aufbauend wurde ein Analyseinstrumentarium ausgearbeitet mit dem die Entwicklung der einzelnen Projekte im Zeitverlauf beschrieben und ihre Nachhaltigkeit bewertet werden konnte. Vor dem Hintergrund der jeweiligen Rahmenbedingungen und des deutschen Beitrags wurde zu ergründen versucht, welche Faktoren für den Erfolg eines Projekts bis zum Förderende und seine Nachhaltigkeit verantwortlich sind. Im Anschluß daran wurden entsprechende Empfehlungen formuliert.

Die Untersuchungsmethode war in zweifacher Weise vergleichend angelegt. In historischer Perspektive wurden die Ausgangsbedingungen eines Projekts mit dem zum Förderende erreichten Ergebnis und dem zum Evaluierungszeitpunkt angetroffenen Zustand verglichen, da nach dem Lebenszyklusmodell die Nachhaltigkeit eines Projekts aus den Bedingungen, Entscheidungen, Ressourcen, implementierten Strukturen und geschaffenen Problemlösungsfähigkeiten in der vorausgegangenen Projektgeschichte zu erklären ist. In einer Querschnittsperspektive wurden die Projekte miteinander im Vergleich analysiert, um die Nachhaltigkeit innerhalb einzelner Bereiche festzustellen. Nachhaltigkeit wird hier nicht als ein generelles Projektphänomen angesehen, sondern als ein auf verschiedenen Ebenen meßbares Ergebnis. Deshalb wurde die Projektentwicklung innerhalb von Bereichen wie Organisation, Finanzierung, Ausstattung, Personal, Zielgruppe und Ausbildungskonzeption dahingehend untersucht, welche Strukturen und Problemlösungskapazitäten geschaffen wurden, die die Nachhaltigkeit eines Projekts ausmachen und die durch entsprechende Modell- und Multiplikatorwirkungen verbreitet werden.

Durch diese Betrachtungsweise wird deutlich, daß Projekte auf verschiedenen Dimensionen Nachhaltigkeit erzielen können. Erfolgreiche Projekte zeichnen sich nun dadurch aus, daß sie in möglichst vielen Bereichen nicht nur Strukturen schaffen, sondern auch die Fähigkeit vermitteln, diese sich immer wieder verändernden Umweltbedingungen anzupassen. Nach diesem "verschärften" Beurteilungskriterium zeigte sich, daß in vielen Bereichen zwar problemadäquate Strukturen aufgebaut werden konnten, nicht aber Problemlösungskapazitäten. Diese sind es jedoch, die erst eine Hilfe zur Selbsthilfe ermöglichen. Deshalb ist zu beobachten, daß in allen Projekten zwar bis zum Förderende eine deutliche Leistungssteigerung eintritt, diese bis zum Evaluierungszeitpunkt jedoch regelmäßig wieder abnimmt.

Es fällt auf, daß die Projekte mit den Technischen Schulen (außer Mazatenango) und SENA im gesamten betrachtet nicht nur auf vielen Dimensionen eine Verbesserung erzielt, sondern daß sie den erreichten Standard auch über die Zeit hinweg weitgehend halten konnten. Unterstützend wirkten sich bei CETMA (Mexiko) und SENA (Kolumbien) die intensiven Nachbetreuungsmaßnahmen aus und am CTHA die Etablierung eines funktionstüchtigen Selbstfinanzierungsmechanismus. Gleichzeitig handelt es sich bei diesen Projekten historisch um die älteren Projekte, die in den sechziger bis Mitte der siebziger Jahre durchgeführt wurden.

6. Zusammenfassung der Ergebnisse

Zu den weniger nachhaltigen Projekten gehören alle Projekte, die die Einführung des dualen Ausbildungssystems zum Ziel hatten. Eine Ausnahme stellt INTECAP dar, das mit zu den erfolgreichsten Vorhaben zählt. Den "Dual-Projekten" ist gemeinsam, daß sie alle mit Berufsbildungsorganisationen durchgeführt wurden. Diese speziell für die Berufsbildung gegründeten halbstaatlichen Institutionen befinden sich seit einigen Jahren allesamt (mit Abstrichen auch SENA) in einer großen organisatorischen Krise, die sich kurz charakterisieren läßt, durch eine Zunahme des politischen Drucks, massive Führungs- und Managementprobleme, defizitäre Verwaltungsstrukturen und den Verlust qualifizierten Personals. Diese Krise der Träger ist ein Hauptgrund für die in den letzten Jahren bei INFOP, SECAP und INTECAP zu beobachtenden Rückschritte in der Stabilisierung oder gar Verbreitung der Dualausbildung.

Werden die Modellwirkungen betrachtet, die von den einzelnen Projekten ausgingen, dann ergibt sich eine umgekehrte Erfolgsbilanz. Während alle Dualausbildungsprojekte, konzeptionell und teilweise auch organisatorisch, als Modell für zahlreiche andere Ausbildungsstätten der einzelnen Berufsbildungsorganisationen dienten, konnten die Technischen Schulen keinerlei Modellwirkung entwickeln. Die Verbreitung des jeweils beispielhaft in einer Schule implementierten Ausbildungskonzepts scheiterte vor allem an den Kosten, die für keinen Träger finanzierbar waren. Zudem unterblieb jegliche Systemberatung, so daß weder dem Partner die Vorteile des "Modells" einer praxisbezogenen Ausbildung vermittelt werden konnten, noch die deutsche Seite frühzeitig erkannte, daß sie nur isolierte "Eliteschulen" aufbaute.

Die über die Berufsbildungsorganisationen eingeführte Dual-Ausbildung entfaltete sowohl regionale als auch sektorale Modelleffekte. Allerdings waren nur in Guatemala so gute Ausgangsvoraussetzungen gegeben (Vorläufer einer kooperativen Ausbildung vorhanden, Handwerkstradition, hohe Akzeptanz des Ansatzes, damals noch ein relativ leistungsfähiger Träger), daß der kompetente deutsche Beitrag Initialwirkungen entfalten konnte und sich das duale Ausbildungsmodell auf breiter Basis bei gleichzeitiger Abschaffung der vollschulischen Ausbildungsform durchsetzte.

In Honduras waren kaum Voraussetzungen für die Einführung des dualen Systems gegeben (keine entsprechende Tradition, kein Interesse der Arbeitgeber an dem Ausbildungsmodell, keine Akzeptanz des Ansatzes bei INFOP, leistungsschwache Trägerorganisation). Dennoch wurde die duale Ausbildung gegen den Widerstand des Partners eingeführt. Der deutsche Beitrag konnte die negativen Ausgangsbedingungen kaum verändern, so daß die duale Ausbildung in Honduras größte Probleme aufweist und voraussichtlich nicht von Bestand sein wird.

Das Vorhandensein einer Handwerkstradition und ein interessiertes betriebliches Umfeld, stellten in Ecuador günstige Ausgangsbedingungen für die Einführung des dualen Systems dar. Diese konnten jedoch nicht genutzt werden, weil der Ansatz auf allen Ebenen SECAP's keine Akzeptanz fand und weil die organisatorische Leistungsfähigkeit des Trägers extrem eingeschränkt ist. Der gut geplante deutsche Beitrag konnte daran nichts ändern.

Durch die Krise der Berufsbildungsorganisationen ist die Weiterführung der dualen Programme in allen Ländern gefährdet, am meisten in Honduras und Ecuador.

Die Erfahrungen aus den untersuchten Projekten zeigen, daß die Einführung eines Ausbildungssystems an einige Bedingungen geknüpft zu sein scheint, die unbedingt erfüllt sein müssen, wenn nachhaltige Modellwirkungen erzielt werden sollen:
- Das (zu implementierende) Ausbildungssystem muß sich in das sozio-kulturelle Umfeld eines Landes einpassen.
- Der Projektansatz muß bei der Führung und dem Personal des Trägers akzeptiert sein und aktiv unterstützt werden.
- Bei kooperativen Ausbildungsmodellen ist die Bereitschaft der Betriebe zur Mitarbeit unverzichtbar.
- Der Träger, der für die Durchführung verantwortlich ist, muß ein gewisses Kompetenzniveau aufweisen.
- Der deutsche Beitrag kann nur dann initialzündend wirken, wenn operative und systemberatende Maßnahmen miteinander verknüpft werden. Dabei muß vor allem die bisher noch immer vernachlässigte Systemberatungskomponente erheblich verstärkt werden.

Multiplikatorwirkungen konnten in allen Projekten über die Abgänger, die ausgebildeten Lehrer und die (meist indirekte) Verbreitung von Ausbildungsunterlagen erzielt werden. Systematische Multiplikatoreffekte wie die Aus- und Fortbildung von Lehrern anderer Schulen oder die Erarbeitung allgemein verwendbarer Ausbildungsunterlagen und didaktischer Hilfsmittel fanden hingegen selten statt (keine Projektziele). Die dauerhafte Institutionalisierung der Aus- und Weiterbildung technischer Lehrer gelang in keinem Projekt. Hier bieten sich für die Zukunft erfolgsträchtige Betätigungsfelder an, die stärker beachtet werden sollten.

In den anderen untersuchten Projektbereichen wurden folgende Befunde ermittelt und Empfehlungen gegeben:

Organisation
Die Untersuchung belegte, daß die organisatorische Leistungsfähigkeit eines Projektträgers eine zentrale Variable für die Umsetzungschancen eines Programms und seine Nachhaltigkeit ist. Dennoch wurde die Organisations- und Managementberatung in allen Projekten vernachlässigt.

Die Zusammenarbeit im Berufsbildungsbereich fand entweder mit den Technischen Schulen der Erziehungsministerien oder mit Berufsbildungsorganisationen statt. Beide übergeordneten Trägergruppen weisen große organisatorische Defizite auf, die sich im Zeitverlauf, mit der Expansion dieser Institutionen noch vergrößert haben.

Durchgängig konnte festgestellt werden, daß institutionelle und politische Autonomie sich ausgesprochen positiv auf die Leistungsfähigkeit der untersuchten Organisationen auswirken.

Trotz der erkannten Defizite sind Träger mit landesweiter Präsenz dann für die Zusammenarbeit nützlich, wenn systemverändernde Wirkungen, z.B. durch die Einführung neuer Berufsbildungsformen, angestrebt werden. Allerdings darf der Träger dabei ein Mindestmaß an organisatorischer Kompetenz nicht unterschreiten. SECAP und INTECAP sind augenfällige Beispiele dafür, wie die

Durchführung und Nachhaltigkeit solcher Maßnahmen durch die nicht ausreichende Kompetenz der Träger gefährdet oder gar verhindert werden kann.

Auf der Ebene der Ausbildungsstätten haben die deutschen Berater zumeist stärkeren Einfluß auf die Organisationsstrukturen genommen, da sich die meisten Zentren erst im Aufbau befanden. Organisatorische Lösungen hatten dann Bestand und wurden dann vom Partner weiterentwickelt, wenn die dafür erforderlichen Strukturen von Anfang an zumindest gemeinsam von einheimischem und deutschen Mitarbeitern ausgefüllt wurden, so daß ein Training "on the job" stattfinden konnte. Eine gezielte, systematische, administrative oder managementbezogene Ausbildung fand jedoch in keinem der untersuchten Projekte statt. Entsprechende Berater wurden nicht entsandt.

Besonders positiv auf die langfristige Funktionsfähigkeit der Organisationsstrukturen hat sich ausgewirkt, wenn mittlere Führungsebenen für koordinative und organisatorische Aufgaben sowie für die Durchführung von Arbeits- und Qualitätskontrollen aufgebaut wurden. Durch die Etablierung stabiler Führungsstrukturen auf der Arbeitsebene konnten häufige Leitungswechsel an der Spitze ausgeglichen werden.

Die Schaffung umfangreicher und detaillierter Organisationsmittel hat hingegen nur wenig Erfolg gezeigt, da informelle Regelungen wichtiger sind als formelle.

Die Nutzung von Interventionsmöglichkeiten des Teamleiters, aufgrund seiner strukturbedingt machtvollen Stellung, zur Umgehung langwieriger Entscheidungswege, zum Überspielen von Bürokratien etc. wirken sich - wenn überhaupt - nur kurzfristig positiv aus. Abgesehen davon, daß dadurch die Zusammenarbeit stark belastet wird, kann sich ein solches Vorgehen langfristig als ausgesprochen kontraproduktiv auf die Erzielung nachhaltiger Effekte auswirken. Dies gilt auch für die Einführung von Sonderregelungen und Vergünstigungen (wie "topping up", regelmäßige Zahlung von Überbrückungsgeldern, Übernahme von Partneraufgaben etc.). Dadurch entsteht eine künstliche Projektsituation, die zu Fehlschlüssen verleiten kann.

Auch bei den Ausbildungsstätten hat sich institutionelle Autonomie positiv auf die Leistungsfähigkeit dieser Organisationen ausgewirkt.

Finanzen

Im Finanzbereich zeigte sich, daß die Erziehungsministerien die größten Probleme aufweisen. Die durch die implementierten (allerdings sehr kostspieligen) Projekte verursachten Kosten konnten in keinem Fall getragen werden. Einige Technische Schulen sind noch nicht einmal in der Lage, die notwendigen Betriebsmittel und das Ausbildungsmaterial in ausreichendem Umfang zu beschaffen.

Doch selbst bei den, über eine Lohnsummensteuer, prinzipiell ausreichend mit Mitteln versorgten Berufsbildungsorganisationen treten Finanzprobleme auf, allerdings vor allem wegen administrativer Schwächen und allgemeiner haushaltsrechtlicher Regeln (Investititonsbeschränkungen, Ausgabensperren etc.).

Der deutsche Beitrag zur Etablierung einer tragfähigen Finanzierungskonzeption war in allen Projekten eher gering. Nur in einigen Fällen wurden Eigeneinnahmen durch Produktionsarbeiten erwirtschaftet. Nach dem Förderende wurden diese Arbeiten in fast allen Fällen wieder eingestellt, weil die Lehrkräfte zu wenig davon profitierten (Nebenverdienst), die Verwendung der Gelder nicht klar geregelt war oder die autonome Verwaltung der Eigeneinnahmen nicht gestattet wurde. Außerdem waren die Lehr- und Verwaltungskräfte während der Förderzeit zu wenig in die Akquisition, Organisation und Abwicklung von Produktionsaufträgen eingebunden worden, so daß sich nicht ausreichend institutionelles "Know-how" bilden konnte.

Für die ordnungsgemäße Durchführung der Ausbildung muß sichergestellt werden, daß zumindest ausreichend Betriebsmittel und Verbrauchsmaterial zur Verfügung stehen und die Maschinen und Geräte instandgehalten werden können. Hierfür sollten in Zukunft viel stärker als bisher während der Förderzeit tragfähige Finanzierungskonzepte mit Hilfe von Selbstfinanzierungsmechanismen entwickelt werden. Neben Produktionsarbeiten und Dienstleistungen (z.B. Laborprüfungen) gegen Entgelt oder zur Verrechnung gegen Material- und Sachlieferungen sollten verstärkt auch Aus- und Weiterbildungskurse für Unternehmenspersonal angeboten werden. Außerdem sollte die Erhebung von Schul- und Materialgebühren geprüft werden, wobei diese Maßnahme durch Stipendienprogramme sozial abgefedert werden kann.

Die Einführung kooperativer Ausbildungsmodelle brachte nur dort finanzielle Entlastung, wo gleichzeitig die vollschulische Ausbildung abgeschafft wurde.

Ausstattung
Alle Projekte wurde mit deutschen Finanzmitteln - nicht immer den Verhältnissen genügend angepaßt - hervorragend ausgestattet. Die gelieferten Maschinen, Geräte und Werkzeuge befinden sich in vielen Fällen (nach teilweise über 20 Jahren) noch in einem brauchbaren Zustand und werden für die Ausbildung genutzt.

Alle Ausbildungsstätten, bis auf die intensiv nachbetreuten Projekte, weisen Probleme bei der Beschaffung von Ersatzteilen auf. Dies ist vor allem eine Folge administrativer Inkompetenz und von Importrestriktionen. Nur bei den Technischen Schulen fehlen auch die finanziellen Mittel. Während der deutschen Förderung wurde versäumt, administrative Kenntnisse zu vermitteln.

Keiner der Ausbildungsstätten stehen genügend Finanzmittel für Ersatz- und Neuinvestitionen zur Verfügung - insbesondere im Bereich der Erziehungsministerien -, so daß überall dort ein dringender Modernisierungsbedarf besteht, wo diese Finanzierungslücke nicht durch internationale Kredite oder Nachbetreuungsmaßnahmen geschlossen werden kann.

Um den genannten Schwierigkeiten zu begegnen ist eine veränderte Ausstattungs- und Ausbildungspraxis notwendig. Es sollten nur solche Maschinen und Geräte geliefert werden, für die im Partnerland Firmenvertretungen vorhanden sind. Dadurch steigt auch die Wahrscheinlichkeit, daß Maschinentypen angeschafft werden, die in den Betrieben des Landes verwendet werden. Weiterhin ist das Verwaltungspersonal in der Abwicklung von Ersatzteil- und Materialbeschaffungen zu schulen.

Personal

In allen Projekten konnte das Personal sowohl vor Ort als auch durch Stipendienaufenthalte in Deutschland bis zum Förderende technisch und teilweise auch didaktisch/pädagogisch qualifiziert werden. Nirgendwo gelang es jedoch, die Aus- und Weiterbildung der technischen Lehrer und Instruktoren zu institutionalisieren. Da es in keinem der Länder entsprechende Ausbildungsstätten gibt, nimmt das Kompetenzniveau in allen untersuchten Fällen sukzessive wieder ab. Dieser Prozeß wird durch eine in den letzten Jahren zunehmende Fluktuation und Politisierung der Rekrutierung noch verstärkt. Vor allem dort, wo nach dem Förderende meist über internationale Kredite neue Maschinen und Geräte angeschafft wurden, traten zusätzliche Bedienungs- und Kompetenzprobleme auf.

Durch die Institutionalisierung von Lehreraus- und Weiterbildungseinrichtungen bei den geförderten Trägern könnte ein bestimmtes Ausbildungsniveau auf Dauer sichergestellt werden. Darüber hinaus ließen sich hohe Multiplikatoreffekte erzielen, wenn diese Einrichtungen gleichzeitig für die nationale Ausbildung technischer Lehrer und Instruktoren genutzt würden. In ein solches Aus- und Weiterbildungssystem sollten die zurückgekehrten Stipendiaten integriert werden.

Zielgruppe

In den geförderten Projekten wird entweder eine Techniker- oder Facharbeiterausbildung angeboten.

Für die Technikerausbildung wird ein Sekundarschulabschluß (in Kolumbien sogar das Abitur) vorausgesetzt. Aufgrund des allgemein niedrigen Abschlußniveaus in den untersuchten Ländern gehören Schüler mit einer 9 bzw. 12jährigen Schulbildung bereits zur Bildungselite. Durch den Versuch der deutschen Berater, den Abgängern das an vergleichbaren Schulen erteilte Abitur als Ausbildungsabschluß zu verweigern, wurde eine systemfremde Regelung eingeführt, die sich negativ auf den Bewerberzugang, die Zusammenarbeit mit dem Partner und die Karrierechancen der Absolventen auswirkte. Die Regelung war ein Ergebnis mangelnder System- und Arbeitsmarktkenntnis.

Bei der Facharbeiterausbildung gilt einheitlich der Primarschulabschluß als Zugangsvoraussetzung, bei der Dualausbildung zeitweise zusätzlich der Nachweis einer Lehrstelle.

In allen Projekten ist im Zeitverlauf eine Zielgruppenverschiebung zu finanziell besser gestellten Familien zu konstatieren. Bei der Facharbeiterausbildung durch den Wegfall sozialer Unterstützungsmaßnahmen, bei der Dualausbildung durch die Einführung einer schulischen Grundbildungsphase und bei der Technikerausbildung durch eine teilweise drastische Erhöhung der Gebühren. Nirgendwo werden Schüler von Familien aus den untersten sozialen Schichten erreicht.

Der größte Teil der Abgänger scheint - soweit dies überhaupt feststellbar ist - einen Arbeitsplatz zu erhalten. Dies ist auch heute noch wesentlich auf den deutschen Beitrag (Ausstattung, Personalqualifizierung, Ausbildungskonzeption) zurückzuführen. Allerdings werden die Abgänger am Anfang ihrer Berufstätigkeit unter ihrem Ausbildungsniveau eingesetzt: Techniker als Facharbeiter und ausgebildete Facharbeiter weiterhin auf der Ebene von Angelernten. Erst im Laufe der Zeit können qualifizierte Berufspositionen erreicht werden. Dies ist hauptsächlich eine Folge der Rekrutierungs- und Beförderungspraxis der Unternehmen sowie des Mangels an anspruchsvollen Arbeitsplätzen.

Der deutsche Beitrag hat demnach dauerhaft zur Berufsqualifizierung beigetragen. Allerdings werden dadurch oft nur sehr kleine Populationen (insb. bei der Technikerausbildung) erreicht. Aufgrund der geforderten formalen Zugangsvoraussetzungen handelt es sich bei den Zielgruppen gesellschaftlich betrachtet um mittlere Bevölkerungsschichten. Neue Arbeitsplätze (Selbständigkeit) konnten durch die Projekte kaum geschaffen werden. Da hauptsächlich von Männern dominierte technische Berufe gefördert wurden, gingen die Ausbildungsmaßnahmen vollkommen an der Zielgruppe der Frauen vorbei.

Für die Zukunft stellt sich deshalb einerseits die Frage, ob ein Zielgruppenwechsel vorgenommen werden soll, da die deutsche Berufsbildungshilfe die ärmsten Bevölkerungsschichten eines Landes nicht erreicht. Andererseits ist zu überlegen, ob die formelle wie informelle Ausbildung viel stärker als bisher auf die Selbständigkeit vorbereiten sollte und deshalb mit entsprechenden Gewerbeförderungsmaßnahmen zu verknüpfen ist. In vielen Ländern fehlt es nicht nur an qualifizierter Ausbildung, sondern auch an Arbeitsplätzen für qualifiziertes Personal. Zudem ist das Ausbildungsspektrum dringend um Berufe zu erweitern, in denen auch (oder vornehmlich) Frauen tätig sind.

Ausbildungskonzeption

Der untersuchte Förderzeitraum läßt einen prinzipiellen Konzeptionswandel von der Unterstützung Technischer Schulen der Erziehungsministerien hin zu Berufsbildungsorganisationen, von vollschulischen zu kooperativen Ausbildungsformen und von der Förderung einzelner Ausbildungsstätten hin zu dezentralen und systembezogenen Ansätzen feststellen.

Unabhängig von dieser Entwicklung waren alle Phasen der deutschen Berufsbildungshilfe bisher stark durch deutsche Vorstellungen geprägt. Systembedingungen und sozio-kulturelle Rahmenbedingungen wurden oft nicht ausreichend berücksichtigt. Die erarbeiteten Lehrpläne basierten in fast allen Fällen auf deutschen Berufsbildern und waren am Vorbildungsniveau deutscher Schüier orientiert. Eine mangelnde Angepaßtheit an das heimische Schülerniveau und an die Bedürfnisse des Arbeitsmarktes waren die Folge. Erst im Laufe der Zeit wurden Anpassungen vorgenommen, vor allem dort, wo eine gute Zusammenarbeit mit den örtlichen Betrieben aufgebaut werden konnte.

Die Curricula werden in allen Ausbildungsstätten noch angewendet. Der Praxisanteil der Ausbildung - ein Qualitätsmerkmal des "deutschen" Konzepts - wurde bis heute nur selten verringert. Meistens wurden die Lehrpläne neuen Entwicklungen nicht angepaßt, so daß fast überall ein dringender Reformbedarf besteht.

Durch die Ausbildung wird zwar ein gutes Qualifikationsniveau erreicht, doch aufgrund eines aus deutscher Sicht definierten "Vollständigkeitsanspruchs" werden auch Kenntnisse und Fertigkeiten vermittelt, die am Arbeitsplatz kaum eingesetzt werden können. Dies führt zu einer unnötigen Verlängerung und Verteuerung der Ausbildung.

In Zukunft sollten deshalb Ausbildungskonzepte entwickelt werden, die stärker als bisher an das Bildungs- und Ausbildungssystem eines Landes sowie an den Arbeitsmarkt und die sozio-kulturellen Rahmenbedingungen angepaßt sind. Dabei darf es keine Tabus geben. Wichtiger als die Durchsetzung allgemeiner technischer Standards *und* die Vermittlung eines als (aus deutscher Sicht) unbedingt zu beherrschenden Kanons von Wissen und Fertigkeiten ist die Entwicklung von Konzepten, die auch von anderen Schulen übernommen und angewendet werden können und die den Bedürfnissen des Arbeitsmarkts entsprechen. Dabei sollte bedacht werden, daß weniger manchmal mehr sein kann, d.h., geringe Veränderungen für viele, können oft mehr bewirken, als große Veränderungen für wenige.

Bedeutsamkeit einzelner Faktoren für die Nachhaltigkeit

Wenn die für die Nachhaltigkeit eines Projekts zentralen Faktoren noch einmal zusammengefaßt werden, dann ist festzuhalten, daß ein leistungsfähiger Träger mit qualifiziertem Personal eine notwendige Bedingung für die Erzielung von Nachhaltigkeit darstellt. Selbst bei ansonsten günstigen Rahmenbedingungen und einem qualifizierten Geberbeitrag, können die angestrebten Ziele nur dann auf Dauer erreicht und vorangetrieben werden, wenn der Träger dazu in der Lage ist. Die Untersuchung hat gezeigt, daß die Fortführung eines jeden Programms mit der Leistungsfähigkeit des Trägers steht und fällt. Eines der größten Versäumnisse der deutschen Entwicklungszusammenarbeit im Berufsbildungsbereich ist deshalb in der nicht ausreichenden Trägerförderung zu sehen.

Das Vorhandensein qualifizierten Personals ist ein integraler Bestandteil eines leistungsfähigen Trägers. In diesem Bereich hat die deutsche Hilfe viel geleistet, doch sie hat sich zu sehr auf die technischen Aspekte und den Ausbildungsbereich beschränkt. Die Schulung des Verwaltungspersonals wurde vollkommen vernachlässigt. Die Lehrabteilungen können jedoch nicht friktionsfrei arbeiten, wenn die Administration nicht funktioniert. Viele organisationsinterne Probleme sind darauf zurückzuführen. Negativ auf die Nachhaltigkeit der Projekte hat sich auch ausgewirkt, daß es nirgendwo gelang, die Aus- und Weiterbildung der Lehrkräfte zu institutionalisieren.

Die finanzielle Stabilität des Trägers ist für die Weiterführung eines Projekts oder Programms zwar ebenfalls von Bedeutung, doch die Untersuchung zeigt, daß fehlende staatliche Gelder durch eine Vielzahl kreativer Maßnahmen zumindest teilweise substituiert werden können (Produktions- und Dienstleistungsarbeiten, Kurse gegen Entgelt oder Material, Gebühren, Spenden etc.). Entscheidend dabei ist das Engagement des Personals. Die Entwicklung vielfältiger Selbstfinanzierungsmechanismen, die bisher stark vernachlässigt wurde, ist ein wichtiger Teil der Trägerqualifizierung.

Für die Nachhaltigkeit von Berufsbildungsprojekten ist eine adäquate Ausstattung der Ausbildungsstätten zwar wichtig, doch ist es eher erstaunlich, mit wie wenig Hilfsmitteln noch ausgebildet werden kann. Neben der Personalqualifizierung leistete die deutsche Hilfe bei der Ausstattung der Ausbildungszentren den bedeutsamsten Beitrag.

Finanzierungsprobleme und eine modernisierungsbedürftige Ausrüstung beeinträchtigen zwar die Nachhaltigkeit eines Projekts, scheinen sie jedoch insgesamt nicht zu verhindern. Solche Defizite können durch einen entsprechenden Einsatz des Personals und Kreativität noch am ehesten überwunden werden.

Hierfür ist allerdings von ausschlaggebender Bedeutung, daß der Projektansatz akzeptiert ist. Ohne Akzeptanz des Konzepts durch den Träger und die Zielgruppe kann es keine Nachhaltigkeit geben. Um Akzeptanz zu erzielen, ist Partizipation zwar hilfreich, aber nicht notwendigerweise erforderlich. Akzeptanz tritt in der Regel dann ein, wenn die Problemlösung den Zielgruppen nützt, und vorhandene Defizite damit tatsächlich beseitigt werden können, unabhängig davon, ob der Partner an der Erarbeitung der Problemlösung mitgewirkt hat oder nicht.

Die größten Durchsetzungschancen hat ein Konzept dann, wenn es den vorherrschenden sozio-kulturellen Rahmenbedingungen angepaßt ist und eine systemverträgliche Lösung darstellt. Für die Verbreitung eines "Modells" oder gar die Einführung einer neuen Ausbildungsform kann auf Systemberatung nicht verzichtet werden. Dabei sollten operative und systembildende Maßnahmen unbedingt miteinander verbunden werden. Nichts überzeugt mehr, als die empirische Demonstration der Funktionstüchtigkeit eines Modells.

Im Hinblick auf den Planungs- und Durchführungsprozeß wurde deutlich, daß die Nachhaltigkeit eines Projekts nicht notwendigerweise von einer "guten" Planungsphase abhängt, sondern vielmehr von einer flexiblen Durchführung, in der die Projektkonzeption immer wieder den vorgefundenen und sich verändernden Bedingungen angepaßt wird. Ein dezentralisiertes Planungsverfahren, die Verlagerung von Entscheidungskompetenzen vor Ort, die Gewährung von großen Handlungsspielräumen und die Integration von Planung und Durchführung zu einem kontinuierlichen Prozeß, scheinen am ehesten die Gewähr für nachhaltige Projekte zu bieten. Die von der GTZ in den letzten Jahren entwickelte "Zielorientierte Projektplanung" (ZOPP) hat die Tendenz rigide Planungsstrukturen zu begünstigen, so daß dadurch Flexibilität eher behindert als unterstützt wird.

Die Verlagerung von Entscheidungskompetenzen in die Projekte, um Flexibilität und Anpassungschancen an veränderte Umweltbedingungen zu steigern, erhöht die Anforderungen an das vor Ort eingesetzte Personal noch weiter.

Generalisierbarkeit

Bleibt zum Abschluß die Frage, inwieweit die hier auf der Basis lateinamerikanischer Berufsbildungsprojekte ermittelten Befunde auch auf andere Regionen und Sektoren der Zusammenarbeit übertragen werden können.

Die Untersuchung von zwei Berufsbildungsprojekten in Asien, nach der gleichen Methode, gibt Anlaß zu der Vermutung, daß die Ergebnisse nicht in erster Linie kulturabhängig sind, sondern daß die den Projekten inhärenten Probleme systemimmanent sind. Die in Thailand und Südkorea ermittelten Befunde decken sich jedenfalls auffällig mit den dargestellten Ergebnissen[1]. Daraus könnte geschlossen werden, daß die hier entwickelten Prinzipien auch für Berufsbildungsprojekte in anderen Ländern Gültigkeit haben.

---

[1] Lediglich für Berufsbildungsprojekte in Afrika liegen noch keine Ergebnisse vor.

Darüber hinaus ist sogar zu vermuten, daß eine Vielzahl der Ergebnisse auch auf andere Sektoren der Zusammenarbeit übertragen werden können, vor allem was den Planungs-, Durchführungs- und Nachbetreuungsprozeß betrifft, die Bedeutung der Leistungsfähigkeit des Trägers und seines Personals sowie die unbedingte Notwendigkeit der Akzeptanz des Projektansatzes beim Träger und der Zielgruppe. Diese Faktoren scheinen die bestimmenden Größen für die Erzielung von Nachhaltigkeit zu sein.

Da Berufsbildungsprojekte durch eine starke institutionelle Komponente geprägt sind, ist anzunehmen, daß die ermittelten Befunde um so eher auf Projekte in anderen Sektoren übertragen werden können, je stärker sie diesem Projekttyp ähnlich sind.

Diese These kann aber letztendlich erst dann bestätigt werden, wenn auch für andere Sektoren der Zusammenarbeit solche Nachhaltigkeitsanalysen vorliegen, um verstärkt aus der Vergangenheit für die Zukunft zu lernen.

7. Anhang

7.1 Tabellen

Tabelle 1: Ausbildungsrendite nach Einschätzung der Absolventen (in %)

Land	Mexiko	Kolumbien	Guatemala		Honduras		Guatemala	Ecuador
Projekt	CETMA	SENA	Kerschen-steiner	CTHA	INFOP Zentrum	INFOP Dual	INTECAP Dual	SECAP Dual
Im erlernten Beruf tätig?[1]	93,7	91,9	88,9	95,4	98,7	92,6	97,9	92,4
Beruflicher Aufstieg gelungen?[1]	71,2	55,9	71,0	43,1	39,5	55,2	51,1	64,2
Verwirklichung der beruflichen Vorstellungen								
▪ Nichts verwirklicht	8,5	21,4	9,7	10,9	10,6	13,3	8,6	13,7
▪ Zum Teil verwirklicht	33,1	39,9	37,1	40,3	28,0	25,0	19,8	26,5
▪ Alles verwirklicht	58,3	38,8	53,3	48,9	61,3	61,7	71,6	59,8
Kann Arbeit von geringer Ausgebildeten verrichtet werden?								
▪ Nein, auf keinen Fall	22,9	25,4	32,8	19,2	18,4	41,8	28,9	30,4
▪ Teilweise	71,9	61,7	60,9	73,1	56,6	37,3	59,5	48,7
▪ Ja, ohne Zweifel	3,6	11,6	3,1	3,1	7,9	3,0	4,7	7,8
▪ Weiß nicht	1,6	1,2	3,1	4,6	17,1	17,9	6,8	13,0

Land	Mexiko	Kolumbien	Guatemala		Honduras			Guatemala	Ecuador
Projekt	CETMA	SENA	Kerschen-steiner	CTHA	INFOP Zentrum	INFOP Dual	INTECAP Dual	SECAP Dual
Hat sich die Ausbildung gelohnt?								
▪ Nein	0,0	0,6	0,0	0,8	0,0	0,0	0,5	0,9
▪ Vielleicht	4,9	7,5	1,6	4,1	2,8	4,4	2,1	10,6
▪ Ja	95,1	91,9	98,4	95,1	97,2	95,6	97,3	88,5
Wäre andere Ausbildung besser gewesen?								
▪ Ja, bestimmt	21,0	14,9	39,7	20,9	28,9	42,6	32,3	37,6
▪ Teilweise	41,6	35,4	22,2	35,7	30,3	11,8	22,2	34,2
▪ Nein, auf keinen Fall	27,2	37,1	33,3	27,1	23,7	25,0	33,9	19,7
▪ Weiß nicht	10,2	12,6	4,8	16,3	17,1	20,6	11,6	8,5
Weiterempfehlung der Ausbildung								
▪ Ja, uneingeschränkt	67,0	79,8	76,2	83,2	88,9	98,6	90,5	81,4
▪ Ja, eingeschränkt	28,8	18,5	22,2	15,2	9,7	1,4	7,4	13,3
▪ Nein, eher nicht	2,6	1,7	1,6	1,6	1,4	0,0	1,1	4,4
▪ Nein, auf keinen Fall	1,6	0,0	0,0	0,0	0,0	0,0	1,1	0,9
N	306	173	64	131	76	69	190	117

[1] Nur Anteil der "Ja"-Antworten

Quelle: Eigene Erhebung 1990/1991

Tabelle 2: Arbeitszufriedenheit der Absolventen (in %)

Land	Mexiko	Kolumbien	Guatemala	Honduras			Guatemala	Ecuador
Projekt	CETMA	SENA	Kerschensteiner	CTHA	INFOP Zentrum	INFOP Dual	INTECAP Dual	SECAP Dual
Arbeitszufriedenheit allgemein								
▪ Zufrieden - sehr zufrieden[1]	80,9	61,6	86,9	79,7	80,3	77,7	78,0	75,2
▪ Unzufrieden - sehr unzufrieden	3,3	7,0	3,3	5,4	7,0	9,0	7,6	5,4
Zufriedenheit mit ausgewählten Bereichen[2]								
▪ Arbeitsinhalt	43,2	29,1	54,7	39,4	52,7	40,6	60,8	49,5
▪ Gehalt	12,2	9,3	25,4	10,9	8,0	16,9	19,8	11,9
▪ Stellung im Betrieb	27,0	16,9	34,9	22,5	40,5	36,1	40,0	35,6
▪ Sozialleistungen	20,6	21,1	42,9	29,2	28,2	37,9	33,5	25,0
▪ Aufstiegsmöglichkeiten	26,0	12,3	29,0	15,6	20,5	31,1	27,3	22,2
▪ Arbeitsklima	35,3	23,4	47,6	36,2	44,4	32,3	43,2	40,8
▪ Gewerkschaft	15,3	13,7	10,0	22,2	22,4	26,0	17,2	20,0
Einkommenserwartung nach Ausbildung								
▪ Mehr als jetzt	45,9	58,7	51,6	36,9	48,0	78,3	65,4	63,6
▪ Weniger als jetzt	19,6	13,4	9,7	18,5	17,3	1,4	5,9	6,8
▪ Wie jetzt	21,6	20,9	30,6	37,7	30,7	13,0	21,1	22,9
▪ Weiß nicht	12,8	7,0	8,1	6,9	4,0	7,2	7,6	6,8

7.1 Tabellen

Land	Mexiko	Kolumbien	Guatemala	Honduras			Guatemala	Ecuador
Projekt	CETMA	SENA	Kerschensteiner	CTHA	INFOP Zentrum	INFOP Dual	INTECAP Dual	SECAP Dual
Einschätzung der Aufstiegschancen im Betrieb								
■ Gut - sehr gut[1]	55,2	37,4	55,6	36,7	38,2	37,3	44,5	52,7
■ Schlecht - sehr schlecht	22,9	33,4	23,8	40,6	36,9	40,3	31,5	21,8
Einschätzung der Aufstiegschancen außerhalb des Betriebs								
■ in anderem Betrieb	28,7	41,3	27,4	30,8	28,9	36,8	33,2	7,0
■ in staatliche Einrichtung	1,1	5,4	8,1	2,3	2,6	4,4	2,7	13,2
■ durch Selbständigkeit	42,2	10,8	46,8	34,6	36,8	25,0	40,2	38,6
■ andere Aufstiegschancen	0,4	2,4	9,7	17,7	13,2	19,1	11,9	4,4
■ keine Aufstiegschancen	27,6	40,1	8,1	14,6	18,4	14,7	12,0	36,8
Abwanderungsabsichten								
■ in anderen Betrieb	23,9	29,0	20,0	25,4	25,3	31,9	31,6	8,7
■ in staatlicher Einrichtung	1,0	4,1	1,8	0,8	2,7	2,9	2,9	13,0
■ in Selbständigkeit	27,3	9,5	43,6	33,1	25,3	21,7	34,5	34,8
■ anderes	2,1	1,8	7,3	13,1	13,3	14,5	8,0	4,3
■ keine Abwanderungsabsicht	45,7	55,6	27,3	27,7	33,3	29,0	23,0	39,1
N	**298**	**172**	**63**	**130**	**76**	**69**	**185**	**118**

[1] Differenz zu 100%: Anteil der Befragten, die "weder / noch" angegeben haben
[2] Anteil der Befragten, die auf einer Skala von 1 (sehr schlecht) bis 5 (sehr gut) die Angabe "5" machten

Quelle: Eigene Erhebung 1990/1991

Tabelle 3: Angepaßtheit der Ausbildung nach Einschätzung der Absolventen (in %)

Land	Mexiko	Kolumbien	Guatemala	Honduras			Guatemala	Ecuador
Projekt	CETMA	SENA	Kerschensteiner	CTHA	INFOP Zentrum	INFOP Dual	INTECAP Dual	SECAP Dual
Möglichkeit der Anwendung des Erlernten								
■ Viel - sehr viel	69,0	60,7	74,6	76,3	88,0	74,3	79,4	61,3
■ Die Hälfte	21,1	20,2	14,3	13,0	9,3	12,9	18,4	21,8
■ Wenig - fast gar nichts	9,9	19,1	11,1	10,7	27,0	12,8	2,1	16,8
Ausbildungsdefizite nach Bereichen[1]								
■ Theoretisches Wissen	42,8	37,4	50,8	44,3	47,3	52,9	52,4	59,1
■ Praktische Fähigkeiten	48,6	65,5	72,6	76,3	68,9	72,9	67,9	76,7
■ Umgang mit Untergebenen	57,1	35,1	31,1	32,8	17,6	15,7	15,1	18,1
■ Umgang mit Maschinen	27,6	36,6	41,9	43,5	44,6	60,0	60,4	66,4
■ Managementkenntnisse	71,7	57,9	55,7	48,9	41,9	28,6	31,6	36,2
Benötigte Einarbeitungszeit								
■ Sofort eingearbeitet	18,5	12,1	25,4	13,8	21,3	34,8	41,1	46,1
■ < 1 Monat Einarbeitungszeit	33,7	37,6	25,4	34,6	33,3	11,6	18,4	20,9
■ < 6 Monate Einarbeitungszeit	27,4	28,3	22,2	27,7	17,3	20,3	20,0	15,7
■ > 6 Monate Einarbeitungszeit	5,6	5,8	11,1	8,5	10,7	1,4	7,0	6,1
■ Noch nicht eingearbeitet	14,9	16,2	15,9	15,4	17,3	31,9	13,5	11,3
Dauer der Stellensuche								
■ Sofort[2]	41,5	28,5	50,0	38,0	60,0	89,4	80,1	76,0
■ Nach einigen Wochen	30,4	29,7	32,3	40,3	22,7	4,5	12,2	13,7
■ Nach einigen Monaten	27,7	41,7	17,7	21,7	17,3	6,1	7,7	10,3

7.1 Tabellen

Land	Mexiko	Kolumbien	Guatemala		Honduras			Guatemala	Ecuador
Projekt	CETMA	SENA	Kerschensteiner	CTHA	INFOP Zentrum	INFOP Dual	INTECAP Dual	SECAP Dual
Einschätzung des Jobangebots									
▪ Schlecht - sehr schlecht	6,9	19,1	6,3	5,4	13,6	4,5	3,4	8,5
▪ Mittelmäßig	24,5	31,8	14,1	22,3	19,2	18,2	13,5	30,8
▪ Gut - sehr gut	68,6	49,1	79,7	72,3	67,1	77,3	83,1	60,7
Zahl der bekannten arbeitslosen Mitschüler									
▪ Keiner	69,9	30,6	77,0	62,2	47,2	71,6	79,1	51,8
▪ 1 - 5	23,4	32,9	16,4	27,6	45,8	19,4	13,4	34,8
▪ 6 - 10	3,3	17,6	1,6	6,3	4,2	4,5	2,7	8,9
▪ 10 - 20	2,3	10,0	1,6	2,4	2,8	3,0	1,1	2,7
▪ > 20	1,0	8,8	3,3	1,6	0,0	1,5	3,7	1,8
Zahl der bekannten Mitschüler, die sich selbständig gemacht haben									
▪ Keiner	16,3	33,9	9,7	22,5	54,9	49,3	34,2	18,9
▪ 1 - 5	58,8	49,7	43,5	51,2	42,3	38,8	54,1	61,3
▪ 6 - 10	16,6	9,4	22,6	14,0	2,8	7,5	7,1	13,5
▪ 10 - 20	6,3	2,3	9,7	8,5	0,0	3,0	2,7	4,5
▪ > 20	2,0	4,7	14,5	3,9	0,0	1,5	1,6	1,8
N	303	173	64	131	75	70	190	119

1) Nur Anteil der "Ja"-Antworten
2) Incl. der Befragten, die bereits einen Arbeitsplatz haben

Quelle: Eigene Erhebung 1990/1991

Tabelle 4: Arbeitsmarktbezug der Ausbildung nach Einschätzung der Betriebsleiter (in %)

Land	Mexiko	Kolumbien	Guatemala		Honduras			Guatemala	Ecuador
Projekt	CETMA	SENA	Kerschensteiner	CTHA	INFOP Zentrum	INFOP Dual		INTECAP Dual	SECAP Dual
Bevorzugung der Absolventen gegenüber Abgängern anderer Schulen[1]	91,1	91,2	71,9	77,1	59,4	54,1		69,0	70,3
Allgemeine Zufriedenheit mit den Absolventen[2]	84,7	81,0	83,9	75,7	73,0	61,5		78,8	57,2
Allgemeine Einschätzung der Qualifikation im Vergl. mit Abgängern anderer Ausbildungsstätten[3]	91,7	75,9	53,1	60,0	31,6	30,8		37,5	34,1
Einschätzung der Qualifikation im Vergl. mit Abgängern anderer Ausbildungsstätten nach Bereichen[4]									
■ Praktische Kompetenz	98,3	78,9	73,3	51,4	62,2	60,0		57,1	70,5
■ Theoretische Kompetenz	84,7	75,4	70,0	80,6	55,9	22,2		53,6	44,9
■ Administrative Kompetenz	23,7	45,3	30,8	48,5	26,1	9,7		25,0	20,6
■ Organisatorische Kompetenz	47,5	53,6	40,7	45,5	39,3	40,0		21,7	38,8
Einschätzung der Qualifikation im Vergl. mit Dualabgängern bzw. Abgängern der C-E/Zentrumsausbildung nach Bereichen[4]									
■ Praktische Kompetenz	–	–	71,4	65,0	61,9	47,8		81,8	68,8
■ Theoretische Kompetenz	–	–	71,4	85,0	76,2	54,5		70,0	37,2
■ Administrative Kompetenz	–	–	25,0	55,6	35,7	63,2		44,4	22,9
■ Organisatorische Kompetenz	–	–	25,0	61,1	35,3	50,0		55,6	36,1

7.1 Tabellen

Land	Mexiko	Kolumbien	Guatemala		Honduras			Guatemala	Ecuador
Projekt	CETMA	SENA	Kerschen-steiner	CTHA	INFOP Zentrum	INFOP Dual		INTECAP Dual	SECAP Dual
Ausbildungsdefizite vorhanden?[1]	56,7	60,3	68,8	69,4	81,6	69,2		67,7	77,1
Ausbildungsdefizite nach Aufgabenbereichen[5]									
■ Praktisch-technisch	44,1	58,3	54,5	64,0	64,5	73,1		75,0	55,1
■ Theoretisch-technisch	23,5	38,9	27,3	40,0	48,8	46,2		35,0	35,4
■ Pädagogisch	23,5	13,9	40,9	24,0	16,1	23,1		15,0	13,8
■ Administrativ	67,6	50,0	40,9	8,0	16,1	23,1		15,0	13,8
■ Organisatorisch	61,8	52,8	50,0	40,0	48,4	53,8		40,0	29,2
■ Problemlösungsfähigkeit	70,6	61,1	68,2	64,0	58,1	57,7		50,0	47,7
Von den Absolventen benötigte Einarbeitungszeit									
■ sofort eingearbeitet	35,7	10,7	16,1	16,7	23,7	20,0		10,3	29,3
■ < 1 Monat Einarbeitungszeit	26,8	16,1	19,4	19,4	15,8	27,5		17,2	13,0
■ < 6 Monate Einarbeitungszeit	28,6	51,8	32,3	41,7	42,1	37,5		37,9	22,8
■ > 6 Monate Einarbeitungszeit	8,9	21,4	32,3	22,2	18,4	15,0		34,5	34,8
Von den Absolventen anderer Ausbildungsstätten benötigte Einarbeitungszeit									
■ sofort eingearbeitet	0,0	2,7	0,0	8,3	13,6	17,2		9,5	8,8
■ < 1 Monat Einarbeitungszeit	5,0	10,8	8,7	16,7	13,6	17,2		0,0	19,3
■ < 6 Monate Einarbeitungszeit	45,0	40,5	26,1	33,3	31,8	24,1		33,3	22,8
■ > 6 Monate Einarbeitungszeit	50,0	45,9	65,2	41,7	40,9	41,4		57,1	49,1
N	60	58	32	37	38	40		33	91

1) Nur Anteil der "Ja"-Antworten
2) Anteil der Befragten, die auf einer Skala von 1(sehr schlecht) bis 5(sehr gut), die Werte "4" oder "5" angaben
3) Anteil der Befragten, die Abgänger der untersuchten Projekte als "besser" einstuften
4) Anteil der Befragten, die Abgänger der untersuchten Projekte als "besser" oder "deutlich besser" einstufen
5) Nur Anteil der "Ja"-Antworten, Mehrfachantworten waren möglich

Quelle: Eigene Erhebung 1990/1991

Tabelle 5: Kumulierte Indexwerte für ausgewählte Indikatoren

Projekt	Inputindex[1]	Outputindex[2] Projektbeginn (B)		Outputindex[2] Förderende (F)		Outputindex[2] Evaluierung (E)		Nachhaltigkeitsindex (E-B)	
		ungew.	gew.	ungew.	gew.	ungew.	gew.	ungew.	gew.
CTHA	4,83	3,50	3,35	6,70	6,33	6,25	6,02	2,75	2,67
Mazatenango	2,17	3,25	2,96	5,20	4,76	3,80	3,92	0,55	0,96
INTECAP (Dual)	7,33	5,14	5,09	7,45	7,37	6,50	6,86	1,36	1,77
INTECAP-Drucker (Dual)	7,55	5,23	5,46	6,73	6,47	6,18	6,21	0,95	0,75
CETMA	6,83	3,95	3,59	6,45	5,55	6,10	5,41	2,15	1,82
SECAP Quito (Dual)	6,25	3,95	3,23	4,82	4,79	4,59	4,61	0,64	1,38
SECAP Cuenca (Dual)	7,73	3,48	3,56	5,57	5,42	5,33	5,19	1,85	1,63
SENA	4,75	5,23	4,72	7,23	6,81	6,82	6,51	1,59	1,79
INFOP Tegu Zentrum	6,25	4,45	4,12	6,36	5,96	5,86	5,60	1,41	1,47
INFOP Tegu (Dual)	4,67	4,64	3,63	5,09	4,77	5,09	4,77	0,45	1,14
INFOP San Pedro Sula (Dual)	4,58	4,43	3,75	5,52	5,27	5,38	5,06	0,95	1,31

[1] Durchschnitt von 12 ungewichteten Input-Indikatoren, vgl. Aufstellung 3 in Kap. 2.4
[2] Durchschnitt von 20 bzw. 22 ungewichteten und gewichteten Output-Indikatoren, vgl. Aufstellung 4 in Kap. 2.4

Quelle: Eigene Erhebung

7.2 Literaturverzeichnis

Abstein, Günther (1980): Nutzen-Kosten-Analysen von Ausbildungsprojekten in Entwicklungsländern. Göttingen, Schwartz.

Adelmann, Karin (1990): Anhörung im entwicklungspolitischen Ausschuß. Förderung der Grundbildung. In: Entwicklung und Zusammenarbeit; Nr. 1/90: S. 22.

Adick, Christel (1981): Bildung als Entwicklungshindernis? In: Die Dritte Welt; 9. Jg.: S. 241-250.

Aldrich, Howard E.(1979): Organizations and Enviroments. Englewood Cliffs, N.J.

Appelt, Dieter (1990): Bildungskooperation als Entwicklungsinstrument. München, Ehrenwirth.

Arnold, Rolf (1984): Die Bildungshilfe der Bundesrepublik Deutschland im Bereich der beruflichen Bildung. In: Zeitschrift für Berufs- und Wirtschaftspädagogik; Vol. 80: S. 593-609.

Arnold, Rolf (1985): Das Duale System - Ein Modell für den Aufbau leistungsfähiger Berufsbildungssysteme in Entwicklungsländern? In: Zeitschrift für erziehungs- und sozialwissenschaftliche Forschung: S. 343-369.

Arnold, Rolf u.a. (1986): Duale Berufsbildung in Lateinamerika. Baden-Baden, Nomos.

Arnold, Rolf (Hrsg.)(1989): Berufliche Bildung und Entwicklung in den Ländern der Dritten Welt. Baden-Baden, Nomos.

Astley, W. Graham (1985): The Two Ecologies. In: Administrative Science Quarterly; Vol. 30: S. 224-241.

Ausschuß für wirtschaftliche Zusammenarbeit (AWZ) (1986): Stenographisches Protokoll der 67. Sitzung des AWZ. Entwicklunspolitik - Bilanz und Perspektiven. Bonn.

Axt, Heinz-Jürgen; Karcher, Wolfgang; Schleich, Bernd (Hrsg.) (1987): Ausbildungs- oder Beschäftigungskrise in der Dritten Welt? Frankfurt/M., Verlag für interkulturelle Kommunikation.

Bairoch, Paul (1975): The Economic Development of the Third World since 1900. Berkely, California Press.

Baltes, P. B.; Featherman, D.; Lehner, R. (Hrsg.) (1986): Folgekosten von Entwicklungsprojekten - Probleme und Konsequenzen für eine effizientere Entwicklungspolitik. Berlin.

Bamberger, Michael; Hewitt, Eleanor (1986): Monitoring and Evaluating Urban Development Programs. A Handbook for Program Managers and Researchers. Washington D.C., World Bank.

Bauer, Peter T. (1981): Equality, the Third World and Economic Delusion. London.

Bauer, Peter T. (1984): Reality and Rhetoric. Studies in the Economics of Development. London, Weidenfeld u. Nicholson.

Bauer, Peter T.; Yamey, B. (1983): Why We Should Close Our Purse to the Third World. In: THE TIMES. ; 11.4.1983. abgedruckt in: BMZ, Entwicklungspolitik - Spiegel der Presse; Heft 8/83: S. 230f.

Baum, Warren C.; Tolbert, Stokes M. (1985): Investing in Development. Lessons of World Bank Experience. Oxford, University Press.

Bernecker, Kerstin u.a. (1984): Folgekosten von Entwicklungsprojekten - Probleme und Konsequenzen für eine effizientere Entwicklungspolitik. Berlin.

Bodemer, Klaus (1974): Entwicklungshilfe - Politik für wen? Ideologie und Vergabepraxis der deutschen Entwicklungshilfe in der ersten Dekade. München, Weltforum Verlag.

Bodemer, Klaus (1979): Schwachstellen bei GTZ-Projekten. In: Entwicklung und Zusammenarbeit; Heft 4/79: S. 18-20.

Bodemer, Klaus (1985): Erfolgskontrolle oder politisches Marketing? Bemerkungen zum Verhältnis von Evaluierung und Öffentlichkeit in der Entwicklungspolitik. Arbeitspapier des Instituts für Politikwissenschaft an der Johannes Gutenberg Universität. Mainz.

Bodemer, Klaus (1985): Programmentwicklung in der Entwicklungspolitik der Bundesrepublik Deutschland. In: Politische Vierteljahresschrift; Vol. 26: S. 279ff.

Bodenhöfer, Hans (1983): Bildung und Entwicklung - Erfahrungen und neue Ansätze. In: Braunstein, Dieter; Raffer, Kunibert (Hrsg.): Technologie, Bildung und Abhängigkeit. Wien, Verlag für Gesellschaftskritik: S. 29-43.

Böll, Winfried; Wolf, Erika (Hrsg.): 25 Jahre Dialog und Training - was haben wir gelernt? Baden-Baden, Nomos.

Bosse, Hans (1976): Bildungsforschung als Determinanten von Unterentwicklung? In: Khan, Khusi M.; Matthies, Volker (Hrsg.): "Hilfswissenschaft" für die dritte Welt oder "Wirtschaftsimperialismus"? München, Weltforum.

Brähler, Rainer (1986): Entwicklungspolitik und Bildungshilfe. Geschichte, Funktion, Legitimation. Frankfurt/M., Verlag für interkulturelle Kommunikation.

Brandt, Willy (Hrsg.) (1980): Bericht der Nord-Süd-Kommission. Das Überleben sichern. Köln, Kiepenheuer und Witsch.

Brandt, Willy (Hrsg.) (1983): 2. Bericht der Nord-Süd-Kommission. Hilfe in der Weltkrise. Ein Sofortprogramm. Reinbek, Rowohlt.

Brauer, Dieter (1984): Neue Trends in der Entwicklungspolitik. In: Entwicklung und Zusammenarbeit, Heft 1.

Braun, Gerald (1985): Nord-Süd-Konflikt und Entwicklungspolitik. Studienbücher zur Sozialwissenschaft; Bd. 51; Opladen, Westdeutscher Verlag.

Braun, Gerald (1991): Entwicklung jenseits des Wachstums. In: Jahrbuch Dritte Welt 1992. München, Beck.

Braun, Gerald (1991): Vom Wachstum zur dauerhaften Entwicklung. In: Aus Politik und Zeitgeschichte, B. 25-26: S. 12-28.

Braun, Gerald; Hillebrand, Karl (1991): Dritte Welt. Fortschritt und Fehlentwicklung. Paderborn.

Brundtland Bericht (1987): Unsere Gemeinsame Zukunft. Greven.

Bühler, Hans (1991): Wenn die Reichen das Teilen nicht neu lernen. In: Frankfurter Rundschau vom 13. Juni 1991.

Bulmer, Martin; Warwick, Donald P. (Hrsg.) (1983): Social Research in Developing Countries. Chichester u.a., Wiley & Sons.

7.2 Literaturverzeichnis

Bundesministerium für wirtschaftliche Zusammenarbeit (BMZ) (1986): Aus Fehlern lernen: Neun Jahre Erfolgskontrolle der Projektwirklichkeit. Bonn.

Bundesministerium für wirtschaftliche Zusammenarbeit (BMZ) (1986): Sektorkonzept Berufsbildung. Bonn.

Bundesministerium für wirtschaftliche Zusammenarbeit (BMZ) (1989): Querschnittsevaluierung. Die Nachhaltigkeit von Entwicklungsprojekten. Bonn.

Bundesministerium für wirtschaftliche Zusammenarbeit (BMZ) (1991): Sektorpapier: Förderung von Bildung und Wissenschaft. Bonn.

Bundesministerium für wirtschaftliche Zusammenarbeit (BMZ) (1992): Sektorkonzept Berufsbildung. Bonn.

Bundesministerium für wirtschaftliche Zusammenarbeit (BMZ) (1983//1987//1988//1991): Sektorpapier: Förderung von Bildung und Wissenschaft in der Entwicklungszusammenarbeit.

Bundesministerium für wirtschaftliche Zusammenarbeit (BMZ)(1990/1991): Journalisten-Handbuch Entwicklungspolitik. Verschiedene Jahrgänge. Bonn.

Carroll, Glenn R. (1984): Organizational Ecology. In: Annual Review of Sociology; Heft 10/1984: S. 71-93.

Carroll, Glenn R. (1988): Ecology of Organizations. Cambridge.

Cassen, Robert u.a. (1986): Does Aid Work? Report to an Intergovernmental Task Force. Oxford, Clarendon Press.

CDU/CSU-Bundestagsfraktion (1986): Berufsausbildung als Schlüssel zur Armutsbekämpfung. Neue Wege in der Entwicklungspolitik. Bonn; Heft 2.

Coombs, Philipp (1986): Die Weltbildungskrise. Stuttgart.

Dabisch, Joachim (1979): Pädagogische Auslandsarbeit der BRD in der Dritten Welt. Sozialwissenschaftliche Studien zu internationalen Problemen; Heft 49. Saarbrücken u.a., Breitenbach.

DAC-OECD (Hrsg.) (1988): Sustainability in Development Programs: A compendium of Donor Experience. Paris.

Danckwortt, Dieter (1970): Bestandsaufnahme der Bildungshilfe und die Rolle der DSE. In: Entwicklung und Zusammenarbeit; Heft 6/7: S. 10-11.

Danckwortt, Dieter (1981): Bildungshilfe der Bundesrepublik Deutschland. In: Zeitschrift für Pädagogik; 16. Beiheft.

DEH (1985): Grundsatzkritik an der Entwicklungszusammenarbeit. Bern.

DEH (1990a): Botschaft über die Weiterführung der technischen Zusammenarbeit und der Finanzhilfe zugunsten von Entwicklungsländern. Bern.

DEH (1990b): Nachhaltigkeit von Entwicklungsprojekten. Bern.

Deutsche UNESCO-Kommission (1991): Weltdeklaration "Bildung für alle" und Aktionsrahmen zur Befriedigung der grundlegenden Lernbedürfnisse; März 1990.

Deutscher Bundestag (1986): Stenographisches Protokoll der 67. Sitzung des Ausschusses für wirtschaftliche Zusammenarbeit. Öffentliche Anhörung von Sachverständigen zum Thema "Entwicklungspolitik - Bilanz und Perspektiven"; 17. März 1986.

Deutscher Bundestag (1988): Antwort der Bundesregierung auf die Kleine Anfrage der Abgeordneten Dr. Pinger u.a. und der Fraktion der CDU/CSU und FDP zum Thema "Gewerbliche Berufsbildung in Entwicklungsländern". Drucksache 11/2470.

Deutscher Bundestag (1988): Erkenntnisse aus der Sachverständigenanhörung des Ausschusses für wirtschaftliche Zusammenarbeit vom 13.04.1988. Drucksache 11/4381.

Deutsche Gesellschaft für Technische Zusammenarbeit (GTZ) (1986): Gewerbliche Berufsausbildung. Schwerpunkte und laufende Projekte. Schriftenreihe der GTZ, Nr. 192. Eschborn.

Deutsche Gesellschaft für Technische Zusammenarbeit (GTZ) (1987): Management der Projektdurchführung im Partnerland. Ein Leitfaden. Eschborn.

Deutsche Gesellschaft für Technische Zusammenarbeit (GTZ) (Hrsg.) (1987): ZOPP. Zielorientiertes Planen von Projekten und Programmen der Technischen Zusammenarbeit. Eschborn.

Deutsche Gesellschaft für Technische Zusammenarbeit (GTZ) (Hrsg.) (1989): Konzeptionelle Entwicklung der Berufsbildungshilfe. GTZ, Abt 433.

Deutsche Gesellschaft für Technische Zusammenarbeit (GTZ) (Hrsg.): ZOPP-Leitfaden. Eschborn.

Deutsche Gesellschaft für Technische Zusammenarbeit (GTZ): Jahresbericht. Verschiedene Jahrgänge. Eschborn.

Deutsches Institut für Wirtschaftsforschung (DIW) (1985): Wirtschaftliche, soziale und politische Bedingungen der Entwicklung. Ein Beitrag zur Erklärung von Entwicklungserfolgen in Ländern der Dritten Welt. FB des BMZ, Bd. 71. München u.a., Weltforum.

Dias, Patrick (1970): Kritische Überlegungen zur internationalen Strategie der Bildungshilfe. In: Entwicklung und Zusammenarbeit; 1970; Heft 6/7: S. 6-8.

Doppler, Werner (1985): Planung, Evaluierung und Management von Entwicklungsprojekten. Kiel, Kieler Wissenschaftsverlag Vauk.

Elsenhans, Hartmut (1984): Abhängiger Kapitalismus oder bürokratische Entwicklungsgesellschaft. Frankfurt/New York, Campus.

Elsenhans, Hartmut (Hrsg.) (1984): Nord-Süd-Beziehungen. Stuttgart u.a., Kohlhammer.

Eppler, Erhard (1991): Die eigentliche Aufgabe liegt noch vor uns. In: DIE ZEIT vom 15. November 1991.

Erler, Brigitte (1985): Tödliche Hilfe. Freiburg, Dreisman.

Fanger, Ulrich (1983): Bildungshilfe und kulturelle Zusammenarbeit der Bundesrepublik Deutschland. In: Zeitschrift für Kulturaustausch; 33. Jg.: S. 444-452.

Feick, J. (1980): Wirkungsforschung in den USA. In: Soziale Welt; Vol. 31: S. 396ff.

Fitz-Gibbon, Carol T.; Morris, Lynn L. (1987): How to Design a Program Evaluation. London, Sage.

Flechsig, Karl-Heinz (1988): Externe Beiträge der Bundesrepublik Deutschland in Entwicklungsländern auf dem Gebiet der beruflichen Bildung. In: Zeitschrift für Kulturaustausch; 38. Jg.: S. 394-400.

Flora, Peter (1974): Modernisierungsforschung. Zur empirischen Analyse der gesellschaftlichen Entwicklung. Studien zur Sozialwissenschaft, Bd. 20. Opladen, Westdeutscher Verlag.

Freeman, Howard; Rossi, P. H.; Wright, S. R. (1980): Evaluating Social Projects in Developing Countries. Paris, OECD.

Freeman, John (1982): Organizational Life Cycles and Natural Selection Processes. In: Research in Organizational Behavior; Vol. 4/82: S. 1-32.

Freire, Paulo (1971): Pädagogik der Unterdrückten. Stuttgart, Kreuz.

Fremerey, Michael (1980): Erziehung und Entwicklung als Gegenstand deutscher Forschung. In: Bildung und Entwicklung; 33. Jg., Heft 5/80: S. 475-496.

Frey, Karl (1984): Probleme der Berufsausbildung in Entwicklungsländern. In: Zeitschrift für Berufs- und Wirtschaftspädagogik; Vol. 80, Heft 5/84: S. 387-401.

Galtung, Johan (1978): Erziehung und Abhängigkeit. Bildungssystem und Weltwirtschaftsordnung. In: Engels, Benno; Laaser, Ullrich, (Hrsg.): Bildungshilfe in der Zweiten Entwicklungsdekade. München, Weltforum: S. 545-569.

Glagow, Manfred; Gotsch, W.; Stucke, A. (1989): Das Bundesministerium für wirtschaftliche Zusammenarbeit (BMZ). Pfaffenweiler, Centaurus.

Glagow, Manfred; Schimank, Uwe (1985): Politisch-administrative Strukturen deutscher Entwicklungspolitik. In: Politische Vierteljahresschrift; Vol. 26, Sonderheft 16: S. 308-321.

Groeneveld, Sigmar (1988): Erziehung zur Unterentwicklung. In: Zeitschrift für Kulturaustausch; Heft 3/88: S. 299-308.

Groß, Bernd; Zwick, Martin (1981): Der Berufsbildungsbereich in der deutschen Entwicklungshilfe. Forschungsberichte des BMZ, Bd.12. Köln, Weltforum.

Gummersbach, Alfons (1965): Berufsbildungshilfe für Entwicklungsländer. Dissertation. Universität Köln.

Habermas, Jürgen (1968): Technik und Wissenschaft als Ideologie. Frankfurt/M., Suhrkamp.

Halfar, Bernd (1987): Nicht-intendierte Handlungsfolgen. Stuttgart, Enke.

Hanf, Theodor (1969): Erziehungsreform im Kongo. Eine Fallstudie zur gesellschaftlichen Problematik der Übertragbarkeit moderner Bildungsmodelle auf Entwicklungsländer. In: Zeitschrift für Politik: S. 465-475.

Hanf, Theodor (1977): Erziehung - ein Entwicklungshindernis? In: Zeitschrift für Pädagogik; 23. Jg.: S. 9ff.

Hanf, Theodor (1985): Wenn Schule zum Entwicklungshindernis wird. Bildungspolitik und Entwicklung in der Dritten Welt. In: Der Bürger im Staat; Heft 4/85: S. 231-235.

Hannan, Michael T.; Freeman, John (1977): The Population Ecology of Organizations. In: American Journal of Sociology; Nr. 82: S. 829-964.

Harborth, Hans-Jürgen (1989): Dauerhafte Entwicklung (Sustainable Development). Berlin.

Hauchler, Ingomar (1991): Das ist Kolonialismus in humanitärem Gewand. In: Frankfurter Rundschau vom 20. Juni 1991.

Hauff, Michael von; Pfister-Gaspary, Brigitte (Hrsg.) (1984): Entwicklungspolitik - Probleme, Projektanalysen und Konzeptionen. Saarbrücken u.a., Breitenbach.

Hellstern, G.; Wollmann, H. (Hrsg.) (1984): Handbuch zur Evaluierungsforschung, Band 1. Opladen, Westdeutscher Verlag.

Holthus, Manfred; Kebschull, Dietrich (Hrsg.) (1985): Die Entwicklungspolitik wichtiger OECD-Länder, Band 1 und 2. Hamburg, Weltarchiv.

Hübener, Arend; Bachmayer, Peter (1983): Langfristige Absicherung des Projekterfolges in TZ-Vorhaben. Internes Arbeitspapier.

Hüfner, Klaus; Naumann, Jens (1978): Internationale Kultur- und Bildungspolitik. In: Engels, Benno; Laaser, Ulrich (Hrsg.): Die Bildungshilfe in der Zweiten Entwicklungsdekade. München, Weltforum: S. 157-206.

Illy, Hans F. (Hrsg.) (1983): Projektplanung in der Entwicklungspolitik. Speyerer Arbeitshefte; Bd. 49. Speyer.

Illy, Hans F (1986): Zielsetzung-Planung-Evaluierung in der Entwicklungspolitik. Speyerer Arbeitshefte; Bd. 67. Speyer.

Integration (1985): Assessment and Interpretation of Development AID Success. Frankfurt.

Jessen, Brigitte; Nebelung, Michael (1987): Hilfe muß nicht tödlich sein. Berlin, Express Edition.

Jones, Emily L. (1983): The Courtesy Bias in South-East Asian Surveys. In: Blumer, M. D.; Warwick, D. (Hrsg.): Social Research in Developing Countries. Chichester.

Kantowsky, Detlev (Hrsg.) (1977): Evaluierungsforschung und -praxis in der Entwicklungshilfe. Zürich, Verlag d. Fachvereine.

Karcher, Wolfgang; Axt, Heinz-Jürgen; Schleich, Bernd (1988): Profiltreu oder lernfähig. Zur Diskussion um die deutsche Berufsbildungshilfe. In: Entwicklung und Zusammenarbeit; Heft 3/88: S. 10-12.

Kieser, Alfred (1985): Entstehung und Wandel von Organisationen. Arbeitspapier. Mannheim.

Kimberly, John R.; Miles, Robert H. (1980): The Organizational Life Cycle: Issues in the Creation, Transformation, and Decline of "Organizations". San Francisco.

Knecht, Thomas (1990): Zur Nachhaltigkeit von Entwicklungsprojekten am Beispiel des Helvetas-Unterstützungsprogramms in Kamerun. In: Wälti, S.; Knecht, Th; Seitz, G. (Hrsg.): Von nachholender zu nachhaltiger Entwicklung. Zürich.

Koch, Walter (Hrsg.) (1984): Folgekosten von Entwicklungsprojekten - Probleme und Konsequenzen für eine effizientere Entwicklungspolitik. Berlin, Duncker & Humblot.

Koch, Walter (1984): Folgekostenprobleme in der deutschen bilateralen technischen Zusammenarbeit - Ergebnisse einer empirischen Untersuchung. In: Koch, Walter (Hrsg.): Folgekosten von Entwicklungsprojekten - Probleme und Konsequenzen für eine effizientere Entwicklungspolitik. Berlin, Duncker & Humblot.

Kodjo, Samuel (1974): Bildungsqualität als Schwerpunkt künftiger entwicklungstheoretischer Diskussion und Forschung. In: Kölner Zeitschrift für Soziologie und Sozialpsychologie; 26. Jg., Heft 2/74: S. 287-300.

Köhler, Volkmar (1985): Der Wandel der Entwicklungspolitik in den letzten zehn Jahren. In: Europa-Archiv; Vol. 40: S. 487-496.

Kohli, Martin (Hrsg.) (1978): Soziologie des Lebenslaufs. Darmstadt, Luchterhand.

Kottak, Conrad Philipp (1985): When People Don't Come First: Some Sociological Lessons from Completed Projects. In: Cernea, Michael M. (Hrsg.): Putting People First: Sociological Variables in Rural Development. New York, Oxford University Press.

Krapp, Stefanie (1992): Die entwicklungspolitische Bildungskooperation der Bundesrepublik Deutschland. Diplomarbeit. Universität Mannheim.

Kreppel, Peter A. F. (1980): Bildungshilfe als Voraussetzung sozialer Entwicklung und Modernisierung in Ländern der Dritten Welt. Dissertation. Universität Osnabrück.

Krumwiede, Heinrich W.; Stockmann, Reinhard (1992): Kolumbien. In: Waldmann, Peter; Krumwiede, Heinrich W (Hrsg.): Politisches Lexikon Lateinamerika. München, Beck.

Küper, Wolfgang (1974): Bildung und Wissenschaft in der Entwicklungspolitik. In: Aus Politik und Zeitgeschichte. B. 53/74, Bonn.

Küper, Wolfgang (1982): Bildung und Wissenschaft in der Technischen Zusammenarbeit mit Entwicklungsländern. Schriftenreihe der GTZ, Nr. 139. Eschborn.

Laaser, Ullrich H. (1981a): Bildungstransfer und Systemwandel. Theorie und Praxis des industriestaatlichen Bildungstransfers in die Länder der Dritten Welt. Weinheim/Basel, Beltz.

Laaser, Ullrich H. (1981b): Bildungshilfe in der Krise? Überlegungen zur Dekadenwende. In: Die Dritte Welt; 9. Jg., Heft 3/4: S. 421-428.

Lachenmann, Gudrun (1977): Evaluationsforschung - Historische Hintergründe, Sozialpolitische Zusammenhänge und wissenschaftliche Einordnung. In: Kantowsky, Detlev (Hrsg.): Evaluierungsforschung und -praxis in der Entwicklungshilfe. Zürich, Verlag d. Fachvereine.

Lachmann, Werner (1987): Überwindung der Not in der Dritten Welt durch marktwirtschaftliche Ordnung? In: Aus Politik und Zeitgeschichte; Heft 8/87.

Lange, Elmar (1983): Zur Entwicklung und Methodik der Evaluationsforschung in der Bundesrepublik Deutschland. In: Zeitschrift für Soziologie; 12. Jg., Heft 3/83: S. 253-270.

Lempert, Wolfgang (1974): Berufliche Bildung als Beitrag zur gesellschaftlichen Demokratisierung. Frankfurt/M., Suhrkamp.

Lenhart, Volker (1984): Bildungssystem und Beschäftigungssystem in der Dritten Welt. In: Hauff, Michael von; Pfister-Gaspary, Brigitte (Hrsg.): Entwicklungspolitik - Probleme, Projektanalysen und Konzeptionen. Saarbrücken u.a., Breitenbach.

Liemt, Gijsbert van (1988): Bridging the Gap: Four newly industrializing countries and the changing international division of labour. Genf, ILO.

Maslankowski, Willi; Pätzold, Günter (1986): Grundsätze zur Berufsausbildung der Entwicklungszusammenarbeit: 1950-1970. Schriftenreihe Studien zu Bildung und Wissenschaft, Bd. 39, Bad Honnef, Bock.

Mayer, Karl-Ulrich (1987): Lebenslaufforschung. In: Voges, Wolfgang (Hrsg.): Methoden der Biographie- und Lebenslaufforschung. Opladen, Leske und Budrich.

Mayntz, Renate (Hrsg.) (1980): Implementationen politischer Programme. Königstein, Athenäum.

McKelvey, Bill; Howard, E. Aldrich (1983): Populations, Organizations and Applied Organizational Science. In: Administrative Science Quarterly; Vol. 28: S. 101-128.

Menzel, Ulrich (1988): Auswege aus der Abhängigkeit: Die entwicklungspolitische Aktualität Europas. Frankfurt, Suhrkamp.

Menzel, Ulrich (1991): Das Ende der "Dritten Welt" und das Scheitern der großen Theorie. In: Politische Vierteljahresschrift; Vol. 32.

Menzel, Ulrich (1991): Die Hilfe hilft nicht, Treuhandschaft wäre ein Weg. In: Frankfurter Rundschau vom 3. Juni 1991.

Morris, Lynn L. u.a. (1987): How to Measure Performance and Use Tests. London, Sage.

Müller, Walter (1980): The Analysis of Life Histories. In: Clubb, J. M.; Scheuch, E. K. (Hrsg.): Historical Live Research. The Use of Historical and Process-Produced Data. Stuttgart.

Myrdal, Gunnar (1981): Relief Instead of Development Aid. In: Intereconomics; Vol. 16.

Myrdal, Gunnar (1984): International Inequality and Foreign Aid in Retrospect. In: Meier, G. M.; Seers, Dudley (Hrsg.): Pioneers in Development. New York.

Myrdal, Gunnar; Seers, D. (1982): The Bucks Stop Here. In: The Guardian vom 2.7.1982. Abgedruckt in: BMZ, Entwicklungspolitik - Spiegel der Presse 14/82: S. 421f.

Neun, Hansjörg (1985): Projektübergabe bei der Technischen Zusammenarbeit mit Entwicklungsländern. Augsburg.

Niehuis, Edith (1989): Berufsbildungshilfe für die Dritte Welt bedarf der Neuorientierung. In: Sozialdemokratischer Pressedienst; 44. Jg.: S. 5-6.

Nohlen, Dieter; Nuscheler, Franz (Hrsg.) (1982/1983): Handbuch der Dritten Welt; 8 Bände. Hamburg.

Nuscheler, Franz (1987): Lern- und Arbeitsbuch Entwicklungspolitik. Bonn.

OECD (Hrsg.) (1986): Methods and Procedures in Aid Evaluation. Paris.

OECD (Hrsg.) (1988): Evaluation in Developing Countries. A Step in a Dialogue. Paris.

Offe, Claus (1986): Berufsbildungsreform. Eine Fallstudie über Reformpolitik. Frankfurt.

Palumbo, Dennis; Nachmias, David (1984): The Preconditions for Successful Evaluation: Is there an Ideal Paradigm? In: Evaluation Studies; Vol. 9: S. 102-114.

Patton, Michael Q. (1987): How to Use Qualitative Methods in Evaluation. London, Sage.

Pfaller, Alfred (1984): Viel Lärm um wenig Entwicklung. In: Entwicklung und Zusammenarbeit; Heft 3/84.

Reichert, Ch.; Scheuch, E. K.; Seibel, H. D. (Hrsg.) (1992): Empirische Sozialforschung über Entwicklungsländer. Methodenprobleme und Praxisbezug. Saarbrücken u.a., Breitenbach.

Reinke-Köberer, Ellen (1983): Zur Krise der sozialwissenschaftlichen Erfolgsforschung: methodische und politische Implikationen der Evaluation sozialpolitischer Programme. In: Österreichische Zeitschrift für Soziologie; 8. Jg.: S. 15-16.

Rondinelli, Dennis (1982): The Dilemma of Development Administration: Complexity and Uncertainty in Control-Oriented Bureaucracies. In: World Politics; Vol 35.

Rossi, Peter H.; Wright, James D. (1986): Evaluation Research. An Assessment. In: Evaluation Studies; Vol. 11: S. 48-69.

Rossi, Peter H.; Freeman, H. E.; Hofmann, G. (1987): Program Evaluation. Einführung in die Methoden angewandter Sozialforschung. Stuttgart.

Rüther, Günther (Hrsg.) (1986): Die notwendige Hilfe. Grundlagen, Leitlinien und Instrumente der Entwicklungszusammenarbeit. Melle, Ernst Knoth.

Rychetsky, Hermann (1981): Förderung der gewerblichen Berufsausbildung in Ländern der Dritten Welt. Eine Aufgabe der GTZ. In: Zeitschrift für Berufs- und Wirtschaftspädagogik; Bd. 77, Heft 6/81: S. 412-422.

Rychetsky, Hermann; Gold, Ewald (1991): Tendenzen in der beruflichen Bildung. In: GTZ-Info, Zeitschrift für Technische Zusammenarbeit; Heft 4/91: S. 6-12.

Sandefur, Gary; Freeman, Howard; Rossi, Peter (1986): Workbook for Evaluation. A Systematic Approach. London, Sage.

Sangmeister, Hartmut (1982): Zur Situation der am wenigsten entwickelten Länder. In: Entwicklung und Zusammenarbeit; Heft 2.

Schild, Thomas (1990): Das Bildungssystem als Faktor im Entwicklungsprozeß. Bochumer Schriften zur Entwicklungsforschung und Entwicklungspolitik, Bd. 27 Frankfurt/M., Lang.

Schimpf-Herken, Ilse (1981): Von der Fragwürdigkeit der Bildungshilfe in die "Dritte Welt" - Eine Kritik eurozentrischer Machtstrategien. In: Peripherie, Heft 4/81: S. 23-33.

Schleich, Bernd (1985): Benötigt die Berufsbildungshilfe eine neue Konzeption? In: Entwicklung und Zusammenarbeit, Heft 12/85: S. 7-8.

Schleich, Bernd; Karcher, Wolfgang; Overwien, Bernd; Axt, Heinz Jürgen (1987): Das neue Berufsbildungskonzept des BMZ. Eine kritische Würdigung. In: Blätter des iz3w; Heft 139: S. 16-19.

Schneider-Barthold, Wolfgang (1984): Entwicklung und Förderung des Kleingewerbes in der Dritten Welt. Bestandsaufnahmen - Perspektiven - Vorschläge. Forschungsberichte des BMZ, Bd. 62; Köln, Weltforum.

Schöftaler, Traugott (1981): Informelle Bildung. In: Zeitschrift für Pädagogik, Die Dritte Welt als Gegenstand erziehungswissenschaftlicher Forschung; 16. Beiheft.

Schubert, Bernd; Ramesh, Agrawal u. a. (1984): Die Nachhaltigkeit der Wirkungen von Agrarprojekten. München.

Schwefel, Detlef (Hrsg.) (1987): Soziale Wirkungen von Projekten in der Dritten Welt. Baden-Baden, Nomos.

Selim, Hassan (1985): Development Assistance Policies and the Performance of Aid Agencies. Basingstoke u.a., Macmillan.

Senghaas, Dieter (1982): Von Europa lernen. Frankfurt, Suhrkamp.

Senghaas, Dieter (1987): Die Entwicklungsproblematik: Überlegungen zum Stand der Diskussion. In: Aus Politik und Zeitgeschichte, B. 8..

Simon, Gabriela (1991): Von Bürgern und Armen. In: DIE ZEIT. vom 8.11.1991.

Simonis, Udo E. (1990): Nachhaltige Entwicklung. In: WZB-Mitteilungen; Nr. 50: S. 16-19.

Sommer, Martin (1990): Nachhaltige Entwicklung: Ein Bekenntnis zum Dauerhaften Lernen. In: Wälty, S.; Knecht, Th; Seitz, G. (Hrsg.): Von nachholender zu nachhaltiger Entwicklung. Zürich.

Sørensen, Aage; Weinert, F.; Sherrod, L. S. (Hrsg.) (1986): Human Development and the Life Course. Multidisciplinary Perspectives. London u.a., Erlbaum.

Steinweg, Reiner (Hrsg.) (1982): Hilfe+Handel=Frieden? Die Bundesrepublik in der Dritten Welt. Frankfurt, Suhrkamp.

Stockmann, Reinhard (1987): Gesellschaftliche Modernisierung und Betriebsstruktur. Frankfurt, Campus.

Stockmann, Reinhard (1989): Die Nachhaltigkeit von Entwicklungsprojekten. Bonn, Bundesministerium für wirtschaftliche Zusammenarbeit.

Stockmann, Reinhard (1990a): Ein Analyseinstrumentarium zur Erfassung der Nachhaltigkeit von Entwicklungsprojekten der Technischen Zusammenarbeit. Forschungsbericht Bd. I: Das Erhebungs- und Analyseinstrument. Mannheim.

Stockmann, Reinhard; Resch, Annegret (1990b): Die Nachhaltigkeit des "Thai-German Technical Teacher College (TGTTC)". Forschungsbericht Bd. II, Fallstudie Thailand. Mannheim.

Stockmann, Reinhard; Resch, Annegret (1990c): Die Nachhaltigkeit des "Korean-German Busan Vocational Training Institute (KGBVTI)". Forschungsbericht Bd. III: Fallstudie Korea. Mannheim.

Stockmann, Reinhard; Resch, Annegret (1991): Die Nachhaltigkeit von Vorhaben der beruflichen Bildung in Lateinamerika. Forschungsbericht. Mannheim.

Stockmann, Reinhard (1992): Ein Analyse- und Erhebungsinstrumentarium zur Erfassung der Nachhaltigkeit von Entwicklungsprojekten. In: Reichert, Ch.; Scheuch, E. K.; Seibel, H. D. (Hrsg.): Empirische Sozialforschung über Entwicklungsländer. Methodenprobleme und Praxisbezug. Saarbrücken u.a., Breitenbach.

UNDP (1988a): Technical Co-Operation: Its Evolution and Evaluation. Discussion paper.

UNDP (1988b): Planning for Sustainability of UNDP Country Programs and Projects. (By Ansgar Eussner).

US.AID. (1986): An Approach to Evaluating the Impact of AID Projects. Washington.

US.AID. (1987): Development Assistance and Health Programs: Issues of Sustainability. Washington.

US.AID. (o.J.): Program Methods and Evaluation Division. The Logical Framework - Modifications Based on Experience. Washington D.C.

Voges, Wolfgang (Hrsg.) (1987): Methoden der Biographie- und Lebenslaufforschung. Opladen.

Wald, H. J. (1983): Der Herr Direktor möchte ein Denkmal. Beobachtungen in übergebenen Projekten der Technischen Zusammenarbeit. In: Entwicklung und Zusammenarbeit.

Waldmann, Peter; Krumwiede, Heinrich (Hrsg.) (1992): Politisches Lexikon Lateinamerika. München, Beck.

Wälty, S.; Knecht, Th; Seitz, G. (Hrsg.) (1990): Von nachholender zu nachhaltiger Entwicklung. Zürich.

Weede, Erich (1988): Der Sonderweg des Westens. In: Zeitschrift für Soziologie; Vol. 17: S. 172-186.

Weiland, Heribert (1989): Sozialisation und Modernisierung: Bildungsexport in die Dritte Welt. Sonderdruck des Arnold-Bergstraesser-Institut, Freiburg.

Weltbank (1991): Weltentwicklungsbericht. New York u.a., Oxford University Press.

Werner, Monika (1980): Die Bedeutung der Bildungshilfe für ein Entwicklungsland. Magisterarbeit. Ruhruniversität Bochum.

Wheatley, C.-M. (1984): The Logical Framework Approach to Project Planning and Management (ZOPP). In: Hauff, Michael von; Pfister-Gaspary, Brigitte (Hrsg.): Entwicklungspolitik - Probleme, Projektanalysen und Konzeptionen. Saarbrücken u.a., Breitenbach.

Will, Hermann; Winteler, Adolf; Kropp, Andreas (Hrsg.) (1987): Evaluation in der beruflichen Aus- und Weiterbildung. Heidelberg, Sauer-Verlag.

Wissing, J. (1969): Grundprobleme der gewerblichen Berufserziehung in Entwicklungsländern. In: Die berufsbildende Schule; Heft 7/8: S. 509-517.

Wissing, J. (1961): Modell einer Facharbeiterschule für Entwicklungsländer. Weinheim, Beltz.

Wöhlke, Manfred (1991): Die Ursachen der anhaltenden Unterentwicklung. In: Aus Politik und Zeitgeschichte; B. 46.

World Bank (1985): Sustainability of Projects: First Review of Experience. Washington.

World Bank (1986): Sustainability of Projects. Reviews of Experience in the Fertilizer Subsector. Washington.

World Bank (1987): Sustainability Issues in Agricultural Development. Washington.

Zapf, Wolfgang (Hrsg.) (1969): Theorien des Sozialen Wandels. 4. Auflage. Köln, Kiepenheuer und Witsch.

Zapf, Wolfgang (1974): Die soziologische Theorie der Modernisierung. Preprint Nr. 18, Mannheim.

Ziervogel, Barbara; Nitschke, Christian (1966): Schulreform und Bildungspolitik in Kolumbien. Freiburg, Arnold-Bergstraesser-Institut.

7.3 Abkürzungsverzeichnis

AZ	= Ausbildungszentrum
BfE	= Bundesstelle für Entwicklungshilfe
BID	= Banco Interamericano de Desarrollo (Interamerik. Entwicklungsbank)
BMZ	= Bundesministerium für wirtschaftliche Zusammenarbeit
CIM	= Centrum für internationale Migration und Entwicklung
CP	= Counterparts
DEH	= Direktion für Entwicklungszusammenarbeit und humanitäre Hilfe (Schweiz)
DSE	= Deutsche Stiftung für internationale Entwicklung
FZ	= Finanzielle Zusammenarbeit
GTZ	= Deutsche Gesellschaft für Technische Zusammenarbeit
KfW	= Kreditanstalt für Wiederaufbau
KZE	= Kurzzeitexperten
Monitore	= Spanisch für betriebliche Ausbilder
OED	= Operations Evaluation Department (der Weltbank)
OECD	= Organization for Economic Cooperation and Development
OIT/ILO	= International Labour Organization
PFB	= Projektfortschrittsbericht
PVK	= Projektverlaufskontrolle
PFK	= Projektfortschrittskontrolle
TZ	= Technische Zusammenarbeit
UNDP	= United Nations Development Program
US.AID	= Agency for International Development, USA
ZOPP	= Zielorientierte Projektplanung